U0568993

中国自主知识体系研究文库

走向历史的深处

马克思历史观研究

陈先达　著

中国人民大学出版社
·北京·

"中国自主知识体系研究文库"编委会

编委会主任

张东刚　林尚立

编委（按姓氏笔画排序）

王　轶	王化成	王利明	冯仕政	刘　伟	刘　俏	孙正聿
严金明	李　扬	李永强	李培林	杨凤城	杨光斌	杨慧林
吴晓求	应　星	陈　劲	陈力丹	陈兴良	陈振明	林毅夫
易靖韬	周　勇	赵世瑜	赵汀阳	赵振华	赵曙明	胡正荣
徐　勇	黄兴涛	韩庆祥	谢富胜	臧峰宇	谭跃进	薛　澜
魏　江						

总　序

张东刚

　　2022 年 4 月 25 日，习近平总书记在中国人民大学考察调研时指出，"加快构建中国特色哲学社会科学，归根结底是建构中国自主的知识体系"。2024 年全国教育大会对以党的创新理论引领哲学社会科学知识创新、理论创新、方法创新提出明确要求。《教育强国建设规划纲要（2024—2035 年）》将"构建中国哲学社会科学自主知识体系"作为增强高等教育综合实力的战略引领力量，要求"聚焦中国式现代化建设重大理论和实践问题，以党的创新理论引领哲学社会科学知识创新、理论创新、方法创新，构建以各学科标识性概念、原创性理论为主干的自主知识体系"。这是以习近平同志为核心的党中央站在统筹中华民族伟大复兴战略全局和世界百年未有之大变局的高度，对推动我国哲学社会科学高质量发展、使中国特色哲学社会科学真正屹立于世界学术之林作出的科学判断和战略部署，为建构中国自主的知识体系指明了前进方向、明确了科学路径。

　　建构中国自主的知识体系，是习近平总书记关于加快构建中国特色哲学社会科学重要论述的核心内容；是中国特色社会主义进入新时代，更好回答中国之问、世界之问、人民之问、时代之问，服务以中国式现代化全面推进中华民族伟大复兴的应有之义；是深入贯彻落实习近平文化思想，推动中华文明创造性转化、创新性发展，坚定不移走中国特色社会主义道路，续写马克思主义中国化时代化新篇章的必由之路；是为解决人类面临的共同问题提供更多更好的中国智慧、中国方案、中国力量，为人类和平与发展崇高事业作出新的更大贡献的应尽之责。

一、文库的缘起

作为中国共产党创办的第一所新型正规大学，中国人民大学始终秉持着强烈的使命感和历史主动精神，深入践行习近平总书记来校考察调研时重要讲话精神和关于哲学社会科学的重要论述精神，深刻把握中国自主知识体系的科学内涵与民族性、原创性、学理性，持续强化思想引领、文化滋养、现实支撑和传播推广，努力当好构建中国特色哲学社会科学的引领者、排头兵、先锋队。

我们充分发挥在人文社会科学领域"独树一帜"的特色优势，围绕建构中国自主的知识体系进行系统性谋划、首创性改革、引领性探索，将"习近平新时代中国特色社会主义思想研究工程"作为"一号工程"，整体实施"哲学社会科学自主知识体系创新工程"；启动"文明史研究工程"，率先建设文明学一级学科，发起成立哲学、法学、经济学、新闻传播学等11个自主知识体系学科联盟，编写"中国系列"教材、学科手册、学科史丛书；建设中国特色哲学社会科学自主知识体系数字创新平台"学术世界"；联合60家成员单位组建"建构中国自主的知识体系大学联盟"，确立成果发布机制，定期组织成果发布会，发布了一大批重大成果和精品力作，展现了中国哲学社会科学自主知识体系的前沿探索，彰显着广大哲学社会科学工作者的信念追求和主动作为。

为进一步引领学界对建构中国自主的知识体系展开更深入的原创性研究，中国人民大学策划出版"中国自主知识体系研究文库"，矢志打造一套能够全方位展现中国自主知识体系建设成就的扛鼎之作，为我国哲学社会科学发展贡献标志性成果，助力中国特色哲学社会科学在世界学术之林傲然屹立。我们广泛动员校内各学科研究力量，同时积极与校外科研机构、高校及行业专家紧密协作，开展大规模的选题征集与研究激励活动，力求全面涵盖经济、政治、文化、社会、生态文明等各个关键领域，深度挖掘中国特色社会主义建设生动实践中的宝贵经验与理论创新成果。为了保证文库的质量，我们邀请来自全国哲学社会科学"五路大军"的知名专家学者组成编委会，负责选题征集、推荐和评审等工作。我们组织了专项工作团队，精心策划、深入研讨，从宏观架构到微观细节，全方位规划文库的建设蓝图。

二、文库的定位与特色

中国自主的知识体系，特色在"中国"、核心在"自主"、基础在"知识"、关键在"体系"。"中国"意味着以中国为观照，以时代为观照，把中国文化、中国实践、中国问题作为出发点和落脚点。"自主"意味着以我为主、独立自主，坚持认知上的独立性、自觉性，观点上的主体性、创新性，以独立的研究路径和自主的学术精神适应时代要求。"知识"意味着创造"新知"，形成概念性、原创性的理论成果、思想成果、方法成果。"体系"意味着明确总问题、知识核心范畴、基础方法范式和基本逻辑框架，架构涵盖各学科各领域、包含全要素的理论体系。

文库旨在汇聚一流学者的智慧和力量，全面、深入、系统地研究相关理论与实践问题，为建构和发展中国自主的知识体系提供坚实的理论支撑，为政策制定者提供科学的决策依据，为广大读者提供权威的知识读本，推动中国自主的知识体系在社会各界的广泛传播与应用。我们秉持严谨、创新、务实的学术态度，系统梳理中国自主知识体系探索发展过程中已出版和建设中的代表性、标志性成果，其中既有学科发展不可或缺的奠基之作，又有建构自主知识体系探索过程中的优秀成果，也有发展创新阶段的最新成果，力求全面展示中国自主的知识体系的建设之路和累累硕果。文库具有以下几个鲜明特点。

一是知识性与体系性的统一。文库打破学科界限，整合了哲学、法学、历史学、经济学、社会学、新闻传播学、管理学等多学科领域知识，构建层次分明、逻辑严密的立体化知识架构，以学科体系、学术体系、话语体系建设为目标，以建构中国自主的知识体系为价值追求，实现中国自主的知识体系与"三大体系"有机统一、协同发展。

二是理论性与实践性的统一。文库立足中国式现代化的生动实践和中华民族伟大复兴之梦想，把马克思主义基本原理同中国具体实际相结合，提供中国方案、创新中国理论。在学术研究上独树一帜，既注重深耕理论研究，全力构建坚实稳固、逻辑严谨的知识体系大厦，又紧密围绕建构中国自主知识体系实践中的热点、难点与痛点问题精准发力，为解决中国现实问题和人类共同问题提供有力的思维工具与行动方案，彰显知识体系的实践生命力与应用价值。

三是继承性与发展性的统一。继承性是建构中国自主的知识体系的源头活水，发展性是建构中国自主的知识体系的不竭动力。建构中国自主的知识体系是一个不断创新发展的过程。文库坚持植根于中华优秀传统文化以及学科发展的历史传承，系统梳理中国自主知识体系探索发展过程中不可绕过的代表性成果；同时始终秉持与时俱进的创新精神，保持对学术前沿的精准洞察与引领态势，密切关注国内外中国自主知识体系领域的最新研究动向与实践前沿进展，呈现最前沿、最具时效性的研究成果。

我们希望，通过整合资源、整体规划、持续出版，打破学科壁垒，汇聚多领域、多学科的研究成果，构建一个全面且富有层次的学科体系，不断更新和丰富知识体系的内容，把文库建成中国自主知识体系研究优质成果集大成的重要出版工程。

三、文库的责任与使命

立时代之潮头、通古今之变化、发思想之先声。建构中国自主的知识体系的过程，其本质是以党的创新理论为引领，对中国现代性精髓的揭示，对中国式现代化发展道路的阐释，对人类文明新形态的表征，这必然是对西方现代性的批判继承和超越，也是对西方知识体系的批判继承和超越。

文库建设以党的创新理论为指导，牢牢把握习近平新时代中国特色社会主义思想在建构自主知识体系中的核心地位；持续推动马克思主义基本原理同中国具体实际、同中华优秀传统文化相结合，牢牢把握中华优秀传统文化在建构自主知识体系中的源头地位；以中国为观照、以时代为观照，立足中国实际解决中国问题，牢牢把握中国式现代化理论和实践在建构自主知识体系中的支撑地位；胸怀中华民族伟大复兴的战略全局和世界百年未有之大变局，牢牢把握传播能力建设在建构自主知识体系中的关键地位。将中国文化、中国实践、中国问题作为出发点和落脚点，提炼出具有中国特色、世界影响的标识性学术概念，系统梳理各学科知识脉络与逻辑关联，探究中国式现代化的生成逻辑、科学内涵和现实路径，广泛开展更具学理性、包容性的和平叙事、发展叙事、文化叙事，不断完善中国自主知识体系的整体理论架构，将制度优势、发展优势、文化优势转化为理论优势、学术优势和话语优势，不断开辟新时代中国特色哲学社会科学新境界。

中国自主知识体系的建构之路，宛如波澜壮阔、永无止境的学术长征，需要汇聚各界各方的智慧与力量，持之以恒、砥砺奋进。我们衷心期待，未来有更多优质院校、研究机构、出版单位和优秀学者积极参与，加入到文库建设中来。让我们共同努力，不断推出更多具有创新性、引领性的高水平研究成果，把文库建设成为中国自主知识体系研究的标志性工程，推动中国特色哲学社会科学高质量发展，为全面建设社会主义现代化国家贡献知识成果，为全人类文明进步贡献中国理论和中国智慧。

是为序。

代 序

人道七十古来稀，

而今八十小弟弟。

但教漫步能敲键，

老马仍不惜毛蹄。

先 达

2005 年 12 月

于宜园守拙斋

前　言

　　人类在改造世界的过程中探索着其中的奥秘，无论是自然领域还是社会领域都是这样。人类思想史上的许多发现，犹如夜空中的群星，闪烁着智慧的光辉，其中最明亮的一颗，是马克思创立的历史唯物主义。它发现了人类社会发展的一般规律，揭开了长期覆盖在社会机体上的帷幕。无怪乎恩格斯于 1883 年 3 月 17 日站在生死与共的亡友墓前发表著名的悼亡演说时，突出地评价了马克思创立唯物史观的划时代的历史功绩，誉其为马克思一生中的第一个伟大发现。

　　马克思主义是包括哲学、经济学和科学社会主义理论在内的统一整体。但在马克思主义哲学中，唯物史观确实集中而鲜明地表现了马克思的独创性和突出贡献。辩证法和认识论的某些原理，在马克思之前已呈现出初始形态：古希腊就出现了朴素唯物主义和辩证法的思想，而且黑格尔在历史上第一次以唯心主义形式阐述了辩证法的基本规律，18 世纪法国唯物主义者和费尔巴哈则确立了本体论和认识论的唯物主义原则。在社会领域则不同。尽管人类也进行了长期的探索，而且有某些唯物主义观点的萌芽，但从总体上说都是唯心主义的。在社会历史领域中不像在自然领域和认识领域那样，可以通过倒转、剔除、清洗、补充来形成新的理论，而必须通过总结全部人类优秀文化遗产，重新研究历史和现实，揭示从未被发现过的历史自身的规律。从被繁芜复杂的意识形态、动机和偶然性层层包裹的历史表层走向历史的深处，是一个更为艰巨的任务。

　　社会科学完全可以成为像自然科学一样精确的科学。要做到这一点，首先必须定性准确，即对历史的宏观规律有一个科学的理解。社会有机体不同于生物有机体，它有自己特有的规律。社会中的各个系统虽然有自己的特殊结构和功能，但它们相互联系，构成一个不可分割的整体。不把握社会发展规律，不分析社会现象的性质和复杂的因果关系，就根本不可能认识社会。但人类对社会的认识不能停留在定性分析上，凡是有可测定量的地方都应该进行定量分析。随着世界范围内科技革命的兴起，系统论、控制论、信息论，以及数学方法渗入社会科学领域，为精确把握社会现象量的规定性提供了条件。自然科学和社会科学的相互渗透是一种进步趋势，哲学工作者应该面向世界，面向当代，总结科技革命的新成果。自然科学的成就，不会降低而只会更加丰富和证实唯物史观的科学性。任何自然科学方法都不能取代唯物史观。历史证明，实证主义和经验主义的方法是不可取的。

梅林说："历史唯物主义并不是一个封闭的、以最后真理为其终点的体系。"① 这个意见无疑是卓越的。唯物史观不是问题解答，它不能为复杂多变的历史提供现成的答案，但为人们找到正确的答案提供了科学的理论和方法。无论认识历史的手段和工具怎样进步，第一次发现唯物史观，把唯心主义从历史领域驱逐出去永远是矗立在人类认识途程中的一块界碑。马克思是普罗米修斯，他用唯物史观之光，照亮了长期在黑暗中摸索的社会历史领域。

马克思和恩格斯，是两个人又是一个人。他们各有自己的特色和风格，但又是同一种思想体系的共同创始人。恩格斯在1845年春与马克思在布鲁塞尔再度合作之前，通过自己的探索得出了与马克思相同的结论。本书是专门探讨马克思的，但我们永远不会忘记恩格斯对创立和捍卫唯物史观作出的历史贡献。

---

① ［德］梅林：《保卫马克思主义》，25 页，北京，人民出版社，1982。

目 录

导　言　人类对历史规律的探索

卢梭曾感叹过："人类的各种知识中最有用而又最不完备的，就是关于'人'的知识。"[①] 确实如此。人类最关心的是自己，但在很长的历史时期内最不了解的也是自己。狭小的生产规模和剥削阶级的偏见限制了人们的历史眼界。人们深入到自然的内部，但在社会生活中却停留在历史的表层。可是历史自身以及人们对历史的认识都不会停止。正如对自然界一样，在社会领域中人们也在不断地探索。马克思创立的唯物史观，就是人类对历史探索的最光辉的结晶。

一

人类是从自然开始自己的唯物主义哲学历程的。自然唯物主义和历史唯物主义相距很近，但又很遥远，用中国的成语"咫尺天涯"来形容是颇

---

① ［法］卢梭：《论人类不平等的起源和基础》，62 页，北京，商务印书馆，1962。

为恰当的。

它们距离很近，因为它们具有相同的唯物主义原则。历史唯物主义关于社会存在决定社会意识的论断，同一般唯物主义关于存在决定意识的原则是一致的。似乎只要加以引申、扩充、推导，就可以跨进历史唯物主义的大门。

实际上它们的距离又很遥远。对自然的唯物主义认识，早在古希腊就开始了。古希腊人把物质性的始基作为宇宙万物的根源，以最朴素的形式表达了对世界物质统一性的看法。但从自然唯物主义通向历史唯物主义的道路，荆棘丛生，崎岖坎坷，人类经历了两千多年的探索，这是多么艰巨遥远的途程！

为什么会这样？其中一个主要原因在于社会不是自然的简单延伸，它有自己特殊的表现形式和规律，必须进行专门研究。列宁关于历史唯物主义同自然唯物主义在理论原则上一致性的论断[1]，从逻辑上说是完全正确的。但只有在历史唯物主义创立以后才能看出它们之间的联系，因而列宁的论断是对既成事实的概括。在此之前，这种联系是隐蔽的。两千多年间，唯物主义哲学家中并不乏聪敏之士，但没有一个人能从唯物主义原则中逻辑地推导出历史唯物主义结论。

在自然界中，人们看到的是物质和运动；而在社会领域，看到的是人的意志和行为。社会是人类活动的产物。在这个领域中进行活动的是有意识、有激情、怀着各自目的的人。但人们的目的并不都能产生预期的结果，它表现为一连串的偶然性，而且具体的历史事件具有不可重复的单一性。社会生活所呈现的这种主体性、单一性、随机性的特点，成为横跨在

---

① "一般唯物主义认为客观真实的存在（物质）不依赖于人类的意识、感觉、经验等等。历史唯物主义认为社会存在不依赖于人类的社会意识。在这两种场合下，意识都不过是存在的反映，至多也只是存在的近似正确的（恰当的、十分确切的）反映。"（《列宁选集》，2版，第2卷，332页，北京，人民出版社，1972）

自然和社会之间的"活动翻板"。即使是比较坚定的唯物主义者，当他们把视线由自然转向社会，一进入社会历史领域，几乎也都被这块活动翻板翻向了唯心主义的深渊。列宁曾经总结人们对历史的认识，指出以往一切历史理论有两个主要缺点：第一，以往一切历史理论，至多是考察了人们历史活动的思想动机，而没有考察产生这些动机的原因，没有发现社会关系体系发展的客观规律性，没有看出物质生产发展程度是这种关系的根源；第二，以往一切历史理论恰恰都没有说明人民群众的活动。这也就是说，以往一切历史理论都停留在人们的主观动机上，而且是伟大人物的主观动机。列宁总结的以往历史理论的根本缺点，是同社会在主体意识中所呈现的表面特征相一致的。

正因为这样，对自然的唯物主义认识早于对社会的认识。如果说在本体论和认识论方面，曾经历唯物主义的几种形式，历史领域则不同。在唯物史观产生之前，唯心主义在这个领域中一直处于统治地位。但不能由此得出结论说，历史观没有发生过形态的变化，更不能说人类以往对历史的认识毫无建树，只是一连串谬误。正如同客观历史自身一样，人类对历史的认识也是进步的。

就与马克思关系密切的西方文化传统而言，早在古希腊罗马时代，就出现了诸如希罗多德、修昔底德、波里比阿、毕克托、大加图、萨鲁斯特、李维、塔西佗、普鲁塔克等著名历史学家，写了关于古代希波战争、伯罗奔尼撒战争，以及关于古希腊罗马历史的著作。他们力图保存人类已达到的成就，使不致湮没无闻，而且努力探求某些历史事件的原因，这表现了人类对自身活动的兴趣和关注。就他们对历史的认识来说，不少人没有摆脱神的束缚。他们相信天命，把上帝看成是主宰国家兴亡、人世变迁、民族盛衰荣辱的最高力量。

用超自然的意志和力量来解释历史发展和社会生活的神学历史观，在中世纪处于支配地位。他们把古代的某些神学历史观点发展成为一个体系。正如恩格斯所说的："中世纪是从粗野的原始状态发展而来的。它把古代文明、古代哲学、政治和法律一扫而光，以便一切都从头做起。它从没落了的古代世界承受下来的唯一事物就是基督教和一些残破不全而且失掉文明的城市。其结果正如一切原始发展阶段中的情形一样，僧侣们获得了知识教育的垄断地位，因而教育本身也渗透了神学的性质。政治和法律都掌握在僧侣手中，也和其他一切科学一样，成了神学的分枝，一切按照神学中通行的原则来处理。"① 从奥古斯丁到阿奎那都是神学历史观的积极鼓吹者，他们宣扬人间的一切秩序都是由神安排的，都决定于天意，除非得到神的帮助和启发，人永远不能全面了解有关人类自己的事情。这种神学历史观，用天意、天命、命运把历史自身的必然性和现实的因果关系变成神学的宿命论。

人类对历史的认识是受历史本身制约的，随着资本主义关系的逐步孕育，特别是由于地理大发现，人们的历史视野被极大地拓展了。文艺复兴时期开始的资产阶级人道主义思潮，标志着从神到人的转折。人们逐步摒弃了神学历史观，把天国的历史变成世俗的历史，不是从神的意旨而是从人自身中探究历史的秘密，力图把神学的必然性变成历史的必然性，提出探讨历史的规律问题，这是一个巨大的进步。

古希腊的希罗多德被尊为"历史之父"，17—18 世纪的意大利思想家维科则被拉法格称为"历史哲学之父"。正是维科在他的《关于民族共同性的新科学原理》《论合理的世界秩序的统一原则》等著作中，提出了探求历史发展的共同规律。

维科虽然没有完全摆脱神学历史观的局限，但不像前人那样直接用神

---

① 《马克思恩格斯全集》，中文 1 版，第 7 卷，400 页，北京，人民出版社，1959。

的意志来解释历史。他说："一切有思想的人都不会惊奇哲学家曾努力试图认识上帝所创造的自然界，而这个认识本来只有上帝才能做到，相反地却轻视社会界的研究，这个认识人是可以达到的，因为社会是人创造的。"[①] 神创造了自然界，也只有神才能认识自然界；社会领域不同，社会是人创造的，也是人能认识的。维科关于自然和社会区分的观点当然是不科学的，但他强调人能认识自己创造的社会，这同从奥古斯丁到阿奎那的神学历史观的传统是不同的。

维科的一个巨大功绩在于，他强调了历史规律的共同性。人类历史尽管纷纭复杂，但不管他们的种族起源和地理环境如何，仍存在着一个统一的、一切民族在各个时代都要经历的过程。他说："有一个理想的永久的历史存在着，一切民族的历史总是要通过它的，他们不论是从野蛮、半开化或粗野的状态出发，总是要达到文明。"[②] 正因为维科排除神对历史的干预，他强调了各种社会力量的斗争在社会发展中具有重要意义。

当然，维科对历史规律的认识，并没有达到唯物主义的理解。他没有能力从社会自身寻找它的内在规律，而是采用同人类个体发育相类比的方法提出他的社会发展理论。正如任何个体发育都经历童年、青年、成年一样，人类社会的发展也经历同样的过程。人类社会的童年是神的时代，这时没有国家，服从祭司，完全受宗教观念的统治；人类社会的青年是英雄时代，这是贵族统治的时代；而人类社会的成年则是凡人时代，这是民主共和国或保障资产阶级自由的代议制君主国家的时代。维科的政治倾向性是很明显的。他把凡人时代看成是人类社会发展的最高阶段，完全是为新兴资产阶级的政治理想作论证的。但维科既然按照个体发育进程来描绘历

---

① ［意］维科：《新科学的原理》，转引自［法］拉法格：《思想起源论》，20 页，北京，生活·读书·新知三联书店，1963。

② 同上书，21 页。

史就必定陷入困境：或者人类社会像人类个体一样，在经历了童年、青年、成年之后走向死亡；或者每一代人又重新开始自己的生命历程，这样周而复始，构成生命不断的洪流。维科选择后者，认为人类社会在经历了三个发展阶段之后，又重新开始同样的进程，这样人类历史便陷入了循环，在封闭的圆圈里来回倒腾。

法国启蒙学派又前进一步，他们深入到人与环境相互关系问题的探讨。人类借以生存的环境分两类：一类是自然环境，另一类是社会环境。认识的顺序是从人与自然环境的关系开始的。

孟德斯鸠的《论法的精神》就试图从人类社会都不可缺少的自然环境中寻找社会发展的规律。他在《论法的精神》序言中说，他的任务不在于非难各国存在的各种制度，而在于阐明它们。尽管社会法规是各种各样的，但它们既不是纯粹偶然的，也不是取决于专断行为，而是有其共同规律的。任何民族的历史都是共同原则的个别表现，研究者的任务就在于探求这些共同原则。

其中一条共同性的原则，就是各种不同的国家制度、法律形式决定于人类社会所依存的自然环境，诸如气候、地理形势、土壤等。孟德斯鸠非常重视气候，他认为寒冷的气候造就健康和勇敢的人，炎热的气候则造就软弱和怯懦的人；南方民族常常沦为奴隶，而北方民族则能够保护自己的自由。因此孟德斯鸠认为，奴役制度同气候性质的关系是密不可分的。一些国家实行专制制度、多妻制度、奴役妇女的制度，而另一些国家实行共和制、一夫一妻制，这都是由气候决定的。即使是宗教信仰也取决于气候，不适合本国气候的宗教，在本国是不能维持下去的。佛教之所以产生于印度，原因就在于这里气候炎热。过度炎热的气候使人萎靡疲惫，趋向于静净无为。

孟德斯鸠还认为，国家制度决定于地理形势即领土的大小。狭小的领土适宜共和制，大小适中的领土适宜君主制，广袤的领土则适宜专制制度。亚洲幅员辽阔的领土，成为建立庞大专制帝国的前提。孟德斯鸠用领土规模来解释当时欧亚国家形式的差别。欧洲由于其天然领土的划分，形成了一些不大不小的基于法治的君主制国家，如果改变了这种国家形式，则它们必然趋于衰败；反之，亚洲辽阔的天然领土则适宜建立庞大的专制帝国，如果把统一的帝国分割为一些较小的单位，则必然与国家的天然领土划分相矛盾。

孟德斯鸠还强调社会制度对土壤的依赖关系。在他看来，不种土地的民族比农业民族享有更大的自由，因为土壤适宜种植的民族专注于农业，不关心自己的自由。而且从军事角度说，肥沃的地方易攻难守。不适宜农业的多山国家，易于防守，而且也不会成为征服的目标。土壤贫瘠，迫使人们进行艰苦劳动，培养他们勇敢耐战的精神。得到自然恩赐，能从自然界中获得一切，则使人柔弱、懒惰、怯懦。而且土壤条件不同，政权形式也不同：居住在山地的人坚决主张平民统治，平原上的人要求由一些上层人物领导的政体，近海的人则希望一种由二者混合的政体。

地理环境对人类社会的影响无疑是存在的。特别是在人类社会的早期，生产力水平很低，这种影响尤其明显。但地理环境并不是社会发展的决定力量。一些曾经创造了高度文明的民族没落了，而一些落后的民族和地区，后来又站在了历史发展的前列。它们各自的地理环境并没有发生重大的变化。改变缓慢的地理环境，不能成为社会迅速变化的原因，这是显而易见的。事实必然会迫使人们把视线从外部环境转向人类社会自身。

法国唯物主义者完成了这一步，从人与自然环境的关系进到人与社会环境的关系。他们不是从土壤、气候、地形等外部因素，而是从人的意见和社会环境的相互作用中探讨社会的发展。例如爱尔维修反对笛卡儿的天赋观念，彻底发挥洛克的唯物主义原则，认为人是环境的产物，人的一切都是社会环境的结果。可是爱尔维修并不理解社会生活的本质。他把社会环境看成是一定的政治制度和法律制度，认为各族人民的性格和智慧随着政府形式的改变而变化；即便是同一个民族，它之所以有时崇高、有时低劣，有时稳定、有时变化，有时勇敢、有时胆怯，原因就在于政府的形式不同。因此当爱尔维修解释为什么不同时期有不同的社会环境时，他又回到人自身，从人的主观意见中寻找社会环境的决定因素。在他看来，只要有真正天才的立法者，就能制定出好的法律，从而创立一个好的政府，而无知产生的是有缺点的法律，有缺点的法律造成恶习的发展并引起社会灾难。

法国唯物主义者关于人与环境相互关系的论断显然是矛盾的，但这种矛盾，同说水在鲸上、鲸在水上的矛盾不一样。法国唯物主义的历史观中所包含的这种矛盾，不是不能自圆其说的逻辑矛盾，而是表现人们积极探索所碰到的一种理论矛盾。要走出这种相互论证的困境，必须进一步探索。

复辟时代的法国历史学家基佐、梯叶里、米涅表现出某种摆脱这种矛盾的倾向，他们试图走出相互作用的圈子，把着眼点开始移向环境的方面。基佐在《法国史概论》中说："大部分著作家、学者、历史家或政论家企图以某一社会的政治制度来解释这个社会的特定的状态，它的文明的程度或种类。假如从研究社会本身开始，以便认识和理解它的政治制度，这将更加聪明些。制度在成为原因之前，先是结果；社会先创造它们，然后在它们影响之下开始变化；不要按照政府的形式来判断人民的状况，而应该首先研究人民的状况以便判断它的政府应该怎样和能够怎样。"基佐还据此提出："社会、它的成分、按其社会地位而不同的各个人的生活式样，各人不同的阶级关系——总之人们的公民生活——无疑地，这是希望知道各民族过去如何生活的历史家及希望知道他们过去如何被统治的政论家所应首先注意的第一个问题。"①

复辟时代的历史学家的历史观有两点突破性的意见：第一，他们已不像法国唯物主义那样从人的意见中寻找政治制度的依据，而是用财产关系来解释政治制度。例如基佐就是根据上面提到的原则研究西罗马灭亡后出现的状况，认为要研究这段历史，理解它们的政治制度，应该研究社会中的不同阶层及其相互关系；而要知道这些不同阶层及其相互关系，必须研究土地关系的性质。第二，他们已经看到了阶级斗争，基佐、梯叶里、米涅对英国和法国历史的研究，都透过各种宗教斗争和党派斗争，看到了资产阶级反对贵族的阶级斗争。

但复辟时代的历史学家并没有达到唯物史观。他们向前迈进了一步，提出把财产关系作为政治制度的依据，从而走出了环境与人的意见相互作用的圈圈，但并没有最终解决这个矛盾。当复辟时代的历史学家企图回答财产关系的起源，回答为什么不同时期有不同的财产关系时，他们又援引人性来作为答案。这样，他们虽然迈出了环境与意见这个小圈子，但仍停留在用人性来解释历史这个大圈子里面。普列汉诺夫曾正确地总结了这一点。他说："面对着财产关系的来源的问题，复辟时代的法国历史家们，谁大概都会如基佐一样，以或多或少机智地引用'人的天性'来摆脱困难。"并且指出："把'人的天性'看做是解决一切法权、道德、政治、经济领域内'棘手事件'的最高裁判者的观点，十九世纪的著作家完全是从上世纪的启蒙学者那里继承来的。"②

历史观能否进一步发展，取决于能否突破用人性来解释历史的范式。以人性来解释历史，无疑包含着不可解决的矛盾：不变的人性怎样能成为

---

① 转引自［俄］普列汉诺夫：《论一元论历史观之发展》，15页，北京，生活·读书·新知三联书店，1961。

② 同上书，23页。

变动不居的历史的原因呢？如果人性也是变化的，那人性变化的原因又是什么呢？法国启蒙学派、复辟时代的历史学家、19 世纪三大空想社会主义者，都在这个泥潭里扑腾。黑格尔看到了这个矛盾，并力图解决这个矛盾。他不是在人性之中，而是在人性之外，在他所虚构的绝对观念中寻找历史的动力，用绝对观念的自我发展来描绘历史。黑格尔关于历史规律性的观念是卓越的。它把自维科开始探求的历史发展规律的观点系统化了，但也神秘化了。人们在黑格尔关于地理环境、关于历史必然性和偶然性、关于恶（情欲）在历史中的作用、关于历史人物作用的论述中，都可以看到前人的影子。但只有像黑格尔这样的天才人物，才能用思辨的逻辑把它们编织在绝对观念自我发展之网中。

黑格尔把历史看成是有规律的过程。黑格尔之后所面临的问题，是走出他所设置的迷宫，把理念的规律真正变成历史自身发展的规律。这不是纯粹思维的要求，而是时代的使命。完成这个伟大历史任务的不是别人，正是马克思。

二

如果没有马克思，会出现唯物史观吗？

如果马克思早出生或晚出生一个世纪，唯物史观的创立会相应提前或推迟吗？

如果……其实我们可以提出一系列"如果"，但历史面对的是既成事实，它应该是分析，而不是假设。

毫无疑问，唯物史观同它的创始人马克思是融为一体的。马克思个人的天才智慧、崇高品德、丰富学识、穷根究底的探索精神，以至个人的经历、语言风格，都必然使他的论述唯物史观的著作带有自己的特色。但唯物史观并不是源自马克思的头脑，而是时代的产物。对唯物史观产生具有决定意义的是历史本身，而不是个人。

恩格斯晚年在同瓦·博尔吉乌斯讨论历史的必然性和偶然性的相互关系时认为，恰巧某个伟大人物在一定时间出现于某一国家，这当然纯粹是一种偶然现象。但是，如果我们把这个人除掉，那时就会需要有另外一个人来代替他，并且这个代替者是会出现的。对于唯物史观的创立来说同样如此。恩格斯说："如果说马克思发现了唯物史观，那末梯叶里、米涅、基佐以及1850年以前英国所有的历史学家就证明，已经有人力求做到这一点，而摩尔根对于同一观点的发现表明，做到这点的时机已经成熟了，这一观点**必**将被发现。"① 梅林也发表了同样的看法，他认为："唯物主义历史观也服从于它自己所制定的那个历史运动规律。它是历史发展的产物；在较早的时代，它是不会被任何最有天才的头脑凭空想出来的。只有达到一定高度时，人类历史才能揭开它自己的秘密。"②

当人类进入资本主义时代以后，各个国家，特别是生产发达的毗邻地区之间的相互交往和相互影响，是闭关自守的封建社会所无法比拟的。如果说，德国古典哲学已经超出了德国一个国家的范围，是作为法国革命的德国理论，那唯物史观更是如此。唯物史观和整个马克思主义一样，它不仅是德国的产物，而且是包括英国、法国在内的欧洲许多国家的共同产物。资本主义时代所特有的矛盾的激化，是唯物史观产生的宏观环境。

资本主义时代有两个重大事件：从经济上说是从英国开始的工业革命，它的转折点是1825年；从政治上说是从1789年开始的法国资产阶级革命，它的转折点是1830年。

18世纪中叶，英国开始了工业革命，发明了蒸汽机和棉花加工机，

---

① 《马克思恩格斯选集》，1版，第4卷，507页，北京，人民出版社，1972。
② ［德］梅林：《保卫马克思主义》，3页。

逐步用机器生产代替手工操作，以机器生产的大工业取代了工场手工业，极大地促进了生产力的发展。恩格斯把工业革命称为"狂飙时期"，他说："当革命的风暴横扫整个法国的时候，英国正在进行一场比较平静的但是威力并不因此减弱的变革。蒸汽和新的工具机把工场手工业变成了现代的大工业，从而把资产阶级社会的整个基础革命化了。工场手工业时代的迟缓的发展进程变成了生产中的真正的狂飙时期。"①

工业革命并不是英国出现的偶然现象，而是资本主义时代的特征。它或迟或早地以各种方式发生于其他资本主义国家。阿尔温·托夫勒把它描述为一种"浪潮"——第二次浪潮。确实，工业革命是一次巨大的冲击。它摧毁了以农业和手工业为基础的生产方式，创造了新的生产方式，改变了社会结构和阶级结构，并冲击了传统观念和思维方式，为唯物辩证地考察历史提供了客观可能性。

以农业和手工业为基础的生产方式，规模狭小，限制了人们的眼界。而以大机器生产为基础的资本主义生产方式则不同，它不仅形成了统一的国内市场，使各个生产部门联系成为一个整体，显示了生产的社会性，而且形成了世界市场。世界市场的开拓，密切了各个国家之间的联系。生产规模的扩展也伴随着眼界的扩展，人们有可能超出地区的狭隘性、民族的狭隘性，从宏观角度对各国的经济、历史、文化进行比较性的探讨。

以农业和手工业为基础的生产方式的特点是发展缓慢。生产者的全部技能和生活源泉集中在自己的"手"上，集中在自己的劳动"经验"上，生产工具的变革会使他们丧失原有的劳动技能和经验，原封不动地保持旧的生产方式是他们生存的首要条件。以大机器生产为基础的资本主义生产方式不同，竞争以铁的规律迫使他们运用科学，改进生产工具，否则便无

---

① 《马克思恩格斯选集》，1版，第3卷，412页，北京，人民出版社，1972。

法生存。"生产的不断变革，一切社会关系不停的动荡，永远的不安定和变动，这就是资产阶级时代不同于过去一切时代的地方。"① 因此在小生产基础上形成的心理状态是害怕变化，容易产生凝固、守旧、崇尚传统的思维方式，而在大工业急剧变化中形成的社会心理和思维方式则相反。

在以农业和手工业为基础的生产方式中，历史发展的真正动因，经济同它的政治和阶级斗争之间的联系，既隐蔽又混乱，为一些中间环节所掩盖。以法律形式规定的地位等级区分掩盖了阶级划分的实质；宗教的、伦理的动机往往遮住了政治斗争的经济实质。而在以大工业为基础的生产方式中，这种联系简单化了。资本主义生产方式以公开的、无耻的、直接的、露骨的剥削，代替原来由宗教幻想和政治幻想掩盖着的剥削。在这里，任何政治斗争都是非常明显地围绕经济利益展开的，政治权利不过是用来实现经济利益的手段。资本主义社会盛行的利己主义、拜金主义的社会意识，以最卑陋的、粗糙的、赤裸裸的形式，每时每刻都迫使人们感受到经济在社会生活中的关键地位。

以大工业为基础的资本主义生产具有不同于以往生产方式的特点，但它的显露是一个过程。只有随着资本主义生产方式的发展并处于统治地位之后，才使原来潜伏的矛盾发展为强烈的对立。1825 年爆发的生产过剩的经济危机，以其惊人的外在表现，引导人们注意到资本主义生产方式的内在矛盾。

这是资本主义世界的第一次危机，它震动了整个英国。当时英国的许多报刊，如《泰晤士报》《绅士杂志》《年鉴》都竞相报道了这次危机：威廉斯银行倒闭，伦敦几家商号——伊韦雷特·沃克公司、西克斯·史奈斯公司倒闭，"各式各样的人纷纷提取存款"，"战战兢兢地等候新的破产消

---

① 《马克思恩格斯选集》，1 版，第 1 卷，254 页，北京，人民出版社，1972。

息"；它们报道了工人失业加剧，无数台纺织机停止运转，"目前的失业和贫困现象是最近三十年来所没有过的"，"景况凄惨万分，穷人濒于饿死，各阶层居民都苦于时运不济"；它们还报道了"忍饥挨饿的失业工人被逼得走投无路，以致爆发了公开的暴动"。当时在布拉克本、阿克林顿、普雷斯顿、克利瑟罗、罗奇德耳、曼彻斯特、布腊德弗德、约克郡都发生了骚乱和暴动。①

如果说 1825 年是经济的转折点，那 1830 年则是政治的转折点。这两者是紧密联系的。梅林在《中世纪末期以来的德国史》中说："从 1830 年起，世界历史上出现了一个新的转捩点，出现了近代无产阶级具有世界历史意义的斗争。"② 这个意见无疑是正确的。

1830 年是个转折点，是无产阶级和资产阶级矛盾由次要矛盾上升为主要矛盾的转折点。从 1789 年到 1830 年 7 月，法国资产阶级经历了革命、复辟、革命的曲折过程，最终确立了自己的统治，从此以后开始了无产阶级和资产阶级直接搏斗的阶段。

法国工人阶级曾经积极参加推翻波旁王朝的斗争，但胜利果实为资产阶级所独占。工人没有获得实际利益，处境日益恶化，引起工人的普遍不满。著名的匈牙利作曲家李斯特·费伦茨曾在一封信里描绘过他到里昂的亲身感受。他说："一到里昂就陷入一种骇人听闻的苦难和令人难以忍受的贫困环境之中，使我非常激动，深感世道不公，心里充满了无法形容的悲痛"；"老年人不得安宁，青年人毫无希望，儿童也没有一点欢乐！大家一同都挤在臭气熏天的贫民窟内"；"连从未见到母亲嘴角上挂过笑容的孩子们也要俯身在织机上操作，用浑浊的目光注视着他们手指下现出供达官

① 参见《国际共产主义运动史文献史料选编》，第 1 卷，3～5 页，北京，中国人民大学出版社，1983。
② 同上书，27 页。

贵人的仔崽们玩赏的阿拉伯式图案或花纹"①。里昂工人终于在 1831 年 11
月和 1834 年 4 月，两次举行大规模的武装起义，参加的不仅有织工，还
有泥瓦工、细木工、皮鞋匠、印花工等。里昂工人起义宣告了第三等级时
代的结束，无产阶级不再是反对自己敌人的敌人，而是和昔日的盟友
战斗。

里昂工人起义失败后不久，英国工人掀起了宪章运动；德国工人发生
了西里西亚织工起义。这是欧洲无产阶级觉醒的标志，无产阶级已作为一
支独立的政治力量大踏步地登上斗争舞台。

恩格斯非常重视无产阶级同资产阶级的斗争，把它看成是唯物史观产
生的决定性条件。他说："当自然观的这种变革只能随着研究工作提供相
应的实证的认识材料而实现的时候，一些在历史观上引起决定性转变的历
史事实已经老早就发生了。1831 年在里昂发生了第一次工人起义；在
1838—1842 年，第一次全国性的工人运动，即英国的宪章派运动，达到
了自己的最高点。无产阶级和资产阶级间的阶级斗争一方面随着大工业的
发展，另一方面随着资产阶级新近取得的政治统治的发展，在欧洲最发达
的国家的历史中升到了首要地位。"②

成熟的理论同成熟的阶级关系是相适应的，这条原则对于历史观同样
是适用的。当无产阶级和资产阶级矛盾上升为主要矛盾并且双方展开激烈
斗争，当英国、法国工人走上街头奋起反对资产阶级，这不仅揭穿了资产
阶级政治经济学关于资本和劳动利益一致、关于自由竞争必将带来普遍协
调和全民幸福的学说是一种谎言，而且也标志着以唯心史观为指导的英法
空想社会主义的幻灭。不理解物质利益，不理解任何基于物质利益的阶级
斗争，否认物质生产在社会发展中的决定作用的唯心史观，同资本主义社

---

① 参见《国际共产主义运动史文献史料选编》，第 1 卷，27 页。
② 《马克思恩格斯选集》，1 版，第 3 卷，65 页。

会阶级斗争的现实是矛盾的。正因为这样，"新的事实迫使人们对以往的全部历史作一番新的研究"①，结果导致唯物史观的发现。

由此可见，唯物史观在 19 世纪 40 年代被发现不是偶然的，它和 1825 年出现的经济危机、1830 年出现的阶级斗争新局面是密切结合在一起的。如果我们把这种时代条件看成是唯物史观产生的宏观环境，那德国莱茵地区资本主义的迅速发展和阶级矛盾激化就是中观环境，而马克思的家庭情况和周围环境，则是微观环境。其中起决定作用的是时代条件。

但要真正理解唯物史观产生的历史条件，仅仅叙述历史背景是不够的，还必须把握马克思是如何适应时代要求的。历史选择了马克思，但更重要的是马克思理解了历史，他真正把握了时代，反映了无产阶级的要求和愿望，把客观历史自身所蕴含的可能性，变成对历史的科学意识。黑格尔从唯心主义观点出发揭示了哲学和时代的关系。他说："哲学的任务在于理解存在的东西，因为存在的东西就是理性。就个人来说，每个人都是他那时代的产儿。哲学也是这样，它是被把握在思想中的它的时代。"②

唯物史观同它的历史条件之间的联系不是简单的反映和被反映的关系，它们之间联系的机制是复杂的。仅靠感官的接触，是不可能唯物辩证地理解社会生活的本质的。要真正把握历史过程的本质和动因，把握历史发展的一般规律，必须深入社会内部进行分析、解剖、研究。这是一种艰巨的科学劳动。没有动力、没有激情是不可想象的。马克思尽管贫病交加，备受迫害，但以"入地狱"的精神执着地探索就是最好的证明。

我们应该重视科学研究的主体在创立理论中的作用，但不能由此得出结论说，没有马克思就没有唯物史观。动力来自哪里？来自历史条件本身，来自每个时代所特有的尖锐矛盾。这种矛盾在理论形态上表现为问

① 《马克思恩格斯选集》，1 版，第 3 卷，66 页。
② ［德］黑格尔：《法哲学原理》，12 页，北京，商务印书馆，1961。

题，即时代要求。马克思的天才之处在于，他面对现实，敏锐地抓住了时代所提出的问题，并给予了科学的回答。问题——时代的矛盾；动机——解决矛盾的主观意图；科学答案的谜底——存在于时代本身。问题自身都蕴含着对问题的解决，关键在于研究。所以唯物史观产生的客观条件是时代，它是马克思自觉地适应已经登上政治舞台的无产阶级斗争的需要，透过发展到一定高度的资本主义外在化的矛盾对历史规律的理论意识。或者套用黑格尔的话说，它是被把握在思想中的它的时代。

三

时代以其自身的矛盾迫使人们注意，并规定人们的认识可能达到的范围和界限，但它不能自发地产生任何理论。理论创造是精神生产，它有自己的特殊规律。其中一条重要的规律是，任何理论思维都必须以它的先驱者提供的思想资料作为前提。这表现了人类认识的继承性和连续性。

唯物史观有它的理论来源。困难并不在于列举在马克思以前人类对历史认识所取得的成就，而在于厘清马克思是如何对它们进行批判吸收的。正如同被埋藏在地下的矿产不构成现实的财富一样，未被研究过的理论不能作为马克思的历史理论的来源。梅林在《论历史唯物主义》中曾论述过德国浪漫历史学派和历史唯物主义的关系问题。浪漫历史学派的著名代表人物拉维涅-佩吉朗 1838 年在《运动规律和历史规律》中说过："真正的社会科学的进步迄今还是那样微小，是由于各种不同经济形式没有被好好地划分清楚，因为人们没有认识到各种不同经济形式组成着整个社会和国家组织的基础。人们忽视了，生产、产品分配、文化、文化传播、国家立法和国家形式，完全都是从经济形式中得到它们的内容和发展的；那些极重要的社会因素不可避免地产生于经济形式和经济形式的适当使用，一如产品是生产力的相互配合作用的结果一样，并且凡是显现社会病态的地方，照例都可以从社会形式和经济形式间的矛盾中找到它的根源。"① 这段酷似历史唯物主义的论述，乍看起来会被误认为是马克思历史观的来源。梅林为此曾请教过恩格斯，得到的是否定的回答。恩格斯告诉梅林："马克思在波恩和柏林居住期间，读了亚当·弥勒的著作和冯·哈勒先生的《复兴》等等，他只是以相当轻蔑的口吻评论这些作品，认为这些是庸俗的、词藻华丽而夸夸其谈的作品，这些作品是模仿法国浪漫主义者约瑟夫·德·梅斯特尔和红衣主教博纳德的作品而写成的。即使他碰到了象您从拉维涅-佩吉朗著作中所引证的那些话，当时也绝不会给他留下任何印象，纵然他一般已经懂得了这些人想说的是什么。马克思当时是黑格尔派，对他来说，这个地方纯属异端邪说；对政治经济学，他还一无所知，因而'经济形态'一词对他根本没有任何意义。所以上述地方，**即使**他有所闻，也一定是一个耳朵进，一个耳朵出，不会在记忆里留下什么明显的痕迹。但是，我不认为在马克思 1837 年至 1842 年间读过的那些浪漫学派历史学家的著作中，可以找到这类东西的影子。"②

由此可见，唯物史观的来源应该是确实被马克思批判吸收了的东西。它的根据是马克思自己的著作，特别是他的读书笔记。马克思从大学时代就养成了做笔记的良好习惯，不仅有选择地摘录原文，还加以评注。马克思的《波恩笔记》《柏林笔记》《克罗茨纳赫笔记》《巴黎笔记》《伦敦笔记》，都为我们提供了马克思如何吸收人类文化遗产的珍贵资料。荷兰阿姆斯特丹国际社会史研究所收藏的马克思手稿和读书笔记目录表明，马克思的阅读范围从古希腊罗马时代到 19 世纪 40 年代，包括哲学、经济学、政治、历史、宗教、道德、文学、艺术史等极其广泛的领域。从中我们可

---

① 转引自［德］梅林：《保卫马克思主义》，10 页。
② 《马克思恩格斯全集》，中文 1 版，第 38 卷，480 页，北京，人民出版社，1972。

以看到唯物史观来源的特点。

第一，对人类全部优秀文化遗产的批判继承。

列宁反对把马克思主义看成是故步自封、僵化不变的封闭体系的观点，强调马克思主义不是宗派主义，也丝毫没有离开世界文明发展的大道："马克思主义这一革命无产阶级的思想体系赢得了世界历史性的意义，是因为它并没有抛弃资产阶级时代最宝贵的成就，相反地却吸收和改造了两千多年来人类思想和文化发展中一切有价值的东西。"[①] 这一论断，同样适用于唯物史观。

唯物史观的直接与间接来源是多渠道的。马克思研究过古希腊罗马哲学，特别是钻研过亚里士多德、德谟克利特、伊壁鸠鲁，以及斯多葛主义、怀疑论，阅读了大量有关著作的残篇，并做了笔记；研究过历史，特别是法国革命史；研究过资产阶级启蒙学者的政治学说，特别是孟德斯鸠和卢梭的国家理论；钻研过法国 18 世纪唯物主义和复辟时代历史学家的著作；研究过德国古典哲学、英国古典政治经济学和 19 世纪三大空想社会主义者以及他们的先驱和后裔的著作。的确如列宁所说的，"凡是人类社会所创造的一切，他都用批判的态度加以审查，任何一点也没有忽略过去"[②]。

在考察多渠道的来源时还应该注意到同时代人的影响。在科学探讨中相互影响的启发作用是不可忽视的。恩格斯在论述费尔巴哈始终停留在下半截唯物主义而没有达到唯物史观时，是把他蛰居穷乡僻壤过着农民式的孤陋寡闻的生活作为一个重要原因的，"这种生活迫使这位比其他任何哲学家都更爱好社交的哲学家从他的孤寂的头脑中，而不是从和他才智相当的人们的友好或敌对的接触中得出自己的思想"[③]。马克思不同。处在沸

[①] 《列宁选集》，2 版，第 4 卷，362 页，北京，人民出版社，1972。

[②] 同上书，347 页。

[③] 《马克思恩格斯选集》，1 版，第 4 卷，227 页。

腾政治生活旋涡中的马克思，不仅研究人类的文化遗产，而且重视同时代人的成就。马克思就承认恩格斯、赫斯等人对自己的影响。恩格斯的《政治经济学批判大纲》对马克思的启发是公认的。

第二，对19世纪西欧社会理论的综合吸收。

列宁肯定马克思主义是两千多年人类优秀文化遗产的结晶，但又特别强调德国古典哲学、英国古典政治经济学、19世纪三大空想社会主义思潮，认为"马克思是十九世纪人类三个最先进国家中三种主要思潮的继承人和天才的完成者"[①]。这两者并不矛盾，而是进一步强调了马克思主义来源中的最主要之点，因为它们凝结着到19世纪上半叶为止人类思想的最高成就。就唯物史观来说，它不单纯是来源于德国古典哲学，比如说，它还吸收了法国复辟时代历史学家的合理思想。就其主要来源说，它是德国古典哲学、英国古典政治经济学、19世纪三大空想社会主义思潮综合作用的结果。

黑格尔哲学是唯物史观的重要来源。这似乎很难理解。唯心主义历史观怎么能成为唯物史观的来源呢？其实并不奇怪。正如同马克思主义来源于非马克思主义一样，唯心主义历史观可以孕育出唯物主义历史观。精神生产不同于肉体生产。以基因为遗传物质的人种的延续是同种相生，而理论思维则可以通过对前人提供的思想的吸收、消化、再创造，形成新的学派和新的理论。恩格斯曾经明确地说过，黑格尔"是第一个想证明历史中有一种发展、有一种内在联系的人，尽管他的历史哲学中的许多东西现在在我们看来十分古怪，如果把他的前辈，甚至把那些在他以后敢于对历史作总的思考的人同他相比，他的基本观点的宏伟，就是在今天也还值得钦佩。在《现象学》、《美学》、《哲学史》中，到处贯穿着这种宏伟的历史

---

① 《列宁选集》，2版，第2卷，580页，北京，人民出版社，1972。

观，到处是历史地、在同历史的一定的（虽然是抽象地歪曲了的）联系中来处理材料的。这个划时代的历史观是新的唯物主义观点的直接的理论前提"①。没有辩证法，唯物史观的产生是不可想象的。黑格尔关于历史必然性的观点，关于劳动是人自我实现和自我创造的观点，关于矛盾是事物发展动力的观点，等等，对于马克思揭示历史自身的辩证过程无疑起了良好的引导作用。

　　费尔巴哈的历史观是唯心主义和形而上学的。可是他倡导的唯物主义的人本主义哲学，在当时为唯物主义历史观的产生创造了有利的条件。这不仅在于费尔巴哈唯物主义的本体论和认识论，缩短了马克思由唯心主义转向唯物主义的距离，而且他关于人的实在性的观点，关于人与自然统一的观点，关于人的本质存在于团体之中的观点，为马克思架设了一座从绝对观念通向现实的人及其历史的桥梁，因为"依靠从黑格尔那里继承来的理论武器，是不能理解这些人的经验的物质的行为的"②。特别是费尔巴哈对宗教的批判，从人的本质异化中寻找宗教的根源，叩击了通过分析宗教根源而通向唯物史观的大门。正如马克思所说的："由于费尔巴哈揭露了宗教世界是世俗世界的幻想（世俗世界在费尔巴哈那里仍然不过是些**词句**），在德国理论面前就自然而然产生了一个费尔巴哈所没有回答的问题：人们是怎样把这些幻想'塞进自己头脑'的？这个问题甚至为德国理论家开辟了通向唯物主义世界观的道路。"③事实正是这样。人们在马克思的早期著作中不难发现，马克思是如何通过分析宗教的世俗基础而达到唯物史观的。

　　唯物史观是哲学，但它的来源不限于哲学。正如亲缘繁殖不利于种的发育一样，一种创造性的哲学理论一定会突破从哲学到哲学的局限。唯物

---

　　①　《马克思恩格斯选集》，1版，第2卷，121页，北京，人民出版社，1972。
　　②③　《马克思恩格斯全集》，中文1版，第3卷，261页，北京，人民出版社，1960。

史观的创立，就广泛吸收了非哲学领域中的成就。在这里，对英国古典政治经济学和19世纪三大空想社会主义思潮的改造起了重要作用。

英国古典政治经济学重视生产，把整个经济学的研究从流通领域转向生产领域；它创立的劳动价值论不仅具有纯经济学的意义，而且包含着哲学意义，是以经济学的形式对劳动作为主体自我创造能力的肯定；它还从经济学的角度对资本主义社会的阶级关系作了分析，虽然它的着眼点停留在分配方式上，没有揭示阶级划分的实质，但从经济学而不是从法权角度来分析阶级无疑是一个进步。而且历史唯物主义的许多重要范畴，例如生产方式、社会经济形态、生产力、生产关系、经济基础、上层建筑等等，并不是借自德国古典哲学，而是建立在对政治经济学研究的基础上。

19世纪三大空想社会主义者的历史观是唯心主义的，但也包含某些合理的因素。圣西门在《一个日内瓦居民给当代人的信》中，了解到法国革命是阶级斗争，并且不仅是贵族和市民等级，而且是贵族、市民等级和无财产群众之间的阶级斗争，这在1802年是极为天才的发现。圣西门还宣布政治是关于生产的科学，并预言政治将完全为经济所包容，以萌芽的状态表述了经济状况是政治制度基础的思想。傅立叶的著作虽然包含许多神秘的东西，但也包含许多真正有价值的东西，是对社会进行系统思考的一种社会哲学。傅立叶关于合理制度下每个人都应该根据自己兴趣劳动的观点，关于劳动与享受应一致的观点，特别是把社会历史划分为蒙昧、宗法、野蛮、文明四个阶段的历史发展观，比起黑格尔按绝对观念的自我发展来划分历史的强制结构要合理得多。欧文关于人的性格是先天组织和人在一生特别是发育时期所处的环境这两方面相结合的产物的观点，关于应该合理安排环境以使人的性格和智慧得到全面发展的观点，都是富有启发性的。

由上可见，唯物史观的理论来源不是单一的。马克思主义的先驱者们在哲学、经济学、政治学领域所取得的成就形成了一种综合力量，一种理论的合力。如果说，英国、法国的资本主义生产方式的高度发展，弥补了德国经济落后的缺陷，形成了有利于唯物史观产生的时代条件，那我们同样可以说，马克思主义的先驱者们各自在不同领域所取得的成就，起到了相互补充的作用，形成了有利于唯物史观产生的理论环境。

第三，理论和实际的结合。研究重点的转移。

马克思对先驱者们思想的批判吸收不是一次完成的，而是一个过程。马克思不可能一开始就接触到人类多方面的文化成就，而是随着他在实际生活中所碰到的理论难题，不断扩大自己的视野和研究范围。只要稍微考察一下马克思的读书笔记和研究重点的变化，就能大致勾画出马克思的思想发展和唯物史观形成的脉络。当马克思于1837年开始转向黑格尔，参加青年黑格尔运动时，他阅读了黑格尔的全部著作和他的弟子们的大部分著作；当马克思批判普鲁士专制制度和宗教，为自我意识和自由作论证时，他着力钻研古希腊罗马哲学；当马克思主编《莱茵报》碰到他所不熟悉的关于共产主义的争论时，他转向研究空想社会主义者的著作；当马克思退出《莱茵报》，集中力量解决他在编辑《莱茵报》时所碰到的苦恼问题——市民社会与国家的关系问题，清算黑格尔的国家观时，他研究费尔巴哈的著作，大力研究历史，研究资产阶级启蒙学者的政治理论；当他转向解剖市民社会时，他从哲学转向政治经济学，大量阅读有关经济学的著作。当然，这个过程不是直线的、一次性的，而是反复的。例如马克思在写作《资本论》时，又重新回过头来研究黑格尔的著作，特别是他的逻辑学。

唯物史观产生的历史条件和理论来源表明，它是一种阶级性和科学性相结合的历史观。唯物史观是适应无产阶级的阶级斗争需要而产生的，有着强烈的阶级性；但它不是像西方某些学者所说的仅仅是阶级的意识形态，是一种辩护论，即为某一阶级利益作论证的工具。唯物史观广泛地吸收了人类优秀的文化遗产，是真实地揭示了历史自身规律的科学历史观。阶级性和科学性的统一是唯物史观的特点，也是它的优点。即使阶级结构和阶级关系发生彻底变化，唯物史观作为人类优秀文化遗产的结晶，也将继续保持它的科学价值。

唯物史观的产生有它的历史条件和理论来源，这个论断不仅适用于唯物史观的创立，而且适用于唯物史观的发展。如果说历史上某种哲学由于被奉为官方哲学而陷于停滞和枯萎的话，随着无产阶级胜利而处于指导地位的唯物史观不会遭遇同样的命运。理论和实践相一致的原则保证了它的无限生命力。它重视新的历史条件，不断研究新时代提出的新问题；它重视多渠道的理论来源，不断吸收各门社会科学和自然科学的新成果。如果只注重创立时期的历史条件，而忽视当代的历史条件；只注重当时的理论来源，而忽视新的理论来源，把唯物史观变成一个与时代无关的、封闭的思想体系，肯定是错误的。

四

唯物史观的发展是一部永远不会终结的历史。人类自身创造历史又不断加深对历史的认识。马克思和恩格斯逝世后，拉法格、梅林、拉布里奥拉、列宁、普列汉诺夫以及以毛泽东为主要代表的中国共产党人都在理论和实践上对发展唯物史观作出了贡献。邓小平提出建设有中国特色的社会主义理论，把唯物史观创造性地运用于社会主义建设实践。相对于整个唯物史观发展史，马克思创立唯物史观的时期是短暂的。但这是一个极其重要的阶段，它确立了唯物史观的一些基本范畴和根本观点。要正确回答理论和现实向唯物史观提出的种种问题，都离不开对马克思创立唯物史观的思维进程和基本观点的研究。这种"探源"，或叫发生学的方法是很重要的。

例如对唯物史观是否过时这个问题的回答，就必须研究马克思为什么创立唯物史观。西方有些学者认为，马克思的"各种理论都打着维多利亚时代资本主义的烙印"，马克思用以研究社会和历史的一般模型已经失去了价值。还有的学者虽然承认马克思的历史功绩，但强调马克思主义是旧的第二次浪潮，即工业革命的产物，认为今天用马克思主义来诊断高技术社会的内部结构，如同在电子显微镜的时代仍用放大镜一样。这都是把进一步运用和发展唯物史观的条件同创立唯物史观的条件对立起来，没有弄清唯物史观之所以是科学历史观的根据。

唯物史观创立于 19 世纪 40 年代，标志着唯物史观创立的经典著作《德意志意识形态》写于 1845 年到 1847 年，同处于世界科技革命浪潮的当代相比，无论就生产力的发展来说，还是就科学技术的进步来说，都显然不同。但马克思创立唯物史观并不是作为预言家，企图把以后全部人类发展史的丰富多彩的内容，塞进一个固定不变的历史图式中，详尽地描绘未来；而是作为科学家，把以往用神的意旨、绝对观念、人的本性和意志来解释历史的形形色色的唯心主义、形而上学和循环论，从这个领域中驱逐出去，为研究人类社会和历史提供基本的科学理论和方法。对于完成这个任务来说，分析 19 世纪 40 年代无产阶级登上政治舞台的阶级状况，以及资本主义生产发展到一定高度所提供的材料，是完全可以做到的。迄今为止，无论生产力和科学技术怎样发展，都没有任何证据能驳倒唯物史观关于物质资料生产是社会存在和发展的基础的理论，关于生产力是社会发展最终决定因素的理论，关于阶级结构取决于经济结构的理论，关于科学技术是生产力的理论，关于生产力和生产关系、经济基础和上层建筑辩证运动的理论，等等；相反，倒是离开唯物史观，对科技发展中所呈现的生产力结构的变化、产业结构的变化、生产管理制度的变化、家庭结构的变化，以及人们的生活方式、价值观念、文化心理的变化就不可能作出正确的解释。尽管在唯物史观之后，特别是近几十年出现过不少关于社会历史的理论，其中有些确实提出了一些问题和可供借鉴的思想，但没有一个学派能超过或取代唯物史观。它们像走马灯似的生命周期就是极好的证明。不能把唯物史观适用的范围和它创立的历史条件对立起来，因为它揭示了人类社会历史的本质和最根本的规律。唯物史观的内容要丰富和发展，研究的课题要更新，但必须沿着马克思已经开辟了的方向前进，另找"出路"是没有出路的，历史一再昭示了这一真理。

又如对唯物史观的本质的理解，也不能离开这段时期历史的研究。马克思创立唯物史观的过程，是从批判宗教、国家和法着手，逐步深入到探讨它的物质根源，发现了物质资料生产方式的决定作用。这是一个从上层建筑现象进到研究经济基础的过程。这不仅同人的认识总是从结果进到原因的规律相符合，而且同马克思创立唯物史观的历史任务——把唯心史观驱逐出去是相联系的。马克思当时全力捕捉的是决定整个社会面貌和社会发展，合理地解释各种上层建筑现象的物质力量，因而没有时间和机会去着重论述问题的另一方面。但马克思从来没有否认上层建筑各种因素的相互联系以及它们对经济基础的反作用。马克思和恩格斯的全部著作证明了这一点。把唯物史观曲解为只承认经济因素起决定作用的庸俗"经济决定"论，是有意无意地忽视马克思创立唯物史观时期的历史特点。

再如从马克思创立唯物史观的思维逻辑进程来看，它经历了从异化到异化劳动，再从异化劳动到全面创立唯物史观的过程。这同马克思从上层建筑入手，到逐步深入到劳动和生产领域，发现历史的"终极原因"的过程是相一致的。这是个连续的、艰苦的理论探索过程，其中包含着矛盾和自我扬弃。恰如其分地估计每一步所取得的成就、问题以及发展方向，历史地、具体地分析马克思的思维进程，有助于我们比较正确地理解异化、人道主义这些世界上争论的重大理论问题。

马克思理论活动的特点，并不是从抽象地研究人的本质、异化这些范畴开始的。马克思的视线关注的是现实，开始是德国的现实，紧接着是法国和英国的工人运动。马克思曾经把自己理论活动的特点，同青年黑格尔派中的某些人，特别是施蒂纳作过对比。他说："在'施蒂纳'那里，'共产主义'是从寻找'**本质**'开始的"，事实上"共产主义是用实际手段来追求实际目的的最实际的运动，它只是在德国，为了反对德国哲学家，才会稍为研究一下'本质'问题"①。这当然不是说，马克思不重视有关异化和人的本质问题。事实正好相反，在创立唯物史观的过程中，马克思从对宗教、国家、法的批判到转向对市民社会的解剖，转向对"谋生劳动"和异化劳动的分析，都没有离开这个问题。这不难理解。在确定的历史前提下开始理论探索的马克思的思维进程，表现了历史的连续性和理论传统的力量。这当然不是马克思的"不幸"。如果没有从文艺复兴逐步开始的从神到人的过程，很难想象马克思在短短几年之内就能从抽象的人进到现实的人，进到人的物质生产活动。马克思继承了历史的传统又突破了传统，把对人类社会和历史的研究，其中包括对人、人的本质和资本主义社会异化劳动的分析置于唯物史观的基础之上，这是关键所在。把所谓青年马克思同老年马克思对立起来，或者把唯物史观归结为抽象人道主义，或者认为历史唯物主义不主张任何一种人道主义，都是片面的。

在马克思主义中，哲学、经济学、科学社会主义理论是不可分割，融为一体的。在唯物史观的创立时期，这一点表现得尤为显著。马克思并不是为了构造一种历史哲学而创立唯物史观，他是在为无产阶级寻求彻底解

① 《马克思恩格斯全集》，中文1版，第3卷，236页。

放的道路，科学地论证无产阶级历史使命过程中逐步形成自己的历史理论的；同样，如果马克思不突破德国古典哲学的思辨传统，始终停留在纯哲学的范围内，不从哲学转向经济学的研究，那马克思最多无非是富于思辨的黑格尔式的马克思，而不能成为新的科学体系的创始人。反过来说，唯物史观为创立无产阶级的经济学和社会主义理论提供了科学的理论和方法。它们之间不是单线的链式的因果关系，而是相互促进、相互补充的复杂过程。

我们决不应该忘记马克思主义是一个统一整体，去掉其中任何一个部分，都会使整体丧失它原有的性质。例如当今世界上关于资本主义发展前途的争论，都直接或间接集中到它的理论基础——唯物史观。如果唯物史观不是科学历史观，如果历史像西方某些学者所说是无规律、无方向的，纯属自我设计或选择，或者说在资本主义社会之后不是社会主义社会，而是后工业社会、超工业社会、信息社会、技术电子社会等等，那么，不仅马克思关于社会主义革命的理论会失去客观规律的依据，而且人类对历史和社会的认识又要重新陷入宿命论、唯意志论的深渊。

任何历史都是现代史，这是克罗齐的"名言"。我们当然不同意这种相对主义，但得承认科学地反映历史真实性是不容易的，理论思维史尤其如此。不一定是有意歪曲，仅仅是资料不全、功力不深，就足以得出错误的结论。再现马克思创立唯物史观的历程是一个严肃的困难的任务，需要共同努力。在理论研究中，良好的愿望可以取得谅解，但不能成为自己掩饰错误的借口。我期待同志们的批评指正。

第一章 对宗教的批判——通向实际生活的大门。论自我意识和自由

历史不会重演，但往往有许多惊人的相似之处。在西欧历史上延续很久的从神到人的过程，在德国以浓缩的形式再现。这个运动在德国虽然不像历史上那样波澜壮阔，充满献身精神，但也自有其特殊的功绩。它为年轻的马克思敞开了通向实际政治斗争的大门。

反宗教的斗争由来已久。无论在意大利、英国、法国还是德国，那都是一种政治性质的斗争。但用异化的观点来批判宗教，这是德国哲学思维的产物。可同样把宗教看成是异化现象，黑格尔、费尔巴哈、鲍威尔的说法又各有特点。马克思曾经参加青年黑格尔运动。他在柏林大学时期与青年黑格尔派的首要人物布·鲍威尔有师生之谊，交往密切。马克思开始把自我意识看成人的本质，并用以批判宗教。他的博士论文《德谟克利特的自然哲学和伊壁鸠鲁的自然哲学的差别》和关于伊壁鸠鲁哲学的一系列笔记表现了这个特点。这说明马克思继承了德国古典哲学思辨的辩证法传

统，突出了人的自我意识。

第一节　自我意识原则的确立
——由人的机械性到人的能动性的思辨表现

从文艺复兴时期逐步兴起的资产阶级人道主义，发展到法国唯物主义，在关于人的问题上无疑都包含着一个矛盾：它们一方面要求提高人在社会中的地位，系统地发挥了以自然权利为依据的关于自由、平等、博爱的学说；另一方面它们又以其机械论的观点否定人的主体地位，贬低人，甚至把人看成是机器。

恩格斯在评论英国从霍布斯开始的机械论倾向时就指出了这一点。机械论者把一切运动归结为机械运动，甚至把人的一切情欲都看成无非是既有开始又有结束的机械运动，因此恩格斯说："唯物主义开始憎恨起人类来了。既然唯物主义要克服自己的对手，即憎恨人类的、不要肉体的唯灵论，并且是在后者自己的范围内予以克服，它就只好抑制自己的情欲而变成禁欲主义者。"①

机械论的观点，同人的能动性是对立的。如果说英国唯物主义具有这种特点，那么法国唯物主义也是这样。导致法国机械唯物主义一派产生的笛卡儿，在他的物理学的范围内表现出了这种倾向，提出了动物是机器的思想。拉美特利进一步发挥了这个原则，提出了人是机器，并为此写了一本著作，书名就是《人是机器》。在拉美特利看来，人的身体是一架会自己发动自己的机器，一架永动机的活生生的模型；人并不是用什么更贵重的材料捏出来的，自然只用了一种同样的面粉团子，它只是以不同的方式

---

① 《马克思恩格斯选集》，1版，第3卷，383页。

变化了这面粉团子的酵料而已。所以人与动物相比，无非是多几个齿轮，多几个弹簧，脑子和心脏更接近，供血更充足而已。狄德罗也发表过类似的看法。他在《达朗贝和狄德罗的谈话》中，以争辩的形式强调教黄雀唱歌用的手风琴、黄雀以及它们与人之间没有根本不同：教黄雀唱歌用的手风琴是木头做的，人是肉做的，黄雀是肉做的，音乐家是一种结构不同的肉做的。大家都有同一的来源、同一的构造、同一的机能和同一的目的。这种看法，反对唯灵论、二元论和各种宗教神秘主义，坚持世界物质统一性的原则，自有某种合理成分，但却抹杀了人的特殊本质。

由法国唯物主义到德国古典哲学唯心主义的转变，具有双重性质：从哲学基本问题的解决来看是一种退步，由唯物主义过渡到唯心主义；可是从辩证法和形而上学的对立来看却是一种进步，由机械论过渡到辩证论。马克思对德国古典哲学的辩证法成就是很赞赏的，他说："被法国启蒙运动特别是 18 世纪的**法国唯物主义**所击败的 17 世纪的**形而上学**，在**德国哲学**中，特别是在 19 世纪的**德国思辨哲学**中，曾有过**胜利的和富有内容的复辟**。"[1]

德国古典哲学的辩证法同古希腊朴素辩证法相比，有一个特点，它主要不是本体论的辩证法，即关于客观世界自身的辩证法，而是唯心主义的思辨的辩证法。从康德开始，经过费希特到黑格尔，尽管对"主体"的看法不完全一样，可以区分为主观唯心主义和客观唯心主义，但它们的共同特点是强调精神的作用，因而改变了旧唯物主义把人看成机器的机械论观点，从唯心主义方面把主体的创造作用提到首位。这样，至少在两个方面产生了"富有内容"的成果。

第一，由客体到主体。旧唯物主义不仅把物质世界，把认识对象看成

---

① 《马克思恩格斯全集》，中文 1 版，第 2 卷，159 页，北京，人民出版社，1957。

是纯粹的客体，而且把人也看成是客体。他们看不到人同其他客观事物的本质区别，否定了人的主体地位。德国古典哲学的一个成就是找到了有别于客体、创造客体的主体。虽然在费希特的"自我创造非我"、黑格尔的"实体即主体"等命题中，自我与主体都是脱离物质的精神，但它们却以颠倒的形式暗含着人的主体地位。

第二，由被动到能动。与上一点相联系，旧唯物主义强调的是人的被动性，把人看成是一架必须由自然来叩击才能发声的钢琴。它坚持了唯物主义的反映论，但这种消极的、直观的反映论，使人在客观世界中处于一种被动的地位，剥夺了人的创造生机。德国古典哲学的思辨辩证法把这种关系倒过来了，它把客体看成是被动的、消极的，而把主体即精神看成是积极的、能动的、自我创造的东西。

以鲍威尔为代表的青年黑格尔派的自我意识的哲学，是在德国思辨哲学传统的基础上产生的。它既以黑格尔哲学为依据，又是对这种哲学的某种偏离。

德国古典哲学发展到黑格尔哲学，达到了唯心主义辩证法的高峰。黑格尔一方面以其关于绝对观念的学说，逻辑地、思辨地表达了主体的能动作用，但又把自然和人作为实体和自我意识的范畴统摄于绝对观念之中，从而把人与自然看成是绝对观念实现自己内在必然性的工具。青年黑格尔派对此是不满意的。鲍威尔抓住了黑格尔的自我意识，把它由从属的地位上升为主体。本来，强调自我意识的作用，更接近于表达人在整个世界中的地位，但是由于鲍威尔把自我意识从作为人的属性，变成脱离自然、脱离人的独立主体，变成世界、天空和大地万物的唯一创造者，因而回到了费希特的主观唯心主义。

确实，哲学思维的发展不是直线的，而是无限地近似于一串圆圈，近似于螺旋的曲线：18 世纪的法国唯物主义，击败了 17 世纪关于意志自由

的形而上学学说；而德国的思辨哲学又否定了法国唯物主义，复活了 17
世纪的形而上学；黑格尔否定了费希特的主观唯心主义，转向客观唯心主
义；而以鲍威尔为代表的青年黑格尔派，从黑格尔的客观唯心主义出发返
回到费希特的主观唯心主义。马克思是从参加青年黑格尔运动开始自己的
理论活动和政治活动的，起初也强调自我意识的作用。马克思否定鲍威尔
把自我意识同实体对立起来的做法，但并没有返回自我意识与实体统一的
绝对观念，而是在吸收黑格尔合理思想的基础上，逐步达到人与环境的统
一的观点，即把握现实的人和现实的人类，从而真正阐明了人在自然和社
会中的作用和地位，对人的能动作用给予了科学的表述。当然达到这一点
要经历一个过程，马克思的博士论文只是有征兆意义的良好开端。

第二节　马克思对自我意识哲学的探讨

把伊壁鸠鲁主义、斯多葛主义和怀疑论视为自我意识的哲学，源自黑
格尔，他在《精神现象学》和《哲学史讲演录》中都是这样论述的。但是
黑格尔轻视这些学派，按照黑格尔的体系，它们处在仅仅高出于感性确定
性的阶段。虽然从意识形态发展史的角度看，其中包含合理的因素，但他
对这些学派的轻视，不符合青年黑格尔派争取自由的时代精神。

作为青年黑格尔运动的参加者，马克思对这些学派怀有浓厚的兴趣。
他不同意把亚里士多德以后的哲学看成是希腊哲学的衰亡，充分评价了它
们对于希腊哲学史和一般希腊精神的重大意义，并且强调："只是现在，
伊壁鸠鲁派、斯多葛派和怀疑派体系为人理解的时代才算到来了。"①

在马克思看来，伊壁鸠鲁派、斯多葛派和怀疑论者，"是自我意识哲

---

① 《马克思恩格斯全集》，中文 1 版，第 40 卷，286 页，北京，人民出版社，1982。

学家",并且认为,"这些体系合在一起形成自我意识的完备的结构"。马克思对这种"自我意识"的哲学体系的钻研,主要是反对普鲁士专制制度的政治需要。正如他后来在给拉萨尔的信中所说:"在古代的哲学家中……伊壁鸠鲁(尤其是他)、斯多葛派和怀疑论者,我曾专门研究过,但与其说出于哲学的兴趣,不如说出于政治的兴趣。"① 可是在理论上,这又是德国思辨辩证法确立的原则——主体性和能动性——的继续深化。在马克思分析德谟克利特自然哲学和伊壁鸠鲁自然哲学差别的博士论文中,对自我意识的能动作用给予了充分的估计。

1. 反对机械决定论

在必然性和偶然性的相互关系问题上,德谟克利特和伊壁鸠鲁正好是相互对立的。德谟克利特的原子学说着重的是自然科学的经验知识,因此它强调的是必然性。在他看来,偶然性同强有力的思维是敌对的,人们虚构出偶然这个幻影,表明他们束手无策。与此相反,在伊壁鸠鲁的哲学中,原子不是物质世界的物理模型,而是个别自我意识的象征,因此他否认必然性,强调偶然性,正如马克思说的:"偶然是伊壁鸠鲁派居支配地位的范畴。"②

正因为德谟克利特注重必然性,因而他重视实在的可能性,因为必然性是以存在着一系列的条件、原因、根据作为中介,通过实在可能性推演出来的;而伊壁鸠鲁则强调作为实在可能性反面的抽象可能性,因为实在可能性力求证明的是客体的必然性和现实性,而抽象可能性感兴趣的不是被说明的客体,而是作出说明的主体。它只要求说明这对象是可能的,是可以想象的。凡是抽象可能的东西,凡是可以想象的东西,都不会妨碍思维着的主体,不会成为它的障碍物。由此可见,伊壁鸠鲁感兴趣的不是对

---

① 《马克思恩格斯全集》,中文1版,第29卷,527页,北京,人民出版社,1972。
② 《马克思恩格斯全集》,中文1版,第40卷,130页。

象本身，不是自然知识，而在于求得"自我意识的宁静"。

很显然，把必然性和偶然性对立起来，各执一端，是两种片面性。但马克思在这种对立中，倾向于伊壁鸠鲁，原因在于伊壁鸠鲁否定必然性，目的是反对机械决定论，为自由争取地盘。伊壁鸠鲁认为，必然性是命运，它阻碍通向自由的道路，相信必然性甚至比相信关于神灵的神话更糟，因为神话还留下个希望，即由于求神而得到神的保佑，而命运却是铁面无情的必然性。生活在必然性中是不幸的，是命运的奴隶。所以伊壁鸠鲁派颂扬他们的老师拯救了他们，使他们"获得了自由"。当然，马克思并不否认必然性，他按照黑格尔的观点承认自然是有理性的，并表现出试图正确解决必然与自由关系的思想萌芽。

2. 偏离直线就是自由意志

原子偏斜运动是伊壁鸠鲁哲学的特点，是它同德谟克利特自然哲学的一个根本区别。马克思认为，原子偏离直线并不是偶然出现在伊壁鸠鲁哲学中的规定，而是贯穿于他的整个哲学之中的。它打破了机械决定论和盲目必然性的支配，因为"'偏离直线'就是'自由意志'"[①]。

在马克思看来，如果原子只有直线运动，那就是把原子只看作空间的一个点，只有空间的规定性，缺乏自我运动的原则。而伊壁鸠鲁在承认直线运动的同时，还提出偏离直线的运动，从而赋予原子以能动的原则，使"运动被设定为自我规定"。因为斜线运动是对直线运动的否定和扬弃，而在斜线运动这种否定中又包含肯定，即与原子有关系的定在不是别的东西，而是它本身。同样是一个原子，由于偏斜而发生众多原子的相互排斥和碰撞。正是由于原子的排斥、冲击、碰撞，才形成世界。正如马克思所形象地描绘的："就象宙斯是在库列特的嘈杂的战争舞蹈声中长大的一样，

---

① 《马克思恩格斯全集》，中文1版，第40卷，121页。

在这里，世界就是在原子的斗争声中形成的。"① 所以马克思同意卢克莱修关于偏斜运动打破了"命运的束缚"的论断，并且认为只有偏斜运动才表述了原子的真实的灵魂，即自我意识的绝对性和自由。

马克思很重视伊壁鸠鲁原子偏斜说所包含的追求自由的象征，但是不同意他把自由看成是脱离外界的自我意识的宁静。马克思对原子偏斜说作了进一步的发挥。原子偏离直线的运动表明，原子只有扬弃自己的相对存在即直线运动，同他物发生关系（原子碰撞），才实现了原子概念。人也是一样。一个人只有与另一个人发生关系，这个人才不再是自然的产物。要使自己成为作为人的人，就必须打破自身相对的定在，即自我封闭和隔离，同另一个人发生关系。马克思强调伊壁鸠鲁的原子偏斜说改变了原子王国的整个内部结构，认为排斥是自我意识的最初形式，都包含这个意思。所以在马克思看来，孤立主体的内心自由，"是脱离定在的自由，而不是在定在中的自由"②，真正的自由在于人与人的交往之中。

3. 自我意识转化为实践力量

正如把伊壁鸠鲁哲学视为自我意识哲学一样，马克思也把青年黑格尔派看成自我意识的哲学。所以青年黑格尔派同黑格尔哲学的关系，无非是被实现的哲学体系同体现着它的进展的精神承担者，同个别的自我意识的关系。青年黑格尔派反对黑格尔体系，实际上只是实现了这个体系的个别环节，即自我意识。

马克思也强调自我意识，但和鲍威尔不同，他不是回到费希特的主观唯心主义，不是局限于自我意识自身，而是着重自我意识与外界的统一。自我意识作为一种精神力量，它必然要表现为意志，转向外界。正如马克思所说："一个本身自由的理论精神变成实践的力量，并且作为一种意志

---

① 《马克思恩格斯全集》，中文1版，第40卷，123页。
② 同上书，228页。

走出阿门塞斯的阴影王国，转而面向那存在于理论精神之外的世俗的现实，——这是一条心理学的规律。"① 马克思这时对实践的理解仍然是客观唯心主义的，把实践看成是理论的，是以观念为根据批判地衡量个别存在和特殊的现实。但是他通过实践范畴的中介，建立起自我意识与世俗现实的关系，并提出了世界的哲学化和哲学的世界化的问题，认为哲学正是在世界化即转化为行动的过程中，才能消除自己体系的内在缺陷和错误。由此可见，实践范畴的引入，遏制了把自我意识导向唯意志论的方向，为正确理解主观能动作用开辟了道路。

第三节　宗教是自我意识的异化。人性高于神性

异化，是青年黑格尔派广泛使用的范畴。当时参与青年黑格尔运动，与博士俱乐部的成员经常集会的马克思，很显然也接受了这种思潮的影响。他在《关于伊壁鸠鲁哲学的笔记》和博士论文中，都曾运用异化这个范畴来分析伊壁鸠鲁和德谟克利特自然哲学的差别，特别是分析伊壁鸠鲁反宗教的无神论思想。虽然马克思这时对异化的看法还是唯心主义的，但这对全面了解他的思想发展进程仍然是有意义的。

马克思在分析伊壁鸠鲁的原子论时，提出了概念的异化问题。他认为按照伊壁鸠鲁的观点，原子是没有特性的。说原子有特性，是同原子的概念相矛盾的。因为特性都是变化的，特性就意味着变化，而原子却是不变的。可是在逻辑上却必须把原子看成是有特性的。为感性空间所分离的、由于偏斜运动而互相排斥的众多原子，它们彼此之间以及它们同自己的纯本质（即原子概念）之间不是直接符合的，而是各不相同，具有质的差异

① 《马克思恩格斯全集》，中文1版，第40卷，258页。

性。正是"由于有了质，原子就获得同它的概念相矛盾的存在，就被设定为**外在化了的、同它自己的本质不同的定在**"①。

马克思赞扬伊壁鸠鲁，说他把原子概念中所包含的本质与存在的矛盾客观化了。由于单个原子具有质，原子就和它的概念相背离，于是从具有质的规定性的原子的相互排斥以及与排斥相联系的凝集里，就产生出现象世界。很显然，如果没有存在与本质矛盾的客观化，现象世界就无从产生。这样，原子从本质世界进入现象世界，成为具有多种关系的现象世界的负荷者，而现象世界则成为原子概念的外在形式。正因为这样，伊壁鸠鲁把现象世界和本质世界结合在一起，而德谟克利特没有看到原子概念中包含本质与现象的矛盾。他或者把它们混为一谈，看不到这两者之间的差别；或者把它们割裂开来，使现象降低为主观的假象。所以马克思强调："只有在伊壁鸠鲁那里现象才被理解为现象，即理解为本质的异化，这种异化本身是在它的现实性里作为异化表现出来的。"② 毫无疑问，马克思把现象世界看成是原子概念的异化，完全是按照黑格尔的观点来解释伊壁鸠鲁，但是从马克思的思想发展过程来看，在这里第一次提出了存在与本质的矛盾问题，并把它作为异化的一个重要内容。

马克思在《关于伊壁鸠鲁哲学的笔记》中还提出了自然的异化问题。自然是人类赖以生存的条件，是人类不可能离开的生活源泉。但在生产力极其低下的情况下，自然成为人们崇拜的对象，特别是人们无法解释的一些自然现象，如电闪雷鸣、日月盈蚀等等，转变成为恐惧的对象。人们往往设想在自然现象后面有一种超自然的力量。人对自然的这种依附关系就是一种异化，正如马克思所说："对自然的任何关系本身同时也就是自然

---

① 《马克思恩格斯全集》，中文 1 版，第 40 卷，218 页。
② 同上书，231 页。

的异化。"①

在自然的异化中，马克思特别注重伊壁鸠鲁关于人与天的关系、反对天体崇拜的思想。

对于天体的崇拜，是许多古希腊哲学家遵从的一种崇拜。毕达哥拉斯派、柏拉图、亚里士多德都是如此。这种崇拜同宗教观念是结合在一起的。因为人们把最高的处所——天体划给神，看作是神居住的地方。无论是当时的所谓异邦人还是古希腊人，凡是相信神的存在的人莫不如此。在他们看来，神是不死的，天体也是不死的，因此神住在天上。这样，天体的运动、位置、亏蚀、升起、降落等等，都是受一个至高无上、永不毁灭的存在物的支配和安排。这个最高存在物，就是神。

伊壁鸠鲁反对整个古希腊民族的世界观，即反对天体崇拜。他认为人心最大的不安，起源于人们相信天体是有福祉的和不可毁灭的；他反对对天体现象的神学目的论解释，认为关于日月出没的学说、关于星辰的位置和亏蚀的学说本身并不包含有关幸福的特殊根据，只不过因为人们看到这些现象但又不认识不理解这些现象，感到恐惧罢了。因此对伊壁鸠鲁来说，只要排除宗教的解释，对天体的任何解释都是可以接受的，关键在于排除掉人们对天体现象的恐惧，并使自己从恐惧中解放出来。

在马克思看来，要排除自然的异化，排除人对自然的恐惧和依赖，必须承认自然是有理性的，"当我们承认自然是有理性的时候，我们对它的依附关系就不复存在"②。但是理性有两种：一种是所谓自觉的理性，即神；一种是黑格尔的理性，即宇宙精神。马克思当时是站在黑格尔的立场上，并力图从黑格尔哲学中得出无神论的结论："只有当自然被认为完全

---

① 《马克思恩格斯全集》，中文 1 版，第 40 卷，174 页。
② 同上书，173 页。

摆脱了自觉的理性，本身被看作是理性的时候，它才完全成为理性的财产。"① 把自然看作是理性的体现，当然是唯心主义的，但包含合理的因素——自然的发展是一个必然的、有规律的过程。只要承认并理解自然的理性，就可以摆脱对自然的恐惧和崇拜，从而消除自然的异化。

在博士论文中，马克思发挥了彻底的战斗无神论的思想，而这种思想的一个主要根据，是当时青年黑格尔派关于宗教是自我意识异化的论点。

神是人创造的，这个看法是相当古老的。但是从朴素的拟人观到异化说，经历了一个相当长的发展过程。古代人对神的看法是朴素的、直观的。它强调的是"形似"，而不是"神似"，但它包含着一个深刻的思想：信仰者所敬奉的神的形象，是人们按照人的样子创造出来的。

18 世纪法国启蒙学派的无神论思想要彻底得多，深刻得多，丰富得多，但它的一个中心思想仍然是神是由人创造的。不过它已不限于从神的形象来进行论证，而是深入到人们关于神的观念、神的特性以及人们对神的态度。例如霍尔巴赫就认为，神无非是"夸大了的人"，人们"所设想的这些看不见的东西与他们自己之间的各种关系永远是人的关系"。人们所采取的那些对待神的行为，尊敬、恐惧、谄媚，实际上是借自同自己既害怕又想讨好的某个同类打交道时所采取的行为。所以霍尔巴赫说，人们对神的崇拜，"亦即他对待一个神的行为体系，是必然符合于他为神制造出来的那些概念的，正如这个神本身是按照他自己的感觉方式塑造出来的一样"②。

德国哲学家关于宗教是人的本质异化的学说，吸收了历史上关于神是人创造的合理思想。同以往简单地把宗教看成是一种欺骗不同，德国哲学家从人的本质异化中去探索宗教，把宗教看成一种必然的现象。但同样是

---

① 《马克思恩格斯全集》，中文 1 版，第 40 卷，173～174 页。
② 《西方哲学原著选读》，下卷，198 页，北京，商务印书馆，1982。

把宗教看成异化，费尔巴哈和鲍威尔的说法就不同，这取决于对人的本质的不同看法。当时正处于黑格尔思想影响下的马克思，比较倾向于鲍威尔的观点，把宗教看成是自我意识的异化，并用以驳斥各种关于上帝存在的证明。

马克思把神的作用和神的存在区分开来。就神具有一种真实的、人格的存在而言，它是非存在。因为每个国家、每个民族都有自己的神，当你把你信仰的神带到信仰另一种神的国度里去时，你就会发现这个神不存在。一定的国家对于外来的特定的神来说，同理性的国家对于一般的神来说一样，都是神停止其存在的地方。可是就神的作用而言，就它作为凌驾于人之上并影响人的行为的力量而言，一切神，无论是异教的还是基督教的神，都具有一种真实的存在。古代的摩洛赫曾经主宰一切，德尔斐的阿波罗曾经是古希腊人生活中的一种真正力量，这说明关于神的观念对人类生活有着巨大的影响。

正因为神是非人格的存在，所以任何对神存在的证明，"不外是对人的本质的自我意识存在的证明，对自我意识存在的逻辑说明"①。在马克思看来，最直接的存在是自我意识，而神是自我意识的异化。因此所有关于神存在的证明，无非都是对人自身关于神的观念的证明，这正好证明的是自我意识的分裂。所以在这种意义上，一切对神的存在的证明，都是对神不存在的证明，都是对一切关于神的观念的驳斥。

但是马克思当时绝不只是对鲍威尔的某些思想深有同感的一个普通的青年黑格尔分子。他采纳了宗教是自我意识异化的论点，但不以此为限，而是进一步从世界、自然和人自身考察了宗教产生的原因。他强调因为自然安排得不好，所以神才存在；因为无理性的世界存在，所以神才存在；

---

① 《马克思恩格斯全集》，中文1版，第40卷，285页。

因为思想不存在，所以神才存在。换言之，只要按照理性原则来安排世界，安排自然，并使自我意识符合理性，神的观念就不会存在。这样，马克思就同鲍威尔不完全一致了。他没有把扬弃宗教问题局限于自我意识范围，而是扩展到世界和自然的安排问题，这就为他以后真正从唯物主义观点来考察宗教和宗教根源确定了一个大致的方向。

人与神的关系，在人类历史上曾经是政治生活和意识形态领域中的一个重大问题。马克思在博士论文的附录中，专门论述了人与神的关系，批评普鲁塔克对伊壁鸠鲁无神论的攻击。

马克思在人与神的关系问题上，并不是一开始就把它们对立起来，相反是强调它们的一致性。例如，他在 1835 年写的关于宗教问题的作文，专门论述了人与神一致的必要性，他说："我们的心、理性、历史、基督的道都响亮而令人信服地告诉我们，和基督一致是绝对必要的，没有这种一致我们就不能够达到自己的目的，没有这种一致我们就会被上帝抛弃，而只有上帝才能够拯救我们。"[1] 这当然不能说明马克思是一个虔诚的教徒，但说明他也受到传统的宗教道德观的影响。在参加青年黑格尔运动后，马克思赞同青年黑格尔派的观点，把自我意识看成人的本性，认为人高于神，人性高于神性："不应该有任何神同人的自我意识相并列"，"人的自我意识具有最高的神性"[2]。这个论断，极其明显地表现了马克思反对宗教和封建制度的政治立场和理论观点。

在人与神的关系问题上，从古希腊一直到中世纪，占主导地位的都是把神置于人之上。这不仅是指教会的权势、僧侣的地位，而且在意识形态中，神也具有至高无上的权威。许多哲学家和神学家都竭力论证神的伟大和人的渺小，神应该统治人。例如安瑟伦就宣称："轻视自己的人，在上

---

① 《马克思恩格斯全集》，中文 1 版，第 40 卷，820 页。
② 同上书，190 页。

帝那里就受到尊重。不顺从自己的人，就顺从了上帝。可见，你应当把自己看得微小，这样，在上帝眼中，你就是大的；因为你愈是为人间所蔑视，你就愈是得到上帝的珍视。"① 托马斯·阿奎那也公开宣称神学高于哲学，一切科学都应服从神学，因为神学的确实性"来源于上帝的光照"，"是不会犯错误的"；"神学所探究的，主要是超于人类理性的优美至上的东西，而其他科学则只注意人的理性所能把握的东西"；而从目的来说，神学的目的"在于永恒的幸福，而这种永恒的幸福则是一切实践科学作为最后目的而趋向的目的"②。这样，神剥夺了人认识真理的权利，剥夺了人的世俗生活的权利和乐趣。

文艺复兴时期兴起的人道主义思潮，标志着从神到人的转折。从早期的人道主义者皮科、斐微斯、伊拉斯谟、蒙台涅倡导人的自由与尊严，到法国启蒙学派以自然权利为根据的关于自由、平等、博爱的学说，就人与神的关系来说，他们都是强调以人为中心，人应该高于神。例如，但丁就说："人的高贵，就其许多的成果而言，超过了天使的高贵。"③ 彼特拉克公开要求享受人间的幸福，他说："我不想变成上帝，或者居住在永恒中，或者把天地抱在怀抱里。属于人的那种光荣对我就够了。这是我祈求的一切，我自己是凡人，我只要求凡人的幸福。"④ 莎士比亚更是热情地赞美人："人是多么了不起的一件作品！理想是多么高贵！力量是多么无穷！仪表和举止是多么端正，多么出色！论行动，多么像天使！论了解，多么像天神！宇宙的精华！万物的灵长！"⑤ 卢梭强调应该研究人，他说："我

① 《西方哲学原著选读》，上卷，260～261 页，北京，商务印书馆，1981。
② 同上书，59、197 页。
③④ 《从文艺复兴到十九世纪资产阶级文学家艺术家有关人道主义人性论言论选辑》，3、11 页，北京，商务印书馆，1971。
⑤ ［英］莎士比亚：《哈姆雷特》，61 页，北京，作家出版社，1956。

觉得人类的各种知识中最有用而又最不完备的，就是关于'人'的知识。"①突出人而不是突出神，把人置于神之上，这是资产阶级人道主义的一个巨大历史功绩。

马克思的博士论文，继承了历史上把人置于神之上的传统。他强调自我意识具有最高的神性，就是把人置于神之上。马克思在博士论文中赞扬伊壁鸠鲁，称他为"最伟大的希腊启蒙思想家"，正由于他在神统治一切的时代，敢于抬起凡人的眼睛，向天挑战，与之抗争，"责备那些认为人需要天的人"；敢于否定天的永恒性，把自我意识凌驾于天之上，使"自己的声音压倒天上的雷鸣，遮住闪电的光辉"。

在马克思看来，人与神可以有两种不同的关系：一种是在神面前畏畏缩缩，浑身颤抖，卑屈地低声下气的人；另一种是"身穿鲜艳服装、腾空飞舞"，对神无所畏惧的人。前者是受普鲁塔克宗教思想束缚的人，而后者是信奉伊壁鸠鲁、卢克莱修无神论思想的人，他们比信神者更道德、更自由。马克思说："那一味喜欢为自己操心，而不用自己的力量去建设整个世界，做世界的缔造者的人，正受到精神的诅咒，被开除教籍，不过这是从相反的意义上说的；他被赶出教堂并且失去了永恒的精神快乐，于是也不得不以想象中的个人幸福来哄骗自己，夜里梦见自己。"② 正因为马克思把人置于神之上，所以他认为哲学高于神学。哲学研究的首要基础是勇敢的自由精神，使人们获得自我意识，而宗教则意味着自我意识的丧失。

当时由青年德意志运动转向青年黑格尔运动的恩格斯，也推崇自我意识。他在反对谢林的非理性主义和蒙昧主义时，把自我意识诗意般地比作永生不灭的"不死鸟"。他说："观念，人类的自我意识也就是那只奇异的

---

① ［法］卢梭：《论人类不平等的起源和基础》，62 页。
② 《马克思恩格斯全集》，中文 1 版，第 40 卷，112 页。

凤凰，它用世界上最宝贵的东西筑起自焚的柴堆，从化旧事物为灰烬的火焰中恢复了青春，重新冉冉升起。"①

毫无疑问，当马克思强调自我意识，把宗教看成自我意识的异化时，是一种唯心主义历史观。但通过突出自我意识把人看成能动的主体，比起把人看成受自己的自然本性支配的纯客体，比起把人看成一部机器，更容易通向历史的真理。

第四节　自由是精神存在物的类本质。自由的种与类

对宗教的批判，只是通向实际生活的大门。同作为神学家的鲍威尔的不同之处在于，马克思没有让眼睛只盯住宗教，而是关注着最紧迫的现实问题。

马克思把眼光转向尘世生活，首先碰到的就是关于出版自由的问题。这是当时德国政治斗争中的一个迫切的现实问题，它反映了日益发展的资本主义经济同封建专制制度之间的矛盾。特别是普鲁士政府于 1841 年 12 月 24 日颁布新的书报检查令之后，矛盾更为突出。在德国，争取出版自由成为争取一切自由的前提。没有出版自由，其他自由都将成为泡影。但我们在这里着重探讨的不是政治方面，即马克思反对书报检查制度，抨击普鲁士专制制度的革命民主主义趋向，而是哲学方面，即马克思在论述出版自由的立论根据中所反映的关于人的本质的异化观点。

自由问题，是任何一国资产阶级在反对封建制度，争取自己统治权的过程中必然提出的普遍问题。但在不同的国家，由于经济发展水平和阶级斗争状况的差异，必然呈现出不同的特点。例如在资本主义经济高度发展

---

① 《马克思恩格斯全集》，中文 1 版，第 41 卷，268 页，北京，人民出版社，1982。

的英国，更多的是从经济角度提出自由问题，如贸易自由；而在阶级斗争比较典型、比较尖锐的法国，则更多的是论述政治自由。自由、平等、博爱是法国资产阶级争取建立自己统治的革命口号。而在德国，自由问题被移入精神领域，变成了思维、理性、意识的属性，变成了一个认识论和伦理学的问题。虽然德国古典哲学的自由观，曲折地反映了德国资产阶级的要求，但终究被限制在思维领域。

德国古典哲学就它的哲学路线说，不同于18世纪法国启蒙学派。但它作为德国资产阶级革命的导言，对英国和法国已经争得的自由还是向往的。因此自由的原则，同样成为德国古典哲学的重要原则。黑格尔在他的《哲学史讲演录》中就把卢梭看成是"德国哲学的两个出发点"之一，认为卢梭的自由原则，"提供了向康德哲学的过渡，康德哲学在理论方面是以这个原则为基础的"①。实际上康德是很怯懦的，他把自由与必然、道德法则和自然法则、作为依赖于经验的感性存在物的人同作为精神存在物的人对立起来，把自由问题限制在作为认识和伦理主体的人自身，把意志自由作为伦理学的第一个公设。他说："如果没有……一种唯一有先天实践力量的名实相符的自由，则道德法则便不可能成立，因而也就不能依此法则诿罪于人了。"② 也就是说，如果没有意志自由，人不是自由地遵循道德的呼声，那么道德律就失去了根据和意义。

费希特由于法国革命的影响，也强调自由的意义。他写的《向欧洲各国君主索回他们迄今压制的思想自由》，把思想自由看成人的不可转让的权利，君主无权限制人民的思想自由。但费希特根据他唯心主义的世界观，把自由看成是"自我"的特性，从而把自由问题变成一个思辨哲学

---

① ［德］黑格尔：《哲学史讲演录》，第4卷，234页，北京，商务印书馆，1978。
② 《从文艺复兴到十九世纪资产阶级哲学家政治思想家有关人道主义人性论言论选辑》，632～633页，北京，商务印书馆，1966。

问题。

黑格尔从客观唯心主义立场来观察自由问题，认为自由是精神的本性。物质的实体是重力或者地心吸力，而精神的实体或者本质是自由。精神的一切属性都是因自由而得以成立，一切都是取得自由的手段，一切都在追求自由和产生自由。所以黑格尔说："'自由'是'精神'的唯一真理。"①

在黑格尔看来，人类的历史是对自由的意识的历史。历史的发展无非是自由意识的进展。东方人还不知道精神的本质，不知道人之为人的本质在于自由，因而他们不自由。他们只知道一个人的自由，即专制君主的自由；罗马人只知道少数人的自由，而不知道人人自由。只有德意志才知道人类之所以为人类是因为绝对自由。所以黑格尔把对自由的意识看成是历史的动力，看成是划分世界历史的尺度和研究历史的方式。他说："多少世纪，多少千年以来，这种自由之感曾经是一个推动的力量，产生了最伟大的革命运动。"②

黑格尔对自由的看法是客观唯心主义的，但有其合理的因素。他没有把自由看成是凝固不变的，而是从世界历史发展过程中来把握自由，把历史和社会的进步同人类自由意识的进展联系起来，不是从个人的角度，而是从整个历史和社会角度来看待自由。特别是黑格尔反对把自由与必然对立起来，认为自由是对必然性的认识的观点无疑是辩证的。

生活在有着哲学传统的德国的马克思，在 1842 年前后对人和人的本质的看法，基本观点没有超出黑格尔唯心主义的范围。

什么是人？马克思认为，人是"精神存在"物，是"具有理性的生

---

① ［德］黑格尔：《历史哲学》，55 页，北京，生活·读书·新知三联书店，1956。
② ［德］黑格尔：《哲学史讲演录》，第 1 卷，52 页，北京，生活·读书·新知三联书店，1956。

物"，或者像他后来给卢格的信中指出的，"人是能思想的存在物"①。这当然不是说，马克思不承认人的肉体的自然实在性，而是着重强调人与动物的根本区别在于动物的行为是受盲目的本能支配的，而人却是有理性的生物，人的行为是受制约本能活动的理性支配的。用有无理性来区分人与动物，从一个侧面来说是正确的，但把它作为唯一的、决定性的区别却是唯心主义的。人们可以根据意识、理性、宗教信仰或者其他为人所特有的东西来区别人与动物，但真正把人与动物区分开来的是物质资料生产。马克思当时还是停留在理性的范围，并没有真正找到人与动物的决定性的分界线。

马克思当时强调人的一般本性。他说："难道存在着植物和星辰的一般性质而不存在**人类的一般**性质吗？"② 这种所谓一般本性就是自由，"自由是全部精神存在的类的本质"③。对人的本性的这种看法，是以理性作为区分人与动物标准的必然结果，因为理性的根本属性就是自由，自由是**"合乎理性的本质"**④。因此以理性为尺度，同以自由为尺度是一回事。所以马克思有时又以自由作为区分人与动物的分界线，人能自由地实现自由，"不然，建筑师同海狸的区别就只在于海狸是披着兽皮的建筑师，而建筑师则是不披兽皮的海狸"⑤。可见，对什么是人的本性的认识同对什么是人的认识是密不可分的。当把人看成自然存在物时，必然强调人的自然本性；当把人看成精神存在物时，必然强调人的精神本性。只有把人看成社会存在物时，才可能把握人的社会本性。

很显然，马克思当时对人和人类本性的理解是唯心主义的。自由并不

---

① 《马克思恩格斯全集》，中文 1 版，第 1 卷，409 页，北京，人民出版社，1956。
② 同上书，116 页。
③ 同上书，67 页。
④ 同上书，101 页。
⑤ 同上书，77 页。

是精神的自由。不能把自由归结为自我意识的自由、思维的自由、理性的自由。对不合理现实的反抗，并不是对人类自由本性的自觉意识，而是由现实的社会关系决定的。奴隶社会的奴隶被看成会说话的工具，被剥夺了一切权利；农奴制度下的农奴被束缚在土地上，没有人身自由、迁徙自由，也没有任何政治权利，但他们并没有提出争取自由的口号。他们通过怠工、逃亡，甚至起义来反抗统治者，这并不是由于他们意识到自己自由的本性，而是由他们实际的阶级地位决定的。真正以自由为斗争口号，把自由看成人类本性是资本主义经济关系的产物，是对发展资本主义经济关系必须挣脱封建制度枷锁和束缚的一种自觉意识。当时马克思还不可能达到这个高度，但在他对人的本性的唯心主义理解中，包含着一些合理因素。

马克思把自由看成是精神（理性）的特性，认为每一个人不仅有权表露自己的精神面貌，而且有权采用自己的风格，即表现方式。"风格就是人"，它构成人的精神的个体性的形式。因此，出版自由和书报检查制度的根据是完全不同的。出版自由是思想自由的体现。由于自由是人所固有的，所以出版自由的权利是不能剥夺的；相反，普鲁士的书报检查制度是不自由的体现，是违背人的本性的。出版自由的反对者反对的不仅是出版的自由，"在**出版自由**上他驳斥的是**人的自由**"①。马克思在这里是以人的本性为尺度来衡量书报检查制度和出版自由，就其政治倾向来说是革命的，而就历史观来说则是唯心主义的。但值得注意的是，马克思还从主客体关系的角度论述了自由的问题，认为自由的表现不仅是主体的权利，也是客体的权利。他说："同一个对象在不同的个人身上会获得不同的反映，并使自己的各个不同方面变成同样多不同的精神性质；如果我们撇开一切

_____

① 《马克思恩格斯全集》，中文1版，第1卷，51页。

主观的东西即上述情况不谈，难道**对象本身的性质**不应当对探讨发生一些即使是最微小的影响吗？……当对象欢笑的时候，探讨难道应当严肃吗？当对象悲痛的时候，探讨难道应当谦逊吗？因此，你们就像损害主体的权利那样，也损害了客体的权利。"①

正因为马克思考虑到主客体的关系，所以他没有把自由看成孤立主体的内在特性。如果把自由看成主体的内在特性，必然把注意力集中于"自我"，从而把自我与环境、人的内在本性和外在条件割裂开来，对立起来。马克思不是这样。他一方面强调自由是人的类本性，另一方面又强调主体的相互交往对自由的制约性。早在博士论文中，马克思就不同意伊壁鸠鲁把自由仅仅看成主体（作为自我意识象征的原子）的内在特性，指出："抽象的个别性是脱离定在的自由，而不是在定在中的自由。"② 在关于莱茵省议会的辩论的第一篇论文中，马克思批判德国的自由主义派，指责他们所谓"把自由从现实的坚实土地上移到幻想的太空就是尊重自由"，相反把关于自由的理想"同日常的现实的任何接触都看成是亵渎神明"③ 的观点。在马克思看来，在德国，自由之所以一直是一种幻想的和伤感的愿望，原因之一正在于此。到 1844 年年初，马克思更明确地看到，人的自由不是动物式的纯自然状态的"自由"。德国的某些自由主义者向往自然状态下的自由，这是到原始森林中去寻找人类的自由的历史。马克思嘲笑地问道："假如我们自由的历史只能到森林中去找，那末我们的自由历史和野猪的自由历史又有什么区别呢？"④

而且马克思虽然强调自由是人的本性，但他面对的是现实，他看到在普鲁士专制制度下只有少数人才享有自由。在他看来，自由确实是人所固

---

① 《马克思恩格斯全集》，中文 1 版，第 1 卷，8～9 页。
② 《马克思恩格斯全集》，中文 1 版，第 40 卷，228 页。
③ 《马克思恩格斯全集》，中文 1 版，第 1 卷，84 页。
④ 同上书，454 页。

有的东西，没有一个人反对自由，如果有的话，最多也只是反对别人的自由。例如那些出版自由的反对者，正是在反对自由的同时实现自己的自由。问题是他们把自由仅仅看成是个别人物和个别等级的属性，用特殊等级的特殊自由，反对人类本性的普遍自由。他们所谓的自由，实际上是一种等级特权。马克思的立论根据还是人的本性，但他通过自由与特权、个体自由与普遍自由的对立，看到等级对立。

　　为了反对把出版自由降低为行业自由，使写作活动摆脱金钱的束缚和引诱，马克思提出了自由的类和种的关系问题。马克思把普遍自由即人类的自由本性称为类，而把各式各样的具体自由，例如行业自由、财产自由、信仰自由、出版自由、审判自由等看成**"没有特定名称的一般自由的不同种"**[①]。一方面，自由的各种形式之间相互制约，只要某一种自由成为问题，整个自由都成为问题。因此自由的特殊形式不仅是特殊问题，而且是"特殊范围内的一般问题"[②]；另一方面，各种自由形式之间又相互区别。自由的每一特定的范围就是一定范围的自由，各受自己的规律支配。出版自由属于精神自由问题，出版物是个人表现其精神存在的最普遍方法。它看重的是理性，而不是书报检查官的意志。不能把出版自由列入以单纯牟利为目的的资产阶级行业自由的范围。马克思说："你受你的范围的规律支配，同样，我也愿意受自己的范围的规律支配。你所认为的自由对我说来是完全不自由；因为把木匠这一行手艺的自由换之以哲学家的自由，未必能使他满足。"[③] 马克思关于自由的类和种的观点仍带有思辨的性质，但他提出各种自由有自己的适用范围和规律，这朝具体地分析自由迈进了一步。

---

①　《马克思恩格斯全集》，中文 1 版，第 1 卷，85 页。
②　同上书，95 页。
③　同上书，86 页。

马克思这段时期关于自由的观点，具有鲜明的革命民主主义色彩，它的矛头是针对普鲁士专制制度的。马克思认为，德国由于它的专制制度，因而发展缓慢，思想也很贫乏。它培养了一批头戴呆板的假发，学究气十足，抱着毫无价值的烦琐的学位论文横亘在人民同精神、生活同科学、自由同人之间的特权人物。由于专制制度和反动的书报检查，德国哲学更具有思辨色彩，因为它不能也不敢公开表露自己的观点。正如马克思所说："当时著作界中唯一还有生命跳动的领域——**哲学思想领域**，已不再说德国话，因为德意志的语言已不再是思想的语言了。精神所用的语言是一种无法理解的神秘的语言，因为被禁止理解的事物已不能用明白的言语来表达了。"因此他认为："书报检查制度无疑给德意志精神的发展带来了不可弥补的惨重损失。"①

第五节　私有者的利益同人道的对立

当年青的马克思从出版自由问题转向抨击莱茵省议会关于林木盗窃法的辩论时，他开始从精神领域进入物质利益的领域，从代表人类精神本性的要求，转向自觉地为政治上和社会上备受压迫的贫苦群众的物质利益辩护。但从历史观来说，他的观点基本上还是唯心主义的，虽然包含一些重要思想的萌芽。

在马克思看来，封建专制制度从某种意义上说不是人的社会，而是**"精神的动物世界，是被分裂的人类世界"**，它同人类世界是相反的。② 因为在封建等级制度下，人像被塞进中药铺的药斗一样，每个人都属于一个固定的等级。这同动物生下来就属于一定的种一样。动物实际生活中唯一

---

① 《马克思恩格斯全集》，中文1版，第1卷，45页。
② 参见上书，142页。

的平等形式，是同种动物的平等，是这个种本身的平等，而不是属的平等。动物的属只在不同种动物的敌对关系中表现出来，这些不同种的动物在相互斗争中来确定自己的特别的属性。同样，在封建等级制度下，平等只是种（即同一等级）的平等，而不是属（即人）的平等。在种与种（即等级）之间存在激烈斗争。如果说动物组成了作为自然存在物的动物界，那等级制社会则是一种精神动物界。普鲁士就是这样一种社会。莱茵省议会企图把农民捡拾枯枝列为盗窃，通过颁布所谓林木盗窃法来加重对农民的掠夺，"他们所要求的不是法的人类内容，而是法的动物形式"①，即把法变成动物界一个种掠夺另一个种的手段。马克思以人的名义对普鲁士专制制度的不法行为进行抗争。

在莱茵省议会的辩论中，有些人借口在他们地区的森林里，常有人先把幼树砍伤，待树枯死后捡拾枯枝，因而主张把捡拾枯枝列为盗窃，马克思斥责这种观点是"为了幼树的权利而牺牲人的权利"。如果这条提案被通过，必然会把许多不是存心违法的人投入犯罪、贫困和耻辱的地狱。马克思大声疾呼，认为这样做"胜利的是木头偶像，牺牲的却是人！"② 林木占有者"拿一块木头换得了曾是人那种东西"，即为了树木而剥夺"除自身以外一无所有"的"生命"、"自由"和"人道"③。

同莱茵省议会为了树木而牺牲人的做法相反，马克思宣称，"人应该战胜林木占有者"④，即莱茵省的居民应该战胜林木占有者的等级代表，应该责成他们代表全省的普遍利益。为什么莱茵省的议会会制定这种"牺牲人"的林木盗窃法呢？马克思探讨了私人利益和立法者的本质外化的问题。

---

① 《马克思恩格斯全集》，中文 1 版，第 1 卷，143 页。
② 同上书，137 页。
③ 同上书，172 页。
④ 同上书，180 页。

　　林木是林木占有者的财产。林木盗窃法是维护林木占有者的利益的。"利益是没有记忆的，因为它只考虑自己。它所念念不忘的只是一件东西，即它最关心的东西——自己。"① 按照要求，真正的立法者除了反对不法行为以外，不应该有任何动机，他们"应该以最伟大的人道精神"② 制定出公正的法律预防犯罪，避免由环境造成的过错变成罪行。可是当立法者把私人利益作为最终目的，作为立法根据时，他们就会把一切触犯他私人利益的人看成图谋不轨的可怕的恶徒，把法律规定的罪行和惩罚、被告的生命"降低到**私人利益的物质手段**的水平"③，企图通过颁布法律来对付他们。正如同哑巴并不因为人们给了他一个喇叭就会说话一样，私人利益也并不因为被推上立法者的王位就能制定公正的法律。相反，由于私人利益成为立法的动机和根据，因而立法者的本质发生异化，他们制定的法律就不可能是人道的。正如马克思所说："私人利益总是怯懦的，因为那种随时都可能遭到劫夺和损害的身外之物，就是它的心和灵魂。有谁会面临失去心和灵魂的危险而不战栗呢？ 如果自私自利的立法者的最高本质是某种非人的、外在的物质，那末这种立法者怎么可能是人道的呢？"④ 这就是说，立法者已丧失了自己人的本质，他的心和灵魂，就是某种非人的物质——私人的物质利益。

　　因此马克思认为，私人利益同人道是对立的。因为他们采取一切手段来维护自己的利益，而不顾及这些手段的性质。例如在德国的特里尔地区，原来统治者为了捍卫自己的利益，极力宣扬宗教，用加强宗教感情来维护自己的利益；后来采用对犯人缩减口粮、强迫劳动的方法来迫使他们就范。"代替祷告、信赖和赞美诗的是面包和水，是监狱和林中的强迫劳

---

① 《马克思恩格斯全集》，中文 1 版，第 1 卷，163 页。
② 同上书，148 页。
③ 同上书，176 页。
④ 同上书，149~150 页。

动！过去，省议会为了在天堂中给莱茵省居民准备好一个栖身之所，曾多么不吝惜华丽的辞藻呀！而现在它又多么不厌其烦地说些好听的话，为的是把整个莱茵省的居民用刑棍驱赶到林中去做强迫劳动而只给他们一点面包和水，——就是荷兰的种植场主对他的黑奴也不会想到这样做。这一切证明了什么呢？只证明了一点：谁不想做人道者，谁就容易成为圣者。"①可见，宗教的反人道行为同实际生活中的反人道行为是一致的、相互补充的。

马克思把剥削者的私人利益和人道对立起来，看到这种私人利益必然具有的反人道的性质。例如他把枯枝看成是自然的赐予，看成是自然对穷人的怜悯。自然界也有贫富：一方面是脱离了有机生命而被折断了的枯树枝；另一方面是根深叶茂的枝干。人间的贫富同自然界的贫富是"同病相怜"的。如果根深叶茂的树干属于林木所有者的话，那枯树枝，即自然界的贫穷则应该是贫民的财产。所以马克思说："在自然力的这一作用中，贫民感到一种仁慈的、比人类力量还要人道的力量。代替特权者的偶然任性而出现的，是自然力的偶然性，这种自然力夺取了私有制永远也不会自愿放手的东西。正如富人不应该要求大街上的施舍物一样，他们也不应该要求**自然界的这种施舍物**。"② 人类社会是夺不足以补有余，而自然力是夺有余以补不足，在一种人靠另一种人为生的封建制度下，似乎天道是比人道更可亲的力量。当然马克思并没有把自然人格化，也没有认为自然有自觉的意图，但他从自然中直接引申出有利于穷人的习惯法的思想，显然受到法国启蒙学派关于自然权利思想的影响。

马克思对私人利益是鄙视的，说它是"下流的唯物主义"，认为"没

---

① 《马克思恩格斯全集》，中文 1 版，第 1 卷，176 页。
② 同上书，147 页。

有比自私的逻辑更恶劣的东西"①。他要求在私人利益和普遍利益发生冲突的场合下,私人利益的代表应该毫不犹豫地服从普遍利益,但实际情况正好相反。私人利益既没有祖国,没有全省,也没有共同精神,甚至没有乡土观念,它唯一的目的就是自己的物质利益。所以马克思说:"在西伯利亚也像在法国一样,林木仍然是林木,在堪察加也像在莱茵省一样,林木占有者仍然是林木占有者。因此,林木和林木占有者本身如果要颁布法律的话,那末这些法律之间的差别将只是它们颁布的地方和书写的文字不同而已。"② 尽管马克思在道德上、感情上对私人利益表示愤慨,但在理论上已开始看到物质利益的作用。

如果说马克思在此之前,例如在关于莱茵省议会辩论的第一篇文章中,还是把出版自由看成是精神的要求,那么在此之后,例如在《摩塞尔记者的辩护》中,则开始把出版自由问题和物质利益问题结合起来,强调"要求出版自由的**必然性**是从摩塞尔河沿岸地区的贫困状况的**特性**中产生的"③。因为自由报刊既是社会舆论的产物,又能制造舆论,唯有自由报刊才能化私人利益为普遍利益,使摩塞尔沿岸地区的贫困状况成为普遍注意和普遍同情的对象,因此"对自由报刊的需要是**实际的**需要"④。这比起单纯从精神本性来考察问题前进了一步。

---

① 《马克思恩格斯全集》,中文1版,第1卷,160页。
② 同上书,180页。
③ 同上书,216页。
④ 同上书,231页。

第二章 在克罗茨纳赫对历史的研究。从批判宗教到探讨国家

马克思从批判宗教入手，通过抨击书报检查令和林木盗窃法，逐步抓住了上层建筑最核心的问题——国家。这个问题在当时的普鲁士，既是尖锐的现实问题又是重大的理论问题。不在这个问题上突破，马克思就无法前进。正是在克罗茨纳赫，马克思通过对历史的研究，写下了《黑格尔法哲学批判》，初步批判了黑格尔唯心主义观点，在市民社会和国家的关系问题上获得了突破性的进展。

但马克思对这个问题的认识经历了一个过程。即使在《黑格尔法哲学批判》中，我们通过马克思对国家问题的分析，也可以看到他在人、人的本质、异化观点问题上具有双重性质，它既包含马克思思想的进展，也有费尔巴哈人本主义的杂质。马克思当时正处在"脱毛"的过程之中。

第一节 用人的眼光观察国家。人性国家与非人性国家

正如同对历史的看法经历了从神到人的转变一样，对国家的看法也经

历了这样的过程。资产阶级人道主义思潮在国家问题上的一个重大进步，就在于它反对神学国家观，力图从人的观点来看待国家。

从神的观点来观察国家的神权政治论，在相当长的一个时期处于支配地位。它从神的旨意中引出国家的起源、性质和使命，鼓吹君权神授、教权高于政权、君主服从教皇。例如奥古斯丁在《神国论》（亦译《上帝之城》）中就竭力鼓吹这种理论。他把教会说成是神国，是上帝的王国，而把国家说成是世俗国家，认为神国应该高于世俗国家。一切权力来自上帝。教会是上帝在地上的代表，因此国家必须服从教会。皇帝的任务是替教会服务，保护教规和消灭"异端"。托马斯·阿奎那把亚里士多德的某些哲学原理同奥古斯丁的神学理论融合在一起，鼓吹国家是按照上帝的旨意建立起来的，它的治理原则和秩序都来自上帝；同样，人的自然法和人的实在法来自永恒的上帝立法，即反映神的自然法的要求。这种僵死的神学教条，蔑视人的尘世生活和合理的要求，把神置于人之上，并堵死了正确揭示国家的本质和起源的道路。

资产阶级人道主义兴起的一个重要变化，就是用人的眼光来观察国家。正如同哥白尼打破地球中心说，向神学的教条挑战，使自然科学开始从神学束缚下解放出来一样，用人的眼光观察国家，也是在社会领域中驱逐神学，力图使对国家问题的解释摆脱神学的羁绊。马克思是很重视这个转变的。他说："差不多和哥白尼的伟大发现（真正的太阳系）同时，也发现了国家的引力定律：国家的重心是在它本身中找到的。"他还说："马基雅弗利、康帕内拉和其后的霍布斯、斯宾诺莎、胡果·格劳修斯，以及卢梭、费希特、黑格尔等都已经用人的眼光来观察国家了，他们是从理性和经验中而不是从神学中引伸出国家的自然规律。"①

---

① 《马克思恩格斯全集》，中文1版，第1卷，128页。

马克思把黑格尔归入用人的眼光来观察国家之列，决不意味着黑格尔和卢梭等人的国家观没有区别。事实上马克思的上述论述中所提到的作者，国家观并不一致。例如格劳修斯、霍布斯、卢梭是属于社会契约论者，认为国家是人们相互订立契约的产物；而黑格尔则强调国家是伦理观念的现实，"是作为显示出来的、自知的实体性意志的伦理精神"。他还说："国家是绝对自在自为的理性东西"，"国家是在地上的精神，这种精神在世界上有意识地使自身成为实在"①。因此，同契约论者相反，黑格尔强调单个人本身的利益并不是人们相互结合的最后目的。就国家和个人的关系来说，国家的使命并不是保证和保护所有权和个人自由，而是个人"只有成为国家成员才具有客观性、真理性和伦理性"②。尽管有这种区别，但是它们共同的特点是从人的本性（理性和自由）中引出国家的需要，排斥神的干预。它不是把神置于人之上，而是把人置于神之上，人的本性和需要成为解释国家的重心。黑格尔的绝对观念是一种客观精神，似乎与人无关，实际上它无非是把人的理性抽象化，变成与人相脱离的东西。因此黑格尔的国家观，也属于用人的眼光来观察国家，不过以绝对观念的形式出现而已。

马克思在《莱茵报》时期对国家的看法，基本上属于黑格尔的唯心主义观点。他虽然把国家应该是什么和实际是什么区分开来，但却没有陷入应有和现有的绝对对立。相反，他以此为据来猛烈抨击普鲁士的专制制度，并通过对真正的国家的憧憬，表现出激进的政治态度。

国家的本质是什么？在马克思看来，"国家应该是政治的和法的理性的实现"③。因此理性是国家的本质和基础。国家既然是合乎理性的社会

---

① ［德］黑格尔：《法哲学原理》，253、258 页。
② 同上书，254 页。
③ 《马克思恩格斯全集》，中文 1 版，第 1 卷，14 页。

存在，它的真正社会作用和教育自己成员的办法，就应该是使他们成为国家的成员，把个人的目的变成大家的目的，把粗野的本能变成道德的意向，把天然的独立性变成精神的自由，使个人和整体生活打成一片，使整体在每个人的意识中得到反映。也正因为国家的本质是理性自由的体现，所以它对每一个国家成员应该是一视同仁的，例如对所谓被控盗窃林木的人就应该以国家的态度来对待他们，"国家应该把森林条例违反者看做一个人，一个和它心血相通的活的肢体，看做一个应该保卫祖国的战士，一个法庭应倾听其发言的证人，一个执行着社会义务的集体中的一员，一个神圣的家主，而最主要的是应该把他看做国家的一个公民。国家不能轻率地撤销自己某一成员的这一切职能，因为只要国家把一个公民变成罪犯，它就是砍断自身的活的肢体"①。也正因为国家是理性的体现，所以它同政府机构、官员是不同的。虽然专制的政府机关可以自诩为体现了国家的理性，但实际上它们歪曲了国家的本性，它们的思想方式不是国家的思想方式，而是政府官员的思想方式，是同国家的本质相对立的。真正的国家应该支持公民起来反对这种政府机构，"即使公民**起来反对国家机构**，反对**政府，道德的国家**还是认为他们具有**国家的思想方式**"②。唯心主义的国家观，使马克思并没有真正理解国家的本质，理解国家同政府机构、官吏之间的真实联系。

国家和法是密切联系的。没有不依靠国家来实施的法律，也没有不以法律形式来行使国家职能的国家。同对国家本质理想化的看法相一致，马克思也把真正的法律看成是"反映自由的肯定存在"③，即以法律的形式来肯定和承认自由。法律不应该是妨碍自由、压制自由的手段，恰恰相

---

① 《马克思恩格斯全集》，中文1版，第1卷，149页。
② 同上书，17页。
③ 同上书，71页。

反，法律是肯定的、明确的、普遍的规范。在这些规范中自由的存在具有普遍的、理论的、不取决于个别人的任性的性质。所以马克思对法律发表了一个概括性的看法："法典就是人民自由的圣经。"①

真正的国家、真正的法律，是一种尺度、一种标准，是判明一个国家及其法律是否具有现实性的准绳。在马克思看来，实际的事物是各不相同的、变化的，它不能成为衡量理性的尺度，而只有理性才是衡量事物的尺度。以理性为尺度，在国家问题上就是以国家概念为尺度。他说："**真正的国家、真正的婚姻、真正的**友谊都是牢不可破的，但任何国家、任何婚姻、任何友谊都不完全符合自己的概念。"② 正如同在自然界，某一个有机体不再符合自己的职能时，它的解体和死亡就自然而然地到来一样，当一个国家离开了国家的观念时，它是否值得继续存在下去就成为世界历史必须解决的问题了。马克思以此为据，提出了人性国家与非人性国家的问题。

与国家概念相一致的国家是真正的国家。所谓符合概念、符合理性、符合人性是一致的，因为理性和自由既是国家概念的内涵，又是人的本性的根本内容。马克思说"哲学所要求的国家是符合人性的国家"③，指的就是实现理性自由的国家。反之，"不实现理性自由的国家就是坏的国家"④，也就是非人性的国家。同样，真正的法律，是"合乎理性的准则"，即符合"自由的本质"的法律。哪里的法律真正地实现了自由，哪里的法律才是真正的法律。压制自由，即违反人的本性的法律不是真正的法律，而是对非法行为的公开认可。因此真正的法律与形式上的法律的区

---

① 《马克思恩格斯全集》，中文 1 版，第 1 卷，71 页。
② 同上书，184 页。
③ 同上书，126 页。
④ 同上书，127 页。

别，就是"任性和自由间的差别"①。

马克思关于以人性为尺度区分人性国家与非人性国家、真正的国家与坏的国家的理论和方法，从根本上说是唯心主义的，没有摆脱抽象人道主义历史观的影响。但马克思的看法中，有两个方面很值得注意。

第一，同黑格尔为普鲁士国家辩护，认为它是伦理观念的实现的看法相对立，马克思从黑格尔的前提中得出相反的结论：普鲁士专制制度不符合国家的概念，不是真正的国家。例如，从普鲁士政府企图制定林木盗窃法，把农民捡拾枯枝列为盗窃来看，它不是以国家的身份和根据国家的精神来对待一切成员，它不是按照自己的理性和普遍性而行动。普鲁士国家名为国家，实际上违背了国家的本质，脱离常规，变成林木占有者的奴仆和工具。整个国家机关都成为林木占有者的耳、目、手、足，为林木占有者的利益探听、窥视、估价、守护、逮捕和奔波。这样，左右普鲁士国家灵魂的并不是理性和自由，而是私人利益。这种由普遍利益的体系降低为私人利益的国家，与国家的概念是不符合的。

普鲁士专制国家不是真正的国家，还因为它作为"国家支柱的并不是自由的理性，而是信仰"②，即把国家建立在宗教的基础上，把宗教（基督教）的特殊本质作为国家的准则。这是把政治原则和基督教原则、宗教和世俗、国家和教会混为一谈。在一个国家里可以有不同的教派，国家不应该排斥一种宗教或推行一种宗教。如果这样，这种所谓国家就不是国家，而是同国家本质相抵触的教会。

普鲁士的法律也不是真正的法律，它不符合法律的本性，即保证和实现自由。实际上普鲁士"政府所颁布的法律本身就是这些法律使之成为法

---

① 《马克思恩格斯全集》，中文1版，第1卷，75页。
② 同上书，14页。

律的那种东西的直接对立面"①。例如普鲁士专制政府实行的书报检查令，它是以惩罚自由为目的的，因此在马克思看来，它虽然具有法律的形式，但"不是法律，而是警察手段，并且还是**拙劣的警察手段**"②。马克思立论的根据是唯心主义的，但他对真正国家、真正法律的向往，反映了他对专制制度的抨击和憎恨，对美好制度的追求。

第二，更加重要的是，马克思并没停止在普鲁士专制制度不符合国家概念的范围内，而是力求探讨产生这种背离的根源，提出了私人利益的问题。马克思认为，私人利益是极端利己的，它既没有祖国，没有全省，也没有共同的精神，甚至连乡土观念也没有。私人利益的代表一旦变成国家权威的代表，处于立法的地位，必然导致实际的国家和法同它的概念相背离。他在发表于《莱茵报》上的《论普鲁士等级委员会》一文中说："在真正的国家中是没有任何地产、工业和物质领域作为这一类粗陋的物质成分同国家协议的；在这种国家中只有**精神力量**。"并且认为：在真正的国家里，"占主导地位的不是物质，而是形式，不是没有国家的自然，而是国家的自然，不是**没有自由的对象，而是自由的人**"③。马克思虽然对私人利益决定国家和法表示愤慨，但不能不承认这个事实。这促使他开始把视线转向物质利益问题，为以后正确解决这个问题规定了一个方向。

第二节　人是一切社会组织的本质。人的社会特质和肉体特质

马克思既然提出用人的眼光来考察国家，就必然注意世俗历史的研究。在1843年3月退出《莱茵报》编辑部后，马克思在克罗茨纳赫对历

---

① 《马克思恩格斯全集》，中文1版，第1卷，18页。
② 同上书，74页。
③ 《马克思恩格斯全集》，中文1版，第40卷，344～345页。

史进行了研究，留下了五本《克罗茨纳赫笔记》。马克思的研究很广泛，从公元前 6 世纪到 19 世纪 30 年代，涉及法国、英国、德国、瑞典、波兰等许多国家。马克思对各国历史进行比较，并注重研究财产关系，财产关系和政治形式、国家形式的更迭等许多问题。这些研究对于马克思批判黑格尔唯心主义的国家观，探讨国家的本质是非常重要的。

马克思在 1842 年 7 月载于《莱茵报》的《第 179 号"科伦日报"社论》中，把黑格尔同马基雅弗利、霍布斯、卢梭等人并提，都归入从人的观点考察国家之列。随着马克思转向费尔巴哈并深入地探究人类历史，他发现，尽管黑格尔比 18 世纪的法国启蒙学派更具有辩证法的思想，但他对国家的看法并没有真正做到从人的观点来进行考察，而是一种"逻辑的泛神论的神秘主义"。

在黑格尔看来，现实的理念即绝对观念是按照一定的原则和抱着一定的目的进行活动的。理念变成了独立的主体。家庭、市民社会对国家的现实关系，变成了理念所具有的想象的内部活动，变成了理念在运动过程中从自身把家庭、市民社会分离出来。因此，对黑格尔来说，重要的不是在国家中寻找人的活动，而是寻找所谓"奥秘的部分"，即"在国家中寻找逻辑概念的历史的再现"。

在谈到国家制度和各种不同权力、职能、活动领域的划分的时候，黑格尔从"有机体"这个概念出发，认为政治制度是一种有机体，所以它的各个不同方面、各种不同权力的划分不是机械的，而是相互联系的。黑格尔把国家政治制度的各个环节变成抽象的逻辑环节，而各个环节之间的关系必须是合乎理性的，因此他把国家政治制度按照理念的本性分为有着实体性差别的三种：立法权、行政权、王权。立法权是规定和确定普遍物的权力；行政权是使各个特殊领域和个别事件从属于普遍物的权力；而王权则是把被区分出来的各种权力集中于统一的个人，它是君主立宪制的顶峰和起点，是理念的化身，体现了意志的最后决断。

由此可见，在黑格尔那里，国家的产生、职能、各种制度的内在联系，都是以理念为依据的。尽管黑格尔的国家观，无非是资产阶级政治实践的德国版，但仍被认为导源于理念。正如马克思在评述黑格尔的观点时所说："国家制度是合乎理性的，只要它的各个环节都能消融在抽象逻辑的环节中。国家区分和规定自己的活动不应根据自己特有的本性，而应根据概念的本性，这种概念是抽象思想所固有的被神秘化了的动力。因此，国家制度的理性是抽象的逻辑，而不是国家的概念。我们得到的不是国家制度的概念，而是概念的制度。不是思想适应于国家的本性，而是国家适应于现成的思想。"①

黑格尔也讲到人与人的活动，但它被看成是从属于理念活动的。黑格尔不是从现实的人引申出国家，而是从国家引申出现实的人；不是把国家看成是人的最高现实，而是把君主看成是"理念的定在"，是"国家的最高现实"。

黑格尔为什么要推崇理念而贬低人呢？这并不意味着黑格尔背离了资产阶级人道主义的历史传统。事实上，黑格尔幻想在德国条件下再现法国革命取得的某些成果。问题在于，黑格尔不同意用人性解释历史的资产阶级人道主义历史观，而是力图在人性之外，即在他虚构的绝对观念中去寻找这个规律，从而把历史看成是有规律的过程，而人和人的活动则变成理念实现自己内在目的的工具。黑格尔之所以这样做，首先是因为他想给抽象的实体、理念写传记，于是人的活动等在他那里就一定变成其他某种东西的活动和结果；其次是因为黑格尔想使人的本质作为某种想象中的单一性来单独活动，而不是使人在其现实的人的存在中活动，因此全部确实的

---

① 《马克思恩格斯全集》，中文1版，第1卷，267页。

经验的存在，都被思辨地转化为理念的各个环节。

当时已开始转向费尔巴哈，接受费尔巴哈唯物主义的人本主义思想影响的马克思，对黑格尔的客观唯心主义观点从怀疑、动摇发展到批判。他反对黑格尔把家庭、市民社会和国家看成"理念的各种规定"，而是强调它们是"人的存在"的各种社会形式，是"人的本质的实现""人的本质的客体化"。所以同黑格尔把理念视为国家的内在奥秘相反，马克思提出"人永远是这一切社会组织的本质"① 的论断。也就是说，各种社会形式并不是理念的规定和环节，而是作为现实主体的人的"固有的质"，它表现了人的现实普遍性。如果没有各种社会形式，人就是一种抽象，是一种非现实的存在，是一个光秃秃的概念。很显然，马克思把家庭、市民社会和国家看成人的各种组织形式，看成人的现实存在，比起把它们看成理念的各个环节，变成纯思辨的逻辑范畴要合理得多，更接近于揭示问题的本质。但是马克思关于一切社会组织的本质是人，是人的本质的客体化的提法，同他后来在 1845 年春关于人的本质是一切社会关系的总和的论断相比，显然是不成熟的。它的卓越成就，与其说是命题的内容本身，不如说是它显示的超越黑格尔唯心主义的方向。

人是一切社会组织的本质，很显然打上了费尔巴哈人本主义的印记。如果说费尔巴哈把神学还原为人学，认为宗教的秘密在于人，宗教的本质在于人的本质，那马克思这时也认为，各种社会形式、社会组织的本质在于人，是人的本质的客体化。但与费尔巴哈相比，马克思有一些地方已超过了他。

第一，马克思把家庭、市民社会和国家看成人的存在的社会形式，看成人的社会现实，其中包含着反对把人看成是离开社会的纯自然存在物的

---

① 《马克思恩格斯全集》，中文 1 版，第 1 卷，293 页。

观点。实际上马克思在半年后提出的关于人不是抽象地栖息在世界之外的东西，人就是人的世界，就是国家、社会的论断，就是上述思想的深化和发挥。

第二，黑格尔是鄙视人民的。他认为如果没有君主、没有政府、没有法庭、没有官府，人民就只是没有规定性的抽象。马克思指出，按照这种观点，"好像并不是人民构成现实的国家似的"。实际上，"国家是抽象的。只有人民才是具体的"①。现实的人、现实的人民是国家的"现实的基础"。就人与国家制度的关系来说，"不是国家制度创造人民，而是人民创造国家制度"②。这样，黑格尔从国家出发，把人变成主体化的国家，而马克思则把国家变成客体化的人。但是马克思并没有把人看成孤立的个体，"**人格**脱离了人，自然就是一个抽象，但是人也只有在自己的类存在中，只有**作为人们**"③，才能是现实的存在。

第三，更重要的是，马克思在论述国家职能与人的活动的关系，批判黑格尔关于王位世袭制的理论时，对人的社会特质和生理特性的问题进行了初步的分析，显露了不同于费尔巴哈人本主义的新趋向。

黑格尔虽然站在客观唯心主义立场把国家看成是理念的体现，按照理念的纯逻辑要求来分析国家的职能和活动，但作为一个伟大思想家他不能不看到，社会领域终究是人的领域，全部社会活动就其可见的方面来说明显地表现为人的活动，因此黑格尔在《法哲学原理》中也承认，国家的职能和活动"同负责运用和实现它们的个人发生联系"。但黑格尔强调，使个人和国家职能联系起来的不是"这些人的个人人格，而只是这些人的普遍的和客观的特质"，所以国家职能和个人的联系，是"以外在的和偶然

---

① 《马克思恩格斯全集》，中文1版，第1卷，279页。
② 同上书，281页。
③ 同上书，277页。

的方式"① 发生的。在中世纪，国家的职能和权力被视为私有财产，官职既可出卖，也可继承，例如从前法国的议会席位、英国军队中到一定等级为止的军职均可以出卖。黑格尔强调个人同国家职能和权力的联系是外在的、偶然的，是指个人拥有处理国家事务的权力，或者说行使国家职能，并不是由于他们天生具有这样的权力，而只是由于他们的客观特质，即个人的特殊的能力、才干、品质，并且必须经过教育和特殊职能的训练。黑格尔的这种看法具有反封建的一面。

但黑格尔哲学的立足点是客观唯心主义的。他纯逻辑地、抽象地考察国家的职能和活动，把它同理念结合在一起，而不是同人的活动结合在一起。马克思反对黑格尔的这个看法。在马克思看来，国家的职能和活动不是体现理念的内在要求，而是人的职能。国家只有通过个人，即通过担任公职的个人才能发挥作用。国家的职能和活动同个人的联系，不是外在的和偶然的，而是内在的和必然的。因为人是一切社会组织的本质，国家是人的本质的实现、人的本质的客体化，是人的活动和存在的方式。马克思的看法虽然包含费尔巴哈人本主义的东西，但他从人的活动角度来考察国家，比黑格尔把国家置于纯理念领域要合理得多。特别是马克思在阐述这个问题时，提出了关于人的两种特性（肉体特性和社会特性）的问题，指出人的本质"不是人的胡子、血液、抽象的肉体的本性，而是人的社会特质"。当他论述国家职能和活动同个人相联系时，强调"不是和**肉体的**个人发生联系，而是和**国家的**个人发生联系"，"和个人的**国家特质**发生联系"，因为国家的职能只不过是"人的社会特质的存在和活动的方式"②。所以对人的认识，"应该按照他们的社会特质，而不应该按照他们的私人特质来考察他们"③。

---

① ［德］黑格尔：《法哲学原理》，293 页。
②③ 《马克思恩格斯全集》，中文 1 版，第 1 卷，270 页。

　　马克思在探讨王位世袭制时，继续发挥了关于人的社会特质和肉体特质的观点。

　　黑格尔根据国家的职能和活动必须同个人相联系的看法，证明国家应该由一个人来代表它本身的统一，这个人就是君主。所以君主是"人格化的主权"，是"脱胎为人的主权"。整个"国家理性"和"国家意识"，就体现在这个单一的、排除其他一切人的君王身上。因此"国王是不同于自己的整个类、不同于其他一切人的特殊的人"，"它被看做理念的定在"①。

　　国王为什么是世袭的呢？在黑格尔看来，如果认为王位世袭即自然继承是为了预防在王位出缺时发生派系倾轧，这只是把结果当作原因，不是根据国家的理念自身，而是把某种他自身之外的东西当作根据；同样，如果认为君主可以通过选举产生，因为君主所照料的是人民的事务和利益，所以应由人民选举，只有通过这种委任才产生统治的权力，这种看法是"肤浅的"。实际上，"君主选举制倒不如说是各种制度中最坏的一种"②。黑格尔不是求助于客观历史本身，而是从国王的概念中推论出王位世袭制的，他认为："王位世袭制乃是包含在王权概念中的环节。"③

　　这就是说，国王的儿子注定是国王，肉体的出生使某个人成为国家最高职务的化身。正如动物生来就有它的地位、性情、生活方式等一样，人的出生，使得某个人同国家要职结合在一起。这是把人的社会特质和肉体特质混为一谈。出生只是赋予人以个人的存在，首先只是赋予他以生命，使他成为自然的个人；而国家的职能和权力，是社会产物，不是自然的个人的产物，所以人的肉体特性和社会特质，或者说，个人的出生和作为特定的社会地位、特定的社会职能的承担者之间并不存在直接的同一性，不

---

①　《马克思恩格斯全集》，中文1版，第1卷，267、294、293页。

②　［德］黑格尔：《法哲学原理》，304页。

③　同上书，308页。

是直接吻合的。正如马克思所说："我生下来就是人，这和社会是否承认无关，可是我生下来就是贵族或国王，这就非得到大家的公认不可。只有公认才能使这个人的出生成为国王的出生；因此，使人成为国王的不是出生，而是大家的公认。如果出生和所有其他的规定都不相同，能直接赋予人一种特定的社会地位，那末这就等于说**人的肉体**能使人成为**某种特定社会**职能的承担者。**他的肉体**成了他的**社会权利**。在这种体系中，**人的形体素质**或**人体的素质**（说得更清楚些就是：肉体的自然的国家成员的素质）竟使特定的即最高的社会地位成为**由出生所注定的特定肉体的地位**。"①

在这里，马克思明确地把人的肉体特性（出生）和社会特质（社会地位）区分开来。毫无疑问，人通过出生获得生命，获得肉体的存在，但这并不是他们获得某种社会权利的内在原因和根据。长子继承制（包括王位的继承）是一种政治制度，它是以私有财产为根据的。正如马克思所说："在以**长子继承制**做保障的国家制度中，**私有财产**是国家政治制度的保障。表现在长子继承制中，这种保障就是**特殊**种类的私有财产。**长子继承制**只是**私有财产和政治国家**之间的普遍关系的特殊存在形式。长子继承制是私有财产的**政治**意义，是政治意义即普遍意义下的私有财产。这样一来，国家制度在这里就成了**私有财产的国家制度**。"② 所以马克思批评黑格尔，他只是证明了君主一定是生出来的，但是他没有证明出生使君主成为君主。如果像黑格尔所说，一个人注定成为君主，是通过直接的自然的方式，是由于肉体的出生，那么主权、君主的尊严就应当被认为是由于出生而得到的东西。这样一来，在国家最高层作出决断的就不是理性，而只是肉体的本性，出生像决定牲畜的特质一样决定了君主的特质。人和动物没有区别：马生下来是马，国王生下来是国王。马克思嘲笑说："人由于出

---

① 《马克思恩格斯全集》，中文 1 版，第 1 卷，377 页。
② 同上书，380 页。

生就注定成为君主，这如同关于圣母马利亚的圣灵妊娠的教条一样，很少有可能成为形而上学的真理。"①

第三节　政治国家的异化和人的本质的二重化

马克思在《黑格尔法哲学批判》中对国家问题的探讨，是从揭露人的自我异化的神圣形象到非神圣形象，从批判宗教和神学到批判政治和国家的转折。马克思吸收了费尔巴哈在《基督教的本质》中的重要思想，结合自己在《莱茵报》时期的切身经验和理论思考，特别是通过在克罗茨纳赫期间对历史的研究，分析了政治国家和市民社会的关系。

黑格尔把家庭和市民社会看作国家概念的领域，认为精神把自身分为这两个领域，目的是要超出这两个领域而使自身成为自为的无限的现实精神。马克思反对这种看法。他区分了政治国家和非政治国家。所谓非政治国家，马克思也称之为物质国家，实际上是指市民社会。他进一步论证了市民社会和政治国家的关系。马克思指出："国家的理性对国家材料在家庭和市民社会中间的分配没有任何关系。国家是从家庭和市民社会之中无意识地偶然地产生出来的。家庭和市民社会仿佛是黑暗的天然的基础，从这一基础上燃起国家的火炬。"② 这样，市民社会被看成是基础，政治国家的产生并不是理念的神秘力量的作用，而是一种无意识的即客观的过程。

马克思肯定了政治国家对家庭和市民社会的依存性，或者说同一性，并且揭示了两者的相互分离，即"统一性内部的异化的方面"。黑格尔也承认这一点，认为作为普遍利益体系的国家同作为特殊利益体系的家庭和

---

① 《马克思恩格斯全集》，中文 1 版，第 1 卷，286 页。
② 同上书，249 页。

市民社会之间存在矛盾。但他力图通过中介来调和这种对立，断言"国家的力量在于它的**普遍的最终目的**和个人的**特殊利益**的统一"①。而马克思则发挥了异化的方面，并结合对历史的研究，从历史发展的顺序考察了政治国家同市民社会相异化的过程。

在马克思看来，在古希腊奴隶社会，国家制度本身同现实的人民生活是一致的，即政治国家同市民社会之间存在"实体性统一"。国家并没有采取凌驾于各阶级之上的虚幻的共同体的形态。贵族、自由民是政治等级，具有政治特权，国家的公共事务是他们的私人事务，政治国家本身是市民的生活和意志的真正的唯一的内容。而到中世纪，即在封建社会中，这种政治国家和市民社会的同一达到"顶峰"。市民社会的一般等级成为政治意义上的等级。农奴主、农奴、封建庄园、手工业行会，也就是说，财产、商业、社会团体和每一个人都有确定的政治地位，市民社会领域是政治领域。正如马克思所说的："黑格尔自己也承认，**中世纪**就是他所说的同一的**顶峰。在那时市民社会的一般等级和政治意义上的等级**是同一的。中世纪的精神可以表述如下：市民社会的等级和政治意义上的等级是同一的，因为市民社会就是政治社会，因为市民社会的有机原则就是国家的原则。"②

资本主义社会不同。市民社会和政治国家的"同一已经消失了"，它们成为"两个完全不同的领域"，表现为政治国家同市民社会的分离。

资本主义社会的产生和发展，使中世纪的政治等级变成社会等级，也就是说，它们丧失了政治特权和政治性质。它们在市民社会中的等级地位和它们在政治国家中的地位不是吻合的。不管属于什么等级（阶级），形式上都具有同样的"平等"权利。这样，市民社会中的成员在政治意义方面脱离了自己的等级，脱离了自己在私人生活中的实际地位。即使你一无

---

① 《马克思恩格斯全集》，中文1版，第1卷，248~249页。
② 同上书，334页。

所有，完全依靠出卖劳动力为生，在法律上，国家也仍承认你同腰缠万贯的富翁具有同样的政治权利。因而每一个人在财产、教育、信仰方面的差别，似乎成为一种外在的、非本质的规定，而他的唯一的规定就是：他是"人"，是国家成员。在这种转变中，法国的资产阶级革命起了突出的作用。按照马克思当时的看法，只有法国大革命才完成了从政治等级到社会等级的转变，使市民社会的等级差别失去了原来的政治意义，变成不具有政治特权的社会差别。

这样一来，政治国家同市民社会发生了异化。在资本主义社会，各个阶级之间在实际生活中是不平等的，而在政治生活中却似乎是平等的。在私人生活中，统治的是个人主义原则，每个人变成了独立的"原子"，个人的生存是最终目的，劳动、活动只是一种手段；而在政治生活中，每个人都是国家的"公民"，是社会存在物。政治国家似乎是超阶级的、凌驾于敌对利益之上的共同体，是一种与市民社会相脱离的、与市民社会无关的彼岸的存在。正如马克思所说："在人民生活的各个不同环节中，政治国家即国家制度的形成是经历了最大的困难的。对其他领域说来，它是作为普遍理性、作为彼岸之物而发展起来的。"而"政治国家的彼岸存在无非就是要确定它们这些特殊领域的异化。**政治制度**到现在为止一直是**宗教的领域**，是人民生活的**宗教**，是同人民生活现实性的**人间存在**相对立的人民生活普遍性的上天。政治领域是国家中的唯一国家领域，是这样一种唯一的领域，它的内容同它的形式一样，是类的内容，是真正的普遍物，但因为这个领域同别的领域相对立，所以它的内容也成了形式的和特殊的。就现代的意思讲来，**政治生活**就是人民生活的**经院哲学**。**君主制**是这种异化的完整的表现，**共和制**则是这种异化在它自己的领域内的否定"①。马

---

① 《马克思恩格斯全集》，中文1版，第1卷，283页。

克思在这里把政治国家同宗教相比较，把它看成是政治生活中的宗教领域。正如同人把自己的本质异化为神，异化为全知全能、慈悲博爱的上帝一样，在政治领域中，人们把资产阶级的国家看成是平等的天国，是同人民现实生活相对立的另一个"上天"。这就是异化。实际上，国家是由市民社会决定的。资产阶级国家并不是平等的天国，而是一个阶级压迫另一个阶级的工具。它之所以具有"平等的"外表，似乎撇开了财产、教育、信仰的差别而赋予人们以普遍的公民权，正是为了巩固和维护实际上的不平等。

在资本主义社会，国家同市民社会相异化，同时也就是人的本质的二重化。统一的人被分裂为二：既是国家的公民又是市民社会的成员。这两重身份，由于国家和市民社会的异化而彼此分离。正如马克思所分析的："市民社会和国家彼此分离。因此，国家的公民和作为市民社会成员的市民也是彼此分离的。因此，人就不能不使自己**在本质上二重化**。作为一个**真正的市民**，他处在双重的组织中，即处在**官僚组织**（这种官僚组织是彼岸国家的，即不触及市民及其独立活动的行政权在外表上和形式上的规定）和**社会组织**即市民社会的组织中。但是在后一种组织中，他是作为一个**私人**处在国家之外的；这种组织和政治国家本身没有关系。"① 例如一个工人，在政治国家中，他作为一个公民享有法律给予的形式上的平等权利；而在市民社会，即私人经济生活领域，他可以穷得一无所有。他的所谓平等的政治权利同他的实际不平等状况是背离的，是一幅讽刺画。

这种情况同中世纪不一样。马克思把中世纪称为"人类史上的动物时期"。封建社会的等级制度，不仅表现了社会内部的分裂，"而且还使人脱离自己的普遍本质，把人变成直接受本身的规定性所摆布的动物"②。按

---

① 《马克思恩格斯全集》，中文1版，第1卷，340页。
② 同上书，346页。

照马克思当时的看法，就是说人丧失了自己的本质而降低到动物的水平。正如同动物的自然本性决定动物的习性和它们在自然界中的地位一样，人的肉体出生和血缘关系决定他们的社会地位和政治权利。封建社会的固定的等级制度，使得贵族生下来是贵族，而平民则永远是平民，人变成了由自身自然规定性所摆布的动物。其实，封建社会的等级特权和世袭制度是一种社会制度，它是由土地私有制决定的。血缘关系在等级制和世袭制中的纽带作用本身，就是私有财产制度的要求和表现，而不是决定于人的自然本性。这一点，马克思在批评黑格尔关于王权的观点（君主世袭制）时已经作了阐述。

在资本主义社会，血缘关系并不能赋予人们以政治特权。但是由于政治国家同市民社会相脱离，它存在另一种异化。这就是马克思所说的："我们的时代即**文明时代**，却犯了一个相反的错误。它使人的**实物**本质，即某种仅仅是**外在的**，物质的东西脱离了人，它不认为人的内容是人的真正现实。"[①] 人的经济生活（包括劳动），被看作是纯粹私人生活的领域，被看作是与人的本质无关的东西，而抽象的政治上的平等权利，则被看成是人作为社会存在物的根本特性。其实，真正使人成为人的正好是市民社会，是人进行的经济活动。马克思当时还没有非常明确、非常清晰地表述这个看法，但是他提出人的实物本质、人的内容是人的"真正现实"的观点，显示了探讨人的本质的新方向，并潜在地蕴含着关于异化劳动思想的某些因素。

马克思不仅分析了政治国家同市民社会相异化的问题，还分析了政治制度本身的异化问题。在分析前一个问题时，马克思着重分析了政治国家同物质国家（市民社会）如何从实体性的统一到相互脱离的过程；而在分

① 《马克思恩格斯全集》，中文1版，第1卷，346页。

析后一个问题时，马克思着重研究了各种政治制度的形式，如君主制、贵族制、共和制同民主制的关系，从它们与民主制的关系中探讨了国家政治形式的异化问题。

在马克思看来，国家是人的客体化。正如不是宗教创造人而是人创造宗教一样，不是国家制度创造人民，而是人民创造国家制度。民主制正体现了这个原则。他说："在民主制中，**国家制度本身**就是**一个**规定，即人民的自我规定。在君主制中是国家制度的人民；在民主制中则是人民的国家制度。民主制是国家制度一切形式的猜破了的**哑谜**。在这里，国家制度不仅就其本质说来是**自在**的，而且就其**存在**、就其现实性说来也日益趋向于自己的现实的基础、**现实的人**、**现实的人民**，并确定为人民**自己的**事情。国家制度在这里表现出它的本来面目，即人的自由产物。"还说："在民主制中，不是人为法律而存在，而是法律为人而存在；在这里**人的存在**就是法律，而在国家制度的其他形式中，人却是**法律规定的存在**。"①

正因为这样，马克思推崇民主制，把它作为国家制度的类概念，而把其他形式的国家制度看作"种"，以民主制来衡量其他国家制度。马克思把民主制和其他政治制度的关系，比喻为基督教和其他宗教的关系。基督教是道地的宗教，是神化了的人，因而是一切宗教的实质。民主制也是一样，它是人的客体化，因而是一切国家制度的实质。但是在其他政治形式中，例如在君主制中，创造了国家的人民，反而从属于他们的政治制度和法律规定，这是一种"完成了的异化"。

政治国家同市民社会相异化，国家制度同人的类本质相异化必须消除。历史任务就是要使政治国家从彼岸世界返回到实在世界，即恢复这种统一，而民主制就是这种制度。这里所说的民主制不是资产阶级民主制。

---

① 《马克思恩格斯全集》，中文1版，第1卷，281页。

资产阶级民主制不仅没有消除异化，反而加深了这种异化。马克思心目中的民主制，是恢复普遍性（政治国家）与特殊性（市民社会）的真正统一，恢复人与国家的统一，使国家制度、法律不是同人相对立，而是成为"人民的自我规定和特定内容"；它消除人的本质的二重化，真正使人成为"社会化了的人"。很显然，马克思关于民主制的这种设想，是一种朦胧的、尚不清楚的对未来社会的向往。

怎样才能消除人的本质的二重化？怎样才能扬弃政治国家同市民社会的异化？谁能担起这个历史重任呢？马克思在完成了《黑格尔法哲学批判》之后，沿着这条思路继续前进。

第三章　探讨无产阶级解放的道路。异化论和社会
革命论的结合

在马克思创立唯物史观的过程中，他于 1843 年在克罗茨纳赫对历史的研究具有重要的意义。这个研究成果，不仅被吸收到《黑格尔法哲学批判》中，有助于马克思初步解决市民社会和国家的关系，而且在《论犹太人问题》和《〈黑格尔法哲学批判〉导言》中得到应用。马克思通过对法国资产阶级革命史和《人权宣言》的研究，发现了资产阶级政治解放的局限性，提出了人类解放的问题。这说明，唯物史观的形成不是孤立的，它是同马克思探求无产阶级彻底解放的途径和历史使命密切联系在一起的。

马克思这时并没有达到唯物史观，而是用异化的观点来论述他的社会革命理论。以人是人的最高本质为依据，把人类解放理解为把人的世界和关系还给人自己，无疑带有费尔巴哈人本主义的烙印。但我们应该看到，马克思借助于类、类本质、个体和类的统一等惯用术语，不仅阐述了有关人类解放和无产阶级使命的问题，而且探讨了宗教的世俗基础，发现了私

有财产和金钱的作用，提出消灭使人受奴役的客观关系，朝唯物史观的方向又前进了一步。

第一节 政治动物—市民社会成员—人

人通过劳动创造了自身，使自己同其他动物区分开来，这是人在物种方面的一次飞跃；人又通过消灭私有制和改造旧的生产关系，自觉地调整生产，使自己摆脱无政府状态，摆脱生存竞争，使自己从动物的生存条件进入真正人的生存条件，这是一次更大的飞跃。马克思主义创始人在后期曾经多次阐述过的这个思想，在早期曾以萌芽的形态存在着。但不同的是后来经过严格科学论证的思想，在早期则带有人本主义的色彩。

马克思在《黑格尔法哲学批判》中运用异化的观点来考察中世纪的历史，认为封建的等级制度使人脱离自己的普遍本质，把人变成直接受本身的规定性所摆布的动物。所以马克思把中世纪说成是"人类史上的**动物时期**，是人类动物学"①。马克思把这个原则运用于德国时，认为当时处在专制制度下的德国是庸人世界，即政治动物世界。在这种制度下，被统治者不是人，而是像繁殖出来的马匹一样，完全成了他们的主人的附属品；而那些被称为主人的人也不是人，他们同被他们奴役的人一样是庸人，他们像动物一样，唯一的希求是生存和繁殖。这正是动物的特征。

正因为专制制度是政治动物世界，因此在这种制度下人们之间的关系不是真正的人与人的关系，而是动物之间的关系，它依靠兽性来维持，而且必然和人性是不相容的。所以马克思说，"专制制度的唯一原则就是轻视人类，使人不成其为人"，"哪里君主制的原则是天经地义的，哪里就根

---

① 《马克思恩格斯全集》，中文1版，第1卷，346页。

本没有人了"①。显然，这些并不是对专制制度的实质的科学论述，而是以人的名义进行的道义上的抨击。

马克思尖锐地抨击了当时的资产阶级自由派，他们一方面"宣称要使人成为人"，另一方面又保留专制制度，企图在德国"实现法国大革命所取得的成果"。这是不可能的。当时德国的新皇帝比起他的父亲威廉三世虽然在表面上要自由些，实际上只是以此来掩盖它的专制本质。随着新皇帝实行了一些高压措施，"自由主义肩上的华丽斗篷掉下来了，极其可恶的专制制度已赤裸裸地呈现在全世界的面前"②。因此要从政治动物世界过渡到民主的人类世界，必须摧毁旧世界的基础。

究竟什么是人的世界呢？马克思当时对法国资产阶级革命是很向往的。在刚刚退出《莱茵报》不久，他在 1843 年 3 月和 5 月给卢格的信中赞扬荷兰，"一个最寻常的荷兰人也比一个最伟大的德国人强，因为不管怎样他总算是一个公民"。并且把法国资产阶级革命同专制制度对立起来，专制制度使世界**"不成其为人的世界"**，而**"法国大革命"**则是**"使人复活"**③。

可是经过在克罗茨纳赫的一段时期的研究以后，马克思的看法发生了变化。原来他认为法国大革命"使人复活"，后来却发现，资产阶级革命不仅没有使人复活，反而使人的实物本质脱离了人，不承认人的内容是人的真正现实，因此，他提出要区分"人的统治和私有制的统治"④。法国资产阶级革命确立的是私有制的统治，它并没消除异化，相反却把异化推向极端。它复活的不是人，而是市民社会的成员。发生这个观点变化的关键，是马克思在克罗茨纳赫对历史，特别是对法国革命史的研究。

法国资产阶级革命的影响是巨大的，它代表一个时代。当时德国的理

---

① 《马克思恩格斯全集》，中文 1 版，第 1 卷，411 页。
② 同上书，407 页。
③ 同上书，407、410 页。
④ 同上书，417 页。

论界对法国革命的经验、成果、口号是非常注意的，但有两种不同的倾向：一种是黑格尔、费希特、谢林这些哲学家。他们在青年时代向往法国革命，羡慕它的成果。他们把法国的革命实践，变成德国式的理论，用抽象的、晦涩的哲学观念反映发展资本主义的要求。但是他们对法国大革命由欢呼到恐惧，对雅各宾党人怀着憎恨和厌恶。在他们看来，法国大革命太过分了。马克思则不同。当时正在探讨德国"向何处去"的马克思，在研究历史时非常注意法国革命的经验。他不仅阅读了法国资产阶级革命家的社会政治著作，而且着重研究了法国革命的历史。他阅读了路德维希《最近五十年的历史》、雅克·夏尔·巴约《对斯塔尔男爵夫人遗著的批判性分析》、威廉·瓦克斯穆特《革命时代法国史》、什·拉克雷特尔《十八世纪法国史》、卡·兰齐措勒《论七月革命的原因、性质和后果》，还阅读了吉伦特党人让·巴蒂斯特·路韦的《回忆录》、罗兰夫人《告后辈书》、德穆兰《法国革命和布拉班特革命》以及1789年的《人权宣言》和1793年的宪法。马克思通过研究肯定法国革命的世界历史意义，但也看到它的社会和政治方面的局限。这样，马克思发现资产阶级革命只是政治解放，它并没有使人由政治动物变成真正的人，而是变成市民社会的成员。马克思借与鲍威尔辩论关于犹太人的解放问题的机会，全面地阐述了自己研究的成果。

鲍威尔完全是按照唯心主义异化观来解决犹太人问题的。第一，他把犹太人解放问题归结为神学问题，把宗教解放看成政治解放的前提。在鲍威尔看来，犹太人要在基督教国家获得解放，必须要求基督教国家放弃它的宗教偏见。可是犹太人既然坚持自己的宗教信仰，那他们有什么权利要求别人放弃宗教信仰呢？基督徒和犹太人最顽强的对立形式是宗教对立，为了消灭这种对立，无论是对力图获得政治解放的犹太人，还是对应该解放别人从而使自己获得解放的基督教国家来说，都必须各自放弃自己的宗教信仰。第二，消除宗教信仰，就是复归于自我意识。他认为基督教和犹太教是人类精神发展的不同阶段，如果把人本身看成蛇，那这两种宗教形式就是从人自身蜕掉的不同蛇皮，达到这种认识，犹太人和基督徒的关系就不是宗教关系而是人与人的关系："只有当犹太人和基督徒放弃那种使他们分离并陷于永久孤立的特殊本质，承认人的普遍本质并把它看成是真正本质的时候，他们才能被看成是人。"①

马克思的看法不同。他认为德国这个所谓基督教国家，是一个专制制度的国家。在这个国家里，"实际上发生作用的不是**人**，而是人的**异化**。唯一发生作用的人，即**国王**，是与众不同的存在物，而且还是被宗教神化了的、和天国与上帝直接联系着的存在物"②。由于宗教精神并没有成为世俗精神，而是与政治密切结合的，因此在德国，对宗教的批判是其他一切批判的前提。

但这并不等于说，放弃宗教信仰是政治解放的前提。这是两个不同的问题。就思想领域来说，反宗教的斗争是间接地反对宗教所维护的旧世界的斗争，从对宗教的批判可以发展为对政治的批判，正如马克思所说："人的自我异化的**神圣形象**被揭穿以后，揭露**非神圣形象**中的自我异化，就成了为历史服务的**哲学**的迫切**任务**。于是对天国的批判就变成对尘世的批判，对**宗教的批判**就变成对**法的批判**，对**神学的批判**就变成对**政治的批判**。"③ 可是彻底废除宗教是另一回事。事实上政治解放并不是以每一个人放弃宗教信仰为前提，而是国家摆脱一切宗教，废除国教和宗教特权。当国家从国教中解放出来，国家作为一个国家不再维护任何宗教，而去维护国家自身的时候，国家才按照自己的规律，用合乎国家本质的方法，使

① 转引自［法］科尔纽：《马克思恩格斯传》，第Ⅰ卷，594 页，北京，生活·读书·新知三联书店，1963。
② 《马克思恩格斯全集》，中文1版，第1卷，433～434 页。
③ 同上书，453 页。

国家从宗教中解放出来。因此政治解放即资产阶级革命，只是使宗教从公法范围转到私法范围，成为个人的信仰。

　　政治解放没有消除宗教异化，也不可能消除这种异化。在私人生活领域中，一个人可以是宗教徒，而在政治领域中，由于废除国教和宗教特权，他被看成是不管宗教信仰如何与其他人一律平等的公民。这样，通过政治解放而达到的并不是完整的人，而是人的分裂。人被分裂为犹太教徒和公民、新教徒和公民。不仅如此，人还分裂为商人和公民、短工和公民、地主和公民等等。总之，人在市民社会中是一种身份，而在政治领域中又是一种身份。这种情况表明，在资本主义私有财产的统治下，人过着天国和尘世的双重生活。在市民社会中，人作为私人，作为同其他人相对立的利己主义者，过着尘世的生活；而在政治领域中，人作为公民，过着符合自己"类本质"的天国生活。马克思深刻地分析了这种矛盾。他说："在政治国家真正发达的地方，人不仅在思想中，在意识中，而且在**现实**中，在**生活**中，都过着双重的生活——天国的生活和尘世的生活。前一种是**政治共同体**中的生活，在这个共同体中，人把自己看做**社会存在物**；后一种是**市民社会**中的生活，在这个社会中，人作为**私人**进行活动，把别人看做工具，把自己也降为工具，成为外力随意摆布的玩物。政治国家和市民社会的关系，正像天和地的关系一样，也是唯灵论的。"① 这样，当人作为真实的个人时，他缺乏普遍性，不是作为类存在物；而当他在政治生活中作为类存在物时，他又失去了实在的个人生活，是虚假的、非实在的普遍性。

　　国家从宗教得到解放，并不等于现实的人从宗教得到解放。政治解放不仅没有使人摆脱宗教信仰，相反，它自身就蕴含着产生宗教信仰的基

---

　　① 《马克思恩格斯全集》，中文 1 版，第 1 卷，428 页。

础。在马克思看来，在思维领域中人把自己的类本质异化为上帝，同政治领域中人把自己的本质异化为国家是一致的。前者是后者的反映。只要个体和类的对立存在，只要人还没有真正成为类存在物，宗教就必然存在。他说："政治国家的成员之所以信奉宗教，是由于个人生活和类生活、市民社会生活和政治生活的二元性；他们信教是由于人把处于自己的现实个性彼岸的国家生活当做他的真实生活；他们信教是由于宗教在这里是市民社会的精神，是人们相互脱节和分离的表现。"①

可见，政治解放并没有使人从政治动物变成真正的人。虽然从文艺复兴以来的资产阶级人道主义者都把人作为出发点和归宿，但马克思认为，这并不是真正的人，而是利己主义的人，是市民社会的成员。用马克思自己的话来说，"这是无教化、非社会的人，偶然存在的人，本来面目的人，被我们整个社会组织败坏了的人，失掉自身的人，自我排斥的人，被非人的关系和势力控制了的人，一句话，还不是**真正的类存在物**"②。

基于上述认识，马克思对鲍威尔关于人权的观点进行了批判。按照鲍威尔的看法，犹太人只要还是犹太人并坚持自己的宗教信仰，就不能获得人权。人要获得一般人权，必须牺牲信仰的特权。鲍威尔把资产阶级的所谓人权，看成是人的一般本质的体现，它与犹太人的特殊本质是对立的。

马克思的看法相反。资产阶级所谓一般人权分为两个部分，一部分是属于政治自由的范畴，即所谓公民权，它的主要内容是参加政治共同体、参加国家活动的权利；另一部分是所谓人权，即信仰自由、人身、权利和财产不受侵犯等等。这里所说的人，就是市民社会的成员，所谓人权，就是市民社会成员的权利。这些权利，不仅不符合人的本质，相反还脱离了人的本质。它不仅没有超越利己主义，相反还保障利己主义。正如马克思

---

① ② 《马克思恩格斯全集》，中文1版，第1卷，434页。

所说："任何一种所谓人权都没有超出利己主义的人，没有超出作为市民社会的成员的人，即作为封闭于自身、私人利益、私人任性、同时脱离社会整体的个人的人。在这些权利中，人绝不是类存在物，相反地，类生活本身即社会却是个人的外部局限，却是他们原有的独立性的限制。把人和社会连接起来的唯一纽带是天然必然性，是需要和私人利益，是对他们财产和利己主义个人的保护。"① 可见，资产阶级政治解放所达到的积极成果，并没有使人从政治动物跃进到真正的人，而是转变为市民社会的成员。要解决这个矛盾，要消除个体和类的分裂，必须进行人类解放。

第二节　把人的世界和人的关系还给人自己

要使人从市民社会的成员变成真正的人，必须反对人的自我异化的极端表现，把异化出去了的人的世界和人的关系还给人类自己。这是马克思当时分析政治解放和人类解放相互关系时得出的结论。

在马克思看来，犹太人不放弃宗教信仰仍有权要求政治解放。但犹太人的解放问题，并不是政治解放所能解决的。实际上犹太人由于掌握财富，他们已经用犹太人的方式解放了自己。尽管德国信奉犹太教的犹太人在政治权利方面受到极大的限制，被法律剥夺了担任国家公职的权利，可是犹太人在实际政治生活中却发挥着重大的作用。这一点鲍威尔自己也承认。例如他在《犹太人问题》中说："在维也纳只被容许存在的犹太人，却凭自己的金钱势力决定着整个帝国的命运。在德国一个最小的邦中可能是毫无权利的犹太人，却决定着全欧的命运。各种同业公会和行帮虽然排斥犹太人，或者还在冷淡他们，但工业却在傲慢地嘲笑这些中世纪组织的

---

① 《马克思恩格斯全集》，中文1版，第1卷，439页。

固执。"① 但鲍威尔用唯心主义观点看待这个问题，认为犹太人在理论上没有政治权利，实际上却有很大权力的情况是"虚假的"。其实，犹太人实际上的政治权力同他的政治权利之间的矛盾，是政治和金钱势力之间的矛盾。虽然在人们的观念中，政治权力凌驾于金钱之上，实际情况却相反，政治权力是金钱势力的奴隶。所以马克思说："犹太人用犹太人的方式解放了自己，他们解放了自己不仅是因为他们掌握了金钱势力，而且因为**金钱**通过他们或者不通过他们而成了世界势力。"②

犹太教同市民社会是相适应的。犹太教的基础并不在于宗教本身。它有世俗基础，这就是实际需要、自私自利。犹太人的世俗偶像是生意人，而他们的世俗上帝是金钱。实际需要、自私自利、金钱同时也是市民社会的原则，因此，市民社会从自己内部不断产生犹太人。从历史必然性的观点看，犹太人作为市民社会的特殊组成部分，它的继续存在不是违背历史，而是顺乎历史。这样，犹太人的解放，就其最终结果来说，就是人类从犹太人中获得解放，即人类从做生意、从金钱势力下解放出来。

马克思正是在探讨犹太教和现实的犹太人的关系，探讨犹太教的世俗基础时，论述了他对异化的看法。同《黑格尔法哲学批判》相比，马克思这时从政治国家同市民社会相异化，开始转向市民社会自身。既然实际需要、自私自利是市民社会的原则，而实际需要和自私自利最集中地表现为对金钱的需要，马克思便着重分析了金钱，把金钱的统治看成人的自我异化的极端表现。

在马克思看来，金钱或者说货币是人的本质的异化。"钱是从人异化出来的人的劳动和存在的本质；这个外在本质却统治了人，人却向它膜

---

① 转引自《马克思恩格斯全集》，中文 1 版，第 1 卷，446～447 页。
② 同上书，447 页。

拜。"① 钱是最高的神，在它面前一切神都相形见绌。当时还缺乏深刻经济学研究的马克思，对货币的起源、本质、职能，对货币在商品经济中的地位和作用还不能进行科学的概括，而是沿用异化的概念进行解释。但值得注意的是，马克思并没有把货币看成自我意识的异化，而是把它和人的劳动联系在一起，和人的活动和产品联系在一起，这包含着由异化上升到异化劳动的最简单的萌芽。

马克思把货币作为一般等价物的经济现象，翻译为哲学语言，认为钱蔑视人所崇拜的一切东西并把它变成商品，它成为代表一切事物的普遍价值，因此它剥夺了整个世界，包括自然界和人类世界本身的价值。在私有财产和金钱的统治下，人们并不尊敬自然，相反却蔑视和贬低自然，因为自然界，从动物到植物，都成了财产，成了人们力图占有的对象。同样，在这种情况下，人们也蔑视理论、艺术、历史，蔑视作为自我目的的人自身。一切都成了商品，甚至连宗族延续的关系、男女关系都成了生意的对象，妇女也成了买卖的对象。这样，在金钱统治下，人们的产品和活动受着自己异化的本质——金钱的支配。而且也只有这样，人们才能实际进行活动、实际创造物品。这种异化"撕毁人的一切类联系，代之以利己主义和自私的需要，把人的世界变成互相隔绝互相敌对的个人的世界"②。这就叫人的世界和人的关系同人相脱离。

马克思深入到犹太教的世俗基础，从而看到基督教和犹太教在宗教形式上是对立的，实际上却是统一的。追求实际需要、自私自利和崇拜金钱的犹太精神，随着市民社会的完成而达到顶点，而市民社会只有基督教世界才能完成。马克思用具有思辨色彩的哲学语言表达了这个看法："基督教起源于犹太教，又还原为犹太教"，"基督教是高尚的犹太教思想，犹太

---

① 《马克思恩格斯全集》，中文1版，第1卷，448页。
② 同上书，450页。

教是基督教的卑鄙的功利的运用"，"犹太人是实际的基督徒，而实际的基督徒又成了犹太人"①，等等。这就是说，基督教徒在思维领域中崇拜上帝，而在实际生活中追求的还是金钱。福音传道本身、基督教传教士的职位都变成了商品，教会职位是一个赚钱的行业。商人和传教士可以互相转化。经商失败了可以做传教士，传教士手中有了钱也可以弃职经商。而犹太人崇拜金钱，把金钱变成了上帝，变成了凌驾于一切神之上的至高无上的神。但不同的是，基督教是唯灵论的，它把人们对尘世生活的追求和需要引向天国，把人的本质异化为上帝；而犹太教则把天国的上帝，变成尘世生活的上帝——金钱。正是在这种意义上，马克思认为虽然基督教作为完整的宗教在理论上完成了人从自身和自然界的自我异化，而犹太教则"把异化了的人、异化了的自然界，变成**正在异化**的对象、变成奴隶般地屈从于利己主义的需要、屈从于生意的买卖对象"②。

异化是应该消除的，这一点马克思是赞同费尔巴哈的。但费尔巴哈消除的仅仅是宗教的异化，把异化了的人的类本质还给人自己，并以此作为消除一切社会弊病的途径。就这一点说，鲍威尔把放弃宗教信仰作为政治解放的前提，并没有超出费尔巴哈的范围。马克思不同。他把消除宗教异化分成两个不同层次的问题：一个是国家摆脱宗教，即消灭宗教特权、废除国教，这是资产阶级革命力图解决也能解决的问题。法国和北美的经验证明了这一点。另一个是人类彻底摆脱宗教异化，这不是政治革命所能解决的问题，而必须消灭宗教的世俗基础。宗教这种颠倒的世界观的存在，表明产生宗教的世界本身是颠倒的。因此不仅要把被异化为宗教的人的类本质还给人自己，而且要把全部被异化了的人的世界和人的关系还给人自己，即在一切领域中消除个体感性存在和类存在的矛盾，消除在市民社会

① 《马克思恩格斯全集》，中文1版，第1卷，450页。
② 同上书，450～451页。

中彼此孤立，追求个人私利的利己主义状态。只有现实的个人不仅在政治生活中成为类存在物，而且在他们的个人生活中，即在自己的劳动和相互关系中也成为类存在物，才使现实的个人由市民社会的成员变成真正的人。这就是人类解放。所以马克思说："哲学把受僧侣精神影响极深的德国人变成人，这就是解放**全体人民**。"①

第三节　无产阶级只有通过人的完全恢复才能获得彻底解放

马克思对黑格尔法哲学的批判，是对最系统、最丰富、最完整的德国国家哲学和法哲学的批判。这种批判是针对德国的，但又不限于德国。一方面，对德国现状的批判，也就是对英国、法国各先进国家的过去的批判。这些似乎过去了的东西仍然压抑着这些国家，构成了现代国家的隐蔽的缺陷；另一方面，这种批判超出了政治解放的水平，而是从更高的即所谓真正的人的问题出发。这个问题不仅关系到德国，而且关系到整个世界。马克思说："一旦**现代的**政治社会现实本身受到批判，即批判一旦提高到真正的人的问题，批判就超出了德国 status quo〔现状〕。"②

马克思在这里提出的不是一个旧问题，不是德国能否实现英国和法国曾经发生过的政治解放问题，而是一个全新的问题，即"德国能不能实现一个……〔原则高度的〕实践，即实现一个不但能把德国提高到现代各国的**现有水平**，而且提高到这些国家即将达到的**人的高度**的**革命**"③ 的问题。马克思当时是肯定这一点的。

什么叫真正人的革命？什么叫人的高度的革命？政治解放算不得这种

---

① 《马克思恩格斯全集》，中文1版，第1卷，461页。
② 同上书，457页。
③ 同上书，460页。

革命。虽然资产阶级人道主义者以人的代表自居，虽然马克思也曾经把法国大革命看成是人的复活，但现在他发现，政治解放一方面把人变成了公民，另一方面又把人变成利己的、独立的个人。这不是整个社会的解放，而是市民社会中一部分人的解放；这不是使人全部占有自己的本质，而是使人丧失自己的本质。真正人的革命是人类解放，它着力恢复人类被异化的本质。所以马克思说："德国唯一**实际**可能的解放是从宣布人本身是人的最高本质**这个理论**出发的解放。"他还说："对宗教的批判最后归结为**人是人的最高本质**这样一个学说，从而也归结为这样一条**绝对命令：必须推翻**那些使人成为受屈辱、被奴役、被遗弃和被蔑视的东西的**一切关系**。"①

"人是人的最高本质"是费尔巴哈的观点，是一个反神学反宗教的命题。第一个"人"是指类，第二个"人"是指现实的个体，实际上也就是说，类是个体的本质。按照宗教神学的学说，上帝是在人之外的至高无上的人格存在，而费尔巴哈把这个观点翻过来了，神是人的类本质的异化，因此人的上帝不应该在人之外，而应该是人自身。他明确地说："对人来说，人就是上帝。"费尔巴哈把神学还原为人本学，从人自身中寻找神的秘密，但他关于个体和类的矛盾学说，并不能真正给宗教以科学解释。

马克思当时是肯定费尔巴哈这个命题的，但不是在完全相同的意义上重复这个命题。马克思看到了费尔巴哈的弱点。第一，费尔巴哈以人创造了宗教而不是宗教创造人作为批判宗教的理论根据，但他把人抽象化，看成是自然存在物，而马克思认为，"**人**并不是抽象的栖息在世界以外的东西。人就是**人的世界**，就是国家，社会"②。例如马克思在《论犹太人问题》中分析犹太人的本质时强调，"现代犹太人的本质不是抽象的本质，而是高度的经验本质，它不仅是犹太人的狭隘性，而且是社会的犹太人狭

---

①　《马克思恩格斯全集》，中文1版，第1卷，467、460~461页。

②　同上书，452页。

隘性"①。第二，马克思看到，人是人的最高本质的命题，在费尔巴哈那里是对宗教批判的"最后归结"，没有超出人与神对立的范围，而马克思强调在德国对宗教的批判已经结束，必须从间接的政治斗争转向直接的政治斗争，推翻那些使人成为受屈辱、被奴役、被遗弃和被蔑视的东西的一切关系，用马克思的话来说，这就是"从根本上开始进行革命"，"消灭一切奴役制"②。尽管如此，以"人是人的最高本质"为依据对人类解放的论证，是不完善的。它从人的世界和人的关系同人相异化、压抑人、使人不能实现自己本质出发引申出革命的要求，带有人本主义色彩。

马克思在《〈黑格尔法哲学批判〉导言》中的最重大成就，是关于无产阶级历史使命的论述。马克思把无产阶级看成是人类解放的"心脏"和"物质武器"，是人类有实际可能获得解放的关键所在。

马克思在从德国来到巴黎以后，同正义者同盟的领袖以及法国秘密工人社团的领袖们交往，并参加过工人集会，对现代无产阶级有了直接的感性认识，特别是在理论上有了更为深刻的认识。马克思已经认识到无产阶级同资本主义社会，同现代工业的内在关系，指出无产阶级是"非市民社会阶级的市民社会阶级"，"一个表明一切等级解体的等级"。无产阶级是市民社会阶级，因为它是在资本主义社会内部的一个阶级，例如德国的无产阶级就是随着德国资本主义工业的发展而形成起来的；它又是非市民社会阶级，因为它是"被彻底的锁链束缚着的阶级"，同代表市民社会的资产阶级是对立的；认识到无产阶级同私有财产发生全面的矛盾，因此它的最根本原则是要求否定私有财产；认识到无产阶级和人类解放的一致性，无产阶级只有解放全人类才能解放自己；等等。同时，马克思也分析了德国的阶级斗争状况，把德国的资产阶级同法国的资产阶级进行了对比。他

① 《马克思恩格斯全集》，中文1版，第1卷，451页。
② 同上书，467页。

指出，在德国，"当诸侯同帝王斗争，官僚同贵族斗争，资产者同所有这些人斗争的时候，无产者就开始了反对资产者的斗争。资产阶级还不敢按自己的观点来表述解放思想，因为社会情况的发展以及政治理论的进步已经说明这种观点是陈旧的，或者至少是成问题的了"[①]。因此在法国，资产阶级曾经扮演解放者的角色，而在德国，只有无产阶级由于"它的**直接地位**、**物质需要**、**自己的锁链强迫**"[②]，具有解放全人类的需要和能力。

但是我们也应该看到，马克思对无产阶级的阶级地位和作用的分析，还不是建立在对资本主义生产方式分析的基础上，而是从人性异化的角度来论述的。在马克思看来，无产阶级之所以可能和必须担负这个伟大的任务，是因为"它本身表现了人的**完全丧失**，并因而只有通过**人的完全恢复**才能恢复自己"[③]。无产阶级在资本主义社会中的生活条件、状况和地位，同无产阶级作为人的本性是对立的。无产阶级已经丧失了合乎人性的东西，只有重新占有自己的本质，才能获得彻底解放。

马克思在同卢格辩论 1844 年德国西里西亚织工起义的意义和根源时，驳斥了卢格对西里西亚工人起义的贬低，高度评价了德国工人阶级的革命精神，论述了实现社会主义必须通过革命，必须推翻旧政权和消灭旧的关系。但是马克思同时继续发挥了他关于异化的观点。在马克思看来，1789年的法国资产阶级革命之所以爆发，是由于人们离开了政治共同体，即在政治上处于孤立和无权的状况，所以这个革命是政治解放，它的任务是消灭这种情况，使人在政治领域中成为类存在物。而无产阶级革命则不同。工人离开的共同体完全不同于政治共同体，即不是一般政治上的无权，而是丧失了自己人的本质。马克思说："**工人自己的劳动**迫使他离开的那个共同体就是**生活**本身，也就是物质生活和精神生活、人的道德、人的活

---

① 《马克思恩格斯全集》，中文 1 版，第 1 卷，465 页。
②③ 同上书，466 页。

动、人的快乐、**人的**实质。**人的实质**也就是人的**真正的共同体**。"正因为人比公民以及人的生活比政治生活的意义更为深邃，所以马克思把无产阶级革命称为"人对非人生活的抗议"①。

马克思把异化和社会革命论结合在一起，对政治解放和人类解放的问题作了富有内容的阐述。但是仅仅从消除人的本质的异化的观点来考察，并不能真正科学地揭示这两者的辩证关系，揭示它们相互联系和相互区别的客观经济依据。马克思指出政治解放的局限性是对的，但是认为德国实现政治革命是乌托邦，认为德国"能够一个**筋斗**就不仅越过自己本身的障碍，而且越过现代各国面临的障碍"②，直接从事人类解放的观点是不成熟的。事实上，在马克思全面创立唯物史观后不久，他就改变了原来对政治解放（资产阶级革命）和人类解放（无产阶级革命）关系的看法，阐述了无产阶级在资产阶级革命中的地位和作用，指出资产阶级反对封建等级和反对君主专制的革命运动会加速无产阶级革命运动的进展，无产阶级"不仅能够而且应当参加**资产阶级革命**，因为这个革命是**工人革命**的前提。但是工人丝毫也不能把资产阶级革命当做自己的**最终目的**"③。

无论是历史上还是当代西方，都有一些学者抓住马克思关于类、类本质和消除人的本质同人相异化的观点，把马克思说成是"真正社会主义"者。这是不正确的。马克思早就驳斥了这种看法。他在谈到《论犹太人问题》和《〈黑格尔法哲学批判〉导言》时说过，在这两篇文章中"所见到的一些习惯用的哲学术语，如'人的本质'、'类'等等，给了德国理论家们以可乘之机去不正确地理解真实的思想过程并以为这里的一切都不过是他们的穿旧了的理论外衣的翻新"④。毫无疑问，马克思这时的某些论述，

① 《马克思恩格斯全集》，中文1版，第1卷，487、488页。
② 同上书，462页。
③ 《马克思恩格斯全集》，中文1版，第4卷，347页，北京，人民出版社，1958。
④ 《马克思恩格斯全集》，中文1版，第3卷，261～262页。

由于费尔巴哈的影响，带有人本主义色彩，因而同以费尔巴哈人本主义为依据的"真正社会主义"有某些类似之处，但更重要的是应该看到，马克思诉诸无产阶级，反对爱的说教，主张通过武器的批判，彻底废除私有制和全面改造旧的关系，这就从根本上不同于"真正社会主义"。当然，马克思彻底清除费尔巴哈人本主义的影响需要一个过程，其中一个关键因素是转向政治经济学的研究。

第四章 哲学和经济学研究的结合。从异化到异化劳动

如果说1843年在克罗茨纳赫对历史的研究，使马克思初步确定了市民社会和国家的关系，并看到了人类解放的必要性，那1844年在巴黎从事的经济学研究，则促使马克思解剖市民社会本身，从对上层建筑异化现象的分析深入到经济基础。这样，在短短三年内，马克思在两个领域——历史和经济中展开自己的研究，经历了宗教→国家和法→市民社会的过程。没有经济学的研究，唯物史观的创立是不可想象的。

马克思在巴黎所做的笔记——《巴黎笔记》，除了有关历史和社会主义思潮的研究外，最中心的内容是关于经济学的。马克思阅读了斯密、李嘉图、萨伊、西斯蒙第、斯卡尔培克、穆勒、特拉西、舒尔茨、麦克库洛赫、布阿吉尔贝尔等人的著作，并作了摘要和评注。这是马克思研究经济学的早期阶段，它的特点是提出异化劳动的理论，并用以批判资产阶级经济学，对它们提供的事实和结论进行新的解释。与《1844年经济学哲学手稿》紧密联系的《詹姆斯·穆勒〈政治经济学原理〉一书摘要》，在《巴黎笔记》中占有突出地位，它是分析劳动异化的重要著作。

第一节　研究经济领域中的异化。试图确立解释各个经济范畴的方法论原则

已经转到无产阶级立场，并把人类解放作为无产阶级伟大使命的马克思，对于资产阶级研究经济学的立场和方法是不满意的。虽然马克思当时还没有形成自己特有的范畴，还是从资产阶级政治学提供的事实、材料和范畴出发，但他着力揭示经济领域中的异化现象，并力图找到能阐明政治经济学各个范畴的根本原则。这导致马克思提出异化劳动的理论。

马克思关于异化劳动观点的提出，当然有它的哲学基础，这就是德国古典哲学逐步形成的关于异化的理论，但马克思突破了它们的思辨传统，着眼于经济事实的分析，认为异化劳动理论是批判资产阶级政治经济学，解决资产阶级政治经济学所不能解决的问题的有效武器。

在19世纪40年代，私有制问题是个带根本性的理论和实际问题。无论是正在兴起的工人运动还是各种社会主义思潮，都提出了这个问题。马克思在到巴黎之前，在他评论莱茵省议会辩论的某些文章中，通过对物质利益问题的探讨已间接涉及这个问题；而在《共产主义和奥格斯堡〈总汇报〉》的论战文章中，他明确肯定无产阶级要求占有中等阶级的财产的必然性和合理性。退出《莱茵报》后在克罗茨纳赫钻研历史时，马克思对所有制及其形式对政治机构的影响的材料十分注意，并在《黑格尔法哲学批判》中通过对长子继承制的分析，对私有财产以及私有财产和国家政治制度的关系作了某些论述。因此当马克思转向经济学研究时，他对资产阶级政治经济学把私有制的存在作为一个既成事实，竭力为资本主义私有制辩护的立场是持反对态度的。马克思在关于萨伊著作摘录的评注中就批评了资产阶级政治经济学的这个根本局限，指出："私有制是政治经济学不予

论证的一个事实，但是这个事实却是政治经济学的基础。没有私有制就没有私有者，而政治经济学就其实质而言乃是一门发财致富的科学。没有私有制也就没有政治经济学。因而整个政治经济学是建立在一个没有必然性的事实基础上。"①

究竟怎样才能说明私有制的历史性呢？是不是把它同劳动结合起来考察就能解决这个问题呢？历史经验证明不能。例如英国哲学家洛克正是从人的劳动属于人推论出个人占有符合人类本性因而是合理的、永恒的结论。他说："人将他从自然界创造的和赋予他的物体中取得的东西，和自己的劳动融合在一起，和某种不可分离的属于他的东西融合在一起，从而使这种东西成为自己的财产。当他从自然界赋予他的那种共同占有的财富中取得某种东西的时候，那么，由于他自己的劳动，他就把某种东西加在这一对象上，这就排除了其他人的共同权利。"②

英国古典政治经济学虽然创立了劳动价值论，把私有财产的本质从纯客体变成人的劳动，但这并不妨碍他们把私有财产当成既成事实，把资本、土地、劳动的分离当成前提。因为他们把劳动仅仅看成是谋生的手段，而把劳动者对原料追加的价值分解为利润、地租，把工资看成是有利于增加国民财富的合理的、自然的分配方式。他们不去探究什么样性质的劳动才形成私有财产，而是以私有财产为前提，把资本家的利益当作确定工资和资本利润之间关系的最后根据。

马克思不同，他着力探讨私有财产的起源。在马克思还没有全面创立自己的唯物史观，还没有发现生产力和生产关系辩证运动规律之前，异化劳动理论是他对私有制进行历史考察的理论和方法。他把私有财产看成是历史性的现象，是一种异化，"从**外化劳动**这一概念，即从**外化的人**、异

① 《马克思恩格斯全集》，国际版第1版（德文版），第1部分第3卷，449页。
② ［英］约翰·洛克：《哲学著作选集》，俄文版，第2卷，19页，1960。

化劳动、异化的生命、**异化的人**这一概念得出**私有财产**这一概念"①。正是对私有财产起源的探讨，使马克思由异化转向异化劳动。

从英国古典政治经济学创始人威廉·配第开始，到它的完成者大卫·李嘉图，英国古典政治经济学的一个最高成果是劳动价值论。李嘉图克服了配第、斯密劳动价值论中的不彻底性和混乱，对商品价值决定于劳动时间这一规定，作了十分明确和透彻的规定。但是从 1823 年李嘉图逝世以后，英国古典政治经济学的劳动价值论一方面被它的继承者所庸俗化，另一方面一些空想社会主义者力图从劳动价值论中得出有利于工人的结论：既然劳动创造价值，那一切产品应归劳动者所有。例如英国的空想社会主义者布雷就说过："只有劳动才创造价值……每个人对于他用正当劳动所获得的一切东西都有不容置疑的权利。如果他占有了他自己的劳动果实，那么他对其他人并没有做出任何不公正的行为；因为他丝毫没有侵犯别人这样做的权利……一切关于高贵和低贱以及主人和雇佣工人的概念，都是由于忽视基本原则因之而产生的财产不平等所引起的。"因此布雷认为，"在公正的交换制度下，一切产品的价值都会由**它们的生产费用**的**全部总和**来确定，并且**相等的价值经常会换得相等的价值**"②。而工人和资本家之间的关系是违背劳动价值论的，"工人和资本家之间的全部交易纯粹是一幕滑稽剧：实际上，在大多数情况下这无非是一种无耻的（虽是**法定的**）**抢劫**而已"③。这种从空想社会主义观点来应用劳动价值论的努力，曾引起一些人从右边来否定劳动价值论。例如 1832 年约·卡泽诺夫就宣称："说劳动是财富的唯一源泉，看来是一个错误而又危险的学说，因为它不幸给某些人以口实，他们主张一切财产属于工人阶级，而其他人所获

① 《马克思恩格斯全集》，中文 1 版，第 42 卷，100 页，北京，人民出版社，1979。
② 转引自《马克思恩格斯全集》，中文 1 版，第 4 卷，111 页。
③ 转引自上书，112 页。

得的部分是对工人的掠夺和欺诈。"①

马克思不仅不同意试图从劳动价值论中引申出有利于工人的结论，而且也批评劳动价值论自身。在马克思看来，劳动价值论虽然以劳动是生产的真正灵魂为出发点，但它并没给劳动者提供任何东西，而是给私有财产、给有产者提供了一切。因此马克思着力揭示劳动的异化性质，以异化劳动的理论来批评英国古典政治经济学的劳动价值论。

马克思批评劳动价值论，当然不是否认生产费用和价值之间存在某种联系，而是批评李嘉图撇开竞争和供求关系，把生产费用作为决定价值的唯一因素，他认为这是不可允许的抽象。他在评论穆勒关于铸币（金和银）的价值像所有其他商品的价值一样是由生产费用来调节的观点时指出："穆勒——完全和李嘉图学派一样——犯了这样的错误：在表述**抽象规律**的时候忽视了这种规律的变化或不断扬弃，而抽象规律正是通过变化和不断扬弃才得以实现的。如果说，例如生产费用最终——或更准确些说，在需求和供给不是经常地即偶然地相适应的情况下——决定价格（价值），是个**不变的**规律，那么，需求和供给的不相适应，从而价值和生产费用没有必然的相互关系，也同样是个**不变的**规律。的确，由于需求和供给的波动，由于生产费用和交换价值之间的不相适应，需求和供给只是暂时地相适应，而紧接着暂时的相适应又开始波动和不相适应。这种**现实的**运动——上面说到的规律只是它的抽象的、偶然的和片面的因素——被现代的国民经济学家歪曲成偶性、非本质的东西。"② 马克思强调供求关系和竞争对价格的影响，强调规律起作用的条件的思想是深刻的，但把价值和交换价值分离开来，从价值向市场价格转化的条件性和存在各种因素的作用，得出生产费用和价值没有必然的相互关系的结论，从而认为劳动价

---

① 转引自 ［英］米克：《劳动价值学说的研究》，137 页，北京，商务印书馆，1963。
② 《马克思恩格斯全集》，中文 1 版，第 42 卷，18 页。

值论是把抽象的、偶然的和片面的东西提升为规律的看法，包含着对它的最基本原则的否定。

马克思还深刻揭示了劳动价值论的内在矛盾，以此证明企图从劳动价值论引申出有利于工人阶级的结论是不可能的。按照资产阶级政治经济学劳动创造价值的理论，劳动的全部产品本来属于工人，可实际上工人通过工资得到的只是产品中最小的、没有它就无法生存的部分，他们得到的不是作为人而是作为工人，不是作为人类繁殖而是作为工人再生产的必不可少的部分。按照资产阶级政治经济学，一切产品都是死的劳动，资本无非是积累的劳动，因此一切东西都可用劳动来购买，可实际上工人的劳动远不能购买一切东西，相反他必须出卖自己。按照资产阶级政治经济学，劳动是人用来增大自然产品的价值的唯一东西，可实际上懒惰的土地所有者的地租和忙碌的资本家的利润占有产品的绝大部分，他们对工人发号施令，处处占上风，过着养尊处优的神仙般的生活。按照资产阶级政治经济学，劳动是唯一不变的物价，可实际上再没有什么比劳动价格更受供求的影响，更具有偶然性了。总之，资产阶级政治经济学以劳动为出发点的价值理论同它为资产阶级利益辩护的立场之间，以及劳动价值论的理论原则和现实之间是根本矛盾的。因此以劳动价值论为依据的社会主义只能是一种空想。实际上在马克思看来，问题不在于确定劳动量与价值量之间的量的关系，而在于分析劳动的性质，即揭示这种劳动是一种异化劳动。作为创造一切产品的劳动和劳动者的处境之间的对立，"这个表面的矛盾是**异化劳动**同自身的矛盾"①。从这种意义上可以说，资产阶级古典政治经济学的劳动价值论为有产者提供了一切，而马克思提出异化劳动的理论则是力图探讨无产者贫困的根源，为无产者的利益作论证。

---

① 《马克思恩格斯全集》，中文 1 版，第 42 卷，101 页。

在马克思看来，整个资产阶级政治经济学，从斯密经过萨伊到李嘉图，他们的学说越彻底、越真实，就越是积极地、自觉地在人的异化方面比他们的先驱者走得更远。

资产阶级政治经济学按照自己的理论，必然把既无土地又无资本的工人，仅仅看成劳动者，看成劳动的机器，而不是看成人。因此无产阶级最低的和唯一的必要工资就是工人在劳动期间的生活费用以及使工人种族不至灭绝的养家糊口的费用。在他们眼里，工人只是劳动的动物，是仅仅有最必要的肉体需要的牲畜。一笔钱重要的不是能养活多少工人，而是能带来多少利润。

马克思在分析李嘉图关于总收入和纯收入的观点时，就尖锐抨击了资产阶级政治经济学这种蔑视无产者的立场。在李嘉图看来，工资属于生产费用，是支出，而只有纯收入即地租和利润的增加才是有意义的；越是减少工人，越是能增加纯收入，这对国家是有利的，这鲜明地表现了敌视工人的立场。马克思指出："由于政治经济学否定总收入的一切意义，也就是否定撇开过剩不论的生产和消费的量，从而否定生活本身的一切意义，所以它的抽象达到了伪善的极点。由此可以毫不掩饰地说：（1）政治经济学关心的完全不是国家利益，不是人，而仅仅是纯收入、利润、地租；这些就是国家的最终目的。（2）人的生活本身没有什么价值。（3）工人阶级的价值简单地说就是必要的生产费用，他们受雇佣仅仅是为了纯收入，即为了资本家的利润和土地所有者的租金。他们自己仍然是而且必定是劳动机器，只要对这些机器花费一些维持其运转所必需的资金就够了。"①

马克思还批评李嘉图学派撇开一切偶然的、实在的东西，把经济规律看成是"平均数"。在马克思看来，只着重"平均数"，是撇开人，撇开人

①　《马克思恩格斯全集》，国际版第1版（德文版），第1部分第3卷，514～515页。

的实际生活状况而着重考察物质的抽象运动，从而把私有财产在现实中所经历的物质过程变成了一般的、抽象的公式。所以马克思认为："平均数是对个人的真正侮辱、诽谤。"并且说："李嘉图派所关心的是一般规律。至于这种规律如何实现，千百万人是否因此而破产，这对规律和政治经济学家来说是完全无关紧要的。"① 马克思关于劳动价值论是一种敌视人的学说，是在承认人（人的劳动）的假象下实现对人的彻底否定的评论，同样表现了这种看法。

总之，在马克思看来，资产阶级政治经济学是同人相对立的。"人性是在政治经济学之外，非人性是在政治经济学之中"，马克思的这个评论，是对这种经济学说的总的评价。但这并不是资产阶级政治经济学理论本身的过错，更不是李嘉图的过错。资产阶级政治经济学是资本家的"科学自白"，是现代资本主义工业在意识中的反映，因此它越真实、越彻底，就越把人的异化看成是自然的、合理的。

马克思正是在批判资产阶级政治经济学的过程中，针对它的根本立场、方法和结论，提出了自己的关于异化劳动的理论。在马克思看来，经济学研究不能像古典经济学派一样以私有制的永恒性，以资本、地产、劳动三者的分离为前提，竭力掩盖异化；相反，必须弄清楚私有财产的本质和起源，"弄清楚私有制，贪欲同劳动、资本、地产三者的分离之间的本质联系，以及交换和竞争之间、人的价值和人的贬值之间、垄断和竞争等等之间、这全部异化和货币制度之间的本质联系"②。

从经济学的理论和方法来说，也不能像古典经济学派那样，用贪欲以及贪婪者之间的战争即竞争解释一切经济现象。相反，马克思紧紧抓住私有财产和异化劳动，借助这两个因素来阐明政治经济学的一切范畴，把商业、

---

① 《马克思恩格斯全集》，国际版第1版（德文版），第1部分第3卷，557页。
② 《马克思恩格斯全集》，中文1版，第42卷，90页。

竞争、资本、货币等等看成是这两个基本因素的特定的、展开了的表现。

由此可见，当马克思由上层建筑进到经济基础，转向解剖市民社会，批判资产阶级政治经济学时，他必然由异化过渡到异化劳动。这是一个重大转折。马克思突破了仅仅从量的规定性来考察劳动，深入分析了劳动的性质，对资本主义生产方式的特征和无产阶级同资产阶级的对抗获得了许多有价值的认识。但异化劳动理论并不是一个科学形态，它包含着费尔巴哈人本主义的东西，不能成为整个政治经济学的理论和方法。马克思以后思想的发展将会证明这一点。

第二节　人是社会联系的主体。真正的社会与异化的社会

我们曾经说过，西欧的人道主义思潮发展到 18 世纪法国唯物主义无疑包含着一个矛盾：18 世纪法国唯物主义一方面继承了人道主义传统，强调人是出发点和归宿，提出了以人的自然权利为基础的关于自由、平等、博爱的学说，另一方面在哲学上又发展了机械论，否定了人的主体地位，把笛卡儿关于动物是机器的论点发挥为人是机器的理论。德国古典哲学关于异化学说的一个贡献，就是在唯心主义形式下恢复人的主体地位。但只有马克思才能逐步科学地解决这个问题。

在《詹姆斯·穆勒〈政治经济学原理〉一书摘要》（以下简称《摘要》）中，马克思在论述异化时明确指出，人是"社会联系的**主体**"，并且强调他所说的人不是概念，不是撇开了现实个人的抽象一般，而是"现实的、活生生的、特殊的个人"[①]。离开这种个人的所谓人是不存在的。

在马克思看来，这种现实的个人不是单独的、彼此孤立的，而是"总

---

① 《马克思恩格斯全集》，中文 1 版，第 42 卷，25 页。

体存在物"，用费尔巴哈的术语说，也就是"类存在物"。但是费尔巴哈虽然认为人是类存在物，人的本质只是包含在团体之中，包含在人与人的统一之中，但他强调的是两性的需要。而马克思在这里把人看成"总体存在物"，强调的是彼此对对方劳动产品的需要，即在生产过程中，人的活动和产品的相互补充。生产活动就是社会性的活动。正如马克思指出的："不论是生产本身中人的活动的**交换**，还是**人的产品**的**交换**，其意义都相当于**类活动**和类精神——它们的真实的、有意识的、真正的存在是**社会的**活动和**社会的**享受。"①

正因为人是"总体存在物"，或者说是类存在物，所以马克思提出，"人的本质是人的**真正的社会联系**"②。请注意，这里强调的是人的社会联系，而不是自然的联系，即不是人作为一个物种的联系。马克思突破了把人看成是自然的类，人的本质是共同的类特性的抽象的费尔巴哈的局限，而着重人的社会联系。从人的自然特性着眼，形式上是类，实际上是彼此孤立的个体；而着眼于人的社会联系，虽然实际看到的是个体，但本质上是总体，即社会存在物，因为在人的社会联系之外，任何一个个体都不可能存在。如果说马克思在《黑格尔法哲学批判》中还是从个人与国家的联系方面强调人的社会特质，而在这里他已经开始转向生产，强调人的本质是人在生产和交换过程中的社会联系。

因此，马克思所说的人的真正社会联系既不是纯粹感情关系，也不是观念上的联系，而是实实在在的客观关系。它是在人们为了满足自己的物质需要，积极实现自己社会本质的过程中形成的。马克思明确指出："**真正的社会联系**并不是由反思产生的，它是由于有了个人的**需要**和**利己主义**才出现的，也就是个人在积极实现其存在时的直接产物。"③ 所谓利己主

①②③ 《马克思恩格斯全集》，中文1版，第42卷，24页。

义之类的提法不确切，这里与道德无关，但意思是清楚的，即人的社会联系是在生产中，在人的活动中形成的。

马克思关于现实的个人是主体的观念，强调人的生产创造了人的社会联系，强调人的社会性，强调人的本质是社会本质，这比起黑格尔和费尔巴哈是一个重大的进步。黑格尔把绝对观念看成是异化的主体。费尔巴哈虽然把人看成是异化的主体，但他所说的人是离开一定历史条件和生产关系的自然存在物。从黑格尔的绝对观念到费尔巴哈的自然的人再到马克思的现实的人，是从唯心主义向旧唯物主义再向历史唯物主义过渡的一些关节点。

但现实的人是主体不能是一个抽象的命题，而应该是在思维中再现客观历史过程的具体的多样性的统一。因此这个命题所能达到的科学水平，取决于对历史规律本身的探讨和正确处理历史领域中的主体和客体的关系。马克思当时还不可能达到这个高度，这突出地表现在他对人的本质和生产的相互关系的看法上。

处于思想形成过程的马克思，在理论上还不是浑然一体，不是非常严密完整，而是包含着矛盾。马克思一方面强调人的本质是在积极生产满足人需要的产品中形成的，另一方面又以人的本质为尺度，提出"我们的生产同样是反映我们本质的镜子"① 的论断。这个提法，同他后来提出的人的本质在其现实性上是一切社会关系的总和的科学命题大相径庭。

人的社会联系是客观的、必然的。它的存在是不以人的意志为转移的。这一点马克思是非常强调的。"有没有这种社会联系，是不以人为转移的。"② 但是这种联系具有什么性质，究竟是采取异化的形式还是人的形式，这取决于与人的本质相符合的程度。

---

① 《马克思恩格斯全集》，中文 1 版，第 42 卷，37 页。
② 同上书，24 页。

什么是异化的社会？按照马克思当时的说法，"只要人不承认自己是人，因而不按照人的样子来组织世界，这种**社会联系**就以**异化**的形式出现"，因此异化的社会就是人"同自己固有的本质相异化"① 的社会。

在异化的社会，"不是**人的本质**构成我们彼此为对方进行生产的纽带"②。生产具有明显的功利主义和自私自利的性质，它的目的就是占有。我是为自己而不是为你生产，正如同你是为自己而不是为我生产一样。我们彼此生产的东西，与对方并没有直接的关系。这意味着我们的生产并不是为了作为人的人即社会的人而生产，我们每个人都把自己的产品看成是自己的物化的私利。

生产最终是为了需要，产品是要消费掉的。因此一个生产者的产品必然是另一个人的需要和欲望的对象。可是尽管我的产品是你的需要和欲望的对象，你并不因此就有权支配我的产品。我的产品并不承认你的需要，并不承认人的本质，而只承认你的产品。你的需要，你的意愿，你的意志对我的产品来说是软弱无力的。因此我们彼此承认的是物的权利，而不是人的权利。交换是彼此占有对方产品的中介。人们的交往、联系都是通过物，物与物的关系压倒了人与人的关系。你只有提供物，才能占有物，这个原则是不能违背的，所以马克思说："我们彼此进行交谈时所用的唯一可以了解的语言，是我们的彼此发生关系的物品。我们不懂得人的语言了，而且它已经无效了；它被一方看成并理解为请求、哀诉，从而被看成**屈辱**，所以使用它时就带有羞耻和被唾弃的感情；它被另一方理解为**不知羞耻**或**神经错乱**，从而遭到驳斥。我们彼此同人的本质相异化已经到了这种程度，以致这种本质的直接语言在我们看来成了对**人类尊严的侮辱**，相反，物的价值的异化语言倒成了完全符合于理所当然的、自信的和自我认

---

① 《马克思恩格斯全集》，中文 1 版，第 42 卷，24～25、29 页。
② 同上书，34 页。

可的人类尊严的东西。"①

　　这样一来，人被降低到物的工具和手段的水平。你为了占有我的产品必须生产自己的产品，反过来也是一样。我们彼此不是把对方看作人，而是看作生产彼此需要的产品的工具和手段。在这种情况下，人的价值发生贬值。人的价值不在于人自身，而在于我们拥有的物，我们根据彼此占有的物来相互估价："对我们来说，我们**彼此的**价值就是我们彼此拥有的物品的**价值**。因此，在我们看来，一个人本身对另一个人来说是某种**没有价值的东西**。"②

　　在异化的社会里，并不存在真正的人与人的关系，而是私有者对私有者的关系。正是对私有财产的特殊占有，使人们既相互区别又相互联系起来。每个人正是通过放弃自己的特殊占有物，才能取得别人的特殊占有物，这样使两个私有者发生联系的不是人自身，而是物的特殊性质，是他们各自拥有的私有财产；在确认私有权的同时，彼此转让自己的私有财产的一部分。因此在这种社会里，两个私有者的社会的联系或社会的关系，"表现为私有财产的**相互外化**"③。通过外化的私有财产，人们彼此占有的不再是自己劳动的产品，而是别人的产品；各人的劳动产品与自己相脱离，而成为别人的占有物；而且彼此都把对方看成另一种私有财产的代表。人与人的关系，表现为物与物的关系的异化形式。

　　马克思把异化的社会同他所设想的真正的社会对立起来，并在《摘要》中对异化社会的特点作了一个总结性的哲学概括："**人自身异化了**以及这个异化的人的**社会**是一幅描绘他的**现实的社会联系**，描绘他的真正的类生活的讽刺画；他的活动由此而表现为苦难，他个人的创造物表现为异己的力

---

① 《马克思恩格斯全集》，中文 1 版，第 42 卷，36 页。
② 同上书，37 页。
③ 同上书，27 页。

量，他的财富表现为他的贫穷，把他同别人结合起来的**本质的联系**表现为非本质的联系，相反，他同别人的分离表现为他的真正的存在；他的生命表现为他的生命的牺牲，他的本质的现实化表现为他的生命的失去现实性，他的生产表现为他的非存在的生产，他支配物的权力表现为物支配他的权力，而他本身，即他的创造物的主人，则表现为这个创造物的奴隶。"①

马克思之所以批判资产阶级政治经济学，正因为他认为资产阶级政治经济学肯定异化社会，把这一切都视为正常的现象。资产阶级政治经济学以交换和贸易的形式来探讨人们的社会联系和人的类生活。在他们看来，人天生是私有者，社会从来就是商业社会。例如特拉西认为，"社会是一系列的相互交换"；亚当·斯密则认为，"社会是一个商业社会。它的每一个成员都是商人"。所以马克思批评他们把人同人的关系变为私有者同私有者的关系，并以此为出发点，"把社会交往**的异化**形式作为**本质的**和**最初的**形式、作为同人的本性相适应的形式"②。

如果说，异化的社会是与人的本质相背离的社会，那真正的社会则是与人的本质相符合的社会，是人承认自己是人，并按照人的样子组织起来的社会。在这种社会里，人作为社会存在物的本性得到了高度的实现。他们之间的联系，不再采取货币、交换、贸易的异化形式；他们彼此的产品，不再是支配自己和支配对方的权力，不再是等价物的代表，而是满足作为人的人的需要。人的本质成为彼此为对方进行生产的纽带。"人的语言"代替了"物的价值的异化语言"。正如同对异化社会的论述一样，马克思在《摘要》中对真正的社会也从哲学角度作了一个概括。他说："假定我们作为人进行生产。在这种情况下，我们每个人在自己的生产过程中就**双重地**肯定了自己和另一个人：（1）我在我的**生产**中物化了我的**个性**和

---

①② 《马克思恩格斯全集》，中文 1 版，第 42 卷，25 页。

我的个性的**特点**，因此我既在活动时享受了个人的**生命表现**，又在对产品的直观中由于认识到我的个性是**物质的、可以直观地感知的**因而是**毫无疑问**的权力而感受到个人的乐趣。（2）在你享受或使用我的产品时，我**直接**享受到的是：既意识到我的劳动满足了**人**的需要，从而物化了**人的本质**，又创造了与另一个**人的本质**的需要相符合的物品。（3）对你来说，我是你与类之间的**中介人**，你自己意识到和感觉到我是你自己本质的补充，是你自己不可分割的一部分，从而我认识到我自己被你的思想和你的爱所证实。（4）在我个人的生命表现中，我直接创造了你的生命表现，因而在我个人的活动中，我直接**证实**和**实现**了我的真正的本质，即我的**人的本质，**我的**社会的本质**。"①

马克思关于异化社会和真正社会的论述，包含许多深刻的思想，例如关于异化是暂时的、历史性的观点，关于在私有制下人与人的关系表现为物与物的关系，以及在真正社会中生产的目的是满足需要，等等，实际上是以还不明确、清晰的哲学术语表达了他对两种社会制度——资本主义社会与共产主义社会对立的天才猜测。但是从论证的根据和方法来看，那还不是完全科学的，明显地带有费尔巴哈人本主义的印记。马克思当时还不知道，不是人的本质物化为社会关系，而是人的社会关系形成人的本质。被看成是与人的本质相异化或相一致的社会关系，对于每个时代的生产力而言，各有其产生和存在的合理根据。以人的本质为尺度来划分异化社会和真正社会，并不能科学地解释社会，而容易流为道义上的谴责。

第三节　"谋生劳动"中的异化。论货币和信贷

在《摘要》中，马克思对异化劳动问题作了初步阐述。虽然国内外对

---

① 《马克思恩格斯全集》，中文 1 版，第 42 卷，37 页。

《摘要》同《1844 年经济学哲学手稿》（以下简称《手稿》）中的第一手稿成文时间的先后有不同看法，但从内容来看，《摘要》主要是分析一般商品生产劳动（即所谓谋生劳动），特别是由自然经济转入商品生产后出现的劳动异化情况，其中虽然也涉及由一般商品生产发展到资本主义生产以后的劳动与资本的关系，但那并非重点。这同《手稿》以无产阶级和资产阶级为中心来展开对异化劳动的论述是不同的。从历史和逻辑两方面来说，《摘要》和《手稿》是相互衔接的，前者是后者在理论上和材料上的准备。

马克思在《摘要》中有不少地方是复述穆勒的观点，但他把它们纳入异化劳动理论之中，把劳动异化看成是随着商品生产和交换逐步发展起来的历史过程。

马克思认为，在野蛮的、未开化的状态下，人以自己的直接需要量作为生产的尺度，即生产直接满足自己需要的东西。人们生产的东西不多于他直接需要的东西，需要的界限也就是生产的界限。马克思的这个看法不全面。其实并不是需要量决定生产量，而首先是生产决定需要，贫乏的需要显然是由落后的生产造成的，虽然需要也必然反作用于生产。但这里与问题有关的倒不是如何辩证分析生产和需要的关系问题，而是马克思用异化的观点考察这个问题，认为在需要与供给正好相抵的情况下，生产的直接目的就是自己的需要，不存在产品之间的交换，因而不存在异化，即不存在劳动产品与劳动者相脱离的现象。

当有了剩余产品以后，情况开始发生变化。虽然在**"外化的私有财产的粗糙形式"**即偶然的以物易物的交换中，劳动是劳动者的直接生活来源，是他个人存在的积极实现，但同时，劳动者又以自己产品的余额去换取另一个人的产品余额。这样，通过交换，劳动部分地成了收入的来源，从而使劳动的目的和性质开始发生了变化。劳动产品不再是完全为了生产者个人的需要，而是"作为**价值**，作为**交换价值**，作为**等价物**来生产的"①。表面上，剩余产品是彼此为对方的需要而生产的，实际上，彼此都是以自己的剩余产品占有对方的产品，而且力图多占有对方的产品。

马克思看到交换是一种社会联系、社会关系，但他认为这不是人作为人的相互关系，而是私有财产同私有财产的关系，是私有财产的相互外化。交换所呈现的相互补充、相互满足需要只是一种假象，而它的实质是相互掠夺和相互欺骗。因此，马克思强调以物物交换表现的社会联系同人的真正的社会关系是对立的。他说："**交换**或**物物交换**是社会的、类的行为，社会的联系，社会的交往和人在**私有权**范围内的联合，因而是外部的、**外化的**、类的行为。正因为这样，它才表现为**物物交换**。因此，它同时也是同**社会的**关系的对立。"②

如果说在剩余产品的相互交换中，异化还只是局部的，那么在谋生劳动中，人的劳动则变成了一种异化劳动。

所谓谋生劳动，既不是直接满足自己的需要，也不是剩余产品的偶然交换，而是以交换为目的的生产劳动。这实际上指的是商品生产。由偶然交换转变为谋生劳动是必然的。个人的需要是多方面的，而生产者完成的产品则是单方面的，个人不可能制造自己所需要的一切，因此人的劳动必然越来越成为谋生劳动，即以出卖自己的产品为中介来获取生活资料。马克思开始考察的主要是这种劳动中的异化现象。他说："在**谋生的劳动**中包含着：（1）劳动对劳动主体的异化和偶然联系；（2）劳动对劳动对象的异化和偶然联系；（3）工人的使命决定于社会需要，但是社会需要是同他格格不入的，是一种强制，他由于利己的需要、由于穷困而不得不服从这种强制，而且对他来说，社会需要的意义只在于它是满足他的直接需要的

---

① 《马克思恩格斯全集》，中文 1 版，第 42 卷，28 页。
② 同上书，27 页。

来源，正如同对社会来说，他的意义只在于他是社会需要的奴隶一样；
(4) 对工人来说，维持工人的个人生存表现为他的活动的**目的**，而他的现实的行动只具有手段的意义；他活着只是为了谋取**生活**资料。"① 马克思这里分析的四个方面，同他在《手稿》中概括的异化劳动的四种规定既有联系又有区别。从基本立足点来看它们是一致的，这就是对劳动的看法。劳动是人的**"自由的生命表现"**，是人的**"真正的、活动的财产""生活的乐趣"**②，等等，而谋生劳动之所以是一种异化，是因为它不是劳动者的天然禀赋和精神目的的实现，而是为了生存，为了获取生活资料。它不是出于内在的必然性（对劳动爱好的天性），而是出于外在的偶然的需要（生存）。所以这种劳动对劳动者来说，不是一种自我"享受"，而是一种"痛苦"。这些思想后来在《手稿》中继续得到发挥。但不同的是，马克思关于谋生劳动异化的论述，重点是分析通过商品生产和交换所形成的个人与社会的对立：个人成为社会需要的奴隶（劳动者选择什么样的劳动、生产什么样的产品取决于社会的需要，而不是为了表现劳动者的天赋和爱好），社会需要成为个人生存的手段。而马克思在《手稿》中对异化劳动的分析，重点是揭示无产者和资产者的对抗关系，揭示无产者的劳动和产品为资产者所占有的事实。

马克思关于谋生劳动中异化现象的论述，明显地受到费尔巴哈人本主义的影响，把由商品生产和交换所形成的社会联系同人的本质对立起来。但它的积极意义在于用辩证法的观点考察经济的发展，描述了自然经济→一般商品生产→资本主义商品生产的过程，并且把经济领域中的异化看成是一种历史性的现象，是随着以私有制为基础的商品生产和交换逐步发展起来的，这实际上是力图探究异化劳动的起源。

---

① 《马克思恩格斯全集》，中文 1 版，第 42 卷，28～29 页。
② 同上书，38 页。

异化劳动理论是马克思当时研究经济学的一个根本性理论和方法。马克思在《摘要》中对货币和信贷的分析，就表现出这种哲学特色。

马克思对穆勒称货币为交换媒介的看法是赞赏的，认为他"非常成功地用一个概念表达了事情的本质"。但马克思不满足于这一点，而是从货币作为交换媒介中引出异化。他认为，货币的本质，首先不在于财产通过它转让，而在于中介人的产品。以货币为中介，表明人的劳动和产品并不是相互满足需要，而是取得货币，人的社会行为（生产）成为货币的属性。人的愿望、活动以及同其他人的关系，受货币力量的支配，货币成为真正的上帝，人处于奴隶的地位。所以马克思说，在货币中"表现出异化的物对人的全面统治"。

在《手稿》关于货币的片段中，马克思的基本观点同这个看法是一致的，但更加展开。马克思从货币的职能中来分析异化。他当时还没有全面研究货币的多种职能，而是着重分析它的一种职能即作为流通手段的职能。货币具有购买一切东西、占有一切对象的特性。有了货币，我的愿望、需求就能从观念的东西变为现实的东西；没有货币，即使你有需要也是非现实的、不能实现的。以货币为基础的需要，是一种有效的需要；而以人的本性为基础的需要，是一种无效的需要。只有货币才是需要和对象之间、人的生活和生活资料之间的"牵线人"。这样，本来作为手段（流通手段）出现的货币，变成了目的——人生的目的，追求货币成了生活的目标。什么都有限度，只有货币没有限度。无度就是货币的尺度，无限量就是货币的量。

货币的这种普遍购买的特性，使人和自然的性质发生了颠倒。它可以化美为丑、化丑为美，化敌为友、化友为敌，把忠贞变成背叛、把背叛变成忠贞，把爱变成恨、把恨变成爱，把德行变成恶行、把恶行变成德行，把奴隶变成主人、把主人变成奴隶，把愚蠢变成明智、把明智变成愚蠢。

因此马克思说："货币作为现存的和起作用的价值概念把一切事物都混淆和替换了，所以它是一切事物的普遍的**混淆**和**替换**，从而是颠倒的世界，是一切自然的性质和人的性质的混淆和替换。"①

马克思由分析货币进入到分析信贷。如果说货币的中介作用使人发生异化，信贷的出现似乎扬弃了这种异化，使人重新处在人与人相互信任的关系之中。马克思指出："这种扬弃异化、人向自己因而也向别人**复归**，仅仅是一个**假象**"，事实上信贷不仅没有扬弃异化，而且是"**卑劣的和极端的自我异化**"②。

富人贷款给穷人，这是极少有的。即使这样，也并不表明人对人的信任。因为对富人来说，穷人的生命本身、他的才能和他的努力工作都是偿还债务的保证。因此，债权人把穷人的死亡看作最坏的事情，因为这使他丧失了资本和利息。这说明在这种信贷中，富人并不是从人的角度，而是用货币对穷人进行估价。同样，富人之所以贷款给富人，也并不因为他是人，而是因为他是富人，是代表某种财富。因此，在这里，信贷是便于交换的媒介，即被提高到纯粹观念形式的货币本身。

由此可见，在信贷中，货币并没有被取消，而是人本身变成了货币，代替金属货币或纸币成为交换媒介。形式上，信贷使交换媒介从它的物质形式返回到人，但不是作为人的人，而是作为某种资本和利息存在的人。因此在信贷中，"构成**货币**灵魂的物质、躯体的，是我自己的个人存在、我的肉体和血液、我的社会美德和声誉，而不是货币、纸币。信贷不再把货币价值放在货币中，而把它放在人的肉体和人的心灵中"③。正因为这样，伪造货币需要材料，而骗取信贷只用自己的人格就行了，人把自己变

---

① 《马克思恩格斯全集》，中文1版，第42卷，155页。
② 同上书，21页。
③ 同上书，23页。

成了"赝币"。

马克思关于货币和信贷的分析，从经济学的角度看，提出了不少深刻的思想。他研究了私有财产、交换和货币的关系，论述了私有财产产生货币的必然性，研究了货币和价值的关系，指出货币"是作为价值的价值的现实存在"。马克思还批判了货币主义和资产阶级古典政治经济学的货币观，认为前者是对货币的"粗糙的盲目信仰"，而后者是"精致的盲目信仰"。他还分析了信贷在加深资本家和工人之间、大资本家和小资本家之间对立时的作用。等等。但是由于马克思把货币和信贷看成是人的本质的异化，因而偏重于否定性的估价，而没有着重揭示商品生产、交换、货币、信贷在人类社会中的进步作用，这表明运用异化作为分析经济现象的理论和方法有一定的局限。

第五章　异化劳动理论的全面阐述。雇佣劳动中的异化

　　马克思在《手稿》中，对异化劳动的理论作了最完备的论述。《手稿》中不仅有一个由编者题为"异化劳动"的片段专门论述这个问题，实际上从第一手稿的工资、利润和地租，到第三手稿对黑格尔的辩证法和整个哲学的批判，都直接或间接论述了异化劳动的问题。完全可以说，异化劳动理论是马克思当时分析社会问题和经济现象的一个基本理论和方法。

　　但和对穆勒《政治经济学原理》的评注相比，《手稿》有一个重大特点，即在《手稿》里分析的劳动已经不是一般商品生产劳动，而是资本主义制度下的雇佣劳动，无产阶级和资产阶级（资本和劳动）的对立，是《手稿》中分析异化劳动的核心。在《手稿》中，马克思是在分析了工资、利润和地租之后集中地探讨了异化劳动的各种规定，初步地揭示了这种劳动的性质及其所包含的对抗关系。马克思试图从劳动本身探求资本主义制度下无产阶级"非人化"的原因。

第一节　无产阶级贫困的根源在于劳动的雇佣性质

随着资本主义生产方式的产生和占据统治地位，生产迅速发展带来的并不是普遍富裕，而是产生了一个极端贫困的工人阶级。和耸入云霄的高大建筑同时兴起的是贫民窟，一个国家两个世界。工人阶级的状况，是资本主义社会一切灾难的最尖锐、最露骨的表现，引起了各种社会主义者的关怀和注意。马克思和恩格斯更是如此。

恩格斯着重实际调查。他从 1842 年 11 月自德国到英国之后，经过 21 个月的实地观察和亲身交往，搜集了完备的并为官方的调查所证实的材料，对英国的无产阶级状况进行了深入的研究。用恩格斯自己的话说，《英国工人阶级状况》"这本书里所叙述的，都是我看到、听到和读到的"[1]。而马克思开始则比较着重于哲学的思考。他在《〈黑格尔法哲学批判〉导言》中，用"人的完全丧失"这种极其哲学化的概括来描绘德国无产阶级的状况。在从哲学转向经济学研究的开始，"人的完全丧失"仍然是马克思考察无产阶级状况和地位的根本原则，但他力图利用资产阶级政治经济学所提供的理论和事实，用经济学的材料来说明这个问题。

资产阶级政治经济学着力论证资本主义私有制比封建所有制优越，对资本主义制度下的各种消极后果，对无产阶级的贫困和悲惨处境采取漠视态度。它们把无产阶级的贫困生活，看成增进国民财富的必要的、合理的条件，从而对无产阶级的恶劣处境作了有利于资产阶级的解释。因此，它们只强调劳动的积极方面，抹杀劳动的消极方面，掩盖资本主义工厂制度给工人带来的损害。而马克思不同，他在肯定劳动的积极作用的同时，提

---

① 《马克思恩格斯全集》，中文 1 版，第 2 卷，278 页。

出了异化劳动的理论，着力揭示资本主义制度下无产阶级的地位和状况，探求对无产阶级非人化原因的解释。所以《手稿》中关于异化劳动的理论，是和马克思力求认识资本主义制度的劳动性质、无产阶级的处境和前景密切联系的。

在资本主义制度下，劳动处在与资本和地产相脱离的地位。这表明了劳动者的处境，表明他们是既无资本又无地租，只靠劳动，而且是靠被分工肢解的片面劳动为生的人。整个资产阶级政治经济学以这种分离为出发点，并且认为资本生产利润，土地生产地租，劳动生产工资，从而掩盖了劳动的异化性质，歪曲了利润和地租的来源。马克思当时还没有形成剩余价值的理论，没有明确地指出利润和地租都是来源于工人的劳动，活的劳动不仅创造了工资，而且也创造了利润、利息和地租。但是马克思已经看到，资本、地租和劳动三者的分离对工人来说是致命的。由于这种分离，工人完全处于对资本和地产的依赖地位。他们只有通过出卖自己，才有可能实现劳动和生产资料（资本和地产）的暂时结合。因此在资本主义条件下，工人永远是商品，"工人的生存被归结为其他任何商品的存在条件"①，完全受供求规律支配。工人的生存取决于社会的需求，而需求取决于资本和地产的运动。如果工人的供给大大超过需求，就会有一部分工人沦为乞丐或饿死。因此工人不仅要为物质的生活资料而斗争，而且要为谋求工作，即为实现自己劳动的可能性和手段而斗争。

也正因为工人是商品，由于经济规律本身的作用，他们在资本主义制度下永远不可能摆脱贫困。这是马克思分析资本主义生产发展不同时期工人状况时得出的重要结论。

亚当·斯密并不否认，当社会财富处于衰落状态时，工人所受的痛苦

---

① 《马克思恩格斯全集》，中文1版，第42卷，49页。

最大，"没有一个阶级像工人阶级那样因社会财富的衰落而遭受深重的苦难"。由于社会需求的减少，工人会大量失业，工资下降；而当社会繁荣，财富持续增长时，工资不断提高，工人的状况会继续改善。按照这种观点，工人贫困的原因并不取决于他们的社会地位和劳动性质，而取决于生产发展水平。资本主义生产越发展，工人就会越富裕。这样，无产阶级和资产阶级的利益就是一致的。

马克思反驳这种论调。在站在无产阶级立场的马克思看来，虽然在财富增长的社会中，对工人的需求超过了供给，从而有利于工资的提高。但工资的提高引起了工人的过度劳动，他们越是想多挣钱，就越是牺牲自己，完全放弃一切自由来替贪婪者从事奴隶劳动，缩短了工人的寿命；而且社会财富的增进，意味着资本积累的扩大，工人的劳动产品越来越多地集中在资本家手中，工人愈加依赖于资本，所以即使在对工人最有利的社会状态中，工人的结局也必然是由于劳动过度而早死，沦为机器、资本的奴隶。因此贫困化是工人不可避免的命运。正如马克思说的："在社会的衰落状态中，工人的贫困日益加剧；在财富增进的状态中，工人的贫困具有错综复杂的形式；在达到繁荣顶点的状态中，工人的贫困持续不变。"①

马克思还摘引了舒尔茨的《生产运动》、查·劳顿的《人口和生计问题的解决办法》、欧·毕莱的《论英法工人阶级的贫困》、康·贝魁尔的《社会经济和政治经济的新理论，或关于社会组织的探讨》等著作中提出的某些论点和统计材料，借以论证自己对工人阶级处境的看法。

为什么工人在资本主义制度下不可避免地会贫困化、非人化呢？为什么社会财富的增加并不能改变工人的处境呢？马克思由此进入到对劳动性质的分析，指出："在社会财富增进的状态中，工人的沦亡和贫困化是他

---

① 《马克思恩格斯全集》，中文1版，第42卷，53页。

的劳动的产物和他生产的财富的产物。就是说，贫困从现代劳动本身的**本质**中产生出来。"① 所谓现代劳动的本质，就是资本主义的雇佣劳动。不过马克思在《手稿》中没有使用这个纯经济学的概念，而是使用更哲学化的概念——异化劳动，也就是说，只有异化劳动才会使工人为别人创造财富而为自己创造贫困。

马克思从资本主义制度下无产阶级的状况出发进入到分析劳动的性质，又从对劳动性质的分析来阐明无产阶级的状况，把对劳动和劳动者的考察紧密结合在一起。马克思在《黑格尔法哲学批判》中分析市民社会等级特点时已经指出："**被剥夺了一切财产**的人们和**直接**劳动即具体劳动的**等级**，与其说是市民社会中的一个等级，还不如说是市民社会各集团赖以安身和活动的基础。"② 把直接从事劳动作为劳动等级的根本特征，这个论点在《手稿》中得到了充分的体现。马克思越是深入分析劳动者的状况，就越是揭示出这种劳动的令人可憎的被迫性质；越是暴露资本主义制度下劳动的强制性，就越是揭示出无产阶级的处境和地位。马克思据此尖锐抨击了资产阶级政治经济学把劳动和劳动者分开的做法。它们只研究劳动而不研究劳动者，不关心劳动者的处境；它们推崇劳动而贬低劳动者，把劳动者视为生产工具。马克思指出："国民经济学不考察不劳动时的工人，不把工人作为人来考察；它把这种考察交给刑事司法、医生、宗教、统计表、政治和乞丐管理人去做。"他还说："国民经济学不知道有失业的工人，不知道有处于劳动关系之外的劳动人。小偷、骗子、乞丐，失业的、快饿死的、贫穷的和犯罪的劳动人，他们都是些在**国民经济学看来**并不存在，而只有在其他人眼中，在医生、法官、掘墓人、乞丐管理人等等

---

① 《马克思恩格斯全集》，中文 1 版，第 42 卷，55～56 页。
② 《马克思恩格斯全集》，中文 1 版，第 1 卷，345 页。

的眼中才存在的**人物**；他们是一些在国民经济学领域之外游荡的幽灵。"①
从劳动到劳动者，不仅表明了马克思创立的政治经济学的鲜明的阶级性，
而且也提供了从劳动中探求劳动者处境的方法。这种方法开始是不成熟
的，但却预示了从劳动中来理解历史的线索。

第二节　自由自觉的活动是人的类本质。真正的劳动和异化的劳动

　　马克思关于异化劳动的思想是他转向经济学研究的成果，是德国古典
哲学的思辨哲学同马克思自身进行的经济研究相融合的产物。马克思关于
异化劳动的思想，不同于黑格尔和费尔巴哈的思辨的异化理论，但这时仍
保留有德国古典哲学异化论的特点，即从主体的本质以非人的方式同人相
对立的角度来论述异化。

　　异化理论同主体和客体的关系问题是密切结合在一起的。异化问题有
个主体问题，即谁异化？有个客体问题，即异化成什么？根据异化的主
体，可以将异化理论区分为精神异化论、人本主义异化论、劳动异化论，
而根据异化的客体，根据异化的表现和产物，可以判断一个哲学家对社会
的态度和认识。从黑格尔到费尔巴哈，都是把异化问题同主客体关系联系
在一起的。黑格尔在《精神现象学》中论述异化，就是阐述主体如何分裂
出客体，又如何扬弃客体回到主体的思辨运动；费尔巴哈在《基督教的本
质》中对宗教异化的揭露，最根本的也是论述主体如何将自己的本质对象
化为神。马克思反对把异化弄成抽象的主体和客体的关系，但在异化劳动
理论还没有上升为唯物史观之前，他同样是从主体和客体的关系角度来论
述异化的。马克思明确地指出："人不仅象在意识中那样理智地复现自己，

---

①　《马克思恩格斯全集》，中文 1 版，第 42 卷，56、105 页。

而且能动地、现实地复现自己，从而在他所创造的世界中直观自身。"①
因此，每一种异化理论都有与其相适应的关于主体及其本质的理论。从黑
格尔经费尔巴哈到马克思关于异化观念的演变，突出地表现在对异化主体
和人的本质的认识的变化上。

黑格尔的异化理论是客观唯心主义的精神异化论，这集中地表现为他
以绝对观念作为异化的主体。在黑格尔看来，实体即主体。绝对观念是与
任何人类思维无关的、独立自存的实体，但它又是主体，它是唯一能动的
创造性的力量，而客体是被动的、消极的，只是被用来确证主体的。因此
整个异化和异化扬弃的过程，就是绝对观念自我对象化又返回自身的不停
息的旋转过程。绝对观念，是整个过程的承担者和主体。

基于这种看法，黑格尔把自我意识看成人的本质。正如马克思指
出的："**人的本质，人**，在黑格尔看来是和**自我意识**等同的。因此，人的
本质的一切异化都**不过是自我意识的异化**。"② 正因为黑格尔把自我意识
看成人的本质，因而全部人类纷杂的现实都被看成自我意识的特定形式，
是自我意识的规定性，在私有制社会中真实存在的客观的异化现象，被融
解于自我意识之中。

其实人的意识与自我意识并无绝对界限，并不是两种不同的意识。当
主体以外物为对象时，这种认识称为意识，即对在自身之外的对象的意
识；当主体以自我为对象时，即为自我意识。所以说到底，自我意识的本
质就是意识，不过是一种能意识到自身的意识。一般动物不是能动的、自
觉的主体，它有某些心理活动或意识现象，但没有自我意识。从这个角度
说，自我意识确是人的一个特点，但它不是人的本质，不是人之所以为
人，之所以区别于其他动物的本质规定。正是根据这一点，马克思批评黑

---

① 《马克思恩格斯全集》，中文 1 版，第 42 卷，97 页。
② 同上书，165 页。

格尔，说在他那里，"自我意识的异化没有被看作人的本质的**现实**异化的**表现**，即在知识和思维中反映出来的这种异化的表现。相反地，**现实的**即真实地出现的异化，就其潜藏在**内部最深处的**——并且只有哲学才能揭示出来的——本质说来，不过是真正的、人的本质即**自我意识**的异化的**现象**"①。

费尔巴哈人本主义的异化论，对主体和人的本质有其独特的看法。同黑格尔相反，费尔巴哈不是把自我意识，而是把作为感性存在物的人当作主体，认为自我意识不能离开人，是人的自我意识，提出了"主体在人"的命题。这就把头足倒立的黑格尔哲学颠倒过来。但是费尔巴哈的异化理论仍然是关于人的本质异化和复归的理论。在费尔巴哈看来，人是个体和类的统一。任何现实的个人，都是肉体的、经验的、感性的存在物，但又是类存在物，因为任何个体都不可能孤立地、单独地存在，彼此相互需要。而把诸多个体联系在一起的类本质，就是每个个体所固有的共同的自然属性的抽象。因此费尔巴哈的类，并不是社会；类本质并不是人的社会本质，而是人的自然本质。所谓神的本质是人的本质的异化，正是指作为主体的人的自我分裂，即把自己的本质对象化为一个独立于人的精神实体。正因为费尔巴哈所说的人是离开一定历史条件的纯感性存在物，所以是抽象的人；他所说的类本质是一种抽象的本质。建立在这种人及其本质基础上的异化理论，从历史观来看仍然是唯心主义的。

马克思关于异化劳动的理论，无论对主体还是对人的本质的看法，都发生了重大的变化。

在《手稿》中，马克思在着力寻求异化的现实的主体。他从这个角度对经济学说史进行了总结。尽管马克思当时对英国古典经济学派的劳动价值论持否定态度，但他从开始于重农学派、完成于李嘉图的关于劳动创造

① 《马克思恩格斯全集》，中文1版，第42卷，165页。

价值的理论中，看到了抽象的哲学意义，即把财富的主体本质移入劳动中。在马克思看来，那些把私有财产仅仅看成是物，看成是对象性的本质的货币主义和重商主义是拜物教，而实际上，"私有财产的**主体本质**，作为自为的活动、作为**主体**、作为**个人**的**私有财产，就是劳动**"①。但英国古典经济学派并没有真正发现主体，他们把劳动和劳动者分开，只研究劳动而不研究劳动者。

英国古典经济学派重视劳动而敌视人；费尔巴哈发现了人而不懂劳动；黑格尔虽然把劳动看作人的本质，但他把劳动理解为抽象的精神劳动，即哲学思维活动。马克思不同，在《手稿》中，作为异化主体的既不是黑格尔的绝对观念和费尔巴哈的自然的人，也不是纯经济学形态上的劳动一般，而是具体的人，即从事物质资料生产的劳动者。马克思从这种性质的劳动中看到了异化，从异化中看到了劳动，而从异化劳动中看到了主体——劳动者。

马克思把从事物质生产的劳动者作为主体，但只要仍然把异化作为根本的理论和方法，就必然要从探求主体的本质着手来说明异化。马克思当时并没有完全摒弃这个传统。他以人的本质为中介，从区别人与动物的活动方式来论述人的本质，并进而与资本主义制度下的雇佣劳动相对照，从而把真正的劳动与异化劳动对立起来。

马克思当时是把人作为一个"种"来考察的，着力揭示它的"类"特性即类本质。马克思认为，"一个种的全部特性、种的类特性就在于生命活动的性质"②。人的生命活动方式同其他动物的生命活动方式不同。动物和它的生命活动是直接同一的，它的全部特性就体现在它的生命活动之中。动物不能把自己同自己的生命活动区别开来。而人不同，人的生命活

---

① 《马克思恩格斯全集》，中文 1 版，第 42 卷，112 页。
② 同上书，96 页。

动方式是一种有意识的活动，而不是无意识的本能活动。人使自己的生命活动本身变成自己的意志和意识的对象，也就是说，人的活动是自觉的，受自己的意识支配的。所以马克思说："人的类特性恰恰就是自由的自觉的活动。"① 这种自由自觉活动的集中表现就是劳动。劳动按其本性来说应该是自由自觉的。

马克思关于异化劳动的理论虽然没有摆脱从主体的本质角度来论述异化的思辨传统，把资本主义的雇佣劳动视为同人的本质相对立的异化劳动，但它的立足点是经济事实，而不是纯逻辑的推演。马克思反复强调他是"从**当前的**经济事实出发"，并且说自己的结论是"通过完全经验的以对国民经济学进行认真的批判研究为基础的分析得出的"②。所以马克思把对异化劳动的逻辑分析和对经济事实的分析看成是不可分的。他说："我们已经从经济事实即工人及其产品的异化出发。我们表述了这一事实的概念：**异化的、外化的**劳动。我们分析了这一概念，因而我们只是分析了一个经济事实。"③

什么样的经济事实使马克思得出了异化劳动的结论呢？马克思分析了资本主义制度下，工人同自己的产品、同自己的劳动的关系，以及工人同资本家的关系。

工人同自己产品的关系，这是最直接、最容易感触到的客观事实。在资本主义社会里，产品是劳动者生产出来的，但他并不能占有这些产品。相反，工人生产的财富越多，他的产品的力量和数量越大，他就越贫穷。工人创造的商品越多，他就越变成廉价的商品。马克思非常愤慨地指出："工人生产得越多，他能够消费的越少；他创造价值越多，他自己越没有

① 《马克思恩格斯全集》，中文1版，第42卷，96页。
② 同上书，90、45页。
③ 同上书，98页。

价值、越低贱；工人的产品越完美，工人自己越畸形；工人创造的对象越文明，工人自己越野蛮；劳动越有力量，工人越无力；劳动越机巧，工人越愚钝，越成为自然界的奴隶。"①

马克思发现工人同自己劳动产品的关系，是同一个异己对象的关系，正如宗教中的人和神的关系一样。在宗教中，人奉献给上帝的越多，留给自身的东西越少。同样，在雇佣劳动中，工人同产品的关系也是如此。他生产的产品越多，他亲手创造出来反对自己的、异己的对象世界的力量越强大，他的内部世界就越贫乏，归他所有的东西就越少。这个事实表明，劳动者所生产的对象，即劳动的产品，作为一种异己的存在物，作为不依赖于生产者的力量，同作为生产主体的劳动者相对立。

但是马克思看到，在劳动产品和劳动者的关系中，包括对象化和异化这两个不同的方面。任何产品都是劳动创造出来的，因此任何产品都是固定在对象中，物化为对象的劳动。劳动的实现就是对象化，这是所有社会进行物质生产的共同特性。没有对象化的劳动是不可想象的。但对象化并不必然发生异化。把对象化和异化结合在一起的纽带是资本主义私有制。在私有制的条件下，对象化和异化不是两个互不相关的过程，而是同一个过程（生产过程）的两个方面。劳动的对象化，不仅是劳动者创造出产品，创造出一个一个外部存在物，而且是创造出一个同他相对立的、异己的独立力量，这就是异化。马克思特别强调这种条件性。只有"在被国民经济学作为前提的那种状态下"，也就是在私有制的前提下，"劳动的这种实现表现为工人的**失去现实性**，对象化表现为**对象的丧失和被对象奴役**，占有表现为**异化、外化**"②。所以对象化不同于异化，对象化只有在一定条件下才发生异化。在西方发达的资本主义国家，伴随生产力的高度发展、

---

① 《马克思恩格斯全集》，中文 1 版，第 42 卷，92～93 页。
② 同上书，91 页。

科学技术的进步，它的弊病愈加暴露，工人的失业和社会道德的沦丧，根本原因并不在于对象化，即不在于生产的发展，而在于私有制本身。

马克思从产品的异化，即劳动产品同劳动者的关系出发，进而考察了劳动的异化，考察了劳动和劳动者的关系。在马克思看来，资本主义制度下的异化，不仅表现在结果上，表现在劳动产品上，而且表现在生产行为中，表现在生产活动中。产品是生活的结果。劳动产品的异化，无非是劳动本身异化的总结。如果工人不是在生产行为中使自身异化，就不会有劳动产品同劳动者相异化。这样，马克思就从分析劳动产品与劳动者的外在关系，转向分析主体自身——劳动者同自己劳动的关系。

从主体角度考察，劳动本来是人的本质，是人所特有的意志自由和创造力的体现。可是在雇佣劳动中，劳动对工人来说是外在的东西，是不属于他的本质的东西。他们不是自愿的，而是被迫的，被强制劳动。这是一种自我牺牲、自我折磨的劳动。因此劳动者在劳动中并不感到幸福，而是感到不幸；并不是自由地发挥自己的肉体和精神力量，而是使自己的肉体受到损伤。劳动者在不劳动的时候如释重负，在劳动时反而如坐针毡，感到不痛快。

从形式上来看，资本主义制度下的雇佣劳动是一种"自由劳动"。资产者并不是通过政治的强迫，或用棍棒迫使工人劳动；就工人与资本家的关系而言，也没有人身依附关系，不像奴隶或农奴属于某一个主人。实际上雇佣劳动是不自由的劳动。它不是直接的政治强迫，而是间接的经济强迫；不是棍棒纪律，而是饥饿纪律。工人虽然不属于某一个资本家，但属于整个资产阶级。因此工人劳动不是满足爱好劳动的天性，而是满足劳动以外的其他各种需要，即作为生存手段。只要肉体的强制或其他强制一停止，人们就会像逃避瘟疫那样逃避劳动。结果，人在实现自己的动物机能——吃、喝、繁殖时，才觉得自己是自由活动；而在真正实现人所特有的机能，即从事任何动物都没有的劳动机能时，反而觉得自己不过是动物。所以马克思认为，由于劳动异化，发生了一个颠倒："动物的东西成为人的东西，而人的东西成为动物的东西。"①

马克思把劳动者看成主体，因而把劳动同劳动者相异化称为自我异化，因为这里所论述的是工人同自己活动的关系。在这里，异化的不是在主体之外的东西，而是主体自身："工人**自己的**体力和智力，他个人的生命，就是不依赖于他、不属于他、转过来反对他自身的活动。"② 而劳动产品同工人的关系属于"物的异化"，是工人同它的产品，同他的生产对象的关系，而不是同生产行为的关系。马克思把"自我异化"放在重要地位。在《论犹太人问题》中，马克思就提出了"物的异化就是人的自我异化的实践"的观点，不过当时是指宗教和货币；而在《手稿》中，马克思继续发挥了这个观点，认为物的异化是自我异化的实现。没有劳动同劳动者相异化，就不会有劳动产品同劳动者相异化，劳动产品统治劳动者的这种物的异化，是生产过程中工人自我异化的结果。

马克思看到，异化问题不单纯是人与物（产品异化）的关系问题，也不单纯是自我异化（劳动异化）的问题。孤立的个人无所谓异化。异化问题不能离开人与人的关系。因为在社会中，"人的异化，一般地说人同自身的任何关系，只有通过人同其他人的关系才得到实现和表现"③。因此物的异化和自我异化，都不能离开人与人相异化。

事情很显然，如果劳动产品对劳动者来说是异己的，是作为统治劳动者的异己力量，那它到底属于谁呢？如果劳动者自身的活动不属于他自己，而是一种异己的、被迫的活动，那到底是谁强迫他？马克思极其深刻

---

① 《马克思恩格斯全集》，中文1版，第42卷，94页。
② 同上书，95页。
③ 同上书，98页。

地回答了这个问题："如果劳动产品不属于工人，并作为一种异己的力量同工人相对立，那么，这只能是由于产品属于**工人之外的另一个人**。如果工人的活动对他本身来说是一种痛苦，那么，这种活动就必然给另一个人带来**享受**和欢乐。不是神也不是自然界，只有人本身才能成为统治人的异己力量。"① 所以物对人的统治、工人自身的劳动对自己的统治，归根到底是人对人的统治。这样，马克思从直接的、肉眼能感触到的产品不属于工人的事实入手，转而分析处于生产过程中的主体自身——劳动者同自己劳动的关系，并进而揭示了人与人相异化，即资产者无偿地占有劳动者的剩余产品和剩余劳动的剥削关系。

本来，在资本主义制度下，工人的产品和劳动不属于工人，而为资产者所占有这是客观事实。但马克思不满足于叙述这些事实，而是解释这些事实。当时还没有完全摆脱费尔巴哈人本主义思想影响的马克思，以"人的本质"为中介，用人的本质异化的理论来进行解释，提出了"人的类本质同人相异化"的命题，既以它作为对物的异化和自我异化的概括，又以它作为过渡到人与人相异化的中间环节。

当然，马克思在《手稿》中，对"类""类本质"的看法不同于费尔巴哈。马克思把自由自觉的活动看成人的类本质，把生产看成人的能动的类生活，而把通过实践创造对象世界、改造自然界看成对人是有意识的类存在物的证明。但马克思当时的立足点是人与动物的区别，因此他着力揭示人的生产同动物的所谓生产的对立："动物也生产。它也为自己营造巢穴或住所，如蜜蜂、海狸、蚂蚁等。但是动物只生产它自己或它的幼仔所直接需要的东西；动物的生产是片面的，而人的生产是全面的；动物只是在直接的肉体需要的支配下生产，而人甚至不受肉体需要的支配也进行生

---

① 《马克思恩格斯全集》，中文 1 版，第 42 卷，99 页。

产，并且只有不受这种需要的支配时才进行真正的生产；动物只生产自身，而人再生产整个自然界；动物的产品直接同它的肉体相联系，而人则自由地对待自己的产品。动物只是按照它所属的那个种的尺度和需要来建造，而人却懂得按照任何一个种的尺度来进行生产，并且懂得怎样处处都把内在的尺度运用到对象上去；因此，人也按照美的规律来建造。"① 这些论述无疑包含许多深刻的思想。但它忽视了劳动的最基本的功能，把劳动看成是不受肉体需要制约的内在需要，是自我实现、自我创造的自由自觉的活动，并以此作为衡量现实劳动的标准。这并没有达到对劳动的科学理解。

马克思正是从"**异化劳动**的已有的两个规定推出它的第三个规定"②，即把物的异化和自我异化归结为人的类本质同人相异化。因为劳动产品的异化，同时也意味着工人用以实现自己的劳动，在其中展开劳动活动并生产出产品的自然界同人相异化，异化劳动从人那里夺走了他的生产对象。而劳动的异化，则意味着人的自我活动和自由活动被贬低为手段，被贬低为维持人的肉体生存的手段。因此物的异化和劳动异化，从主体来看，也就是人的类本质同人相异化。马克思说："**人的类本质**——无论是自然界，还是人的精神的、类的能力——变成人的**异己的**本质，变成维持他的**个人生存的手段**。异化劳动使人自己的身体，以及在他之外的自然界，他的精神本质，他的**人的本质同人相异化**。"③ 这样，人丧失了人作为人的本质，即降低为动物，降低到以生产作为维持肉体生存手段的水平。

马克思还用人的类本质同人相异化来说明人同人相异化："人同他的类本质相异化这一命题，说的是一个人同他人相异化，以及他们中的每个人都同人的本质相异化。"④ 很显然，人既然丧失了自己的类本质，那人

① 《马克思恩格斯全集》，中文 1 版，第 42 卷，96～97 页。
② 同上书，95 页。
③ 同上书，97 页。
④ 同上书，98 页。

同人的关系就不是真正的人同人的关系，而是一种异化的关系。这样，马克思就对以工人的劳动产品和劳动为资产者所占有为客观根据的人与人相异化，进行了思辨的阐述。

由上可见，马克思关于异化劳动的理论，通过分析劳动产品同劳动者的关系、劳动者同自己劳动的关系，以及有产者和无产者的关系，揭示了资本主义制度下劳动的雇佣性质，揭示了资产者同无产者之间的剥削和被剥削的关系。这比起着重对劳动进行量的分析的英国古典经济学派的"劳动价值论"，无疑是一个巨大的进步。但它的哲学解释又包含着费尔巴哈人本主义的东西。

马克思关于异化劳动的理论，没有完全摆脱从人的本质来论述异化的德国古典哲学的传统，即使这种本质被规定为自由自觉的活动——劳动。但由于马克思从经济事实出发，因此他在《手稿》中不像德国古典哲学那样，把异化弄成抽象的主客体关系，而是把它具体化，运用异化概念来揭示劳动者同劳动产品、同自己的体力和智力的关系问题。马克思说："异化既表现为**我的**生活资料属于**别人**，**我**所希望的东西是我不能得到的、**别人的**所有物；也表现为每个事物本身都是不同于它本身的**另一个东西**，我的活动是**另一个东西**，而最后，——这也适用于资本家，——则表现为一种**非人的**力量统治一切。"① 这里所说的"我"，显然是指无产者，而"别人"则是指资产者。马克思关于异化劳动理论的实质，是同揭露资本主义私有制密切结合在一起的。因此《手稿》中所说的异化，虽然仍以人的本质为中介，但它最根本的内容是指工人自己的物质活动和精神活动及其产物，变成支配和统治自己的异己力量。这是资本主义社会所特有的现象。我们拒绝把异化作为根本的理论和方法，但并不反对把异化作为表述资本

---

① 《马克思恩格斯全集》，中文1版，第42卷，141页。

主义社会某些特定现象（包括某些规律性现象）的概念。

从马克思关于异化劳动理论的客观依据来看，我们探讨异化问题必须注意：

第一，异化是一种客观现象，并不是主体的体验，并不是像弗洛伊德学派所认定的那样，是人的本能和文明之间不可避免的紧张状态，是由于文明压抑人的本能冲动而产生的心理变态。马克思把资本主义制度下的异化，看成是"**现实的**即真实地出现的异化"，是"**现实生活**的异化"①。

第二，异化和主体的活动有关，是人的物质活动和精神活动及其产物对人的支配。因此异化问题和人的行动必须服从客观规律不是一回事。人的行为要达到预期目的必须服从和遵循客观规律，这是适用于任何社会的普遍认识规律。在人与规律之间，人的行为和意志必须服从规律，而不是相反。这一点无论是认识了规律还是不认识规律都一样。不同的是，认识了规律后是自觉地服从规律，而不认识规律，则是被迫服从。人对规律的认识和运用，总是经历从被迫服从到自觉服从的过程，这就是从必然到自由的过程。人不能穷尽对规律的认识，但不能说永远处于异化状态。

第三，异化和矛盾不能混同。异化是矛盾，但矛盾不等于异化。异化是矛盾的一种表现，是在一定条件下由主体及其创造物所形成的特定的主客体矛盾。如果把异化和矛盾等同起来，不仅取消了异化的特殊内容，而且曲解了矛盾的本质。矛盾双方的关系是既对立又统一的关系，而不是异化的关系，不是矛盾的一方异化出矛盾的另一方。不能由矛盾的普遍性推论出异化的普遍性。

第四，异化是在一定历史条件下产生的。它是有条件的，而不是无条件的；是暂时的，而不是永恒的。认为任何社会、文化、历史时期都不可

---

① 《马克思恩格斯全集》，中文 1 版，第 42 卷，165、121 页。

避免地发生异化，把异化看成是人类的普遍命运的观点是悲观的。

　　马克思在分析资本主义制度下的异化问题时，不仅讲到无产者，也讲到有产者，认为异化所表现出的"非人的力量统治一切"，"也适用于资本家"。但是马克思是把有产者和无产者区分开来的。马克思指出："凡是在工人那里表现为**外化、异化的活动**的，在非工人那里都表现为**外化、异化的状态**。"① 工人是生产者，所以工人的异化集中表现在他的活动中，即从事被迫的、不自愿的劳动，并不断生产出与自身相对立的产品。而资产者也处于异化的状态，因为他们同样受商品、货币的支配。资本家的命运取决于自己商品在市场中的命运。在竞争中，其中有的人必然陷于贫困和破产。而且马克思还指出："工人在生产中的**现实的、实践的态度**，以及他对产品的态度，在同他相对立的非工人那里表现为**理论的**态度。"② 在这里，马克思揭示了英国古典政治经济学的资产阶级性质，强调它所表述的不是真正劳动的规律，而是异化劳动的规律。它们把资本主义生产中所存在的异化，即劳动产品与劳动者相对立、劳动与劳动者相对立，以及资产者占有无产者的剩余劳动和产品，上升为理论，论证这种状况的合理性。这表明资产者对待异化劳动的理论态度，同工人的实际态度是完全对立的。

　　更加重要的是，马克思已经看到，资本主义虽然是异化的社会，但处在这个社会中的有产者和无产者的情况是不同的："凡是工人做的对自身不利的事，非工人都对工人做了，但是，非工人做的对工人不利的事，他对自身却不做。"③ 有产者并不是资本主义制度的受害者，而是得利者。他们虽然也受物的力量的支配，但生产产品和占有产品，出卖劳动（力）和占有别人的劳动是不能相提并论的。马克思后来在《神圣家族》中继续

①②③ 《马克思恩格斯全集》，中文1版，第42卷，103页。

发挥了这个思想。

由上可见，异化劳动理论虽然并不完全科学，但它的全部批判锋芒是指向资本主义制度的，着力揭示了无产阶级在资本主义制度下的雇佣地位。

第三节　私有财产和异化劳动。资本主义制度下异化的多种表现

马克思把私有财产和异化劳动看成是两个最基本因素，认为可以借助于它来阐明国民经济学的一切范畴，"其中每一个范畴，例如商业、竞争、资本、货币，不过是这两个基本因素的**特定的、展开了的表现**而已"①。但从私有财产和异化劳动之间的关系来说，异化劳动则是更根本的东西。马克思以异化劳动为中心，展开了对私有财产以及其他经济范畴的批判性探讨。

马克思在《手稿》中非常注意研究私有财产问题。这是很容易理解的。如前所说，在19世纪40年代，这是一个带根本性的问题。当时的工人运动已经提出了这个问题，各种社会主义学说也直接或间接地涉及这个问题。早在《莱茵报》时期，马克思就在《共产主义和奥格斯堡〈总汇报〉》的论战文章中，根据英国和法国的工人运动的事实，提出了无产阶级要求占有中等阶级财产的合理性问题。后来在《论犹太人问题》中分析人类解放问题时，又涉及私有财产问题。但两次都没有提出私有财产的本质和起源问题。而马克思在从哲学转向政治经济学之后，在《手稿》中探讨了这个问题。

在马克思看来，整个资产阶级政治经济学建立在私有制的基础上，它们把私有制看成是一个不需要论证的前提，作为既成事实，"国民经济学

---

① 《马克思恩格斯全集》，中文1版，第42卷，101页。

从私有财产的事实出发，但是，它没有给我们说明这个事实"①。可是，英国古典政治经济学的劳动价值论，承认劳动创造价值，从而把私有财产的本质转向主体自身。"由于私有财产体现为人本身，而人本身被认为是私有财产的本质，因而在人之外并且不依赖于人的财富，也就是只以外在方式来保存和保持的财富被扬弃了，换言之，财富的这种**外在的、无思想的对象性**就被扬弃了"，"以前是**人之外的存在**、人的实际外化的东西，现在仅仅变成了外化的行为，变成了外在化"②。因此按照劳动价值论的理论逻辑，私有财产不应该是永恒的，而是有起源的。为了摆脱这个困境，资产阶级古典政治经济学把产品与商品混为一谈，把劳动的一般本质和它的特殊形式（雇佣劳动）混为一谈，从而掩盖资本主义制度下劳动的异化性质，把私有制永恒化。

马克思把劳动和异化劳动区别开来，着重研究异化劳动和私有财产的关系，力图揭示私有财产的起源。在马克思看来，私有财产和异化劳动是相互作用、互为因果的关系。私有财产是异化劳动的产物，又是劳动借以外化的手段，是这一外化的实现。私有财产发展到最后的、最高的阶段，即资本主义私有制阶段，充分显露了这种相互作用的秘密。在资本主义社会，劳动发生异化的原因当然在于私有制，在于资本、地产、劳动三者的分离；反过来，私有制又是劳动的凝结物，它是异化劳动的积累。马克思当时还没有形成剩余价值的概念，也没有创立关于资本积累的学说，但他通过对人与人相异化的分析，已经看到工人的劳动和产品为资本家占有的事实，并且看到，工人在生产过程中，不仅生产出产品，生产出自己的产品同自己的对立、自己的劳动同自己的对立，而且还生产出另一个人即资本家同自己产品的关系（占有产品）、同自己劳动的关系（占有劳动），以

---

① 《马克思恩格斯全集》，中文 1 版，第 42 卷，89 页。
② 同上书，112、113 页。

及资本家同工人的关系。换言之，资本主义生产不仅是物质资料的生产，而且是私有财产关系的再生产。所以马克思说："通过**异化的、外化的劳动**，工人生产出一个跟劳动格格不入的、站在劳动之外的人同这个劳动的关系。工人同劳动的关系，生产出资本家（或者不管人们给雇主起个什么别的名字）同这个劳动的关系。从而，**私有财产**是**外化劳动**即工人同自然界和自身的外在关系的产物、结果和必然后果。"①

可是，力图揭示私有制起源的马克思，并不满足于这种相互作用，而是从相互并存走向因果性的探讨，因此在异化劳动和私有财产究竟谁产生谁的问题上，马克思肯定了是异化劳动产生私有财产，而不是相反。他说："诚然，我们从国民经济学得到作为**私有财产运动**之结果的**外化劳动**（**外化的生命**）这一概念。但是对这一概念的分析表明，与其说私有财产表现为外化劳动的根据和原因，还不如说它是外化劳动的结果，正像神**原先**不是人类理性迷误的原因，而是人类理性迷误的结果一样。后来，这种关系就变成相互作用的关系。"②

马克思给自己提出了一个自己当时无法解答的难题。如果异化劳动先于私有财产并产生私有财产，那么劳动在最初为什么会发生异化呢？思想敏锐、穷根究底的马克思当然不会回避这个问题，并且明确地提出这个问题："我们已经承认**劳动的异化、外化**这个事实，并对这一事实进行了分析。现在要问，人怎么使他的**劳动外化、异化**？这种异化又怎么以人类发展的本质为根据？"马克思没有具体回答这个问题。按照马克思当时的经济学水平，也不可能科学地、详细地解开这个谜。但他为解决这个问题指出了一个总的方向："我们把**私有财产的起源**问题**变为异化劳动**同人类发展的关系问题，也就为解决这一任务得到了许多东西。"③

---

①② 《马克思恩格斯全集》，中文1版，第42卷，100页。
③ 同上书，102页。

人们不难发现，当马克思从相互作用中考察异化劳动和私有财产的关系时，陷入了循环论证，异化劳动产生私有财产，私有财产产生异化劳动；而当马克思摆脱这种循环论证，力求探讨私有财产的起源，认为私有财产的根源在于异化劳动时，又没有完全摆脱人的自我异化的总框子。在马克思看来，那种认为私有财产是在人之外的东西，而只有在谈到劳动时才是直接谈到人本身的看法是不对的。实际上这两者都是谈到人自身。私有财产是异化劳动的产物，而异化劳动又是人的本质异化的表现，所以从私有财产的主体本质来看，它实际上就是人的自我异化，**"物质的、直接感性的私有财产，是异化了的、人的生命的**物质的、感性的表现"①。这样，马克思按照自己的思维进程，合乎逻辑地把私有财产的起源问题，转变为异化劳动和人的发展的关系问题，只要从人的发展过程中弄清人的劳动何以发生异化，也就能弄清私有财产为什么会产生，因为私有财产无非是异化劳动的凝结物。

这种回答，比起马克思后来直接从生产力的发展水平，从分工和交换的发展来论证私有财产的起源，当然是不成熟的。但是马克思从异化劳动中来探讨私有财产的起源，包含许多合理的因素：

第一，私有制不是永恒的，而是有起源的。这就提出了英国古典经济学派讳莫如深的问题，并为以后着手解决这个问题扫除了一个重大障碍。

第二，私有财产不是与人无关的物，而是劳动的产物。所谓异化劳动产生私有制的论点，清洗掉它的思辨成分，包含着必须从劳动中探求它的起源的思想。

第三，异化劳动产生的根源，不在人之外，而在人类发展本身之中，应该从人的发展过程中探求异化劳动的原因。

---

① 《马克思恩格斯全集》，中文1版，第42卷，121页。

如果摒弃以人的本质为中介，摆脱"人的自我异化—异化劳动—私有财产"这个框架，直接考察异化劳动的物质根源，考察劳动的发展水平和私有财产产生的关系，确实会为"解决这一任务得到了许多东西"。

马克思在《手稿》中对异化的分析不限于异化劳动，而是以它为中心，展开了对资本主义制度下若干经济范畴的分析。

马克思通过对私有财产和异化劳动的研究，揭示了资本主义工资的性质，批判希望通过提高工资来从根本上改善工人阶级状况的观点，批判蒲鲁东把工资平等看成革命目标的观点。

在马克思看来，资本主义制度下的"工资和私有财产是同一的"，是"劳动异化的必然后果"。资本主义的工资就意味着劳动的异化：第一，工人自己创造的产品自己不能占有，而是从劳动产品中拿出一部分来还给工人，这就叫工资。因此这种工资，就意味着无偿地占有工人的一部分产品。第二，在工资中，劳动本身不表现为目的本身，而是表现为工资的奴仆。也就是说，劳动的目的在于挣工资，而不是人的生命活动的内在需要。根据对工资性质的分析，马克思认为，强制提高工资，无非是给奴隶以较多的报酬，而不能使工人获得人的身份和尊严。在资本主义制度下，工资水平的高低并不能改变劳动的雇佣性质，正如古代奴隶市场中的奴隶，无论价格高低始终都是奴隶一样。因此在资本主义制度下，不能根据工资水平的高低来判断劳动的性质。仅仅着眼于提高工资，不能解决工人的根本问题，不能使他们成为"人"。至于蒲鲁东设想的工资平等，大家领取同样的工资，无非是把资本主义制度下工人和自己劳动的关系，变成一切人同劳动的关系，所有的人成为领取同等工资的人，而社会被理解为抽象的资本家。这样，蒲鲁东的工资平等设想，是试图在经济异化范围内克服经济异化，这是空想。

正因为马克思把工资看成是异化劳动的表现，所以他主张消灭工资。

他说："工资是异化劳动的直接结果，而异化劳动是私有财产的直接原因。因此，随着一方衰亡，另一方也必然衰亡。"① 1844 年的马克思，还没有形成按劳分配的思想，也没有形成关于共产主义发展两阶段的思想，对于消灭私有制以后个人消费品分配采取何种形式的问题，并没有提出来。马克思关于工资是异化劳动结果的论断是针对资本主义的。不能认为社会主义社会采取工资制度，就表明劳动力仍然是商品，劳动仍然是异化劳动。作为按劳分配形式的社会主义工资，同资本主义工资的性质是根本不同的。

马克思也借助私有财产和异化劳动来揭示资本的本质。按照斯密的说法，资本就是积累的劳动。按照马克思关于异化劳动的理论，资本并不是资本家个人劳动的积累，而是异化劳动的积累。也就是说，资本家不可能依靠自己的劳动，而是依靠剥削别人的劳动才成为资本家。资本是异化劳动的凝结。

资本家为什么有权占有别人的劳动和产品呢？这种权力是建立在什么基础上的呢？按照萨伊的观点，根据成文法，继承权的问题是法律问题。但继承权只能规定财产由谁继承的问题，而不能赋予资本对别人劳动产品的私有权。对工人劳动和产品的支配权是资本的特性。资本家拥有这种权力并不是由于他的个人的或人的特性，而只是由于他是资本的所有者。资本家的权力，就是他的资本的权力，是他拥有的资本所具有的不可抗拒的购买权力。因此资本对于工人来说是一种异己力量，资本家利用资本来行使他对劳动的支配权；而且资本的权力不仅支配劳动者，也"支配着资本家本身"。因此在资本的统治下，人是消费和生产的机器。人是微不足道的，而产品则是一切。

---

① 《马克思恩格斯全集》，中文 1 版，第 42 卷，101 页。

马克思在论述地租问题时，也讲到异化问题。马克思认为，封建的土地占有中已经包含着土地作为某种异己力量对人们的统治。一方面，农奴是土地的附属物，终身被束缚在土地上；另一方面，长子继承权享有者，也属于土地。从形式上看，是长子继承了土地，但实际上是土地继承了长子。这样，农奴和长子都是土地的附属物，都属于土地。私有财产的统治，从历史上看，是从土地开始的。土地占有是私有财产的基础。土地作为一种异己力量对人的统治，实际上是私有财产的统治。

但是在封建领主制下，地产的统治并不直接表现为单纯的资本的统治。当土地完全卷入私有财产的运动而成为商品，封建领主的土地所有制转变为资本主义所有制时，异化得到进一步发展。一方面，地产以资本的形式对工人阶级进行统治，农业工人不是依附于土地，而是从属于资本；另一方面，它也对土地所有者进行统治。因为地产一旦卷入竞争，它就会像其他所有商品一样受竞争规律支配。它时而增加，时而减少，不断由一个人手中转入另一人手中。这样，土地所有者必然随着资本的运动而升降浮沉。所以马克思说，随着地产变成商品，"中世纪的俗语'没有无主的土地'被现代俗语'金钱没有主人'所代替。后一俗语清楚地表明了死的物质对人的完全统治"①。

马克思在分析私有财产关系时也着力揭示其中存在的异化现象。

马克思分析了两种资本：一种是资本家的资本，另一种是工人的资本。一无所有的工人怎么会有资本呢？工人的资本就是他的人自身。因此工人的资本，就它的主观形态来说是工人本身，就它的客观形态来说是劳动。但是工人的资本和资本家的资本不同，它是一种活的因而是贫困的资本。只要他一瞬间不劳动，失业，劳动对他来说就不成其为资本，他便失

---

① 《马克思恩格斯全集》，中文1版，第42卷，85页。

去了自己的利息——工资。因此在资本主义制度下，人不是作为人，而是作为工人而存在。作为工人，他只具有对他是异己的资本所需要的那些人的特性，即通过劳动来维持自己肉体的生存。因此工人一旦没有工作，不劳动，就不成为工人。而工人不成为工人，他就失去了生存权，他就会贫困、饿死、被人埋葬。所以在资产阶级经济学家的眼里，工人不是人，而是机器，工资就是为保持车轮运转而加的润滑油，是机器的维修费和保养费，而工人的死亡、更替，如同设备的更新。

马克思还分析了资本主义私有制下生产的异化性质。它不是把人作为人，而是"**当做商品、当做商品人、当做具有商品的规定的人生产出来**"。这种商品人，虽然具有自我意识和自我活动，但不是人，而是商品，是"**精神上和肉体上非人化的存在物**"①。

马克思深入私有财产的本质，揭示出资本和劳动的对立是私有财产的最根本关系。从劳动者来说，他进行的生产活动，是一种对自身、对人和自然界、对自由自觉的活动来说完全是异己的活动。在这种生产中，人是"作为单纯的劳动人"。他们通过劳动不是创造自身，而是"每天都可能由他的充实的无沦为绝对的无，沦为他的社会的因而也是现实的非存在"②。资本主义的雇佣劳动制像魔鬼一样，它是要用人血来祭祀的。工人是生产者，是与资本和地产相分离的劳动者，所以是"无"。但当他刚刚投入生产时，还是精神和肉体饱满的"充实的无"，而在劳动中，他受到摧残和损害，不断沦为"绝对的无"，沦为"非存在"，像我们在《啊！野麦岭》中看到的那些年轻的缫丝女工一样。事情确实像马克思摘录的毕莱《论贫困》中所说："大工业城市如果不是时时刻刻都有健康人，新鲜的血液不断从邻近农村流入，那就会在短期内失去自己的劳动人口。"

---

① 《马克思恩格斯全集》，中文 1 版，第 42 卷，105 页。
② 同上书，106 页。

马克思在资本主义社会的需要、生产和分工中也看到了异化。

人的需要当然有自然基础。但需要的内容和水平并不取决于人的自然本性和欲望，而是取决于生产。人的需要表现为社会需要。生产和再生产不仅生产出满足需要的产品，也不断生产出对产品的新的需要，而需要反过来又推动生产。

社会主义生产和资本主义生产的目的是不同的。马克思认为，在社会主义社会，人的需要是丰富的、多方面的，而生产的目的是逐步满足人的丰富的需要，因此某种新的生产方式和新的生产对象，是"**人的**本质力量的新的证明和**人的**本质的新的充实"①。

而在资本主义私有制的条件下，正好相反。资本主义生产的直接目的不是满足需要，而是追逐利润。"每个人都千方百计在别人身上唤起某种**新的**需要，以便迫使他作出新的牺牲，使他处于一种新的依赖地位，诱使他追求新的**享受**方式，从而陷入经济上的破产。"正因为这样，资本主义社会生产的产品越多，意味着与人相对立、压制人的物的力量越大："随着对象的数量的增长，压制人的异己本质的王国也在扩展，而每一个新产品都是产生相互欺骗和相互掠夺的新的**潜在力量**。"② 一种新产品的出现，是资本家压倒竞争者，争夺市场，获取利润的手段。

需要的异化，表现为私有制不能把粗陋的需要变成人的需要，而是幻想、奇想、怪想，是单纯的享乐，使人"成为非人的、过分精致的、非自然的和**臆想出来的**欲望"③ 的奴隶。正像宦官对君主曲意奉承，并力图用卑鄙的手段来刺激君主的麻痹了的享乐能力一样，工业宦官即资本家也是一样。他们把需要作为把苍蝇诱向粘竿的弱点，以便诱取"黄金鸟"，即掏空消费者的口袋。所以马克思说："工业的宦官投合消费者的最下流的

①②③ 《马克思恩格斯全集》，中文 1 版，第 42 卷，132 页。

意念，充当他和他的需要之间的牵线人，激起他的病态的欲望，窥伺他的每一个弱点，然后要求对这种殷勤的服务付报酬。"[1]

在资本主义社会，除了富人的需要外，还有穷人的需要。需要的异化在于它一方面生产出富人的稀奇古怪的需要和满足需要的资料的精致化，另一方面又生产出穷人牲畜般的野蛮化、粗糙化、简单化的需要。付不起昂贵的房租，只能住地下室，人又退回到洞穴中。光线、空气，甚至连动物的最简单的爱清洁的习性，都不再成为人的需要了。马克思在叙述工人的贫困生活时愤怒地指出："人不仅失去了人的需要，甚至失去了**动物**的需要。""他的任何一种感觉不仅不再以人的方式存在，而且不再以**非人的**方式因而甚至不再以动物的方式存在。"[2] 工人贫乏的需要，连动物都不如。

马克思极其深刻地看到，富人的需要和穷人的需要是同一个问题的两个方面。正是需要和满足需要的资料的增长，同时造成需要的丧失和满足需要的资料的丧失。而作为资本家科学自白的资产阶级政治经济学，把这种需要中的异化看成正常的，并极力为它辩护。它把工人的需要归结为维持最必需的、最可怜的肉体生活，并把这样的生活"宣布为**人的**生活和**人的**存在"，而且把尽可能贫困的生活当作计算标准，实际上是"把工人变成没有感觉和没有需要的存在物"[3]。

需要中的异化现象，实际上是由生产方式决定的不同生活方式。有产者的生活方式，他们的衣、食、住、行，他们的各种享受，无论就质和量来说，都是工人无法相比的。马克思通过对富人需要和穷人需要的鲜明对比，揭示了资本主义制度下资产者和无产者的两极分化。当然，和一百多年以前相比，当代西方工人的生活状况，同资本主义工业发展初期不完全

---

① 《马克思恩格斯全集》，中文 1 版，第 42 卷，133 页。
②③ 同上书，134 页。

一样，因为整个社会生活水平发生了变化。但是不能由此得出结论说，西方工人的需要和对需要的满足同资产者趋于一致。贫困的起点线可以变化，但失业和贫困现象是资本主义制度不可消灭的伴侣。马克思对需要中异化现象分析的积极意义正在于此。

马克思对货币的分析也是颇具特色的。关于货币作为异化的表现，我们结合《摘要》已经分析过，在这里我们要指出的是，从人的本质的异化角度来分析货币，必然会陷入对货币的道德评价。把世界颠倒、道德沦丧、人与人的关系淹没在利己主义冰水之中的原因归于货币，并归于人的本质的异化，不能认为是科学的分析。只要有商品，就必然有货币。金、银的特殊地位，不是人的本质的异化，也不取决于人的主观意志，而是由商品内部不以人们主观意志为转移的客观规律决定的。货币的出现是商品生产矛盾的必然结果，是一种进步。它打破了以物易物的交换在空间、时间和个人需要方面的限制，促进了商品流通，有利于社会的发展。但它并没有解决商品生产的矛盾，反而加深了矛盾。所谓货币的罪恶，并不是来源于货币本身，而是根源于私有制。因此，所有制不同，货币的作用和性质是不一样的。

对待货币有两种不同的态度：一种是站在自给自足的小农经济的立场上，企图限制商品生产，排斥货币，把货币看作万恶之源，以为只要取消了货币，人民就可以返璞归真，民风淳厚，解决一切社会弊病。中国封建社会某些朝代提倡的重农抑商政策就反映了这种观点。有的甚至主张取消货币，认为"民心动摇，弃本逐末，耕者不能半，奸邪不可禁，原起于钱"。魏晋的名士们鄙视货币，口不言钱，称之为阿堵物，以示清高。

马克思当然不同，他是从社会主义立场上抨击资本主义的弊病的。但由于当时用异化作为根本的理论和方法，因而对货币的作用不能实现高度的科学分析，容易只看到它的消极方面，陷入道德的评价。

在《手稿》中，马克思对资本主义制度下无产阶级的处境和地位的分析，对无产阶级和资产阶级对抗矛盾的分析，对资本主义制度下某些经济现象的分析达到了新的高度。但要真正科学地分析资本主义生产方式，就不能单纯针对它的恶果，而必须探究它的原因。要做到这一点，就必须突破人的本质异化和复归的圈子，过渡到创立唯物主义历史观。

第六章　异化劳动理论的内在矛盾。向唯物史观过渡的必要性和必然性

　　由异化上升到异化劳动，无疑是马克思思想发展过程中的一次重大转折。但异化劳动理论还不等于唯物史观，它包含着内在矛盾。当马克思把真正的劳动看成人的本质，着眼于主体自身时，就不能完全摆脱用人的本质异化和复归来描绘历史的旧模式；当马克思摒弃以人的真正本质为依据，把异化劳动看成是一种客观历史现象，着眼于分析劳动中形成的客观关系——人与自然、人与人的关系时，就必然引导马克思把社会发展看成是自然历史过程，研究历史自身发展的内在规律，从而走向历史唯物主义。在《手稿》中，这两种倾向同时存在，表现了马克思思想形成过程中的矛盾性与复杂性。但占优势的趋势是向唯物史观发展，这与马克思开始研究经济学是密切联系的。而且对黑格尔的辩证法中的积极因素的批判吸收，在唯物史观的形成中起了不可低估的作用。

第一节　异化劳动理论中的人本主义因素

马克思关于异化劳动的理论，高出于黑格尔和费尔巴哈的异化理论。它包含着唯物史观的因素，但又不等于唯物史观。其中残留着费尔巴哈人本主义的东西，而且在一定程度上包含着以异化作为根本理论和方法所特有的共同缺陷。

以人的本质为尺度，用人的本质异化来解释历史，重心必然不是研究客观的历史过程，而是探求人的本质，力求找到一种永恒的、固定不变的、规定人之所以为人的本质，并以此作为历史的起点。当人类社会发展到一定阶段，人的固有本质同人相异化，造成了人的客观存在同人的本质相对立。历史的根本内容是人的存在与本质的矛盾；历史的终极目的是使人重新获得自己异化了的本质，重新占有自己的本质。

"复归"论，这是以人的本质异化为前提的必然结论。黑格尔如此，他以绝对观念的自我异化开始，而以客体复归于主体，达到主客体的统一为结局；鲍威尔如此，他把宗教看成人的自我意识的异化而扬弃宗教，就是使宗教意识复归于人的自我意识；费尔巴哈也是如此，他以宗教是人的类本质的异化开始，而以人重新占有自己的类本质，达到完善的、真正的人为结束。尽管对于人的本质的规定不一样，但这种异化了的本质都必须复归于主体自身，则是他们共同的结论。异化和复归，构成异化理论的不可分离的两个环节。因此用人的本质异化的理论来解释和描绘历史，按照它自身的逻辑，势必把人类历史纳入人—非人—人的图式之中，使历史笼罩上神秘的思辨色彩，真实的历史变成人的本质的历史的"倒影"。

很显然，这样来考察历史，必须把注意力集中在探求主体——人的本质上，而把客观规律排斥在自己的视野之外。在历史发展中，人的本质处于首要的、支配的地位。一切为了实现人的本质，一切必须符合人的本质。这样，整个人类社会的根本矛盾，并不是生产力和生产关系的矛盾（在阶级社会，它表现为阶级矛盾），而是人的存在和人的本质的矛盾。当人完全丧失了自己的本质，丧失了一切合乎人性的东西，这种矛盾就达到了自己的顶点，然后就开始了人的本质复归的历史进程。这种历史观，不仅曲解了历史发展的动力，而且歪曲了历史的进程。人类的历史不是人的本质异化和复归的历史。把人的本质与存在相一致作为历史的起点，把奴隶社会、封建社会、资本主义社会看成是人的本质的异化，而把未来的共产主义社会看成人的本质的复归，这是虚构的三段式。实际上原始社会并不是人类的黄金时代，不是伊甸园；而阶级社会也不是人类的没落、人性的泯灭。如果说反对中世纪的斗争，曾经限制人们的视野，把中世纪看作历史的中断和倒退，忽视中世纪所获得的巨大进步，同样，如果不用正确的历史观来分析资本主义社会的历史作用，也会产生这样的后果。实际上，人类的历史是发展的。各种生产方式的更替，代表了历史的进步方向。虽然其中包含着矛盾，包含着局部的倒退，但总的趋势是向前的。无论是生产的发展、科学的进步还是道德的变化都是如此。即使从劳动者的经济状况和政治地位来说，从没有人身自由而被当作生产工具的奴隶，到半依附的农奴，再到近代产业工人，也是不断改变的。

马克思 1844 年对历史的看法，不能与上述历史观混同。但是处于正在形成唯物史观过程中的马克思，还不可能完全摆脱传统思想的影响。当他用异化作为理论和方法来考察历史的时候，明显地带有思辨的烙印。在《手稿》中，这比较集中地表现在马克思对共产主义的看法上。

马克思是密切结合私有财产的扬弃来论述他的共产主义的，这是他的卓越之处。但是他对问题的论述方法，仍然是以主体的本质为根据的。他说："**共产主义是私有财产即人的自我异化的积极的扬弃，因而是通过人**

并且为了人而对**人的本质**的真正**占有**；因此，它是人向自身、向**社会的**（即人的）人的复归。"① 在另一个地方他还更详细地谈到这个问题，说："**私有财产**不过是下述情况的感性表现：人变成了对自己说来是**对象性的**，同时变成了异己的和非人的对象；他的生命表现就是他的生命的外化，他的现实化就是他失去现实性，就是**异己的**现实。同样，私有财产的积极的扬弃，也就是说，为了人并且通过人对人的本质和人的生命、对象性的人和人的**产品**的感性的占有，不应当仅仅被理解为**直接的**、片面的**享受**，不应当仅仅被理解为**占有**、**拥有**。人以一种全面的方式，也就是说，作为一个完整的人，占有自己的全面的本质。"②

在上述论述中，马克思以人的本质为依据，把私有财产归于人的自我异化，即人的本质与人相对立。这种看法，在 1844 年左右是一贯的。在《〈黑格尔法哲学批判〉导言》中，马克思视宗教为人的自我异化的神圣形象，而把法、国家看成是人的自我异化的非神圣形象。在《手稿》之后不久的《神圣家族》中，马克思认为资产阶级和无产阶级"同是人的自我异化"。《手稿》虽然把私有财产的研究，从单纯作为物的形态转向创造物的主体，转向人的劳动，但它转向的是作为人的理想的本质，是摆脱了生产关系的制约、不具有质的规定性的劳动。囿于主体自身，从人的本质（即使把人的本质定义为自由自觉的活动）中无法弄清为什么人会发生自我异化，而自我异化又为什么会产生私有财产、阶级、国家。把自我异化当作根据，实际上是把必须论证的事实作为前提。按这种思维方式来说，同费尔巴哈把宗教归于人的自我异化的路子有某些相似之处。可这只是走了一半路程。如果不从人的本质转向分析形成和决定人的本质的社会，不从社会中探求异化的根源，而停留在人自身，就跳不出人本主义的圈子。所以

① 《马克思恩格斯全集》，中文 1 版，第 42 卷，120 页。
② 同上书，123 页。

真正科学的历史观，应该从一定的社会经济时期出发，把研究的重心从人的本质的自我异化，转移到研究社会发展的规律上来，这样，才能真正给予人的本质以科学解释，并弄清异化的原因。

以人的本质为依据，把私有财产制度看成是人的本质的异化，必然把各种私有制形态下的特殊矛盾，一概归为非人的生存条件同人的固有本性的矛盾。人的本性成为判断社会关系和社会制度的标准，一种制度的优劣，依据它同人的本性是否符合来衡量。其实，这种尺度是一种主观的、任意的尺度。以其为标准，只能各是其是，各非其非。英国古典经济学家和资产阶级启蒙学派认为封建制度违反人的本性，只有资本主义制度才是最好的制度，它符合人的自私本性；而空想社会主义者则认为资本主义制度压抑人的本性，而只有共产主义制度才符合人的善良本性。每一个人都可以根据自己对人的本性的理解，设想一种完美的制度，完全排除了对历史的客观研究。至今西方仍然有些人坚持这种看法。他们认为资本主义私有制的进步作用，正在于它符合、承认和肯定人的自私本性，充分发挥了人的自私本性，极大地激发了人们追求私利的激情，从而推进了生产力的发展和科技的进步。这实际上是把人的所谓本性（自私的情欲），看作社会发展的动力。在他们看来，不是私有制产生私有观念，而是私有观念产生私有制；资本主义的历史进步性不在于它符合生产力的发展要求，而是符合人的自私本性；不是由于资本主义的商品生产产生资本主义竞争，而是人的自私情欲激励他们舍命拼搏。其实，竞争是商品生产的规律。资本主义的竞争是资本主义商品生产的规律，是不以人们意志为转移的经济规律，而不是人性的规律。资本主义私有制及其商品生产的规律支配人们的行为，反映在人们的意识中，表现为对私利的追求。正如后来恩格斯在1847年所指出的："**为了不致溃灭，资产阶级就要一往直前，每天都要增加资本，每天都要降低产品的生产费用，每天都要扩大商业关系和市场，**

每天都要改善交通。世界市场上的竞争驱使它这样做。"①

　　当然，社会主义企业也应该提倡竞争，因为社会主义经济是有计划的商品经济，它不能取消商品生产的一般规律。但在社会主义社会，就竞争的目的、性质、范围和手段来说，它们都不同于资本主义。毫无疑问，社会主义中的竞争同个人的物质利益有密切关系，但对物质利益的关心不等于个人主义。我们提倡正确处理国家、集体、个人的关系。在社会主义社会，劳动者对自己物质利益的关心并不是根源于人的自私本性，而是由生产力发展水平和分配方式决定的。把物质利益和人的所谓自私本性混为一谈，正如把爱情和纵欲、消费和浪费混为一谈一样，始终找不到正确的分界线。

　　我们认为异化劳动理论中包含着人本主义因素，并不在于马克思这时使用了"人的""非人的""非人化"等形容词来抨击资本主义。作为对资本主义制度的控诉，在一定场合，这些用语强化了情感色彩。问题在于，马克思关于异化劳动的理论，包含着把资本主义制度下的矛盾看成是人的存在和本质的矛盾，即工人的生存条件同他的人类本性的矛盾，表现了以人的本质为尺度来衡量社会制度是否合理的倾向。如果停留在这个范围内，最多只能对资本主义制度进行有声有色的道义谴责，而不能作出科学的说明。沿着这个理论逻辑，必然会把私有财产的扬弃，看成是由非人向人的转化，即人重新占有自己丧失了的本质，向人自身、向社会人（作为人的人）的复归。

　　诚然，马克思关于他所理解的共产主义的表述，包含许多深刻的思想，例如他反对粗陋的平均共产主义把扬弃私有财产看成是平分私有财产，反对把物质的直接占有视为生活和生存的唯一目的，强调人的全面发

---

① 《马克思恩格斯全集》，中文1版，第4卷，65页。

展；批判平均共产主义把扬弃私有财产看成是否定一切物质文明和精神文明，鼓吹贫穷的、没有需求的禁欲主义，强调应该自觉地保存以往发展的全部财富，使人的本质得到充实，即人作为一个完整的人，全面占有自己的本质。可是由于马克思以人的本质的自我异化为前提，因此把扬弃私有财产和人的全面发展，纳入了人的本质复归的图式之中。人自身，或者说人真正作为人应该是这样，可是在私有财产制度下，人的本质发生了异化，人不能占有自己的本质，更不用说全面占有自己的本质，因而个体和类、存在和本质之间是矛盾的。只有扬弃私有财产、消除自我异化的共产主义，才能解决这些矛盾，使人真正占有而且是全面地占有自己的本质，人由非人成为人，成为完整的人。这样一来，扬弃私有制就不是由于生产力的高度发展，而是基于人的本质复归的要求；不是在新的生产关系基础上形成人的新的本质，而是全面占有在私有制下无法实现的人作为人的自身本质；不是生产的高度发展、消除旧的分工要求人的全面发展，而是人作为人就应该全面发展。历史发展的客观规律，变成了人的本质的异化和复归的规律。这当然不能认为是科学的历史观。

第二节　超越费尔巴哈，向历史唯物主义前进

事物都是包含矛盾的，思想领域也是一样，特别是对当时从德国古典哲学传统中脱颖而出的马克思来说更是如此。异化劳动理论的成就和局限就极其明白地表现了这一点。

尽管对费尔巴哈的影响有不同的评价，但这种影响的存在是毋庸置疑的。马克思和恩格斯本人有过多次明确的论述。直到 1844 年，马克思还没有完全摆脱这种影响。人们不仅可以在《手稿》中看到对费尔巴哈过高的评价，而且可以看到在对某些问题的论述中保留的费尔巴哈的印痕。无

怪乎 1844 年 8 月，马克思在给费尔巴哈的一封信中赞扬他的《未来哲学的基本原理》和《路德所说的信仰的本质。对〈基督教的本质〉的补充》，说"在这些著作中，您给社会主义提供了哲学基础，而共产主义者也就立刻这样理解了您的著作"①。

但马克思并不是纯粹的费尔巴哈派。到 1844 年，马克思的异化劳动理论虽然仍保留有费尔巴哈的影响，但也正是这种理论成为马克思过渡到唯物主义历史观的重要环节。

似乎很难理解，为什么同一种理论可以把相互矛盾的东西结合在一起？其实并不奇怪。当马克思囿于主体自身，从人的内在需要中分析劳动时，就不能摆脱以人的本质异化和复归来描绘历史的思辨传统；当马克思把劳动作为社会存在和发展的基础，深入到现实的劳动过程中去分析各种关系时，就会通向历史唯物主义。马克思说过："思辨终止的地方，即在现实生活面前，正是描述人们的实践活动和实际发展过程的真正实证的科学开始的地方。"②《手稿》的重要成就正在于，马克思把劳动的异化看作一种客观的社会现象，深入到资本主义的经济过程内部，深入到私有制的内部，比较深刻地理解了生产劳动在人的自我形成中的作用，人与自然、人与人以及自然与社会的关系，从而打通了走向唯物主义历史观的道路。

费尔巴哈也自称"共产主义者"，但他的所谓共产主义是以人本主义为根据的。他从人是个体和类的统一出发，强调人是类存在物，他们彼此相互需要，相互交往，因此共产主义蕴含在人的本质之中。马克思不同。他虽然在《手稿》中把共产主义看成是人的本质的复归，但不是直接从人的本质中，而是深入到私有制内部，从私有财产运动的规律中引出共产主义。当马克思说，整个共产主义运动"必然在**私有财产**的运动中，即在经

---

① 《马克思恩格斯全集》，中文 1 版，第 27 卷，450 页，北京，人民出版社，1972。
② 《马克思恩格斯全集》，中文 1 版，第 3 卷，30～31 页。

济中，为自己既找到经验的基础，也找到理论的基础"① 时，他就初步扭转了用人的本质来论证共产主义，为社会主义从空想到科学的发展找到了一个支撑点。

马克思牢牢地抓住资本主义私有制，把无产者和有产者的对立理解为劳动和资本的对立。马克思分析了历史，认为在古罗马、土耳其虽然也存在有产者和无产者的对立，但它不是由资本主义私有制所产生的对立，因而表现为穷人和富人的对立。古代的无产者不养活社会，而是靠社会养活，它是附着在社会机体上的赘瘤和废渣。而近代无产者不同，它是由资本主义私有制产生的。它同有产者的对立，表现为劳动与资本的对立：一方面是被财产排除的劳动，即本身不占有生产资料，但却创造财富的无产者，另一方面是作为劳动之排除的资本，即自己不劳动，但却是劳动凝结物、能支配和占有别人劳动的资本。这是资本主义私有制包含的内在矛盾。因此资本主义私有制既是产生有产者和无产者矛盾的根源，又是这种矛盾得以解决的内在根据。

马克思根据资本主义私有制自身运动的规律，进而分析了资本主义社会阶级关系简单化的趋向，即社会日益分裂为无产阶级和资产阶级两大阶级。在工业中，中间等级不断分化；在农业中，土地所有者变为极普通的资本家，使原来作为封建所有制财产的土地、地租，失去了自己等级的差别而变成资本和利息，因而农业和工业一样，也表现为资本和劳动的对立。正如马克思所说："资本家和靠地租生活的人之间、农民和工人之间的区别消失了，而整个社会必然分化为两个阶级，即**有产者**阶级和没有财产的**工人阶级**。"② 阶级关系的简单化，也就是阶级斗争的尖锐化。原来为复杂的等级制度所掩盖、所冲淡的阶级斗争，现在直接表现为无产阶级

---

① 《马克思恩格斯全集》，中文 1 版，第 42 卷，120～121 页。
② 同上书，89 页。

和资产阶级两大阶级的对立，"劳动和资本的这种对立一达到极限，就必然成为全部私有财产关系的顶点、最高阶段和灭亡"①。

马克思还根据私有财产运动的规律，分析了农村的情况。由于大地产的资本主义化，它给土地所有者带来最大限度的地租，给农场主带来最大限度的资本利润，而农业劳动者即农业工人的工资被压低到最低限度。而且由于竞争规律的作用，一部分土地所有者和租地农场主破产，沦为无产阶级，而已经很低的农业工人的工资，为了经得起市场竞争，被进一步降低。马克思由此得出结论，这种情况"必然导致革命"②。

正因为马克思把资本主义私有制看成是无产阶级和资产阶级对立的根源，所以他反对不触及资本主义私有制，希望通过提高工资来改善工人状况的做法。马克思把这称为"改良主义"。毫无疑问，经济斗争是必要的，通过斗争迫使资本家提高工资，能在一定范围、一定程度上改善就业工人的生活，但不能根本改变工人的处境。只要存在资本主义私有制，无产阶级就会始终处于雇佣劳动的地位。马克思的这个看法至今仍然是有效的。无论当代资本主义社会的发展表现出什么新特点，无论生产的高度机械化、自动化和信息化使劳动条件和内容发生了多大的变化，也无论白领工人的比重怎样增加，只要仍然是以资本主义私有制为基础，它的基本阶级结构就不会发生根本性的变化。工人阶级仍然是被雇佣的阶级。无产阶级与资产阶级的差别和对立依然存在，矛盾并没有解决。

马克思对平均共产主义的批判，也是以对资本主义私有制的认识为根据的。平均共产主义是社会主义思想史上最早出现的社会主义形式。它们不是要求消灭资本主义私有制，而是要求重新分配私有财产，因而它们并没有超出私有制，而是私有财产关系的普遍化、完成和彻底表现。它们否

---

① 《马克思恩格斯全集》，中文1版，第42卷，106页。
② 同上书，87页。

定物质文明和精神文明，极力想把一切不能作为私有财产由一切人所占有的东西加以摧毁，企图用强力抹杀天赋，否定个性，否定文化，鼓吹贫穷、粗野、禁欲。这种平均共产主义，不仅没有超过资本主义私有制的水平，甚至没有达到资本主义私有制的水平。它们并没有真正占有资本主义私有制，而是一种倒退。

在马克思看来，资本主义私有制包含物质与精神上的富有和贫困这两个矛盾着的对立面。积极扬弃私有制，决不是否定人类创造的物质文明和精神文明。贫穷决不是社会主义。要从资本主义私有制下所创造的东西中，发现形成新社会所需要的全部材料。应该前进，而不是倒退。"共产主义决不是人所创造的对象世界的即人的采取对象形式的本质力量的消逝、抽象和丧失，决不是返回到违反自然的、不发达的简单状态去的贫困。"①

也正因为马克思把共产主义和积极扬弃私有制结合在一起，所以他提出了共产主义行动的问题。和一切空想社会主义、真正的社会主义相反，马克思不是把共产主义的实现只看作宣传、呼吁，而是看作革命。他明确指出："要消灭私有财产的**思想**，有共产主义**思想**就完全够了。而要消灭现实的私有财产，则必须有**现实的**共产主义行动。"② 诉诸实践、诉诸革命、诉诸行动，这是马克思的重要结论。

在马克思关于异化劳动的理论中，也蕴含着历史唯物主义的因素。当马克思把劳动的异化作为一种客观的经济现象来分析时，涉及许多重要问题，例如劳动的作用问题，劳动过程中人与自然、人与人的关系问题，经济异化和意识形态中异化的关系问题，等等。马克思通过对异化劳动的分析，初步确定了一条从劳动中寻找对历史、对社会的解释的道路。

---

① 《马克思恩格斯全集》，中文 1 版，第 42 卷，175 页。
② 同上书，140 页。

什么是历史？马克思说：**"整个所谓世界历史**不外是人通过人的劳动而诞生的过程，是自然界对人说来的生成过程。"他还强调，"历史本身是**自然史**的即自然界成为人这一过程的一个**现实**部分"，"历史是人的真正的自然史"①，等等。马克思的这些思想，同他对异化劳动过程的分析是不可分的。

在异化劳动中，虽然存在自然与人的对立、人与人的对立，人还没有成为真正的人，但人成为人，是全部历史的结果，是通过人类的全部活动，其中包括以异化的形式把自己的劳动能力全部发挥出来的结果。这种看法，虽然没有完全摆脱人本主义的局限，但包含合理的思想：第一，马克思把劳动和历史结合在一起，认为人类历史就是人通过人的劳动而创造的；第二，自然与社会是不可分的，人类历史，无非是人类改造自然、占有自然的过程，是自然成为人的自然的过程。因此马克思批评了那种只重视宗教、政治、艺术、文学，把这些看成是人的真正活动，而轻视物质生产劳动的错误倾向。

马克思虽然把私有财产看作人的自我异化，但没有停留在这一点，而是进一步分析了私有财产制度和生产的关系以及物质生产同精神生产的关系。马克思说："私有财产的运动——生产和消费——是以往全部生产的运动的**感性**表现，也就是说，是人的实现或现实。宗教、家庭、国家、法、道德、科学、艺术等等，都不过是生产的一些**特殊的**方式，并且受生产的普遍规律的支配。"② 马克思把资本主义私有制看成是以往全部运动的感性表现，不仅表明了它的历史性，而且从生产过程本身来探求它的根源；同样，马克思把政治上层建筑和各种意识形态看成是受物质生产一般规律支配的、被决定的因素，也就找到了它的真实根源。虽然直接用物质

---

① 《马克思恩格斯全集》，中文 1 版，第 42 卷，131、128、169 页。

② 同上书，121 页。

生产来解释整个上层建筑而没有深入到生产过程的内在结构和各种要素的不同功能，仍然是比较笼统的，还缺乏对物质生产决定精神生产的机制和过程的科学的说明，但整个方向是对头的。

马克思当时还没有形成社会形态的概念，也没有建立关于社会形态的学说，但马克思由此探讨了私有财产的运动，摸索到社会发展的两个重要环节。马克思在关于地租、关于私有财产关系的分析中，探讨了资本主义战胜封建主义、资本战胜地租、动产战胜不动产的必然性。他认为，由于商品经济渗入封建的土地所有制，土地变为商品，必然引起土地的重新分割和集中，而这样必然导致资本主义类型的大地产，即资本主义大农业的产生。无论封建土地所有者怎样拼命挣扎，都逃脱不了这个结局。另外，由于农村的破产，农业人口流入城市，转移到工业领域，扩大了工业资本的势力，有利于资本主义战胜封建主义。所以马克思说，"从**现实的**发展进程中必然产生出**资本家**对**土地所有者**的胜利，即发达的私有财产对不发达的、不完全的私有财产的胜利"，并且断言，任何阻止这种发展趋势的企图，都是"完全白费力气"①。

马克思还把由资本主义向共产主义发展，看作对下一段历史来说现实的、必然的环节。私有制不是永恒的。人为了实现自己的生命活动即劳动，"曾经需要**私有财产**"，而"现在需要消灭私有财产"②。

马克思的上述论述，勾画了人类发展的粗略轮廓：封建社会→资本主义社会→共产主义社会。虽然它是不完全的，但却把握了人类历史发展的最重要阶段，并展示了人类发展的前景。

在《手稿》中，马克思还没有形成关于社会存在和社会意识相互关系的原理，但他在分析私有财产的运动时，在很大程度上接近了这个原理。

---

① 《马克思恩格斯全集》，中文1版，第42卷，110页。
② 同上书，148页。

例如，马克思在分析经济学说史时，不是把由重商学派到重农学派再到英国古典经济学派的发展看成纯思维过程，而是看成社会本身的发展在经济理论领域中的反映。他在评价重农学派的重要思想家魁奈时说，重农学派直接地就是封建所有制在国民经济学上的解体；而在论述亚当·斯密、李嘉图时，认为英国古典经济学派是私有财产的现实机能和现实运动的产物，是现代资本主义工业的产物。英国古典经济学派理论上的矛盾，是资本主义工业本身内在矛盾的反映。在分析资本主义的货币拜物教时，马克思把古希腊的自然拜物教和货币拜物教区分开来，因为它们的社会条件不一样。他说："拜物教徒的感性意识不同于希腊人的感性意识，因为他的感性存在还是不同于希腊人的感性存在。"① 这里使用的是感性存在和感性意识的提法，但它所表达的思想是非常清楚的：存在决定意识。

马克思还直接分析了人的意识同社会生活、社会共同体的关系。他反复强调，"我的**普遍**意识不过是以**现实**共同体、社会存在物为**生动**形式的那个东西的**理论**形式"。并不是人的意识决定人的社会存在，而是相反，"作为**类意识**，人确证自己的现实的**社会生活**，并且只是在思维中复现自己的现实存在"②。所以马克思反对把思维和存在对立起来，强调："思维和存在虽有**区别**，但同时彼此又处于**统一**中。"③

此外，马克思把宗教的异化看成是发生在人的内心深处的意识领域，而劳动的异化是发生在现实生活中，是经济的异化。异化的扬弃包括这两个方面。但问题并不像费尔巴哈所说的，扬弃宗教的异化是解决一切社会问题的途径。恰好相反，马克思提出"**私有财产的积极的扬弃**"，"**是一切异化的积极的扬弃**"④ 的论断，表明了马克思对经济因素在社会发展中的

① 《马克思恩格斯全集》，中文1版，第42卷，139页。
② 同上书，122、123页。
③ 同上书，123页。
④ 同上书，121页。

地位的看法。

对资本主义制度下异化劳动的分析，还推进了马克思对阶级和阶级斗争的认识。现代社会存在阶级和阶级斗争并不是马克思的首创。在马克思之前，资产阶级古典经济学家从经济上对各个阶级进行过一定的分析。《手稿》中引用过不少资产阶级经济学家关于工资、利润、地租的言论。资产阶级古典经济学虽然包含许多合理的东西，但当它把利润作为资本的收入、地租作为土地的收入、工资作为劳动的收入时，就掩盖了地租和利润的来源，从而歪曲了资本主义社会阶级关系的实质。马克思当时虽然还没有形成剩余价值的理论，但他通过对劳动产品与劳动者相异化、劳动与劳动者相异化的分析，揭示了劳动者的产品、劳动为资本家所占有的事实。所以马克思认为，在资本主义私有制社会，资产阶级的统治表现为资本的统治，"所有者和劳动者之间的关系必然归结为剥削者和被剥削者的经济关系"①。

资产阶级经济学家把资本主义社会看成和谐的有机体，而马克思则强调各阶级之间的对立性。资本家和土地所有者凭着资本与土地，占有劳动产品的大部分，而"剩余部分即工人在最好的情况下挣得的部分，只有这么多：如果他有四个孩子，其中两个必定要饿死"②。因此在资本主义社会他们围绕各自的经济利益展开了斗争。正如马克思所概括的："在国民经济学中，我们到处可以看到，各种利益的敌对性的对立、斗争、战争被认为是社会组织的基础。"③

费尔巴哈是唯物主义者，但历史在他的视野之外。当费尔巴哈考察历史时，他陷入了唯心主义。费尔巴哈停留在对人的本质作人本主义研究的

---

① 《马克思恩格斯全集》，中文1版，第42卷，84页。
② 同上书，54页。
③ 同上书，76页。

范围内，截断了自己通向科学理解人类社会的道路。马克思不同，他当时虽然没有完全摆脱费尔巴哈的影响，但他着重社会经济现象自身的分析，抓住资本主义私有制和它的根本矛盾，分析资本主义私有财产运动的规律并从中引出结论。这就使他在许多方面突破了费尔巴哈的局限，并为以后科学地理解人的本质，彻底摒弃和清算费尔巴哈开辟了新的航道。

第三节　对黑格尔异化观的批判改造，探讨历史的辩证运动

马克思是从黑格尔出发，经过费尔巴哈走向创立马克思主义的。马克思开始时吸收费尔巴哈的唯物主义来批判黑格尔的思辨唯心主义，又借助于黑格尔的辩证法来克服费尔巴哈的形而上学和直观性。这样，马克思离费尔巴哈越远，离黑格尔反而越近，似乎又回到了起点，其实是在更高的基础上对黑格尔的辩证法进行了唯物主义的改造。

人们往往容易把历史唯物主义仅仅理解为唯物主义，而忘记了辩证法。这是片面的。历史唯物主义就包括历史的辩证法，它是对人类社会发展的辩证规律的揭示。没有辩证法，就不可能产生历史唯物主义。马克思在形成自己的唯物主义历史观的过程中，曾批判地吸收和改造德国古典哲学，特别是黑格尔的辩证法。恩格斯说过："唯物主义历史观及其在现代的无产阶级和资产阶级之间的阶级斗争上的特别应用，只有借助于辩证法才有可能。"①

在黑格尔哲学中，对马克思最具有吸引力的是辩证法，而不是烦琐的思辨和纯概念的演绎。也正是由于辩证法的力量，使马克思在 1837 年由讨厌黑格尔逐步转向黑格尔，并在一篇未完成的著作《克莱安泰斯，或论

---

① 《马克思恩格斯选集》，1 版，第 3 卷，377～378 页。

哲学的起点和必然的发展》中，效法黑格尔，力图通过概念本身、宗教、自然、历史这些神性的表现"从哲学上辩证地揭示神性"。马克思在《关于伊壁鸠鲁哲学的笔记》中，热情赞扬辩证法和它不可阻挡的力量："辩证法是内在的纯朴之光，是爱的慧眼，是不因肉体的物质的分离而告破灭的内在灵魂，是精神的珍藏之所。"他还把辩证法比作"急流"，"它冲毁各种事物及其界限，冲垮各种独立的形态，将万物淹没在唯一的永恒之海中"①。一切都在运动、变化，绝对凝固的东西是没有的。

马克思对黑格尔唯心主义辩证法的批判和改造，不是从自然界，而是从社会领域开始的。同费尔巴哈过分注重自然而过少地注重政治不一样，马克思非常注重社会现实。他在《黑格尔法哲学批判》中对黑格尔唯心主义辩证法的批判，集中在市民社会同政治国家的关系问题上，也就是集中在马克思在《莱茵报》时期所遇到的最苦恼的问题上。这既是对黑格尔唯心主义辩证法的批判，也是对他的唯心主义历史观的批判。黑格尔把市民社会和家庭看成是国家的概念领域，使理念变成主体，从而使家庭和市民社会同国家的现实关系变成了理念自身的关系。马克思把市民社会和国家的关系倒过来，不仅具有一般的唯物主义意义（把被黑格尔颠倒的主语和谓语的关系再颠倒过来），而且提出了历史唯物主义的一个重要原则。马克思正是围绕市民社会和国家的矛盾，以及市民社会内部和国家内部的各自矛盾，展开了对矛盾的论述，批判黑格尔通过中介来调和矛盾的理论，提出了区分同一本质内部和不同本质之间矛盾的有关矛盾类型的学说，特别是强调要研究客观对象自身的矛盾，"对现代国家制度的真正哲学的批判，不仅要揭露这种制度中实际存在的矛盾，而且要**解释**这些矛盾；真正哲学的批判要理解这些矛盾的根源和必然性，从它们的**特殊**意义上来把握

---

① 《马克思恩格斯全集》，中文1版，第40卷，144～145页。

它们。但是，这种**理解**不在于像黑格尔所想象的那样到处去寻找逻辑概念的规定，而在于把握特殊对象的特殊逻辑"①。

在《手稿》中，马克思力求贯彻自己提出的这条原则，把握特殊对象（资本主义私有制）的特殊矛盾，揭示这些矛盾，并理解这些矛盾的根源和必然性。马克思把经济学的研究和矛盾的分析结合在一起。深入地分析资本主义的经济，有助于理解和揭示它的内在矛盾；而抓住资本主义社会的内在矛盾，又促进了马克思的经济学研究。正是通过解剖"市民社会"，马克思进一步展开了对黑格尔唯心主义辩证法的批判和继承，在一定程度上发现了历史的辩证法。

马克思在 1844 年重新回到批判地改造黑格尔唯心主义辩证法的问题上来，同他的经济学的研究是密切联系的。马克思不仅看到英国古典经济学的理论基础是唯心主义的，这些经济学家用贪欲以及贪婪者之间的战争即竞争来解释资本主义的经济现象，而且指出他们使用的方法也是不科学的。他们把应当论证、探讨的东西，例如私有制、分工和交换之间的关系等等，当成永恒的既成事实，而不去研究它们是怎样产生、发展的；他们把必然性和偶然性对立起来，完全用偶然的外部情况说明竞争，而不阐明"这种似乎偶然的外部情况在多大程度上仅仅是一种必然的发展过程的表现"②；他们把竞争和垄断、同业公会和营业自由、封建所有制和地产分割绝对对立起来，而"不理解运动的相互联系"③，看不到后者是前者发展的必然结果。而且英国古典经济学派中的一些人，强调土地所有者和资本家同整个社会利益的一致性，掩盖工人和资本家的对抗性矛盾。

和英国古典经济学派不同，受到德国古典哲学辩证法熏陶的马克思，

---

① 《马克思恩格斯全集》，中文 1 版，第 1 卷，359 页。
② 《马克思恩格斯全集》，中文 1 版，第 42 卷，89~90 页。
③ 同上书，90 页。

其思维方法是辩证的。他着力探求私有制的起源和发展，分析私有制的内在矛盾，并历史地考察劳动者和生产资料如何由直接或间接的统一发展到对立的过程。马克思也不是把资本主义制度看成和谐的有机体，而是揭示资本主义制度下人与自然、人与人、对象化与自我确证、自由和必然、个体和类、存在和本质之间的矛盾，并把私有制的积极扬弃，看成是这些矛盾的解决。马克思的这些论述都被归纳在他的异化劳动的理论中。因此异化劳动理论除了费尔巴哈人本主义的影响外，还包含着对客观矛盾的分析。一旦消除了费尔巴哈人本主义的东西，这些辩证的因素就会同历史的唯物主义结合在一起。

当时正在对黑格尔辩证法进行唯物主义改造，并力图运用到自己经济学研究中去的马克思，对以鲍威尔为代表的青年黑格尔派的态度是非常不满意的。青年黑格尔派牢牢抓住黑格尔哲学体系中的自我意识不放，把它作为自己哲学的前提。他们的双脚仍然站在黑格尔唯心主义的泥潭里，甚至是逐字逐句重复黑格尔的观点。他们极力回避青年黑格尔派同它的诞生地——黑格尔唯心主义哲学的关系，"对于我们如何对待黑格尔**辩证法**这一**表面上看来是形式的**问题，而实际上是**本质的**问题，则完全缺乏认识"①。特别是在费尔巴哈发表了他的重要著作《关于哲学改革的临时纲要》和《未来哲学原理》之后，他们仍然死抱着黑格尔的唯心主义不放，搬弄黑格尔的词句来反对费尔巴哈对黑格尔的批判。到 1844 年，这些青年黑格尔派分子还不了解"现在已经到了同自己的母亲即黑格尔辩证法批判地划清界限的时候"②。他们号召批判，但把批判的矛头指向唯物主义，指向无产阶级群众，而对自己信奉的黑格尔唯心主义哲学完全是一种非批判的态度。

---

① 《马克思恩格斯全集》，中文 1 版，第 42 卷，156 页。
② 同上书，157 页。

　　马克思当时对费尔巴哈在黑格尔问题上的态度也并不是毫无保留的。马克思赞扬费尔巴哈，赞扬费尔巴哈对黑格尔的严肃批判，并吸收了他的思想。但马克思看到费尔巴哈在辩证法问题上有点简单化，例如他把黑格尔对否定之否定的看法，仅仅归结为宗教—哲学—宗教哲学这样一个三段式，而忽视了它所蕴含的丰富内容和普遍性。正如马克思所说："费尔巴哈把否定的否定**仅仅**看做哲学同自身的矛盾，看做在否定神学（超验性等等）之后又肯定神学的哲学，即同自身相对立而肯定神学的哲学。"[①] 费尔巴哈虽然发现了黑格尔唯心主义哲学的本质（颠倒存在和思维的关系），但并没有因此就结束了对黑格尔哲学辩证法批判分析的必要性。

　　正因为如此，到 1844 年写作《手稿》时，马克思认为，"对**黑格尔的辩证法和整个哲学的剖析，是完全必要的，因为这样的工作还没有完成**"[②]。

　　同 1843 年不一样，马克思这时选择了《精神现象学》作为批判对象。因为批判的重点是黑格尔的整个哲学和唯心主义辩证法，而不是某一个具体问题，如《黑格尔法哲学批判》中所涉及的问题那样。因此最适合于作为分析批判对象的，自然是被看作黑格尔哲学诞生地和秘密的《精神现象学》。此外，马克思在 1844 年提出了异化劳动理论，把它作为中心展开了对资本主义私有制和雇佣劳动的分析。要把异化劳动理论同德国古典哲学的唯心主义异化理论区分开来，必须分析《精神现象学》，因为正是在这本书中，黑格尔论述了关于绝对观念的自我异化和扬弃的思辨理论。马克思在《手稿》中通过分析《精神现象学》，既揭露了黑格尔异化观的唯心主义本质，又肯定了其中包含的积极成果，推进了对历史进程辩证性质的认识。

　　在马克思写于 1844 年 11 月的笔记《黑格尔现象学的结构》中，第一

---

①　《马克思恩格斯全集》，中文 1 版，第 42 卷，158 页。

②　同上书，46 页。

条就指出:"自我意识代替人。主体——客体。"① 这是对《精神现象学》中关于异化理论的唯心主义性质的最概括的表述。

主体——自我意识,客体——自我意识外化所创立的"物相",这是黑格尔关于绝对观念自我对象化和扬弃异化的图式在历史领域的表现。因此,由异化而产生的主体—客体的对立,并不是人同他所创造的真实对象的对立,而是抽象思维同现实的感性在思想范围内的对立。例如,当黑格尔在《精神现象学》中把财富、国家权力看作异化现象时,这并不是指客观实在的财富和国家权力,而只是就它的思想形式而言,即把它们当作纯粹范畴来对待。自我意识之所以要创立对象,无非是为了通过主体→客体、客体→主体的过程,来达到自我实现和自我认识。所以主体是能动的,而客体是被动的;主体是积极的,而客体是消极的。对象对意识来说,是正在消逝的。它的被设立,是为了证实主体的创造力。扬弃异化,就是扬弃它的对象性,使客体重归于主体。因此在黑格尔的《精神现象学》中,"全部**外化历史**和外化的整个**复归**,不过是抽象的、绝对的思维的**生产史**,即逻辑的思辨的思维的**生产史**"②。这种异化观当然是唯心主义的。但它以抽象的形式强调主体的创造作用,强调通过主体和客体相互对立和扬弃对立而使主体得到发展的思想,对于辩证地理解历史(人与环境、历史领域中的主体与客体)还是富有启发性的。

马克思看到,黑格尔的异化观以精神异化的形式抓住人的异化并主张扬弃异化,因而包含着批判的因素。例如在《精神现象学》中,就包含着对宗教、国家、市民社会等整个领域的批判的要素。但是黑格尔的批判主义并不是革命的、实践的批判主义,而是徒有其表的虚假的批判主义。这是由他的异化观的唯心主义性质决定的。正如马克思所指出的:"在《现

---

① 《马克思恩格斯全集》,中文1版,第42卷,237页。

② 同上书,161页。

象学》中，尽管已有一个完全否定的和批判的外表，尽管实际上已包含着那种往往早在后来发展之前就有的批判，黑格尔晚期著作的那种非批判的实证主义和同样非批判的唯心主义——现有经验在哲学上的分解和恢复——已经以一种潜在的方式，作为萌芽、潜能和秘密存在着了。"①

这种非批判的、虚假的批判主义主要表现在：第一，黑格尔所说的扬弃异化，并不是真正通过实际活动来改变对象，而是把它归结为在纯思维中进行的认识运动，即从对象自身认识到它的主体本质。所以在黑格尔哲学中，对宗教、国家、法的扬弃，不是指现实的宗教、国家、法，而是指已经成为知识对象的教义学、国家学、法学，而在现实生活中，宗教、国家和法依然存在。正如马克思所深刻揭露的："这种思想上的扬弃，在现实中没有触动自己的对象。"② 第二，黑格尔不仅没有真正扬弃异化，而且由于把对象化和异化混同，实际上为异化的存在作了辩护。在黑格尔看来，对象化是自我意识实现自己、认识自己的必然环节。自我意识首先要把自己对象化出去，然后才能通过扬弃客体的对象性回到主体自身，这就是异化和异化的扬弃。这个过程也就是自我意识的自我确证的过程。因此，对异化的扬弃，就是对异化作为自我意识异在的肯定。比如说，"一个认识到自己在法、政治等等中过着外化生活的人，就是在这种外化生活本身中过着自己的真正的、人的生活"③。这完全是为普鲁士封建国家制度和法律辩护，否定彻底改变这种制度的必要性。

但是马克思也从两个方面肯定了黑格尔唯心辩证法的合理因素。一个是劳动在人类历史发展中的作用问题，另一个是人类历史发展的辩证图景问题。马克思把蕴含在黑格尔唯心主义哲学中的某些合理因素清洗、引

---

① 《马克思恩格斯全集》，中文 1 版，第 42 卷，161～162 页。
② 同上书，174 页。
③ 同上书，172 页。

申、发挥，更接近了对历史辩证过程的把握。

马克思一方面指出，"黑格尔站在现代国民经济学家的立场上。他把**劳动**看作人的**本质**，看作人的自我确证的本质"，并且强调黑格尔"**抓住了劳动的本质**，把对象性的人、现实的因而是真正的人理解为他**自己的劳动**的结果"。可另一方面又说："**人的本质，人，在黑格尔看来是和自我意识等同的。**""黑格尔唯一知道并承认的劳动是**抽象的精神的**劳动。"①

既然黑格尔把自我意识看成是人的本质，那为什么又说他把劳动看作人的本质？既然黑格尔只承认精神劳动，那为什么又说他抓住了劳动的本质呢？这两种似乎矛盾的说法，表明了马克思对黑格尔哲学唯心主义本质的认识和自己从中看到的积极意义。

黑格尔对劳动的作用是有认识的。他在《实在哲学》《精神现象学》《法哲学原理》中对劳动的作用都有论述。特别是在《精神现象学》中对主奴关系的分析，认为主人因为脱离劳动而变成奴隶的奴隶，奴隶因为从事劳动而重新发现了自己，成为主人的主人的论证，是极为深刻的。但是我们要指出的是，马克思在这里所说的黑格尔把劳动看作人的本质，主要不是指上述思想，而是指黑格尔把自我意识看作人的本质，是在抽象形式下把劳动看作人的本质。自我意识的自我对象化和异化，又扬弃异化回到主体，在这个过程中使主体得到确证和发展，实际上是描绘人的自我产生和劳动的本质。人正是通过劳动对象化和异化，并不断克服劳动异化而使主体（人）自身得到发展的。只要把黑格尔的自我意识换成人，把黑格尔的自我设置、自我扬弃的抽象行动变成人的实际劳动，把自我意识的异化和扬弃异化换成劳动的异化和扬弃异化，那一切都颠倒过来了，我们得到的是人通过自己的劳动而自我产生的实际过程。所以马克思说，黑格尔是

① 《马克思恩格斯全集》，中文1版，第42卷，163、165页。

在抽象的范围内把劳动理解为人的自我产生的行动，由于他颠倒了思维和存在的关系，因此这个过程**"仅仅**具有**形式的**性质，因为它是抽象的，因为人的本质本身仅仅被看作**抽象的、思维的**本质，即自我意识"①。马克思的卓越之处在于，他从黑格尔的唯心主义外壳中看到合理的内核，看到他以自我意识的异化和异化扬弃的思辨形式，曲折地表达了人通过劳动而发展自己的历史过程。马克思不是在叙述黑格尔，而是在改造黑格尔。

马克思还肯定了黑格尔的历史辩证法的思想。同费尔巴哈把否定之否定仅仅看成是否定神学又肯定神学的思辨游戏不同，马克思看到它的合理性和普遍性。黑格尔以自我意识作为历史的主体，因而脱离了现实的人和现实的历史，但他对自我意识异化和扬弃异化经历否定之否定过程的看法，反映了人的实际历史过程。但是由于黑格尔脱离了现实的主体（人）和现实的历史（人的实际劳动），因而把人的实际活动抽象化、神秘化了，这是它的荒谬的地方，但有它的合理之处，这就是为历史运动"找到**抽象的、逻辑的、思辨的**表达"②。

马克思还肯定否定之否定的普遍性。黑格尔把人的内容丰富的、活生生的、感性的、具体的活动，纳入否定之否定的图式，因而抽象掉它的一切内容，把它变成一种抽象的形式。这当然是唯心主义的。但作为一种逻辑范畴、思维形式，这种抽象是合理的。经过抽象后它变成普遍的、适合一切内容的形式。正如马克思所说："这就是普遍的，抽象的，适合任何内容的，从而既超脱任何内容同时又正是对任何内容都通用的，脱离**现实的**精神和**现实的**自然界的**抽象形式**、思维形式、逻辑范畴。"③马克思当时所说的普遍性，还是就黑格尔哲学体系范围内说的，指它适用于逻辑

---

① 《马克思恩格斯全集》，中文1版，第42卷，175页。
② 同上书，159页。
③ 同上书，176页。

学、自然哲学、精神哲学，是黑格尔构造体系的杠杆，还不可能把否定之否定作为自然、社会和思维的普遍客观规律，像恩格斯后来在《自然辩证法》和《反杜林论》中所概括的那样。但马克思把黑格尔的否定之否定，看成适用任何内容的纯逻辑形式，就在一定程度上肯定了它的普遍性。

黑格尔的异化观是唯心主义的，但包含某些积极因素。对它的批判改造，对于马克思形成历史辩证法的思想是十分有益的。

第七章　人与自然　人与社会

在《手稿》中，马克思赞扬费尔巴哈，认为只有费尔巴哈才开始了自然主义和人本主义的批判。马克思有时也自称为完善的或彻底的自然主义和人本主义，用它来表示自己对共产主义和某些哲学问题的看法。毫无疑问，在人、自然、社会的某些问题上，马克思当时仍残留有费尔巴哈的影响，但又超过了费尔巴哈。这些与费尔巴哈不同的思想，构成了马克思向唯物主义历史观前进的积极因素。

第一节　自然的客观实在性。异化自然与人化自然

费尔巴哈哲学的特点是自然主义和人本主义。他强调自然的客观实在性，把自然看成是物质的、感性的存在物；强调人是自然的产物，是自然的一部分。费尔巴哈在人与自然统一的基础上建立起自己的哲学，把人连同作为人的基础的自然当作哲学唯一的、普遍的、最高的对象。推崇人，推崇自然，表现了费尔巴哈反对宗教、反对思辨唯心主义的战斗精神。但

费尔巴哈把人与自然的关系，看成是两个自然物之间的关系，看成自然界同自身的关系，因而并不能真正科学地弄清楚人与自然的相互关系。

费尔巴哈强调自然的客观实在性，把它同黑格尔的绝对观念对立起来。当他把自然界看成是第一性的实体、非发生的永恒的实体，"没有了自然，人格性、'自我性'、意识就是无，换句话，就成了空洞的、无本质的抽象物"① 时，他是坚持唯物主义的。但费尔巴哈把自然界看成直观的对象，而不是实践的对象。他继承了斯宾诺莎的"自因说"，只是从自然自身来把握自然，而把人类的实践活动排除在人与自然界的关系之外。

1844 年的马克思，当然承认自然的客观实在性。但他关于异化劳动的理论，增加了一个新的因素，这就是把自然界作为劳动对象来考察。在马克思看来，劳动的根本内容就是对象化，即劳动者把自己的本质力量凝结在产品之中，而对象化必须以自然的客观实在性为前提。"没有**自然界**，没有**感性的外部世界**，工人就什么也不能创造。它是工人用来实现自己的劳动、在其中展开劳动活动、由其中生产出和借以生产出自己的产品的材料。"② 因此马克思把劳动者同劳动产品的关系，同时也看成是人与自然的关系，"是工人同感性的外部世界、同自然对象这个异己的与他敌对的世界的关系"③。马克思通过他的异化劳动理论，把自然界作为劳动的对象，纳入劳动过程中来考察。

正因为马克思把自然界作为实践对象来考察，因此他对黑格尔唯心主义的主客体统一理论的批判，比费尔巴哈要深刻得多。费尔巴哈虽然用自然来对抗绝对观念，强调自然的客观实在性，但由于他把自然同人的劳动分离开来，因此对这种自然界的理解是抽象的，"被抽象地孤立地理解的、

---

① 《费尔巴哈哲学著作选集》，下卷，122 页，北京，生活·读书·新知三联书店，1962。
② 《马克思恩格斯全集》，中文 1 版，第 42 卷，92 页。
③ 同上书，94 页。

被固定为与人分离的**自然界，对人说来也是无**"①。而马克思则从主客体辩证统一的观点来肯定对象的客观性。

在马克思看来，人作为主体，在他之外存在着不依赖于他的对象。这些对象是他的需要的对象，是表现和确证他的本质力量所不可缺少的对象。主体（人）只有凭借现实的、感性的对象才能表现自己的生命。比如说，饥饿是人的一种自然需要，为了使饥饿得到消除，人需要在他之外的自然界，在他之外的对象。画饼是不能充饥的。即使是聊以充饥的最粗糙的食肴，也是一种物质性的存在。后来他在《神圣家族》中批判青年黑格尔派的绝对主观性，否定客观性的唯心主义谬论时，也曾以爱情为例来说明这个问题。所以马克思说："一个存在物如果在自身之外没有自己的自然界，就不是**自然**存在物，就不能参加自然界的生活。一个存在物如果在自身之外没有对象，就不是对象性的存在物。"②

马克思不仅从主体的角度来把握客体，把自然界看成是人的劳动和欲望的对象，是在主体之外存在的客观对象，而且也从客体的角度来把握主体，把主体看成是受制约的感性存在物。

马克思同意费尔巴哈的看法，认为人是自然存在物。人是现实的、有形体的、有血有肉的站在稳固的地球上同自然界进行交换的物质实体。但人是有生命的自然存在物，因此它是能动的存在物。人所具有的生命力、自然力在人身上表现为对象的欲望和追求，所以人又是一个有激情的存在物。可是与此同时，人作为自然的、肉体的、感性的存在物，和其他动物和植物一样，又是受不依赖于他的客观对象制约和限制的存在物，是一种受动的存在物。在马克思看来，人有两种自然：一种是人自身的自然，这就是人的肉体存在及其特性，他称之为人的"有机身体"；另一种是人

---

① 《马克思恩格斯全集》，中文 1 版，第 42 卷，178 页。
② 同上书，168 页。

之外的自然，而在人之外、不依赖于人而存在的自然界，他称之为人的"无机身体"。

马克思正是根据人的客观实在性，展开了对黑格尔的批评。

在黑格尔看来，人是非对象性的存在物，即不依赖于客观对象。因为人的本质是自我意识，一切对象都是自我意识设立的。扬弃异化，就是扬弃对象性，使对象重新回到自我，合并于自我意识。人成了既无自身的自然界（肉体），又无对象（外在自然界）的怪物，成为没有肉体的灵魂。所以马克思一针见血地指出，在黑格尔那里，"人被看成**非对象性的、唯灵论的存在物**"[①]。

毫无疑问，人具有自我意识。但自我意识是人的自我意识，它依赖于人的物质特性。自我无非是对人的抽象。每一个人都是自我，人的眼睛，人的耳朵，人的每一个感官都具有自我这种特性，而自我意识则是人的自然界即人的各种感官的质，离开了人的自然界（各种感官），则没有自我意识。正因为这样，马克思强调，"人的**感觉**、激情等等不仅是在［狭隘］意义上的人类学的规定，而且是真正**本体论的**本质（自然）肯定"[②]。也就是说，人通过自己的感官直接感受到在人之外的客观世界，活生生的感性世界，因为每一种感觉都有相应的对象存在，例如与视觉相应的是存在光波，与听觉相应的是存在声波。正是客观世界自身的特性，决定了不同的感受方式。不仅如此，人通过自己的感官肯定对象世界的存在，反过来也就是肯定主体自身，肯定人自身是一种对象性的感性存在物。

如果仅仅到此为止，那马克思并没有超过费尔巴哈。马克思的卓越之处在于，他不仅反对唯灵论，反对把人和自我意识等同的唯心主义观点，强调人是对象性的自然存在物，而且强调人是一种特殊的自然存在物，即

---

① 《马克思恩格斯全集》，中文1版，第42卷，164页。
② 同上书，150页。

作为人的自然存在物："人不仅仅是自然存在物，而且是**人的**自然存在物，也就是说，是为自身而存在着的存在物，因而是**类存在物**。"①

"类存在物"，这是费尔巴哈的用语。马克思沿用了这个术语，但赋予了它不同的内容。

第一，费尔巴哈认为，人并不是彼此无关的、孤立的个体，而是类，同属于人这个类。人之所以是类存在物，不仅是因为在客观上同属于一个类，有共同的本质（类本质），而且在于人能意识到这一点，即能超出自己个体的局限性，意识到自己、他人（即我之外的你），同属于人这个类。因此人不仅能以个体为对象，而且能以类为对象。马克思不同。马克思也承认人是有意识的，他把类看作自己的本质，或者说把自身看作类存在物。但人之所以是类存在物，最根本的是由于劳动。马克思反复强调，"有意识的生命活动把人同动物的生命活动直接区别开来。正是由于这一点，人才是类存在物"。他还说："通过实践创造**对象世界**，即**改造无机界**，证明了人是有意识的类存在物"；"正是在改造对象世界中，人才真正地证明自己是**类存在物**"②；等等。这表明马克思已经感觉到，在劳动中，人不仅同自然界发生关系，而且人与人之间也会发生一定的关系。在这个关系之外，任何单独的、孤立的个人是不能进行劳动的，因此"生产是人的能动的类生活"。虽然马克思当时对劳动的看法还是比较抽象的，但从劳动中而不是从类意识中寻找人作为类存在物的根据，这个方向是正确的。

第二，在费尔巴哈那里，人作为自然的感性存在物和作为类存在物是完全同一的。人作为类存在物的共同本质——类本质，就是人作为自然存在物的共同属性，是单个人相互联系的纯自然属性。马克思不同。当然马

---

① 《马克思恩格斯全集》，中文1版，第42卷，169页。
② 同上书，96、97页。

克思并不否认人的自然属性，他在批判唯灵论、批判宗教时强调了这一点。但他认为人是作为人的自然存在物，也就是说人的自然属性不同于其他动物的自然属性，它是属于人的，是社会化了的自然属性。例如人的吃、喝、性行为对于人来说是"真正的人的机能"。虽然它和动物的饮食、繁殖有某些共同的东西，但却表现了人的特点。只有脱离人的其他活动，并清洗掉它的社会的、时代的特性，"使它们成为最后的和唯一的终极目的，那么，在这种抽象中，它们就是动物的机能"①。

马克思正是根据这种辩证统一的观点，批评了平均共产主义的公妻制的主张。马克思认为，男女之间的关系，两性之间的关系，是人和人之间的直接的、自然的、必然的关系。在这种关系中，人同自然界的关系直接就是人和人之间的关系，反过来说，人和人之间的关系就是人同自然界的关系。对异性的需要，这是自然的规定，但这是人的自然规定，因此通过这种关系可以判明人的整个发展程度，判明人的自然行为在何种程度上成了人的行为。公妻制，无非是拿妇女当作共同淫乐的牺牲品和婢女对待，表现了人在对待自身方面的无限的退化，使人降低到动物的水平。

马克思从人是人的自然存在物的角度来考察人与自然的关系，因而在一定程度上克服了费尔巴哈把人与自然的关系单纯看成自然界与自身的关系，看成有生命的自然物与无生命的自然物之间的关系的弱点。

马克思肯定，从肉体生活来说，人和动物一样都依赖自然界。而且人较之一般动物更高级，他赖以生活的自然界越广阔，他对自然界的依赖就越大。如果说，牛只要有水有草就能生活的话，人就不行。而且社会越发展，人对自然的依赖越大。古代有没有石油无所谓，而在工业化的社会中，石油变成人的生命线。人不能离开自然，人在肉体上只有依靠自然才

---

① 《马克思恩格斯全集》，中文1版，第42卷，94页。

能生活。从精神生活来说，人也不能离开自然界，因为自然界既是自然科学的对象，又是艺术的对象。所以马克思说："自然界，就它本身不是人的身体而言，是人的**无机的身体**。人靠自然界**生活**。这就是说，自然界是人为了不致死亡而必须与之不断交往的、人的**身体**。所谓人的肉体生活和精神生活同自然界相联系，也就等于说自然界同自身相联系，因为人是自然界的一部分。"① 马克思用自然界是人的无机身体和人是自然界的一部分来强调人对自然的依赖、人同自然之间不可分离的密切联系。很显然，马克思继承和肯定了费尔巴哈自然主义中的唯物主义原则。

当然，马克思不限于此。把人看成自然界的一部分，并非马克思的独创。从自然科学角度说，赫胥黎在《人在自然界中的地位》一书中，从比较解剖学、发生学、古生物学等方面，详细阐述了人类和动物的关系，确定了人在自然界中的地位，首次提出了人、猿同祖论；从哲学上说，费尔巴哈的哲学反复强调的正是人是自然的一部分，人与自然的统一。马克思在 1844 年的独特之处在于，他从历史发展的角度来论述人与自然的关系，通过对自然从异化到人化的考察，把劳动作为根本因素包括在人与自然的统一之中。

自然的人化与自然的异化是相应的。这两者都是和人的劳动相联系的。异化自然同异化劳动、人化自然和真正人的劳动是不可分的。

在异化劳动中，自然与人是相对立的。自然作为人的存在的条件，它本来应该给劳动者既提供劳动资料又提供生活资料，可是在异化劳动中，工人越是通过自己的劳动占有外部的、感性的自然界，他们越是成为自己对象的奴隶。感性外部世界即自然界，不为他们提供劳动对象，也不为他们提供维持肉体生存的生活资料，而是作为资本同他们相对立。因此劳动

---

① 《马克思恩格斯全集》，中文 1 版，第 42 卷，95 页。

者要使自然界成为劳动对象，使二者结合在一起，只有通过异化劳动这种形式。而扬弃私有财产，人变成真正的人，劳动成为真正的劳动，自然界就由异化的自然成为人化的自然。自然和人的对立被扬弃了，自然界不再作为资本使人与人相脱离，而是作为现实的劳动对象成为人与人之间联系的纽带。人们不难发现，马克思在这里关于异化自然和人化自然的论述，同他关于人的本质的异化与复归的看法是一致的，前者是后者的一部分。可是如果只停留在这个范围内，我们就会把马克思关于人化自然的思想看成费尔巴哈人本主义的再版，不能作出正确的评价。马克思在这个问题上的合理之处在于，他联系人的活动来考察异化自然和人化自然以及由前者到后者的转化，从而把自然纳入人类历史范围来考察。

自然界本身无所谓异化不异化的问题。自然的异化，是就自然和人的关系来说的，它与人类的活动有关。因此在异化劳动中呈现的人与自然的关系包括两个方面：一方面是自然以资本的形态对人的奴役；另一方面是人对自然的改造，使自然打上人的烙印。正如马克思所说："在人类历史中即在人类社会的产生过程中形成的自然界是人的**现实的**自然界；因此，通过工业——尽管以**异化**的形式——形成的自然界，是真正的、**人类学的**自然界。"①

在这个意义上，自然的异化也就是自然的人化，异化的自然是真正人类学的自然。与人类活动紧密联系的自然，是"人的产品""历史所创造的自然界"。从人类活动角度来把握自然界，不仅是唯物辩证法的认识论，而且是唯物主义历史观的一个重要思想。后来马克思在《德意志意识形态》中用历史的自然继续阐发了这个思想。他说，我们"周围的感性世界决不是某种开天辟地以来就已存在的、始终如一的东西，而是工业和社会

---

① 《马克思恩格斯全集》，中文 1 版，第 42 卷，128 页。

状况的产物，是历史的产物，是世世代代活动的结果"①。不从历史发展的角度来理解人类的自然界，人与自然界的关系就会成为难以揭开的谜。

在马克思看来，不仅异化的自然是历史的产物，是人类活动的产物，自然的真正的"人化"，即扬弃自然与人的对立，也"只有通过人类的全部活动、只有作为历史的结果才有可能"②。人，作为真正的人，是自己劳动的结果；自然，作为人化的自然，也是自己劳动的结果。

尽管马克思的某些论述仍然带有人本主义的烙印，但把劳动纳入人与自然的关系之中，这是一个重要成就。只有通过劳动才能把人和自然界的关系，同其他动物和自然界的关系区分开来。

动物与自然的关系是直接的。动物是自然的一部分，它以自身作用于自然。人与自然的关系以劳动为中介，所以是间接的。人不仅借助于生产工具来改造自然，而且可以利用自然力量作用于自然。这表现了人所特有的主观能动作用。例如蚯蚓会松土，这不是蚯蚓的主观能动性，而是它的生物习性，而人利用蚯蚓这种生物习性改良土壤，则表现了人特有的主观能动性。

动物依赖自然，适应自然，而人则通过劳动改造自然，使自然适应人的需要。人不是等待自然的赐予，而是向自然索取。驯养比狩猎，栽培比采摘更能表现人类劳动的特点。

动物活动的范围是受自然规定的。它在一定范围内活动，不试图越出这个范围。人不同。人不断扩大自己活动的范围。人的活动范围并不纯粹受自然制约，而是在很大程度上取决于生产和科学水平。随着生产和科技的发展，人不断扩大自己活动的领域。人类进入宇宙空间就是一种证明。

正因为人与自然的关系不同于动物，因此也包含着一种危险，这就是

---

① 《马克思恩格斯全集》，中文1版，第3卷，48页。
② 《马克思恩格斯全集》，中文1版，第42卷，163页。

破坏自然。动物本身就是自然界，是生态平衡的组成部分。人不同。人可能盲目地破坏这种平衡。因此人类对自然的改造，应该形成有利于人类自身的生存和发展的条件，而不是破坏这些条件，应该保护和改进自己生存的环境，而不是破坏环境。

在当今世界上，科学技术的发展突飞猛进，人们对自然的改造无论在深度还是广度上都是以往无法比拟的。但是如果凭科技新成就对自然采取掠夺态度，违反自然规律，就必然使人与自然的矛盾激化。近几十年来，工业发展带来的环境污染和公害，已引起了人们的迫切关心和注意。在比利时的马斯河谷工业区，美国的多诺拉镇，英国的伦敦，日本的四日市市、富山县以及熊本县的水俣镇都发生过因公害而引起多人死亡和疫病的事件。特别是 1984 年 12 月，美国的一家跨国公司——联合碳化物公司，在印度中央邦首府博帕尔因毒气外溢而造成 20 多万人伤亡的大悲剧，更是使世界震惊。当然不能由此得出结论说，我们应该反对科技发展，反对改造自然，回到自然状态去。美国"恢复自然运动"组织主张，自然进程不应受到破坏，甚至不让孩子上学、穿衣服，提倡吃生肉，虽然这种思潮曲折地反映了人们对资本主义现实的抗议，但它不符合时代进步的趋向。这关键在于社会制度问题，此外还应该开展人类生态学的研究，努力探索人与自然的关系及其规律，在改造自然过程中达到积极平衡。

马克思关于劳动是人与自然统一的纽带的观点是卓越的。他不是把自然界看作直观对象，而是看作人类劳动的对象，强调人通过生产，使自然界表现为人的作品和现实，表现为"人的类生活的对象化"，从自然界的变化中看到了人类的力量。但不能由此得出结论说马克思否认自然的客观实在性，并把列宁同马克思对立起来。

列宁在《唯物主义和经验批判主义》中，专门论述了在人类出现以前自然界是否存在的问题，明确指出，在地球上没有也不可能有人类和任何生物的状况下，地球早已存在了，这同马克思的论断丝毫不矛盾。列宁反对的是马赫和阿芬那留斯，反对的是"原则同格"，因此他强调的是客体方面，地球在人类出现之前就存在；马克思所论述的是人类出现之后人与自然的相互作用问题，因此他强调的是主体方面，人对自然的改造作用。他们论述的角度是不一样的。列宁并不否定人类出现后，人对自然的改造作用；反过来说，马克思在 1844 年也并不否定地球在人类出现之前就存在。即使在论述人与自然的相互作用时，马克思也强调自然的客观实在性，他反对宗教创世说，反对黑格尔把扬弃异化说成是扬弃对象的唯心主义观点都说明了这一点。

第二节　人的社会本性。社会的人与非社会的人

在人与社会关系的问题上，1844 年时，马克思还没有形成生产关系的范畴，还不理解生产关系的总和构成社会，而且是构成一个处于一定历史发展阶段的社会。他以人的本质为尺度，把未来的社会主义社会称为"社会"，而把以私有制为基础的资本主义社会称为"非社会"。但是，马克思对由非社会的人到社会的人的转变，特别是所谓"社会状态"下的人与社会关系的分析，包含着许多积极的合理的因素。

人是什么，在马克思看来，人不仅是单独的个体，而且是类存在物，是社会存在物。在《黑格尔法哲学批判》《论犹太人问题》《〈黑格尔法哲学批判〉导言》《评一个普鲁士人的〈普鲁士国王和社会改革〉一文》中，马克思一再阐述了这个看法。1844 年《手稿》的重大区别是，马克思由于经济学的研究，把劳动看成是人的本质，因而把人的社会性同劳动结合在一起。在劳动中，人不仅与自然界发生联系，而且人与人也要发生联系。单独的个人是不可能劳动的。所以马克思认为，无论是生产中人的活

动的交换，还是人的产品的交换都是一种"类活动"。人在劳动中，注定要发生不以个人意志为转移的社会联系。

可问题在于，这种社会联系是不是真正人的社会联系，要取决于它和人的社会本性是否一致。在私有制下，人进行生产只是为了占有。生产不仅是功利主义的（满足需要），而且是个人主义的、自私自利的（满足个人的需要）。这种生产不是人的本质的对象化，而是他的直接的、自私自利的需要的物化。所以在私有制下，生产不是社会的生产，不是为了人的需要的生产。表面上，人们生产是为了彼此满足需要，实际上是为了彼此排斥对方对自己产品的占有。因此，马克思认为，资产阶级社会并不是与人的本性相一致的真正的共同体，它不是社会而是非社会。

马克思以此为据展开了对资产阶级政治经济学的批判。资产阶级政治经济学把交换和贸易看成是人的类生活、真正的人的生活，从而把社会看成是一系列的相互交换，看成是一个商业社会，每一个成员都是商人。"在国民经济学家看来，**社会**是**资产阶级社会**，在这里任何个人都是各种需要的整体，并且就人人互为手段而言，个人为别人而存在，别人也为他而存在。"① 马克思认为这实际上是把社会交往的异化形式作为同人的本性相适应的形式。

资产阶级政治经济学从维护资本主义私有制出发，把资本主义私有制及其运动形式看成永恒不变的，从而把一切社会归结为资产阶级社会；而马克思从反对资本主义私有制出发，认为资产阶级社会是非社会。这表现了两种立场的对立。但马克思的看法中，明显地带有费尔巴哈人本主义的东西。人的本质被作为衡量的尺度，凡是与人的本性相一致的称为社会，反之，则是非社会。这种观点，与其说是经济学的分析，不如说是道德的

---

① 《马克思恩格斯全集》，中文1版，第42卷，144页。

评价。个人主义、自私自利被看成是人丧失社会性的表现。因此，在马克思看来，资产阶级社会不是社会，而是市民社会，作为市民社会成员的人不是类存在物，而是脱离社会整体的个人。在这里，把人和社会连接起来的唯一纽带是私人利益，是对他们自己的财产和利己主义的个人的保护。自私自利和人的社会性是对立的。"在私有权关系的范围内，社会的权力越大，越多样化，人就变得越**利己**，越没有社会性。"①

马克思关于资产阶级社会是非社会，资产阶级社会的人是非社会的人的论断，同他关于人按其本性来说是社会存在物的论断是矛盾的。马克思当时用来"解决"这个理论矛盾的出路是关于人的本质异化的理论。人按其本性应该是社会存在物，可是在私有制下，由于异化，人的关系成为非人的关系，人的本质成为非人的存在，因而人不能实现自己的类本质，而是丧失了自己固有的本质。这样，人的个体和类、存在和本质的对立，也就是应有（人应该是什么）和现有（人实际上是什么）的对立，是人与非人的对立。这种思维方法，仍然没有摆脱费尔巴哈人本主义的特色。

如果摒弃以异化作为根本理论和方法，应该说，资产阶级社会并不是非社会，而是社会形态中的一种形态；资产阶级社会中，人并没有丧失社会性，相反，它比起以往的社会，例如比起以血缘关系为纽带的原始社会，以农业生产为基础的奴隶社会、封建社会，更具有社会性。发达的商品关系和货币关系，不仅扫除了封建壁垒，形成了统一的国内市场，而且通过国际贸易形成世界市场。对于这一点，马克思后来在《共产党宣言》中作了深刻的论述："不断扩大产品销路的需要，驱使资产阶级奔走于全球各地。它必须到处落户，到处创业，到处建立联系。"他还说："资产阶级，由于开拓了世界市场，使一切国家的生产和消费都成为世界性的了。"② "物

---

① 《马克思恩格斯全集》，中文1版，第42卷，29页。
② 《马克思恩格斯选集》，1版，第1卷，254页。

质的生产是如此，精神的生产也是如此。各民族的精神产品成了公共的财产。民族的片面性和局限性日益成为不可能，于是由许多种民族的和地方的文学形成了一种世界的文学。"① 资本主义生产的社会性，把人更加紧密地结合在一起。

马克思关于资本主义社会是"非社会"的论断，以不科学的术语触摸到他当时还不清楚的资本主义制度下私人劳动和社会劳动的矛盾。在资本主义社会，劳动是社会性的劳动，每个私有者的劳动都是提供给社会的，是社会总劳动的一部分。可是每个商品生产者又是私有者，劳动产品是属于他自己的，这种劳动又是私人劳动。因此在资本主义私有制下，人的劳动并不直接表现为社会劳动。它以货币为中介，通过交换才使私人劳动表现为社会劳动。人并没丧失自己的社会性，并没有成为彼此孤立的存在物，只不过是人与人的关系总是同物结合，作为物与物的关系出现，因而掩盖了人与人的关系。孤立的、原子般的个人，只是这种联系所呈现的虚假的外观。

正是基于这种对社会和非社会的看法，马克思在 1844 年把自己对社会的理解同费尔巴哈的类联系在一起。他在给费尔巴哈的信中说："建立在人们的现实差别基础上的人与人的统一，从抽象的天上下降到现实的地上的人类概念，——如果不是**社会**的概念，那是什么呢！"② 这里所说的社会，也就是《手稿》中所说的扬弃了私有制的社会，即马克思当时理解的共产主义。这是人的类本质的实现，或者说是人向自身、向社会的人、向真正作为人的人的复归。这也是马克思在 1844 年以前所说的个体和类的矛盾的解决。类已不再作为同个体相对立的力量，人已经把人的世界和人的关系还给人自己，无论在劳动中还是在政治生活中，都作为真正的类存在物。

① 《马克思恩格斯选集》，1 版，第 1 卷，255 页。
② 《马克思恩格斯全集》，中文 1 版，第 27 卷，450 页。

　　我们不仅要看到异化劳动理论中的人本主义因素——人的类本质的异化与复归，而且应该看到其中的合理因素。马克思关于人重新占有自己的本质、成为社会存在物之后发生一系列变化的思想，包含着对所有制和人、人与社会、自然与社会以及共产主义制度下主体与客体相互关系的重要论述。

　　马克思紧紧抓住资本主义私有制，把人重新占有自己的本质同积极扬弃私有制结合在一起，并把私有财产的扬弃看成是包括上层建筑领域在内的一切异化扬弃的前提。这就抓住了资本主义社会问题的关键。因此马克思原来打算在《手稿》中着重研究一下私有财产同真正人的和社会的财产关系的问题。所谓真正人的和社会的财产，指的就是扬弃私有财产以后所建立的所有制。这种所有制究竟具有何种形式，马克思当时还不可能知道，但他提出了用一种财产关系（法律用语，实际上指的是所有制）代替另一种财产关系，这同把私有制永恒化的资产阶级古典政治经济学、同主张平均占有私有财产的平均共产主义都是迥然不同的。

　　特别是马克思提出了联合的问题。他通过对地产分割的分析，指出地产的分割是地产垄断的否定。但这种否定，改变的只是垄断的形式——土地的集中与分散，而没有改变垄断的本质——土地私有制。要防止土地重新回到更加丑恶的垄断形态，就必须消灭土地私有制，实行联合。"联合一旦应用于土地，就享有大地产在经济上的好处，并第一次实现分割的原有倾向——平等。同样，联合也就通过合理的方式，而不再借助于农奴制度、老爷权势和有关所有权的荒谬的神秘主义来恢复人与土地的温情脉脉的关系，因为土地不再是买卖的对象，而是通过自由的劳动和自由的享受，重新成为人的真正的自身的财产。"[①] 马克思关于联合的思想，指出

---

　　① 《马克思恩格斯全集》，中文1版，第42卷，85～86页。

了一条同土地私有制发展不同的道路。至于这种联合究竟采取何种形态，我们不能苛求马克思，这是只能由社会主义实践本身解决的问题。

马克思还触摸到人与生产、人与社会的关系。在私有制下，劳动者通过生产不仅把自己作为商品生产出来，而且再生产出资本家对劳动和产品的占有，因此，人通过劳动生产出肉体和精神上退化的人。而在积极扬弃了私有财产的前提下，我们可以看到"人如何生产人——他自己和别人"。产品不再是劳动的异化，而是体现了劳动者自身的个性；它不再是交换价值，而是直接用来满足别人的需要，人们彼此为对方生产，即为社会而生产。正是在扬弃了私有制的生产活动中，人与社会达到了统一，"**正象社会本身生产作为人的人**一样，人也**生产**社会"①。

也正因为扬弃了私有制，"活动和享受，无论就其内容或就其**存在方式**来说，都是**社会的**，是社会的活动和**社会的**享受"②。这不仅是指许多人联合在一起从事的集体的、共同的劳动表现为社会的活动，即使从事一种极少和别人交往的活动，例如科学研究，也仍然是从事社会的活动。因为不仅科学活动所需要的材料，甚至思想家用来进行活动的语言，都是社会的产物，而且在这种社会中，科学研究就是为了社会，而不是个人。

因此在私有制下，社会同个人是对立的。社会作为类的力量，是同个人相异化的力量；类生活（包括经济、政治、意识领域）是一种与个人生活相对立的抽象的普遍性。而扬弃了私有制后，情况发生了变化。"首先应当避免重新把'社会'当作抽象的东西同个人对立起来。个人**是社会存在物**。因此，他的生命表现，即使不采取共同的、同其他人一起完成的生命表现这种直接形式，也**是社会生活的**表现和确证。"③

---

① 《马克思恩格斯全集》，中文 1 版，第 42 卷，121 页。
② 同上书，121~122 页。
③ 同上书，122~123 页。

在私有财产统治下，自然界作为资本为一部分人所占有，而与劳动者相对立；它没有体现人的社会本质，而是体现人的异化的本质；人通过改造自然，不是彼此联系，而是相互隔离。而扬弃了私有制，自然和人的关系发生了根本的变化："自然界的**人的**本质只有对**社会的**人说来才是存在的；因为只有在社会中，自然界对人说来才是人与**人联系的纽带**，才是他为别人的存在和别人为他的存在，才是人的现实的生活要素；只有在社会中，自然界才是人自己的**人的**存在的**基础**。只有在社会中，人的**自然的存在**对他说来才是他的**人的**存在，而自然界对他说来才成为人。"只有扬弃私有制之后，人才能真正不是把自然界作为单纯的谋生手段，而是通过改造自然来发展自己的全面才能，即消除了自然和人相异化，所以马克思说："**社会**是人同自然界的完成了的本质的统一，是自然界的真正复活，是人的实现了的自然主义和自然界的实现了的人道主义。"①

马克思还从扬弃私有制的角度，考察了主体——人——的感受能力的变化。他说："不言而喻，**人的**眼睛和原始的、非人的眼睛得到的享受不同，人的**耳朵**和原始的耳朵得到的享受不同，如此等等。"他还说："社会的人的**感觉不同于非社会的人的感觉**。"② 这里所说的原始的、非人的、非社会的人是同一个意义，指的是私有制下的人即丧失了自己社会本性的人；所谓人的、度社会的人指的是扬弃了私有制的人，即作为复归了自己社会本性的人。这种划分当然是不科学的。但其合理之处在于，马克思不是单纯从人的感官生理结构，而是从扬弃私有制，从未来社会客体和主体的相互关系中考察人的感觉的变化。

在私有制的条件下，作为主体的人变得"愚蠢而片面"。他的一切肉体和精神的感觉都贫困化了，只有一种感觉即拥有或占有；而作为客体的

---

① 《马克思恩格斯全集》，中文1版，第42卷，122页。
② 同上书，125、126页。

自然界也只表现为纯粹的效用，它被当作资本，或作为吃、喝、穿、住的生活资料。这种人是"非社会的人"。他虽然有耳朵，但没有音乐感，不能感受音乐的旋律；虽然有眼睛，但没有美感，不能感受形式的美。"囿于粗陋的实际需要的**感觉**只具有**有限的**意义"，"忧心忡忡的穷人甚至对最美丽的景色都**没有什么感觉**；贩卖矿物的商人只看到矿物的商业价值，而看不到矿物的美和特性；他没有矿物学的感觉"①。

扬弃了私有财产，主体和客体及其相互关系发生了根本的变化。主体是社会的人，即真正作为人的人；而客体不再是异己的对象，而是真正人的对象。人通过自己的视觉、听觉、嗅觉、味觉、触觉、思维、直观、感觉、愿望、活动、爱来占有对象，但不是简单的占有、拥有，也不是直接的、片面的享受和消费，而是通过对人自己创造的产品、对对象性的人和人的产品的感性占有，全面发展和丰富自己的本质。正是在这个过程中，作为主体的人的感性的丰富性，如感受形式美的眼睛、具有音乐感的耳朵，才逐步发展和产生出来。正是在这种意义上，马克思说："私有财产的扬弃，是人的一切感觉和特性的彻底**解放**。"②

马克思把积极扬弃私有制看成是由所谓非社会的人到社会的人转变的决定性环节，并把积极扬弃私有制同人的全面发展，同资本主义私有制下各种弊病的消除，同人与自然、人与社会新型关系的建立结合在一起，表现了对经济因素作用的充分估计。但他把积极扬弃私有制看成是符合人的本质的要求，并把个人主义和利己主义当成资本主义是"非社会"的根据，表明他对什么是社会、什么是人的本质以及它们的相互关系的理解，还没有达到唯物史观的水平。

---

① 《马克思恩格斯全集》，中文 1 版，第 42 卷，126 页。
② 同上书，124 页。

第三节 由实践范畴到劳动范畴。论自然科学在社会发展中的作用

马克思 1844 年《手稿》的一个重要成就，是把劳动、生产同实践结合在一起，突破了把实践仅限于理论批判的范围，赋予实践以感性的物质的内容。这为马克思铺设了一条通过分析人的物质生产活动来发现历史发展规律的道路。

在德国古典哲学中，黑格尔是以唯心主义形式强调实践和劳动作用的著名代表人物。他在《精神现象学》中，把劳动看成是主体通过创立客体、扬弃客体、达到主体自身的自我实现、自我确证的环节；而在《逻辑学》中，他通过对认识过程的分析，把实践看成是走向绝对真理，达到主体与客体统一的环节。黑格尔对实践和劳动的理解同他关于主体的能动作用的认识是一致的。但由于黑格尔把主体看成是绝对观念，客体是绝对观念的异化，主体同以自然和社会表现出来的客体的对立，无非是意识和自我意识的不同形式，是在纯思维范围内的对立，因此作为主体能动性的表现，以及把主体和客体联系起来的实践和劳动，并不是感性的物质活动，而是一种抽象的精神的活动。

黑格尔死后，他的学生们不满意黑格尔哲学的纯思辨性质，力图从思想转到行动，提出了行动哲学。首先提出这个问题的是老年黑格尔派米希勒的学生奥古斯特·冯·切什考夫斯基。他在 1838 年发表了《历史学引论》，宣称今后哲学要"成为一种实践的哲学，更确切地说，要成为实践活动的哲学，'实践'（praxis）的哲学，对社会生活施加直接影响的并且在具体活动范围内发展未来的哲学"[①]。但切什考夫斯基并没有超出唯心

[①] 转引自［英］戴维·麦克莱伦：《青年黑格尔派与马克思》，12 页，北京，商务印书馆，1982。

主义的范围。他把实践只看成是理论的批判，而不是实际改造社会的革命活动，认为纯粹的理论批判就能改变现存制度。随后，写了《行动的哲学》的青年黑格尔派赫斯以及鲍威尔，都没有超出把实践理解为理论批判自身的范围。例如鲍威尔在《微弱灵魂的自白》中就说过，"迄今为止，我们一直认为理论就是实践"①。

马克思对实践的看法经历了一个发展过程。这个过程，同马克思整个世界观的转变和发展是密切联系的。

当马克思还是站在黑格尔立场上时，他对实践的看法是唯心主义的。他在博士论文《德谟克利特的自然哲学和伊壁鸠鲁的自然哲学的差别》和准备材料中，论述了哲学和世界的关系，强调哲学不应该是为了认识而注视外部世界，而是作为一个登上舞台的人物，直接与世界发生关系："一个本身自由的理论精神变成实践的力量，并且作为一种意志走出阿门塞斯的阴影王国，转而面向那存在于理论精神之外的世俗的现实，——这是一条心理学的规律。"可是在马克思当时看来，理论转化为实践并不是表现为人的实际活动，而是表现为理论自身的批判，所以他说："哲学的实践本身是理论的。正是批判从本质上衡量个别存在，而从观念上衡量特殊的现实。"② 这种所谓实践，仍然停留在理论范围，并不能改变现实。

当马克思完成了从唯心主义到唯物主义、从革命民主主义到共产主义的转变时，他对实践的看法发生了一个重大的变化。他已不再把实践局限在思维范围内，把理论批判本身看成是实践，而是把实践看成是革命斗争。他认为自己对黑格尔法哲学的批判是对过去政治意识形式的理论批判，经过这个批判之后不能再局限在理论本身，而必须"集中于只用一个

---

① 转引自［波］兹维·罗森：《布鲁诺·鲍威尔和卡尔·马克思》，190 页，北京，中国人民大学出版社，1984。

② 《马克思恩格斯全集》，中文 1 版，第 40 卷，258 页。

办法即通过**实践**才能解决的那些**课题**上"。马克思给自己提出一个问题："德国能不能实现一个〔原则高度的〕实践，即实现一个不但能把德国提高到现代各国的**现有水平**，而且提高到这些国家即将达到的**人的高度的革命**呢？"他当时认为可以做到。但不能仅仅依靠理论批判，而必须依靠革命实践："批判的武器当然不能代替武器的批判，物质力量只能用物质力量来摧毁。"① 这样，马克思就把实践和理论区分开来了，把实践看成解决社会问题的物质性的力量。

当马克思在巴黎开始研究经济学以后，他把劳动、生产和实践结合在一起，从而发现了人类最基本的实践活动。他通过分析人与自然的关系，揭示了人类实践活动的特点，并通过对劳动的分析，把自然史、人类史以及人类认识的发展统一起来。只要马克思深入到劳动过程内部，就能最终找到一条摒弃人本主义，通向历史唯物主义的道路。

劳动表明，人的实践活动是物质性活动。它以存在客观对象为前提，并作用于对象。不包含对象性的活动，就不可能是真正的实践活动。而从主体来说，人之所以能通过实践改造自然，为自己创造一个对象世界，是因为人自身就是有血有肉的客观存在物，而不是自我意识。作为人与自然统一基础的劳动，是人与自然之间的物质交换。所以马克思强调，人之"所以能创造或设定对象，只是因为它本身是被对象所设定的，因为它本来就是**自然界**。因此，并不是它在设定这一行动中从自己的'纯粹的活动'转而**创造对象**，而是它的**对象性的**产物仅仅证实了它的**对象性**活动，证实了它的活动是对象性的、自然存在物的活动"②。

劳动表明，人的实践活动是社会性的活动即"类活动"。按照马克思当时的说法，生产就是人的能动的类生活，正是在改造对象世界的劳动

① 《马克思恩格斯全集》，中文 1 版，第 1 卷，460 页。
② 《马克思恩格斯全集》，中文 1 版，第 42 卷，167 页。

中，"人才真正地证明自己是类存在物"。如果人作为纯自然存在物，他们只能作为孤立的个体，或者作为动物似的群体同自然发生关系。这种所谓劳动，实际上是动物的生命活动，而不是人的实践活动。人在改造自然的过程中，一方面同自然进行物质交换，另一方面人们相互之间交换自己的劳动和产品。在社会之外，不可能发生人和自然的关系。

劳动表明，人的实践活动是有意识、有目的的活动。动物的活动是一种本能活动。即使动物的生命活动也可以表现出目的性，但这是长期自然选择的结果，是对环境的适应，而不是作为主观形态存在于动物自身。人的活动不同。人使自己的劳动变成自己的意志和意识的对象。人在改变客观的无机界的同时，也在实现自己的目的，使在劳动过程开始时存在于观念中的东西，变成一种物质形态的结果。

由上可见，马克思对劳动过程和要素的分析，揭示了实践的最本质的特征，即实践是人类改造客观世界的感性的物质活动。

当然，马克思当时强调的是人自身的自然力量、人的本质力量，而没有分析生产工具的作用。实际上，人的劳动主要不是借助于自己的天然器官，而是借助于生产工具作用于劳动对象。人并没有适应自然环境的特殊器官。就人自身的体力、耐力、速度、灵敏度而言，并不见得比其他动物高明。但人能制造生产工具，借助于生产工具来改造自然，把不利的自然条件改造为有利于人类生存和发展的自然条件。离开了制造生产工具，对劳动的分析是不完善的。

自然有自己的历史。没有人类的参与，自然同样是发展变化的。但是人通过劳动建立的人与自然的联系，在长期发展过程中，从深度和广度上把无限广阔的自然界，一部分一部分地纳入人类活动的范围，把纯粹的自然变成历史的自然，使自然打上了人的烙印。正是劳动，建立了人与自然、自然与社会之间的现实的历史关系。

　　如果说，人通过劳动把自然变成历史的自然，那人类的历史就是自然的历史。不是在人与自然的关系之外，而是在人与自然的关系之中，人类创立了社会，形成了自身的发展史。自然界对人的生成过程，也就是人类历史的形成过程。这两者统一的基础就是劳动。人类历史的最根本内容是物质资料生产的历史，也就是人类改造自然，从自然界获取人类生活资料的历史。从历史中排除人与自然的关系，也就没有人类的历史。

　　人类的历史是人改造自然的历史，同时也是人改造自身的历史。因为人在改造自然的过程中，不断使自己得到改造。这不仅包括改变人的各种社会关系，而且包括改造人的认识能力。对于前一种改变（社会关系的改变），马克思没有着重论述，当时还没达到这种水平，但对人通过劳动而使主体发生的变化，马克思作了非常精辟的阐述。

　　马克思也承认人是自然的一部分，但他强调人通过劳动而创造自身。正如一切自然物必须产生一样，人也有自己的产生活动即历史，这个历史不是人的生物学史，而是社会发展史。因此人的感觉的形成，离不开社会，离不开人的劳动。他强调五官感觉的形成是以往全部世界历史的产物，强调劳动对象化在形成丰富的人的感觉中的作用。

　　特别是马克思根据当时生产发展的情况，着重指出了工业的作用。他说："**工业**的历史和工业的已经产生的**对象性**的存在，是一本**打开了的关于人的本质力量**的书，是感性地摆在我们面前的人的**心理学**。"[①] 这里所说的工业是广义的，指全部人类的活动即劳动。马克思把劳动史和劳动产品同人的认识发展结合在一起，把劳动产品看成是人们直接可以感触到的认识是非常深刻的。整个人类认识史表明，新劳动产品的出现，特别是现代知识密集的产品的换代升级，不仅表现了生产力的发展水平，而且也表

---

① 《马克思恩格斯全集》，中文 1 版，第 42 卷，127 页。

现了人类认识水平的深化。每一种新的劳动产品的出现，都同时表明人类认识的进步。对劳动和劳动产品，不能仅仅从它的效用，即满足人的物质需要的角度来考察，把它同主体自身认识能力的发展割裂开来。"如果**心理学**还没有打开这本书即历史的这个恰恰最容易感知的、最容易理解的部分，那么这种心理学就不能成为内容确实丰富的和**真正的**科学。如果科学从人的活动的如此广泛的丰富性中只知道那种可以用'**需要**'、'**一般需要**'的话来表达的东西，那么人们对于这种**高傲地**撇开人的劳动的这一巨大部分而不感觉自身不足的科学究竟应该怎样想呢？"① 马克思的这段话，总结了历史上各种认识理论的根本缺陷，而且为科学的认识论奠定了基础。

正因为马克思把劳动看成是人发展自己和形成人类历史的决定因素，所以他非常重视实践在人类认识中的作用。正是在《手稿》中，马克思把实践摆在首要地位，指出，"理论难题的解决""是实践的任务并以实践为中介"，"真正的实践""是现实的和实证的理论的条件"②。马克思还明确反对把解决理论上的对立仅仅限于认识领域，仅仅看成是理论问题，主张首先将其看成是一个实践问题，即由社会自身的发展来解决的问题："**理论的**对立本身的解决，**只有通过实践**方式，只有借助于人的实践力量，才是可能的；因此，这种对立的解决决不只是认识的任务，而是一个**现实生**活的任务。"③ 以往历史上的哲学之所以不能解决这个问题，根本原因在于它们没有越出思维领域，把解决理论对立仅仅看成是理论自身的任务，而不是诉诸实践。

马克思重视劳动，因而非常重视自然科学。马克思当时虽然还没有把

① 《马克思恩格斯全集》，中文 1 版，第 42 卷，127 页。
② 同上书，139 页。
③ 同上书，127 页。

自然科学看成是生产力，但对自然科学在社会生活中的作用，给予了充分估计。

马克思批判了自然科学和哲学的对立。到 19 世纪中叶，自然科学展开了大规模的活动并且占有的材料不断增加，但从中世纪经院哲学开始的哲学与自然科学的对立并没有解决。哲学对自然科学是疏远的，正像自然科学对哲学是疏远的一样。过去一些哲学家所建立的自然哲学，虽然企图把它们结合起来，但只不过是离奇的幻想。它们不是从自然科学中揭示自然界的联系，而是用幻想的联系代替现实的联系。尽管在以往的自然哲学中，也包含一些合理的猜测，但终究是一种思辨的哲学体系，并不是哲学与自然科学的真正结合。谢林、黑格尔都是这样。

马克思肯定了自然科学的效用和启蒙作用。确实，从文艺复兴以来，自然科学在反对宗教和教会的斗争中，发挥了战斗作用。不少伟大的自然科学家，以自己的发现向教会挑战，被送上了火刑场和异端裁判所。但是马克思强调，不能把自然科学的作用仅仅限于此。事实上，自然科学通过工业"日益**在实践上进入**人的生活，改造人的生活，并为人的解放作准备，尽管它不得不直接地完成非人化"①。马克思极其深刻地看到，在资本主义制度下自然科学的发展和进步包含着内在矛盾：一方面，它直接地完成"非人化"，也就是说，自然科学的资本主义应用，服务于加强对工人的剥削，提高了剥削率，强化了资本对劳动的竞争能力；另一方面，自然科学的发展及在生产中的应用，促进了生产的发展，提高了工人的文化水平和技能，为人类解放准备了物质基础。

马克思的这个重要思想，对于我们正确认识发达资本主义国家的科技革命和社会革命的相互关系具有指导意义。近几十年来，以微电子技术、

---

① 《马克思恩格斯全集》，中文 1 版，第 42 卷，128 页。

生物工程、光导纤维、新材料、新能源、海洋开发、宇宙航行等新技术为标志的科技革命正在兴起，特别是在西方发达的资本主义国家表现得更为明显，正在形成一股浪潮。科技革命的发展必然要改变生产力的技术结构、产业结构、劳动的条件和内容，影响到人的价值观念、日常生活、文化教育。按照马克思主义的观点，我们不同意科技革命会导致资本主义社会各种矛盾的自然消失，会造成一个普遍富裕的、各阶级趋于"一体化"社会的理论。科技革命代替和取消不了社会革命。科技革命虽然给一些发达的资本主义国家带来了相对的稳定和繁荣，但从长远来看，它的资本主义的应用，不仅不会缓和，反而会加剧发达资本主义国家和不发达国家之间、各垄断组织之间、资本和劳动之间的矛盾。科技本身不会也不能自动解决资本主义社会的各种基本矛盾，而只是为解决这些矛盾提供了更充分的物质基础。同样，我们也反对违背历史潮流，把科技革命和历史进步对立起来的理论。西方发达资本主义国家所暴露的社会弊病，如犯罪、吸毒、道德堕落、人与人的关系更加疏远等，并不是直接来自科技的发展，而是根源于社会制度本身。不区分科技本身和它的社会应用方式，把资本主义社会的弊病归于科技革命，掩盖了问题的实质。

更为深刻的是，马克思指出："自然科学往后将包括关于人的科学，正象关于人的科学包括自然科学一样：这将是一门科学。"① 如果说在 19 世纪 40 年代这还是预言的话，在现代，自然科学和社会科学的相互渗透已经成为一种现实。许多边缘学科、交叉学科的出现，正在不断缩小自然科学和社会科学之间的距离。

---

① 《马克思恩格斯全集》，中文 1 版，第 42 卷，128 页。

第八章 《1844 年经济学哲学手稿》的理论特色和历史地位

由异化上升到异化劳动，是马克思思想发展的一个转折。集中阐述了异化劳动思想的《1844 年经济学哲学手稿》，在唯物主义历史观的形成中占有重要地位。在《手稿》发表以后的半个多世纪中，各种学派围绕这本著作展开了世界范围内的持久激烈的争论。这不仅反映了马克思主义在当今世界政治生活中的重要地位，也表明各种学派力图从马克思自己的著作中寻找重新解释马克思主义的"根据"。正确评价《手稿》，特别是全面地估计异化劳动理论，对于正确理解马克思的唯物主义历史观的形成过程是非常重要的。

第一节 《手稿》的主题和它的哲学论证

《手稿》为什么会成为争论的中心？是不是因为它早，属于早期著作？

不完全是。梅林在 1902 年编辑出版的《马克思恩格斯遗著》中，收集了马克思、恩格斯 19 世纪 40 年代的著作，并第一次公布了马克思的博士论文《德谟克利特的自然哲学和伊壁鸠鲁的自然哲学的差别》。博士论文完成于 1841 年，早于《手稿》。另外，在 1927 年第一次发表的《黑格尔法哲学批判》，写于 1843 年，也早于《手稿》。

是不是因为它不成熟？也不完全是。《手稿》是马克思基本上完成两个转变之后的著作。其中虽然包含一些不成熟的东西，但也包含许多重要思想。同 1844 年以前相比，马克思的思想是朝唯物史观前进，而不是后退。

《手稿》之所以成为争论的中心，除了客观原因外，还在于《手稿》的理论特色本身。《手稿》以异化劳动作为基本理论和方法，因而它的主题和对主题的哲学论证之间存在着不相适应的矛盾，从而给用各种不同观点来解释马克思主义留下了回旋的余地。

在马克思主义形成过程中，《手稿》是比较集中、比较系统地阐述关于异化和人的问题的著作。但是《手稿》的主题，并不是关于这两个问题的抽象思辨，而是关于无产阶级的阶级地位和人类解放道路的论述。如果说，在 1843 年的《黑格尔法哲学批判》中，马克思力图揭示的是"国家之谜"，解决使他感到苦恼的关于市民社会同国家的关系问题，那在 1844 年的《手稿》中，则是转向解剖市民社会，试图从经济中，从私有制本身及其积极扬弃中，寻求无产阶级处于非人地位的原因和解放的途径，用马克思的话说，就是解决"历史之谜"。

马克思在《手稿》中是很重视这个主题的。他当时虽然是从资产阶级古典政治经济学提供的前提出发，采用了它的语言和它的规律，但他"超出国民经济学的水平"，提出了两个问题：第一，把人类的最大部分归结为抽象劳动，这在人类发展中具有什么意义？这实际上是关于资本主义制度下无产阶级的地位和使命问题。第二，希望通过提高工资来改善工人阶级状况，或者像蒲鲁东主张的把工资平等看作革命目标的改良主义，究竟犯了什么错误？这实际上是关于无产阶级的革命目标和获得彻底解放的途径问题。所以，《手稿》研究的并不是抽象的"人"，而是无产者和资产者两大阶级的对抗。马克思关于资本主义私有制的本质是资本和劳动，即有产者和无产者的对立，而且是"敌对性的相互对立"的论述，关于资本、地租和劳动三者的分离对工人来说是有害的、致命的分离的论述，关于无论资本主义生产处于衰落或繁荣时期，工人都不可能摆脱贫困的论述，以及关于异化劳动的诸种规定，都着力于揭示资本主义制度下无产者和有产者的对抗，揭示无产阶级的处境和地位。无产阶级正是马克思当时倾注全部注意力的中心。

在《手稿》中，马克思也并不是把抽象的"人"的解放作为目的，而是把无产阶级的彻底解放作为目的。《手稿》中论述了全人类解放，但把它看成是解决资本和劳动的对抗，彻底扬弃私有制的结果，而不是凌驾于无产阶级解放之上的一种目标。马克思明确地指出："社会从私有财产等等的解放、从奴役制的解放，是通过**工人解放**这种**政治**形式表现出来的，而且这里不仅涉及工人的解放，因为工人的解放包含全人类的解放；其所以如此，是因为整个人类奴役制就包含在工人同生产的关系中，而一切奴役关系只不过是这种关系的变形和后果罢了。"①

但是，使《手稿》具有特色的与其说是主题，不如说是对主题的哲学论证。马克思从《德法年鉴》开始就探讨这个主题，《手稿》并没有偏离《德法年鉴》的路线，而是沿着原有的思想进一步向前发展的。但是，1844年出现了一个新的因素，那就是马克思转向政治经济学的研究，大

---

① 《马克思恩格斯全集》，中文1版，第42卷，101页。

量阅读了英法经济学家的著作。已经基本上完成了两个转变，正在进一步寻求对共产主义进行科学论证的马克思，不满意古典经济学的立场和方法，不满意它们对私有制和对工人的态度，也不满意各种各样的空想社会主义学说。但究竟用什么作为武器来批判国民经济学和资本主义私有制，批判各种空想社会主义学说呢？传统的思想因素和1844年出现的新因素处于矛盾的状况：一方面，马克思求助于经济学，从经济事实出发，揭示了资本主义私有制的本质及矛盾；另一方面，他又求助于传统的哲学范畴，对经济事实进行哲学的思考。

马克思在《手稿》序言中也说明了这一点。尽管关于费尔巴哈对马克思影响的大小、深度、时限有着不同的看法，但是人们很难否认，1844年即马克思写作《手稿》的时期，虽然他在很多方面超出了费尔巴哈，但仍然存在费尔巴哈的影响。他说："整个实证的批判，从而德国人对国民经济学的实证的批判，全靠**费尔巴哈**的发现给它打下真正的基础。"① 他还特别提到费尔巴哈的《关于哲学改革的临时纲要》和《未来哲学原理》，认为它们是"继黑格尔的《现象学》和《逻辑学》以后包含着真正理论革命的……著作"② 。此外，马克思还把赫斯的几篇论文，同样列为"内容丰富而**有独创性的著作**"③ 。无论是黑格尔的《精神现象学》，还是费尔巴哈的《关于哲学改革的临时纲要》和《未来哲学原理》，或者是赫斯的著作，关于人的本质及其异化都是其重要内容。

毫无疑问，马克思是重视对私有制即货币制度的分析的，他在《手稿》中给自己规定的目标就是"必须弄清楚私有制，贪欲同劳动、资本、地产三者的分离之间的本质联系，以及交换和竞争之间、人的价值和人的贬值之间、垄断和竞争等等之间、这全部异化和**货币**制度之间的本质联

①②③ 《马克思恩格斯全集》，中文1版，第42卷，46页。

系"①。但是由于马克思的唯物史观正在形成中，他还不懂得人和人的本质对生产关系的依赖性，相反他以人的本质作为判定经济关系合理性的根据，用区分真正的人和异化的人、真正的社会和异化的社会、真正的劳动和异化的劳动来批判国民经济学和资本主义私有制，表达他关于无产阶级解放，即对真正的人、真正的社会、真正的劳动的理想的追求。

马克思在总结经济学说史上罗德戴尔、马尔萨斯同李嘉图、萨伊关于奢侈和节约的争论时，指责国民经济学，把它看作"资本家的**科学**自白"，因为它敌视工人，不把工人当人。马克思说，国民经济学"把工人的活动归结为最抽象的机械运动；于是他说，人无论在活动方面还是在享受方面再没有别的需要了；因为他**甚至**把这样的生活都宣布为**人的生活和人的存在**"②。

正因为在资本主义制度下工人是非人，丧失了人的一切特性，他的唯一活动或者说唯一特性就是劳动；正因为国民经济学肯定和维护工人的非人地位，把工人变成没有感觉和需要的存在物，"把作为某种非存在物[Unwesen]的人变为本质"③，所以它是敌视人的学说。在马克思看来，整个国民经济学，从亚当·斯密经过萨伊到李嘉图、穆勒，发展得越彻底，就越敌视人，因为他们总是积极地和自觉地在人的异化方面比他们的先驱者走得更远。

同真正的人与异化的人相联系，马克思发挥了关于真正的社会与异化的社会的论点。

真正的社会，是人作为人，按照人的样子来组织的社会。在这种社会里，作为人与人之间联系纽带的是人的本质，而不是商品、货币。也就是

---

① 《马克思恩格斯全集》，中文1版，第42卷，90页。
② 同上书，134页。
③ 同上书，114页。

说，每一个人的生产，都是为了满足"人的需要"，创造与另一个人的本质的需要相符合的物品，人们彼此重视的是"人自身"，"人的价值"，而不是物，不是人所拥有的"物的价值"。相反，当时在马克思看来，以商品、货币作为中介的资本主义社会，是一种异化的社会。因为在这里一切社会联系都必须通过交换，通过商品和货币，它重视物的价值，而蔑视人的价值。人与人之间彼此进行交谈的语言是物的语言，而不是人的语言。

马克思非常重视劳动，把劳动作为历史的发源地和人的自我创造的力量，是《手稿》的巨大成就。但是《手稿》在现实的劳动之外，设想了一种与人的本性相一致的真正的劳动，并用以与异化劳动相对立。在马克思看来，作为自由自觉的活动——劳动，是人的种的特性，人的生命的特性，或者叫作类的特性、类的本质。因此，只有出于人的内在的必然性，作为自我享受，并直接满足另一个人的本质需要的劳动，才是真正的劳动，而出于外在的、偶然需要的劳动，作为谋生手段的劳动是一种与人的本质相异化的劳动，即异化劳动。在马克思看来，国民经济学的错误，正在于它们把劳动看作谋生手段，并且极力掩盖资本主义私有制下的劳动异化的性质。

不难发现，马克思关于真正的人和异化的人、真正的社会和异化的社会、真正的劳动与异化的劳动的对立的思想，并以前者为尺度来衡量后者是不科学的。他对商品、货币的看法也表明他的思想不成熟。但在《手稿》中，马克思的上述论证是服从主题的。马克思通过对异化的人、异化的社会、异化的劳动的分析，力图揭示无产阶级在资本主义制度下的阶级地位和劳动的雇佣性质，而用真正的社会、真正的人、真正的劳动来描绘他对未来社会的憧憬。《手稿》关于积极扬弃私有制才能解放自己和全人类的主题是正确的，但它的哲学论证是不完善的、有局限的。

第二节　对《手稿》的不同理解

必须承认，《手稿》是一本难度很大的著作。对于《手稿》中的论述有不同的理解是正常的，可以通过讨论求得一致的意见。特别是由于《手稿》的主题和论证不是截然分开的，而是交织在一起相互渗透的，更增加了理解的困难。但我们不同意以《手稿》作为重新解释马克思主义的根据，把青年马克思和老年马克思对立起来。

20 世纪 30 年代初《手稿》刚刚发表时，西方某些学者力图以它作为重新解释马克思主义的根据。除了《手稿》1932 年德文版的出版者齐·朗兹胡特外，马尔库塞也宣扬这种观点，他说："这部手稿可能把关于历史唯物主义甚至整个'科学社会主义'理论的起源和最初含义的讨论置于新的基础之上。"[1] 经过第二次世界大战直至现在，这种观点并没有消失，而是流传得更广泛。埃·蒂尔在为《手稿》1950 年科伦版所写的评注中，特别强调"马克思的原文使人无须较晚期著作的帮助，就可以对马克思本人所理解的马克思主义究竟是什么这一点有一个最好的、有根据的概念"[2]。1953 年，齐·朗兹胡特在重新出版的《历史唯物主义：卡尔·马克思早期著作集》的序言中，仍然坚持这种观点，说《手稿》的发表，"对马克思的理解获得了崭新的意义"，并且说通过恩格斯、列宁"固定下来的，不仅对马克思主义者而且对反马克思主义者都具有权威意义的马克思的全部观点，现在完全改观了。对马克思直到三十岁为止的著作所作的更加全面的考察使人可以清楚地看出，以前的解说者们使马克思的精神世

---

① 转引自《〈1844 年经济学哲学手稿〉研究（文集）》，298 页，长沙，湖南人民出版社，1983。

② 转引自［苏］Л. Н. 巴日特诺夫：《哲学中革命变革的起源》，7 页，北京，中国社会科学出版社，1981。

界的全部财富陷入什么样的局限性和'唯物主义的'贫乏状况之中"①。他们无视《手稿》的主题，各取所需，力图以《手稿》为据来重新解释马克思主义。

用抽象人道主义原则来重新解释马克思主义，这是西方流行的一种主要倾向。无论是"两个马克思"的制造者还是某些统一论者，都力图把马克思主义全部纳入抽象人道主义范围。

马克思主义并不笼统地反对人道主义，而是反对抽象人道主义，反对离开资本主义社会固有的经济和政治矛盾，把实现"人"的本质看成是历史最终目标的抽象人道主义的历史观。而西方某些学者强调的正是这一点。他们片面地抓住《手稿》哲学论证中的人本主义因素，把人的本质及其实现作为《手稿》的主题和核心，认为《手稿》是"从哲学观念出发，直接经过人的自我异化（资本和劳动）达到人的自我实现，达到'无阶级社会'"。还说："历史的目的不是'生产资料的社会化'，即通过'剥夺剥削者'消除'剥削'如果不同时是'人的实现'，这一切都是没有意义的。"②"人的实现"，这就是他们对《手稿》的总结性的评论。

马尔库塞更是明确地表达了这种看法。他说，"马克思在《经济学哲学手稿》的两个地方提出了对人的存在的总体性作了概要的关于人的本质的规定"，并且说它是"马克思进行批判和创立理论过程的真正基础"，"只有在如此牢靠的基础上（单纯经济论据或政治论据是无法动摇这种基础的稳固性的），才会产生关于革命的历史条件及其承担者的问题：关于阶级斗争和无产阶级专政的理论。任何批判如果只是研究这种理论而不去分析这种理论的真正基础，都会不得要领，抓不住关键"③。

---

① 转引自《〈1844 年经济学哲学手稿〉研究（文集）》，124 页。
② 转引自上书，285、294 页。
③ 转引自上书，311、327 页。

把人的本质及其实现作为历史的目的，作为全部马克思主义的基础，从而把马克思主义说成是一种抽象人道主义，这不仅是 20 世纪 30 年代初某些社会民主党人的观点，也是当代某些"马克思学"的特征。弗洛姆就力图把马克思主义纳入西方人道主义的体系之中。他反复强调，马克思主义哲学，"来源于西方人道主义的哲学传统，这个传统从斯宾诺莎开始，通过十八世纪法国和德国的启蒙运动哲学家，一直延续到歌德和黑格尔，这个传统的本质就是对人的关怀，对人的潜在才能得到实现的关怀"[①]。

毫无疑问，《手稿》中包含关于人的本质及其实现的论点。但问题在于：它是不是构成《手稿》的核心？特别是，能不能根据它来重新解释马克思主义，把马克思主义说成是关于人的本质及其实现的理论？答案应该是否定的。

在我们看来，《手稿》对主题论证的依据，主要是经济事实，即对私有制以及资本和劳动矛盾的分析。马克思分析了农业中土地所有者、租地农场主和农业工人之间的矛盾，指出这种矛盾的激化"必然导致革命"；分析了工业中无产者和资产者的矛盾、大资本和小资本的矛盾，揭示了资本主义生产方式由于其内在矛盾"趋向必不可免的灭亡"。即使不借助人的本质及其实现的哲学论证，也并不妨碍马克思所揭示的资本主义经济事实以及从中引出上述结论。但是，由于马克思刚刚开始研究经济学，还没有摆脱费尔巴哈的影响，这正表明了他当时的理论局限。

马克思把共产主义看成是人的本质的"实现"、"占有"或"复归"的论证是不科学的，但他关于只有消灭私有制才能使人的感觉和特性得到彻底解放，使人得到全面发展，才能满足人的全面的需要等思想是积极的、有价值的。马克思以后在唯物史观基础上继续发挥了这些论点。认为只有

---

① 转引自《西方学者论〈一八四四年经济学—哲学手稿〉》，15 页，上海，复旦大学出版社，1983。

经济分析才是马克思主义，把马克思主义说成是反对任何意义上的人道主义甚至是反人道主义，这是错误的。彻底消灭私有制的社会主义革命，保障绝大多数人民的最根本利益，采用一切措施来消除和防止反人道的现象，它的人道性质是任何资产阶级人道主义都不可比拟的。但是，用抽象人道主义原则来解释马克思主义的朗兹胡特、迈耶尔、马尔库塞、弗洛姆等人强调的并不是在革命地改造环境的过程中使人得到改造，而是把人的本质及其实现作为历史的目的，作为马克思主义的实质和基础，这样，包括自然、社会和人类思维发展最一般规律的马克思主义，变成了仅仅关于实现人的本质的思辨学说。马克思主义被纳入了抽象人道主义的范围，变成了人道主义中的一个派别。这就会导致混淆两种思想体系的原则界限。

一切求之于人的本质，一切为了实现人的本质，从人的本质异化和复归中引出历史的目的和革命的要求，这是一种历史唯心主义。在这个基础上不可能建立科学社会主义，只能导致"真正社会主义"。与马克思大体同时代的赫斯的思想发展证实了这一点。

在19世纪40年代的德国，由于国内资本主义发展带来的弊病和英法空想社会主义的传播，当时青年黑格尔派中的激进分子转向社会主义。但是他们不能科学地论证社会主义，而是把德国古典哲学特别是费尔巴哈关于人的本质异化和复归的理论，同英国、法国的空想社会主义结合在一起。赫斯就是这样。他认为社会主义能消除个体和类的矛盾，使人重新获得自己丧失了的本质。

和仅仅重视宗教的费尔巴哈不同，赫斯非常重视货币的作用，但他的基本理论仍然是费尔巴哈的。他把货币看成是人的本质的异化，正如在宗教中，人的本质异化为上帝一样，在尘世生活中，人的本质异化为货币。他在《论货币的本质》中反复强调了这个论点。他说："人的对象性的环境在天国就是上帝，超人的财富，而在尘世上就是人之外的、非人的、可以摸得着的财富，东西，财产，脱离了生产者即它的创造者的产品，交往的抽象本质，货币。"① 人为什么会发生这种异化？在赫斯看来，因为人处于孤立状态，他们要彼此交往就必须要有借以交往，或者说在他们之间起中介作用的手段："因为人自身是非人，就是说没有联合起来，所以人必须在自身之外，即在非人的、超人的存在物中寻找能够把他们联合起来的东西。——没有这种非人的交往手段，人就根本不能进行交往。"这种手段就是货币。而正是货币剥夺了人及其最崇高的生活和活动的价值、社会生活的价值，使其表现为僵死的量，谁拥有的货币越多，谁就越有价值，"货币是表现为数目的人的价值"。

赫斯正是从货币是人的本质异化的观点出发，抨击了资本主义制度下的自由、平等、人权。他认为资本主义通过把人作为单个的个体，通过宣告人权来表明人的独立性和分离。这是用间接的奴隶制代替古代的直接奴隶制。这种奴隶制使一切人成为自由的和平等的，实际上是将他们孤立化并加以杀害。

在赫斯看来，有货币的地方不可能有与人的本性相符合的自由。因为人为了获得生存的手段即获得货币，必须出卖自己的生命，出卖自己的自由的生活活动，以便糊口度日。因而只有出卖自己的自由，才可以买到个体生存的权利。不仅无产者是这样，资产者也是这样。在货币这种异化形式下，人不能自由地实现自己的生活，不能进行创造，而是以挣得货币为生活的目标，因此每一个人都变成食人者、猛兽、吸血鬼。所以赫斯认为，"在从最自然的爱情、两性的交往，直到整个知识界的思想交流，没有金钱就寸步难行的地方；在除了被变卖、被拍卖的人以外没有其他实际的人的地方；在为了能活下去每一次心跳都必须先加以变卖的地方"，只

---

① ［德］赫斯：《论货币的本质》，载《国际共运史研究资料》，第 7 辑，195 页，北京，人民出版社，1982。

能是人的非人化。

赫斯考察这些问题的立场，完全是根据费尔巴哈关于个体和类矛盾、异化就是人的类本质同人相异化的人本主义理论，不过运用的领域不同。

在赫斯看来，个体和类应该是统一的。类，即个人生活活动的相互交换、交往，个体力量的相互激发，是个体的现实本质。个体不可能不实现、不使用、不行使、不运用他们的力量，如果他们在相互交往中不相互交换其生命活动，就不可能生存。自然界的动物，当个体和类即自我保存和自我生产发生矛盾时，会为了类生活而牺牲个体。例如母鸡为了保护小鸡免遭袭击而拼死搏斗；人也是这样。这说明，自然界始终只关心自我生产，关心维持类生活，维持真正的生命活动。而人的异化就在于："个体被提升为目的，类被贬低为手段，这是人的生活和自然生活的根本颠倒。"而在资本主义制度下，正是这样。

赫斯从这种观点出发，把资本主义社会的矛盾看成是个体和类的矛盾。一方面是个体的类本质，即交往的发展；另一方面是人的孤立化，人们之间为了个体的生存相互斗争，把类作为手段，而正是在斗争中，彼此消耗自己的力量，所以他认为，"如果我们不向共产主义过渡，我们就会彼此使对方毁灭"。可是怎样才能实现这种过渡呢？赫斯根据费尔巴哈的哲学，把爱作为解决个体和类的矛盾的手段："在我们所达到的这个发展阶段，如果我们不彼此在爱情中联合起来，那么我们就只能更厉害地互相剥削，互相吞噬。用不了像那些没有头脑的自由派所说的几百年，用不了几十年，成百倍地增长了的劳动力将把必须靠这些劳动力的劳动为生的人的绝大多数推入贫困的深渊，因为这些人手将变得没有价值；而极少数从事资本积累的人如果事先不倾听爱和理性的声音或者向暴力让步，就将沉湎于奢侈丰裕的生活，并且在可鄙的贪图享受的生活中灭亡。"

由上可见，赫斯正是从人的类本质的异化中引出共产主义的必要性。

他向所有的人（包括穷人和富人）呼吁，以爱作为手段来解决个体和类的矛盾，以达到复归人的本质的目的。历史证明这种理论是不科学的，也是走不通的。如果把马克思主义的社会主义革命论，重新安放在人的本质的异化和复归的基础上，把社会主义看成是人的本质的实现，就是从科学社会主义倒回到"真正社会主义"。

与用抽象人道主义原则解释马克思主义密切联系的，是用道德原则来解释马克思主义，即把科学社会主义变成伦理社会主义。

凡是不以客观历史规律为根据，而是以"人的本质"为依据，必然强调社会主义的伦理动机，向人的本性、理智、良心呼吁。例如亨·德曼就强调，马克思主义"决不是非伦理的"，"它明确地认为黑格尔关于历史是最高道德的实现的观点具有伦理的目标"，不同的"只是把道德的实现场所由意识转移到存在"；强调《手稿》中"关于'感觉'的学说（需要和利益来自感觉）无非就是把伦理学的评价纳入人的需要。人本身有他的标准和目的"，"人根据天赋来评价当时的'环境'，这种天赋不是由这种环境决定的，而是属于人的本性并引导人去面对自己的使命"。正因为这样，所以他认为《手稿》"比马克思的其他任何著作都更清楚得多地揭示了隐藏在他的社会主义信念背后，隐藏在他的一生的全部科学创作的价值判断背后的伦理的、人道主义的动机"[①]。

这种观点虽然是 20 世纪 30 年代初提出来的，但影响是很大的，至今西方一些所谓马克思主义研究者，还是按照这个看法来解释马克思主义。例如，罗·塔克尔就认为，《手稿》表明，马克思"并不是一个他想成为的那种分析社会学家，而首先是一个道德学家或宗教思想家之类的人。认为'科学社会主义'是一个科学体系的旧观点，日益让位于认为它实际上

---

① 转引自《〈1844 年经济学哲学手稿〉研究（文集）》，369、348 页。

是一个伦理的和宗教的观点体系的观点"①。毕果也断言,《手稿》中的"马克思主义政治经济学就是伦理学",它并不包含对资本主义社会客观规律的分析,而只是"对人在经济世界中的地位的分析"②,是一种人对现实世界道德要求的体系。而 M. 吕贝尔更是直截了当地宣称:"马克思是通过伦理的使命而达到无产阶级运动的。他不是通过长期的研究而把握了社会主义革命的物质的、历史的条件和可能性之后才'科学地'达到社会主义的。"③

这种说法是错误的。这里有三个不同的问题:第一,道德因素在马克思的思想转变中的作用;第二,《手稿》中经济分析和道德评价的关系;第三,《手稿》能不能成为把马克思主义伦理化的依据。从历史过程来看,这三个问题与马克思唯物史观的形成是密切联系的。

人是有思想、有感情的社会存在物。任何客观条件的作用都必须通过人的头脑,表现为行为的动机、愿望。处在同样的历史条件下,并不是每个人的认识都能达到同样的深度和广度。一个人的主观状态,他的价值观和崇高的道德理想,对于认识具有重要的影响。

出生于比较开明的知识分子家庭,生活在当时德国先进的莱茵地区,青少年时代受到法国启蒙学派和人道主义道德影响的马克思,无疑具有很高的精神境界。他在中学毕业时写的《青年在选择职业时的考虑》这篇毕业考试论文,虽然主题是很常见的,即一个即将跨出中学大门的青年所面临的问题——如何选择职业,但从他考虑这个问题的角度,我们可以看到关于人类的幸福、人的尊严、个人道德上的自我完善等传统人道主义道德

---

① 转引自 [苏] 泰·伊·奥伊则尔曼:《马克思的〈经济学—哲学手稿〉及其解释》,119 页,北京,人民出版社,1981。
② 转引自 [苏] Л.Н. 巴日特诺夫:《哲学中革命变革的起源》,15 页。
③ 转引自 [苏] 泰·伊·奥伊则尔曼:《马克思的〈经济学—哲学手稿〉及其解释》,120~121 页。

规范和理想的启蒙作用。

年轻的马克思认为，青年在选择职业时必须考虑两个方面：一个是选择一种最能使人高尚起来，使自己的活动和一切努力具有崇高的品质，即使自身完美的职业；另一个是选择一种能给我们提供广阔场所来为人类进行活动，接近共同目标即完美境地的职业。前者是个人自身的完美，后者是同时代人的完美，即人类的幸福。马克思强调的是这两者的结合，并把人类的幸福摆在首位。①

马克思也重视人的尊严。在他看来，"尊严就是最能使人高尚起来、使他的活动和他的一切努力具有崇高品质的东西，就是使他无可非议、受到众人钦佩并高出于众人之上的东西"②。而且马克思是把人的尊严和人的行为的自主性结合在一起的，"能给人以尊严的只有这样的职业，在从事这种职业时我们不是作为奴隶般的工具，而是在自己的领域内独立地进行创造"③。符合人类尊严的职业和最高的职业不能混同。在世俗的眼里，最有利可图、最有社会地位的职业是最高的职业，但从事这种职业的人，可以没有自主性，成为职业的奴隶。独立地创造，是人类尊严的标志。

年轻的马克思，充满了作为人的优越感。他在献给燕妮的诗集《爱之书》中，就有一首诗题为《人的自豪》。这不单纯是一个热恋中的青年对自己心爱的人咬耳倾诉衷情的激情诗，而且表达了他在《青年在选择职业时的考虑》一文中对人的尊严的观点。他蔑视趋炎附势，视貌似巨人的权贵如粪土：

对那青云直上的一班人，

难道我也应当叫好奉承？

① 参见《马克思恩格斯全集》，中文 1 版，第 40 卷，6～7 页。
②③ 同上书，6 页。

> 对这浮华加贪婪的生活，
>
> 难道我也应当俯首屈服？
>
> 巨人们，侏儒们！你们算什么？
>
> 还不是堆堆没有生命的石料！
>
> 我心灵之火不会献给你们，
>
> 我不屑用眼光朝你们一瞟。①

马克思在诗中还傲然地向世界挑战，虽然很可能是由于爱情和婚姻的波折，对重视名门而鄙视平民的世俗偏见和传统的愤怒，但是也表达了马克思把人看成是尘世生活的上帝，是真正的创造者的思想：

> 面对着整个奸诈的世界，
>
> 我会毫不留情地把战挑，
>
> 让世界这庞然大物塌倒，
>
> 它自身扑灭不了这火苗。
>
> 那时我就会象上帝一样，
>
> 在这宇宙的废墟上漫步；
>
> 我的每一句话都是行动，
>
> 我是尘世生活的造物主。②

使我们感到惊异的并不是上述思想的深度，因为人类幸福和个人的完善、人的自豪和尊严，是那个时代已经达到的成就；而是在于这些思想出自一个尚未成年的少年。这不仅反映了马克思的深邃的精神世界和出众的才华，而且表明，他的道德水平的起点是高的。

---

① 《马克思恩格斯全集》，中文 1 版，第 40 卷，665 页。

② 同上书，668～669 页。

但是，不能由此得出结论，马克思以后的全部思想，只是用经过筛选过的材料来论证他的道德理想，用价值判断来代替科学判断。事实上，一个高尚的道德理想，可以成为个人行为的动机，使他与同时代的人相比，具有更大的实现某种任务的可能性，但不能成为一种科学理论产生的最终原因。马克思主义是科学，它关于彻底消灭剥削，实现共产主义的理论，是包括哲学、政治经济学和科学社会主义在内的完整的严密的科学体系。这种学说不是马克思的个人道德理想的实现，更不可能是他少年时代理想的实现，而是在批判地继承人类优秀文化遗产，总结世界无产阶级革命经验的基础上产生的。推动马克思发生两个转变并创立马克思主义的并不是他的道德理想，而是他积极参加了当时的实际斗争并进行了艰巨的科学研究。马克思所肩负的历史任务是要把社会主义由空想变成科学，而这个过程的特点，正好是要排除各种各样的空想社会主义学说，其中包括以公平、正义等道德观念作为论证社会主义根据的学说。

1844年初，马克思开始研究政治经济学，一个重大成果是前面分析过的《手稿》。能说《手稿》中的社会主义是伦理社会主义吗？不能。《手稿》中确实包含着道德评价和道德谴责，它讲到了资本主义私有制度下人的价值和人的贬值、物的世界的增值和人的世界的贬值，论述了货币作为中介所引起的是非颠倒和道德沦丧，抨击了资产阶级国民经济学对人的漠视，等等。但是《手稿》中关于资本主义必然为更高的社会形态所代替的依据，主要是建立在经济分析的基础上。马克思并不是把人作为伦理的主体，把人与人之间的关系只看成是道德的关系，而是强调"所有者和劳动者之间的关系必然归结为剥削者和被剥削者的经济关系"，并且把经济利益上的敌对性的对立、斗争看成是社会组织的基础。[1] 事实证明，马克思

---

① 参见《马克思恩格斯全集》，中文1版，第42卷，84、76页。

是把社会主义看成是私有财产的矛盾及其运动的结果，而不是单纯作为一种伦理要求。

从《手稿》中阐述的关于经济和道德的关系来看，马克思也是排斥"伦理社会主义"的。他在《手稿》中把道德同宗教、家庭、国家、法等并列，作为受生产的普遍规律支配的因素，并且明确反对把道德当作评价经济现象的依据。例如他在驳斥米歇尔·舍伐利埃，指责李嘉图讲政治经济学撇开了道德时指出："李嘉图使国民经济学用它自己的语言说话。如果说这种语言不合乎道德，那么这不是李嘉图的过错。当米歇尔·舍伐利埃讲道德的时候，他撇开了国民经济学；而当他研究国民经济学的时候，他又必然实际上撇开了道德。"① 由于经济和道德属于两个领域，各有不同的尺度，可能发生矛盾，但它们在根本上是一致的："如果国民经济学同道德的关系不是任意的、偶然的因而无根据的和不科学的，如果它不是**装装样子**的，而是被设想为**本质的**，那么这种关系就只能是国民经济学规律同道德的关系。"事实上，"国民经济学和道德之间的对立本身不过是一种**假象**，它**既是**对立，同时又不是对立。国民经济学不过是**以自己的方式**表现着道德规律"②。这就是说，每个社会的道德内容同经济基础从根本上说都是一致的。

当然，唯物史观的创立是一个艰苦的探索过程，不是一蹴而就的。不仅在《手稿》之前，即使在《手稿》之中，都存在着明显的不成熟之处。正如我们在关于《手稿》的主题和对主题的论证中所指出的，马克思把异化的社会、异化的人、异化的劳动同真正的社会、真正的人、真正的劳动对立起来，残留着费尔巴哈人本主义的影响，经济的分析和道德上的评价有时混在一起。但是不能认为《手稿》是伦理社会主义，因为《手稿》虽

---

① ② 《马克思恩格斯全集》，中文 1 版，第 42 卷，137 页。

然不完善，但它着眼于经济分析，并且强调整个共产主义运动，"**必然在私有财产**的运动中，即在经济中，为自己既找到经验的基础，也找到理论的基础"①，这就从根本上否定了伦理社会主义。

特别要指出的是，不能根据《手稿》论证中的不成熟之处，把它作为马克思主义伦理化的根据。《手稿》并不是马克思主义的完成形态，而是正在形成过程中的标志。随着唯物史观的全面创立，《手稿》的缺点得到克服。例如在《德意志意识形态》中，马克思完全从生产关系和生产力的矛盾冲突中引出共产主义，并且明确地指出，"共产主义者根本不进行任**何道德说教**"，"共产主义者不向人们提出道德上的要求，例如你们应该彼此互爱呀，不要做利己主义者呀等等"②。后来恩格斯在为马克思《哲学的贫困》所写的德文版序言中，专门讲到这个问题，他说马克思不是把他的共产主义建立在道德感的基础上，"而是建立在资本主义生产方式的必然的、我们眼见一天甚于一天的崩溃上"③。道理很清楚，以抽象的道德要求作为根据，全部剥削制度、全部以阶级对抗为基础的社会，以及它由一种剥削生产方式向另一种更高的剥削生产方式的发展都必须遭到唾弃。这完全违反了历史的辩证法。

我们反对用道德原则来解释马克思主义，反对把马克思主义变成道德戒律，但并不否定道德理想的意义。马克思主义有自己的伦理学，有自己的道德原则，其中包括社会主义人道主义的道德原则。但是道德原则，并不是马克思主义的理论基础，而是刚好相反。

由于异化劳动理论在《手稿》中占有重要地位，因而从《手稿》发表以后，特别是第二次世界大战以后，异化成为广泛争论的问题。

① 《马克思恩格斯全集》，中文1版，第42卷，120～121页。
② 《马克思恩格斯全集》，中文1版，第3卷，275页。
③ 《马克思恩格斯全集》，中文1版，第21卷，209页，北京，人民出版社，1965。

异化问题作为一个学术问题当然可以讨论。特别是从马克思主义发展史角度说，研究异化概念在唯物史观形成过程中的作用和演变是有意义的。从异化上升到异化劳动是唯物史观形成中的一个环节，离开了对这个过程的探讨，很多问题说不清楚。但是不能用异化观点来解释马克思主义，把全部马克思主义说成是一种异化理论。而这一点恰好是在西方比较流行的观点。例如，伊波利特就说："从黑格尔和费尔巴哈那里借用来的异化概念，是整个马克思主义思想的基本概念和源泉。我认为，从这个概念出发，把人的解放规定为人在历史过程中反对人的本质的一种异化（不管这种异化采取什么形式）的积极斗争，就可以最好地说明整个马克思主义哲学，理解马克思的主要著作《资本论》的结构。"① 卡尔维兹在《卡尔·马克思的思想》中完全是重复这个观点，把异化范畴看成是没有任何变化的一以贯之的东西。他说："马克思早在青年时代就从黑格尔接受下来的异化这一哲学范畴，构成他的成熟时期的这一巨著的骨架。"他还说："马克思把异化问题转移到了政治经济学领域。《资本论》不外是包括经济思想领域的异化在内的根本异化的理论。"②

问题不仅涉及《资本论》，而且关系到整个马克思主义理论的性质问题。例如，吕贝尔在《卡尔·马克思。思想发展史概论》中就宣称，《手稿》中的异化概念是"掌握和理解这位经济学家和社会学家后来全部著作的钥匙"③。弗洛姆也认为，"要理解马克思，最重要的是看到写《经济学哲学手稿》时的青年马克思和写《资本论》时的老年马克思怎样始终把异化概念作为自己思想的中心点"④。

上述把异化作为理解马克思主义的"钥匙""中心"，从异化中引出马

① 转引自［苏］泰·伊·奥伊则尔曼：《马克思的〈经济学—哲学手稿〉及其解释》，126～127 页。
② 转引自上书，129 页。
③ 转引自《〈1844 年经济学哲学手稿〉研究（文集）》，395 页。
④ 转引自上书，394 页。

克思主义经济学和社会主义革命学说，把马克思主义变成一种关于异化的理论的意见很难令人同意。因为如果是这样，马克思主义就不是一种科学学说，而是建立在黑格尔和费尔巴哈异化概念上的纯粹思辨结构。谁都知道，马克思用了 40 年的时间写作《资本论》，着力揭示资本主义生产方式的规律；用了毕生精力探求无产阶级彻底解放的理论。这些研究都是以客观事实为依据，建立在对大量材料概括的基础上的。

用异化来解释马克思主义，容易导致用人的异化来掩盖资本主义制度下无产阶级和资产阶级的矛盾，用人的本质异化和复归的理论来代替马克思主义的社会革命论。例如弗洛姆就断言："马克思相信，工人阶级是最异化的阶级，因此要从异化中解放出来必然要从工人阶级的解放开始。马克思的确没有预见到异化已经变成大多数人的命运，特别是那部分愈来愈多的居民的命运，这部分人主要不是与机器打交道，而是与符号和人打交道。说起来，职员、商人和行政官吏在今天的异化程度，甚至超过熟练的手工劳动者的异化程度。"因此，弗洛姆得出结论说："在今天，全人类都成了它自己创造出的核武器的囚犯，成了同样是它自己创造出的政治制度的囚犯。"[1]

事实上，在《手稿》中，马克思关于异化劳动的思想同黑格尔、费尔巴哈的异化观是不同的。马克思不仅由异化上升到异化劳动，而且始终把批判的锋芒指向资本主义制度。马克思以资本主义私有制为对象，以资本和劳动的对抗为中心，通过工人同自己的产品、同自己的劳动的对立，以及工人和资本家的关系，揭示无产阶级在资本主义制度下的非人地位。而且从异化到异化劳动只是马克思的思想发展过程中的一个片段，把它从总体中孤立出来是不恰当的。

---

[1] 转引自《西方学者论〈一八四四年经济学—哲学手稿〉》，68 页。

第三节 《手稿》的历史地位

任何一门科学都包括两个方面：理论和历史。化学有化学理论，也有化学史；物理学有物理理论，也有物理学史；其他如生物学、医学、天文学、地质学等等无不如此。因为每门科学既有自己特有的范畴、规律，又有发现这些规律的过程。从认识史的角度说，没有没有历史的科学，也没有没有科学的科学史。

马克思主义也是如此，它既有理论又有历史。马克思主义哲学史，无非是马克思主义哲学原理创立、发展的过程。离开了马克思主义哲学原理，也就没有马克思主义哲学发展史。反过来说，马克思主义哲学原理，无非是马克思主义创始人和继承人，以及众多的马克思主义者总结自然科学和革命实践经验，长期进行理论探索和研究的结晶。如果不经历创立、成熟、发展的过程，就不可能有科学的马克思主义原理的出现。所以马克思主义哲学原理和它的历史是不可分的。可以这样说，马克思主义哲学史就是马克思主义哲学原理，不过是以历史形态出现的原理，即处于形成过程中的原理；而马克思主义哲学的每一个范畴、原理，都包含着马克思主义哲学史，因为它们都不是一次形成的，而是经历了一个过程。

但它们之间有区别。例如要研究马克思如何创立唯物史观，必须再现马克思的思想从不成熟到成熟的发展过程。它有着严格的历史顺序性和精确的时间观念。而原理不同，它撇开历史认识过程中的偶然因素，撇开不成熟的东西，只讲它已经规律化的东西，即它的根本范畴和规律。在原理中已经规律化的认识，在历史中必须作为过程，而在历史中作为过程的东西，在原理中必须凝结为概念、范畴、规律。这样就产生了一个矛盾：在原理中作为不成熟的东西而被摒弃的，在历史中必须保留。否则，就不能说明马克思的思想发展进程。

我们正是从这个观点出发来评价《手稿》的。毫无疑问，《手稿》并不是一部完全成熟的著作，其中包含着马克思后来摒弃或彻底改造了的观点，但也包含着许多重要思想。把《手稿》放在整个历史过程中来考察，无论是它的成熟之处还是不成熟之处，对于说明马克思的思想发展都是重要的。

我们在前面指出了《手稿》的不成熟之处，但并不贬低它的意义。在马克思主义形成过程中，《手稿》无疑是一部重要作品，它既不是对以前发展阶段的偏离，也不是一个天才思想家的灵感迸发和转瞬即逝的火花，而是马克思的思想发展过程中的必然环节：它标志着从《莱茵报》开始的两个转变的基本结束，又是进一步创立包括三个组成部分在内的马克思主义思想体系的开端。

《手稿》是在前一阶段已经达到的成就的基础上前进的，特别是继续发挥了《论犹太人问题》和《〈黑格尔法哲学批判〉导言》中的重要论点。马克思在谈到《手稿》的内容时说："在《德法年鉴》上，我也十分概括地提到过本著作的要点。"① 但是比起在《德法年鉴》上发表的文章，《手稿》向前跨进了一步。这是指不仅在思想深度上、在某些问题的阐述上，而且在马克思主义发展史上产生了一些具有重要意义的变化。

马克思向唯物主义和共产主义的转变同马克思主义科学体系的创立，是相互联系又相互区别的两个阶段。马克思的两个转变中，就孕育着创立马克思主义思想体系的重要前提和因素，但还不是这种创立过程本身。

马克思并不是为了创立思想体系而从事理论活动的。但把社会主义由空想变成科学，这是一项涉及几个理论领域的任务。历史的经验以及马克

① 《马克思恩格斯全集》，中文1版，第42卷，46页。

思本人的经验都表明，如果仅仅局限于哲学领域，这个任务是无法完成的。《手稿》的意义在于，它改变了由英国古典政治经济学、德国古典哲学和法国空想社会主义所表现的三者分离状态，试图把政治经济学、哲学、科学社会主义学说结合在一起，形成一个相互论证、相互补充的整体。当然，这种结合开始是不完整的、不完善的，而且包含着矛盾，但它却预示了一个新的方向。

西方有些学者把这种结合的过程看成是倒退，力图倒转这种进程，拆散这种结合。他们把政治经济学从马克思主义中驱逐出去，单纯回到哲学，回到被大大缩小了、歪曲了的哲学即所谓"人学"，把马克思主义变成一种关于人的本质、人的价值的纯伦理的抽象思辨，而且居然以《手稿》为据。事实上，《手稿》的特点和重要意义正好在于结合，而不是分离。

马克思在《手稿》中继续发挥了他在《德法年鉴》中提出的主题，但把这种论证开始转移到经济学的基础上。这就为他在1842年《共产主义和奥格斯堡〈总汇报〉》中提出的寻求对共产主义的"理论论证"，真正找到了一个坚实基础。我们重视哲学作为世界观和方法论的指导作用，但社会主义革命的必然性存在于经济之中。正如恩格斯所说："一切社会变迁和政治变革的终极原因，不应当在人们的头脑中，在人们对永恒的真理和正义的日益增进的认识中去寻找，而应当在生产方式和交换方式的变更中去寻找；不应当在有关的时代的**哲学**中去寻找，而应当在有关的时代的**经济学**中去寻找。"①

社会主义革命的必然性根源于经济，同社会主义革命仅仅是经济革命是不一样的。把社会主义革命看成是与人无关的纯客观过程是不对的。彻

---

① 《马克思恩格斯选集》，1版，第3卷，307页。

底扬弃私有制，改造旧的经济关系，必然包括人的革命，即创造一代新人，使人得到全面发展，可是这种相互作用的基础和最终原因存在于经济事实之中。《手稿》的论证尽管还存在人本主义的弱点，但它是以经济事实为根据的，是马克思转向从经济上论证共产主义的重要环节。因此我们反对无视《手稿》的经济学特点，把它仅仅归结为关于"人"的哲学著作。例如弗洛姆就反复强调："马克思的《经济学—哲学手稿》"是"一部论述他关于人、异化、解放等等概念的主要哲学著作"，"马克思的目标就是社会主义，它是建立在他关于人的学说之上"，"是从他关于人的概念中推导出来的"①，等等，这样就把《手稿》置于曾在德国流行的"真正社会主义"同样的水平。

《手稿》中存在着人本主义因素，但它的发展趋势是历史唯物主义而不是人本主义。马克思当时虽然没有完全意识到自己同费尔巴哈的重大分歧，但实际上在许多重要观点上都超出了费尔巴哈。《手稿》进一步发展了从《黑格尔法哲学批判》开始提出的关于市民社会决定国家的原理，在解剖市民社会，即对资本主义私有财产制度和国民经济学的批判中，形成了许多重要思想，例如：马克思关于劳动是人的本质，是人与动物的根本区别的观点，关于整个历史不外是人通过人的劳动而诞生的过程的思想；并开始触摸到生产关系——人的异化，只有通过人同他人的关系才得到实现和表现；并试图分析社会的结构，即物质生产对全部上层建筑各种形态的决定作用；等等。特别重要的是，马克思还强调了历史的辩证法。他反对古典经济学派"不理解运动的相互联系"，把竞争与垄断、营业自由与同业公会、地产的分割与大地产对立起来的形而上学方法，也不满意黑格尔的唯心主义辩证法，因为"他只是为那种历史的运动找到**抽象的、逻辑**

---

① 转引自《西方学者论〈一八四四年经济学—哲学手稿〉》，23、69 页。

的、思辨的表达"①。马克思在《手稿》中，用矛盾的观点分析私有财产的本质，揭示无产者和有产者的对立，分析资本和劳动由直接或间接的统一到对立的历史过程，分析资本主义制度下的各种矛盾及其解决的途径，以及把人类社会向共产主义的发展看成是否定之否定的过程，等等，尽管有的地方带有思辨的痕迹，但表现了力图从现实的历史本身寻找辩证法的趋向。

《手稿》中无疑也包含一些不成熟的东西。这是很容易理解的。马克思的哲学思想、经济学思想、科学社会主义思想的发展不是绝对平衡的。到1844年写作《手稿》时，马克思对哲学进行了近十年的研究，而对政治经济学的研究却刚刚开始。因此，当马克思试图把它们结合在一起时，不可能立即形成一个完整的、严密的、逻辑上一贯的整体，而必然包含着矛盾和不相适应的地方。但往后的发展并不是对《手稿》的消极否定。它虽然在理论和方法上摒弃了《手稿》中的某些观点，但包含了《手稿》已经取得的成就，是沿着《手稿》开辟的从生产劳动中寻找历史根源的方向前进的。不找到这个立足点，就不可能有唯物史观的全面建立。我们要始终记住，马克思是个严肃的学者，是殚精竭虑的热情探索者。马克思的成熟思想不是一次完成的。不管《手稿》的发现带有多大的偶然性，从它包含的内容来说，它都是马克思思想发展过程的一个必然环节。离开了《手稿》和异化劳动的理论，我们是无法理解马克思如何创立唯物史观的。

---

① 《马克思恩格斯全集》，中文1版，第42卷，90、159页。

第九章　对鲍威尔异化观的批判。论历史和群众

在《手稿》的序言中，马克思已经表示准备对以鲍威尔为代表的青年黑格尔派进行批判。这个愿望，是以和恩格斯合著《神圣家族》来实现的。这部论战性著作，是马克思和恩格斯合作的第一部著作，是这两位未来的无产阶级革命导师40年共同战斗历程的开始。

在《神圣家族》中，我们仍不难发现费尔巴哈的影响，但和《手稿》相比，关于人的本质异化和复归的思想已不占有中心地位。《神圣家族》进一步推进了《手稿》中所蕴含的历史唯物主义因素，对什么是历史、历史的发源地、人民群众的伟大作用、物质利益等问题都作了论述。特别是通过对蒲鲁东经济思想的剖析，接近形成了生产关系的思想。恩格斯晚年充分肯定《神圣家族》在唯物史观形成中的作用，他说："对抽象的人的崇拜，即费尔巴哈的新宗教的核心，必须由关于现实的人及其历史发展的科学来代替。这个超出费尔巴哈而进一步发展费尔巴哈观点的工作，是由

马克思于 1845 年在《神圣家族》中开始的。"①

第一节 从黑格尔到鲍威尔：对鲍威尔非批判唯心主义异化观的清算

历史是复杂的。同一个阶级，在不同的国家里是不完全一样的，它呈现出受生产方式发展的水平和文化传统制约的民族特性。德国的资产阶级就不同于法国的资产阶级。法国的资产阶级为了自身的利益，奋力拼搏，大声疾呼，用剑和笔进行战斗；而德国的资产阶级萎靡怯懦，畏首畏尾，但擅长抽象思维。在法国，一切理论问题都是社会问题；而在德国，一切社会问题都是哲学问题。人变成了自我意识，对理想的追求变成了"良心"，变成了软弱无力的"绝对命令"，而卢梭以战斗的姿态对私有财产、权力、道德异化现象的抨击，在德国古典哲学那里变成了抽象的主客观关系的对立。德国古典哲学只是用抽象的思维活动伴随了现代各国的发展，而没有积极参加这种发展的实际斗争。异化理论的哲学化，是在德国古典哲学，特别是在黑格尔的手中完成的。

费希特把主观唯心主义发展到荒谬的地步，走向了死胡同。黑格尔不能再沿着主观唯心主义的道路前进，转向了客观唯心主义。他发挥了费希特主体性的观念，提出了"实体即主体"的命题，把绝对观念作为异化的主体。他说："一切问题的关键在于：不仅把真实的东西或真理理解和表述为实体，而且同样理解和表述为主体。"② 并且简明扼要地指出："实体本身就是主体。"③

---

① 《马克思恩格斯选集》，1 版，第 4 卷，237 页。
② ［德］黑格尔：《精神现象学》，上卷，10 页，北京，商务印书馆，1979。
③ 同上书，36 页。

把无人身的理性——绝对观念作为主体，把整个自然、社会和历史发展的各个环节看成是这种主体的异化，似乎是荒谬的、背理的，是违反常识的，可这是黑格尔的唯心主义辩证法所要求的。既然黑格尔把整个宇宙看成发展、变化的，那这种变化必然要有个承担者；既然全部认识是深入对象的内容，同时又是返回自身，那认识的一切内容无非是主体“自己对自己的反思”①。这样一种统摄一切、自身蕴藏着一切的主体，只能是观念性的东西，才能使黑格尔放开缰索，在思辨的王国中驰骋。正如马克思所说：“这个过程必须有一个承担者、主体；但主体首先必须是一个结果；因此，这个结果，即知道自己是绝对自我意识的主体，就是**神，绝对精神，就是知道自己并且实现自己**的观念。”② 黑格尔正是在把绝对观念作为主体的基础上，建立起自己庞大的客观唯心主义体系。

黑格尔当然不可能唯物主义地看待异化。他是哲学史上第一个从唯心主义立场详尽地论述异化的哲学家。他把异化和主体联系在一起，规定了唯心主义异化概念最根本的含义，即从主体中分裂出客体，客体则与主体相矛盾。他说，“实体作为主体”，“是单一的东西的分裂为二的过程或树立对立面的双重化过程”③。“自我意识把它自己的人格外化出来，从而把它的世界创造出来，并且把它创造的世界当作一个异己的世界看待。”④

由主体异化出来的客体是一种运动，因而主体本身不可能是固定的。主体不是直接的，而是表现为自身反映运动。像宗教那样，把上帝当作主体，当作一种永恒的东西，这不是真正的主体，而只是一种“揣测中的主体”，“一个毫无意义的声音，一个空洞的名称”⑤。因为这种永恒的、毫

---

① ［德］黑格尔：《精神现象学》，上卷，11 页。
② 《马克思恩格斯全集》，中文 1 版，第 42 卷，176 页。
③ ［德］黑格尔：《精神现象学》，上卷，11 页。
④ ［德］黑格尔：《精神现象学》，下卷，42 页，北京，商务印书馆，1979。
⑤ ［德］黑格尔：《精神现象学》，上卷，14 页。

无内容的、静止的主体，"不仅不是主体这个概念的现实，而且甚至于使现实成为不可能的，因为揣测把主体当作静止的点，但现实却是自身运动"①。因此在黑格尔看来，主体就是运动，就是过程。主体异化为客体，是主体自身内容的展开。我们越是深入客体，就越是返回主体，因为在现实世界中所认识的，正是这个世界的思想内容，也就是那种使世界成为绝对观念的逐渐实现的东西。

绝对观念作为主体是不断运动的，是"在自身内部的纯粹的、**不停息的旋转**"②。而这种运动，是通过否定的形式来实现的。因此，异化和异化的扬弃，实际上就是否定之否定的过程。例如作为主体的绝对观念，外化为对象性的自然和社会，这就是对自身的一种否定；而对象性的存在，使绝对精神感到不自由，"因为它不复把对方看成是它自己〔的一部分〕；对方的本质在它看来乃是一个他物，外在于它自身，它必定要扬弃它的外部存在"③，实际上就是对"否定"再进行否定，回到主体自身。这样，主体和客体的同一就不是像谢林那样僵死的、直接的同一，而是辩证的同一。其实，整个黑格尔的体系都是按照这个结构建立起来的。例如在他的《逻辑学》中，先是把逻辑范畴一个一个看成是否定，即人的思维的外化，然后又把它们看成否定的否定，即看成这种外化的扬弃，看成人的思维的现实性的表现。

在黑格尔的异化观中，否定之所以成为运动的环节和推动力量，是因为他辩证地看待否定，把否定和肯定即保存结合在一起。肯定自身就包含否定，不包含否定的肯定，就是与自身的绝对同一，它不包含任何发展的契机和因素；否定中也包含肯定，离开肯定的否定，就是自身的毁灭、发

---

① ［德］黑格尔：《精神现象学》，上卷，14 页。
② 《马克思恩格斯全集》，中文 1 版，第 42 卷，176 页。
③ ［德］黑格尔：《精神现象学》，上卷，126 页。

展的中断。这种肯定和否定的结合就是扬弃。黑格尔批判了那种抽象的否定观，说这是把"统一体分裂为死气沉沉的、单纯地存在着而不对立着的两极端。并且这两方面并不相互地通过意识彼此有所予、有所取，反之只是各自让对方自由自在，互相毫不相干地把对方当作'物'。它们的行动是抽象的否定，不是意识的否定，意识的扬弃是这样的：它保存并且保持住那被扬弃者，因而它自己也可以经得住它的被扬弃而仍能活下去"①。

黑格尔的异化理论尽管包含着深刻的辩证法，但它有两个根本性的弱点：第一，黑格尔把绝对观念作为主体，实际上是把"无眼、无牙、无耳、无一切的思维"，"只在思维中运动的思维"② 作为主体。这是违背科学，与常识大相径庭的。第二，黑格尔的异化理论虽然包含着批判的因素，但由于它的唯心主义本质，这种异化的扬弃并没有触动自己的对象，而只是范畴的运动。因此，这种对异化的扬弃，形式上是批判的，但实际上是非批判的，是对现存异化形态的维护。由此，以后异化理论演变的趋势，沿着两个方向发展，主要代表是费尔巴哈和鲍威尔。

按照梅林的说法，费尔巴哈和鲍威尔"两人之间也存在着很大的差别。他们不是肩挨着肩，而是背对着背站着的。鲍威尔纺着唯心主义的纱线，直到它在他手上断掉为止；费尔巴哈则公开地与这种哲学决裂，跨出了最终战胜它的初步"③。

"不是肩挨着肩，而是背对着背"，这非常形象地表达了费尔巴哈和鲍威尔在哲学路线上的关系。而其中一个最重要的表现，就是沿着两个不同的方向来发挥黑格尔的异化理论。在哲学史上，正是费尔巴哈第一个把异化理论同人本主义结合起来。

---

① ［德］黑格尔：《精神现象学》，上卷，127 页。
② 《马克思恩格斯全集》，中文 1 版，第 42 卷，178 页。
③ ［德］梅林：《保卫马克思主义》，261 页。

费尔巴哈首先在异化主体问题上，根本扭转了唯心主义方向，提出了"主体是人"①的判断。他把自己的观点同德国古典哲学的唯心主义传统对立起来，明确指出："这个哲学并不将斯宾诺莎的实体、康德和费希特的自我、谢林的绝对同一性、黑格尔的绝对精神等抽象的、仅仅被思想的或被想象的本质当作自己的原则，而是将现实的毋宁说最最现实的本质，真正最实在的存在：人，即最积极的现实原则当作自己的原则。"②

费尔巴哈把人，把感性的、肉体的、拥有各种需要的人作为主体，是针对黑格尔。因为被黑格尔作为主体的绝对观念，无非是把人的理性、思想、观念独立化，脱离了人，变成一种不依赖人的精神实体。这完全是颠倒了存在和思维的关系。正如费尔巴哈所指出的："在黑格尔看来，思维就是存在，思维是主体，存在是宾词。"③费尔巴哈在主体问题上的一个巨大功绩，正在于把被黑格尔颠倒了的主客体关系重新颠倒过来。费尔巴哈把这种颠倒看成是通向真理的道路，看成是对哲学进行改造的根本原则："我们只要经常将宾词当作主词，将主体当作客体和原则，就是说，只要将思辨哲学颠倒过来，就能得到毫无掩饰的、纯粹的、明显的真理。"④

费尔巴哈关于人是主体的论断，也是针对鲍威尔的。鲍威尔作为青年黑格尔派，是以黑格尔哲学改革派的面目出现的，可是他并没有超出黑格尔的范围。他把异化主体从绝对观念变成自我意识，无非是在思辨哲学的圈子里打转转。在费尔巴哈看来，真正要进行哲学改革，必须首先把主体变过来，而不能是用新瓶子装旧酒。他说："一种新的原则，经常是带着一个新的名称出现的，就是说，它将一个名称（指人——引者）从低级

---

① 《费尔巴哈哲学著作选集》，上卷，247 页，北京，生活·读书·新知三联书店，1959。
② 《费尔巴哈哲学著作选集》，下卷，13～14 页。
③ 《费尔巴哈哲学著作选集》，上卷，144 页。
④ 同上书，102 页。

的、从属的地位中提升到君主的地位，将它当成最高的称号。"他责备鲍威尔说："如果将新哲学的名称'人'这个名词翻译成自我意识，那就是以旧哲学的意义解释新哲学，将它又推回到旧的观点上去。因为旧哲学的自我意识是与人分离的，乃是一种无实在性的抽象。人才是自我意识。"①这就是说，自我意识是人的意识，只有人才有自我意识，把离开了人的自我意识上升为主体，仍然是旧哲学的翻版。

和费尔巴哈相反，鲍威尔片面地抓住并彻底发挥黑格尔关于自我意识的理论。黑格尔虽然强调理念，但赞扬自我意识，例如他认为反对现状、反对信仰、反对数千年来一切权威势力的法国哲学的一个特点，就是反对与自我意识格格不入的东西，不能与自我意识共存的东西，或者说自我意识不能在其中找到自己的东西。鲍威尔抓住黑格尔体系中的这一个环节，把自我意识作为主体，认为它是一切历史的创造者："世界的唯一力量是自我意识，而历史除了是自我意识的变异和发展外，没有任何别的意义。"② 自我意识创造了世界、创造了差别、创造了天地万物。因此，鲍威尔把自我意识和实体对立起来，并凌驾于实体之上，认为"实体只不过是瞬息即逝的火焰，而'自我'则在这火焰里把自己的局限性和有限性烧掉。运动的完成不是实体，而是自我意识；自我意识是真正无限的"③。只有自我意识是对斯宾诺莎的实体之谜的解答，是真正的原因自身。

正因为鲍威尔认为自我意识是主体，而实体只是自我意识的异化，它体现了自我意识的局限性和有限性，是不稳定的、转瞬即逝的东西，但是实体的存在对自我意识来说是一种异己的力量，是限制自我意识进一步发展的障碍，所以在他看来，整个发展过程，无非是自我意识创造客体，又

① 《费尔巴哈哲学著作选集》，上卷，117 页。
② 转引自［法］科尔纽：《马克思恩格斯传》，第 I 卷，327 页。
③ 转引自［波］兹维·罗森：《布鲁诺·鲍威尔和卡尔·马克思》，77 页。

不断扬弃客体的过程。在这一过程中，"运动不是由实体完成的，而是由自我意识完成的，自我意识才是真正无限的，它把实体的普遍性当作自己的本质包摄于自身"①。所以鲍威尔的异化理论，是一种从自我意识回到自我意识的理论。

鲍威尔正是以这种异化理论来批判宗教的。我们说过，黑格尔也把宗教看成是一种异化，但是他扬弃这种异化不是为了过渡到无神论，彻底消灭宗教，而是为了用理性把握宗教，也就是说，用宗教哲学来代替宗教。从这方面说，作为青年黑格尔派的鲍威尔比黑格尔要激进，多少发挥了黑格尔异化理论中所包含的批判色彩。

在鲍威尔看来，宗教是自我意识的异化，是一种恐惧心理、压抑心理，即不仅不相信人类、类、自我意识，而且连上升为自我意识的普遍性的勇气都没有的那种压抑感情的表现，是精神的贫乏和空虚。因此，在福音书中，自我意识实际上是同自己发生关系。尽管它发生了异化，变成了极其滑稽的模拟品，但毕竟是人同自身，即同自我意识发生关系。

鲍威尔认为，宗教是一种束缚人的力量。人把自己的普通力量当作一种异己的力量同自己相对立，面对这种力量，他胆战心惊，蔑视自己，把救世主当作自己存在的保证。实际上所谓启示录，无非是人关于自己使命的自我欺骗的说法；所谓赎罪，无非是要人为了未来幸福的空头许诺而忍受现实的痛苦。这就是说，为了我们未来的幸福，我们必须在现实生活中受苦受难；为了要赎罪，我们必须事先变成罪人，变成无法挽救、无可救药的罪人。这种说教，如同要使人得救就要先把他杀死一样荒唐。

宗教这种异化形式，就是要使人变成消极的、贫穷的、可怜的和不幸的人。人正像装饰得绚丽多彩供献祭用的牲畜一样，把自己作为祭品奉献

---

① 转引自［法］科尔纽：《马克思恩格斯传》，第Ⅰ卷，328 页。

给了宗教力量。这种宗教形式欺骗了他，使他不知道这是一种不幸。例如奥古斯丁就公然宣称，由于人的生命短暂和渺小，因此人在什么制度下生活，是完全无所谓的，因为人反正肯定要死。鲍威尔驳斥了这种论点。他指出宗教想要避开人间的苦难，仅仅出租天堂，实际上宗教关于上界和下界的范畴，关于上界对下界拥有无上权威的范畴，关于上界在干涉下界时发生的奇异变化的范畴，以及人要服从上界权力的范畴，所有这一切都是宗教意识为了创造自己的世界所必需的东西。鲍威尔主张扬弃宗教，回到自我意识，从而通向了无神论。

毫无疑问，鲍威尔运用异化理论批判宗教是积极的，对宗教的研究作出了贡献。但是由于他的异化理论的唯心主义的性质，他日益丧失了青年黑格尔运动初期反宗教斗争的进步性，成为"危险的敌人"。

鲍威尔否定实体，假定在任何领域中都不存在实体，实际上就是否定任何别于思维的存在，有别于主体的客体，否定人自身以及人之外的自然界。剩下的只是唯一的、无所寄托的自我意识，这个没有躯体、没有肉体的灵魂。这样，鲍威尔之流非常憎恨对象这个概念。因为，对象意味着感性的客体，意味着人之外的存在，这与无限的、普遍的自我意识是不相容的："**对象！可怕得很！没有比对象**更可憎、更鄙俗、更群众的了，——a bas〔打倒〕对象！绝对的主观性……"① 布鲁诺·鲍威尔的弟弟埃德加·鲍威尔对爱情的评论极其明显地反映了这个特征。对他来说，爱情是灾祸，是妖魔，它激起了他的仇恨、愤怒，因为爱情是最唯物主义的。爱情是人的情欲，它是发生在现实的感性世界和现实的个人身上的。它需要有一个主体，真实的主体，它也需要有一个对象，真正感性的对象，所以爱情真正教会人相信自身之外的实物世界，它不仅把人变成了对

---

① 《马克思恩格斯全集》，中文1版，第2卷，24页。

象，而且把对象变成了人。而青年黑格尔派反对感性的对象，反对把爱情看成是对感性对象的追求。他们脱离感性世界和感性对象，用唯心主义异化观抽象地研究爱情，"把'**爱情**'作为特殊的本质和人分割开来，并使它本身成为独立存在的东西。通过这样一个简单的过程，通过谓语到主体的这一转变，就可以把人所固有的一切规定和表现都批判地改造成**怪物**和**人类本质的自我异化**"①。这里的批判，同《手稿》中以饥饿来论证满足饥饿的对象的客观实在性一样，基本上没有超出费尔巴哈的水平。但值得注意的是，马克思通过爱情是一个人把另一个人变成自己迷恋的外在客体这一日常事实，强调"对象的重要性"，而不是单纯强调自我。

鲍威尔把自我意识当作主体，因而把批判看成是自我意识所固有的特性。因为自我意识要扫除和摧毁任何阻止它发展、一切妨害它回到自身的障碍，必须不断地进行批判。所以鲍威尔的批判，同他宣扬的自我意识一样，是一种脱离真正主体的超验的存在，是一种唯灵论的废话。

但是，鲍威尔心里也明白，批判总是要通过人来进行的，因此，他们标榜自己是批判的代表，是批判的化身，是批判的批判，而群众是怠惰的、非批判的，是批判的死对头。这样，鲍威尔异化理论中所包含的批判性，从矛头指向宗教，完全转变为同广大群众相对立了。

鲍威尔从他的唯心主义异化论出发，把批判限制在纯思维的范围内，只承认一种批判即理论的批判。这种所谓批判根本不触动、不改变现实的对象，而只是一种纯思维的活动。这样一来，消除异化就成为理论批判的任务。所谓改造社会，被归结为批判的批判的大脑活动。这充分表明，他们号称批判，实际上是恶性发展了黑格尔异化观中的非批判因素，即不把扬弃异化看成是实际改变对象，而是看成纯思辨的运动。根据这种观点，

---

① 《马克思恩格斯全集》，中文1版，第2卷，24页。

资本主义私有制、资本、雇佣劳动并不是资本主义社会的现实，而只是一些范畴。只要他们在思想中取消了这些范畴，就改变了现实。例如只要他们在思想中消除了雇佣劳动的想法，不再认为自己是雇佣工人，那他们就不是被雇佣的工人；只要他们从思想中铲除了资本这个范畴，也就消除了真正的资本。一切祸害并不存在于资本主义社会的现实，而只存在于工人的思维中，因此关键在于工人应该放弃一切实际政治活动，而专注改变自我。只要在意识中改变"自我"，就能改变自己的地位。正如马克思所说："**绝对的批判从黑格尔的'现象学'中至少学会了一种技艺，这就是把现实的、客观的、在我身外**存在着的链条变成**只是观念的、**只是**主观的、只是在我身内**存在着的链条，因而也就把一切**外部的**感性的斗争都变成了纯粹观念的斗争。"① 正如堂吉诃德同风车作战一样，鲍威尔号召工人把改造社会变成改变自我。

英国的宪章运动、法国里昂工人的起义早已驳斥了这种谎言。他们奋起斗争并组织各种团体，这就表明，曼彻斯特和里昂的工人非常痛苦地感到存在和思维、意识和生活之间的差别。他们知道，私有财产、资本、货币、雇佣劳动以及诸如此类的东西，不是范畴，而是工人自我异化的十分实际、十分具体的产物。工人不可能用纯粹的思维即单靠一些议论就摆脱自己的主人和自己实际所处的屈辱的地位，要使自己不仅能在思维中、在意识中，而且在实际生活中真正成为人，必须行动，即用实际和具体的斗争来消灭这些东西。

马克思是革命者。他不仅批判鲍威尔把工人改变资本主义的革命行动变成纯粹的思辨，也反对欧仁·苏在《巴黎的秘密》中宣扬的改良主义。这种改良主义"**既保证工人的福利，又不损害富人的财产**，它用互相倾

---

① 《马克思恩格斯全集》，中文1版，第2卷，105页。

慕、互相感激的**纽带把这两个阶级联系在一起，从而永远保证国家的安
宁"**①。在马克思看来，小说中所宣扬的抽象的善恶观念，使主人公鲁道
夫微服巡行，游侠仗义，挽救好人，惩罚恶人，这是一种"用**赏善罚恶**的
方法来维护社会的新理论"。实际上赏善罚恶制度是"社会等级差别的神
圣化，是奴隶般的屈辱状况的完整表现"②。

马克思主张用革命运动来消灭资本主义的异化，并且认为，无产阶级
能担负起这个任务。他对无产阶级的地位、任务的分析比起《手稿》又前
进一步，更多地显示出历史唯物主义分析的色彩。

在《神圣家族》中，有两点仍保留有人本主义的影响：

第一，认为"有产阶级和无产阶级同是人的自我异化"。这个提法不
科学。离开了资本主义生产方式，从人的自我异化出发，显然不能科学地
理解无产阶级和资产阶级产生的根源、对立的实质以及这种对立消灭的必
然性。实际上只有从历史发展自身，把无产者和资产者的对立看成是生产
方式和交换方式一系列变化的产物，才能给予科学的解释。

第二，关于资本主义私有制和人性的对立问题。马克思指出，资产阶
级政治经济学把私有制关系当作合乎人性的合理的关系，而蒲鲁东的功绩
正在于永远结束了这个看法。他认真地对待资本主义经济关系合乎人性的
外观，把它同违反人性的现实尖锐对立起来，从而把资本主义私有制看成
是真正违反人性的。马克思根据这个看法，分析了无产阶级的人类本性和
资本主义私有制的对立，认为在资本主义制度下，无产阶级身上实际上已
完全丧失了一切合乎人性的东西，甚至完全丧失了合乎人性的外观，资本
主义的生活条件，对无产阶级来说，达到了违反人性的顶点，因此无产阶
级的人类本性，同公开地、断然地、全面地否定这种本性的状况之间是矛

---

① 《马克思恩格斯全集》，中文1版，第2卷，251页。
② 同上书，239、240页。

盾的。这种以无产阶级的人类本性为尺度来衡量资本主义私有制的观点，没有完全摆脱人本主义的影响。

但是在《神圣家族》中，除了上述观点外，对无产阶级的分析是着重资本主义制度本身的分析，是着力揭示无产阶级的经济地位并由此引出他的历史使命。马克思指出："问题不在于目前某个无产者或者甚至整个无产阶级把什么**看做**自己的目的，问题在于**究竟什么是无产阶级**，无产阶级由于其本身的**存在**必然在历史上有些什么作为。它的目的和它的历史任务已由它自己的生活状况以及现代资产阶级社会的整个结构最明显地无可辩驳地预示出来了。"① 正是通过分析现代资产阶级社会的结构和无产阶级的生活状况，马克思从资本主义社会结构自身，而不是从外部（抽象的类本性与经济关系的对立），阐述了无产阶级的历史使命，从而初步显示了历史唯物主义原则的科学性和革命性。

同鲍威尔等人不同，马克思不是在无产阶级和资产阶级对立之外寻找它们对立的前提和根据，而是把它们看成是私有制的产物。正是资本主义私有制制约着无产阶级和资产阶级，使它们成为统一体中两个对立的方面。更深刻的是马克思看到，只把无产阶级和资产阶级看成是统一整体的两个方面是不够的，问题在于这两个方面中的每一个方面在对立中究竟占有什么样的确定的地位。正因为地位不同，资产阶级不可能消灭贫困，不可能消灭无产阶级，它力图维护私有制，因而也必然保持自己的对立面——无产阶级；而无产阶级要消灭自身，即消灭自身作为一无所有的阶级，必须消灭私有制，消灭使自己成为无产阶级的根本原因。因此无产阶级表现为资本主义社会内部的否定因素，它力图改变现状，而资产阶级则表现为肯定因素，它力图维持现状。因此，无产阶级和资产阶级的不同特

---

① 《马克思恩格斯全集》，中文 1 版，第 2 卷，45 页。

性和愿望，取决于它们不同的经济地位。

这种分析，有利于刷清异化理论中的人本主义因素。马克思当时虽然仍然把无产阶级和资产阶级看成人的自我异化，但根据它们不同的阶级地位，强调它们之间的差别："有产阶级在这种自我异化中感到自己是被满足的和被巩固的，它把这种异化看做**自身强大**的证明，并在这种异化中获得人的生存的**外观**。而无产阶级在这种异化中则感到自己是被毁灭的，并在其中看到自己的无力和非人的生存的现实。"①

马克思对劳动的看法也发生了一个变化。在《手稿》中，马克思着重论述了异化劳动的消极方面，它给劳动者造成的肉体的和精神的创伤。而在《神圣家族》中，马克思则强调了近代工业劳动使无产阶级受到教育和培养，说无产阶级"不是白白地经受了**劳动**那种严酷的但是能把人锻炼成钢铁的教育的"②。确实，资本主义大工业中的无产阶级，比起手工业工人、行会帮工或者个体农民来说是不同的。他们经受了近代工业劳动的锻炼，有较强大的组织性、战斗性和团结性。

马克思还触及历史规律的客观性和主观因素的相互关系问题。马克思肯定，"私有制在自己的经济运动中自己把自己推向灭亡"，这是"不以它为转移的、不自觉的、同它的意志相违背的、为客观事物的本性所制约的发展"。可是，资本主义不会自行灭亡，"只有通过无产阶级作为无产阶级——这种意识到自己在精神上和肉体上贫困的贫困、这种意识到自己的非人性从而把自己消灭的非人性——的产生，才能做到这点"③。无产阶级是历史给资本主义作出判决的执行人，但如果他们缺乏自我认识是不能完成这个任务的。马克思赞扬当时英、法的无产阶级，因为"英法两国的

---

① 《马克思恩格斯全集》，中文1版，第2卷，44页。
② 同上书，45页。
③ 同上书，44页。

无产阶级中有很大一部分人已经**意识到**自己的历史任务，并且不断地努力使这种意识达到完全明显的地步"①。

马克思根据对无产阶级在现代资产阶级社会结构中地位的分析，明确指出："无产阶级能够而且必须自己解放自己。"但同鲍威尔把无产阶级解放归于纯粹思维活动的唯心主义论断相反，马克思强调必须消灭产生无产阶级的客观条件，"如果它不消灭它本身的生活条件，它就不能解放自己"②。

按照列宁的说法，在《神圣家族》中马克思几乎已经形成了关于无产阶级革命作用的观点。而这些观点的形成，同马克思对资本主义社会结构进行唯物辩证的分析是分不开的。尽管其中仍然残留有人本主义的东西，但从资本主义社会自身来探求无产阶级的历史使命和解放道路，这个方向无疑是正确的。

第二节　物质生产是历史的发源地

在《手稿》中，马克思已经指出整个所谓世界历史不外是人通过人的劳动而诞生的过程，对劳动在人类历史中的作用作了概括性的论断。《神圣家族》继续沿着这个方向前进，对历史的发源地、历史的基本内容，以及如何认识历史都作了进一步的论述。

在《神圣家族》中，马克思提出了历史发源地问题。这是历史观中的一个根本性的问题，历来的唯心主义者都没有正确解决过这个问题。

黑格尔把绝对观念看成历史的发源地，整个历史无非是绝对观念自我发展的历史，人类仅仅是绝对观念发展的有意识或无意识的承担者。人们

---

①②　《马克思恩格斯全集》，中文1版，第2卷，45页。

能直接看到的经验的、明显的历史，是那看不见的、深奥的、思辨的历史的体现。对现实的人来说，人类历史变成了彼岸世界的精神历史。

鲍威尔虽然批判宗教，但也没有把天国的历史变成世俗的历史。他敌视自然，拒绝研究自然和工业，把自我意识看成是历史的发源地，认为自我意识是历史的唯一力量。历史除了自我意识的变异和发展之外没有任何别的意义。

马克思反对这种唯心主义历史观，强调物质生产的作用。他说："难道批判的批判以为，只要它从历史运动中排除掉人对自然界的理论关系和实践关系，排除掉自然科学和工业，它就能达到即使是才**开始**的对历史现实的认识吗？难道批判的批判以为，它不去认识（比如说）某一历史时期的工业和生活本身的直接的生产方式，它就能真正地认识这个历史时期吗？诚然，唯灵论的、**神学的**批判的批判仅仅知道（至少它在自己的想像中知道）历史上的政治、文学和神学方面的重大事件。正像批判的批判把思维和感觉、灵魂和肉体、自身和世界分开一样，它也把历史同自然科学和工业分开，认为历史的发源地不在尘世的粗糙的**物质**生产中，而是在天上的云雾中。"①

马克思的这段论述，包含两个重要的思想：

第一，没有人同自然的关系就没有人类历史，历史的根本内容是人类改造自然的活动。这是《手稿》已经论述过的。但马克思进一步把它发展为历史的发源地问题，明确地提出历史的发源地不是在天上的云雾中（纯粹精神领域），而是在尘世的物质生产中。这样，马克思就把物质生产纳入历史观中，作为历史考察的中心点，从而为真正揭开历史发展的规律开辟了道路。

---

① 《马克思恩格斯全集》，中文 1 版，第 2 卷，191 页。

第二，马克思提出了研究历史的根本理论和方法。研究政治史、文学史、宗教史当然都是很重要的。但对于真正认识某一个历史时期来说，最根本的不是研究它的意识形态，而是研究它的生产方式。只要充分认识这个历史时期的社会经济状况，对一切历史现象，比如这个时期的思想和观念，就都能给予合理的说明。

在《神圣家族》中，马克思抨击了鲍威尔对《论犹太人问题》一文的反驳，重新就犹太人问题同他展开了论战。马克思不仅重申了他在《论犹太人问题》中的观点，而且提出了如何观察历史的方法问题。他说："犹太精神是**依靠**历史、**通过**历史并且**同**历史**一起**保存下来和发展起来的，然而，这种发展不是神学家的眼睛，也不是在**宗教学说**中所能看到的，而只有世俗人的眼睛，只有在**工商业的实践**中才能看到。"[①] 所谓"神学家的眼睛"和"世俗人的眼睛"，实际上是两种历史观。神学家的眼睛，是鲍威尔唯心主义异化论的历史观，把犹太教和基督教看成是自我意识异化的两个阶段；而"世俗人的眼睛"则是唯物史观的方法，着重考察工商业的实践，这种方法，同马克思强调的认识某一个历史时期必须认识它的生产方式是一致的。

根据这种观点，马克思驳斥鲍威尔把犹太人问题看成宗教问题，而且仅就宗教角度观察宗教的方法。马克思认为，鲍威尔只了解犹太精神的宗教本质，而不了解这一宗教本质的世俗的现实的基础，因而把宗教意识当作某种独立的实质来反对。按照马克思的看法，现实的世俗的犹太精神，因而宗教的犹太精神，是由现今的市民社会生活不断产生出来的，并且在资本主义货币制度中获得了高度的发展。离开了对工商业发展的历史考察，就不能理解犹太人问题的实质。所以马克思说："鲍威尔先生之所以

① 《马克思恩格斯全集》，中文1版，第2卷，140页。

用**宗教**和**神学的**方式来考察**宗教**和**神学**问题，就是因为他把现代的'宗教'问题看做'纯宗教的'问题。"①

鲍威尔还把国家和宗教对立起来，他不去研究现代国家对于宗教的真正关系，而是幻想一个消灭宗教和神学工具的现代国家。这是脱离现代国家的经济基础来考察国家，企图把国家变成"**批判神学的心愿的执行者**"。马克思从经济基础同国家的关系来考察国家，认为资产阶级国家不会取消宗教，相反承认宗教信仰自由。这同它的经济基础是一致的。他说："正如古代国家的**自然基础**是奴隶制一样，**现代国家的自然基础**是市民社会以及市民社会中的**人**，即仅仅通过私人利益和**无意识的**自然的必要性这一纽带同别人发生关系的独立的人，即自己营业的**奴隶**，自己以及别人的**私欲**的奴隶。现代国家就是通过**普遍人权**承认了自己的这种自然基础。而它并没有创立这个基础。现代国家既然是由于自身的发展而不得不挣脱旧的政治桎梏的市民社会的产物，所以，它就用**宣布人权**的办法从自己的方面来承认自己的出生地和自己的基础。"② 可见，希图现代国家反对神学和宗教，取消宗教信仰自由，无异于要它起来反对自己的出生地和基础，这显然是用"神学家的眼睛"来看国家，根本不知国家为何物！

国家必须适应自己经济基础的需要。马克思总结了法国 1789 年以后革命的经验，通过罗伯斯比尔、圣茹斯特失败的悲剧说明了这一点。罗伯斯比尔、圣茹斯特之所以遭到死亡，是因为他们混淆了以真正奴隶制为基础的古代民主共和国和以资产阶级社会为基础的民主代议制国家的区别。一方面，他们以人权的形式承认和批准现代资产阶级社会，即工业的、笼罩着普遍竞争的、以追求个人私利为目的的社会；另一方面，他们又想仿照古代国家的形式建立这个社会的政治首脑，并取缔这个社会所固有的各

① 《马克思恩格斯全集》，中文 1 版，第 2 卷，142 页。
② 同上书，145 页。

种生命表现。结果，他们自己被送上了断头台。马克思批评他们不懂得资产阶级社会的人"不会是古代共和国的人，正像他的**经济**状况和**工业**状况不是**古代的**一样"①。企图在现代资产阶级经济状况和工业条件下，出现古代罗马人及其政治机构，完全弄错了时代。在这一点上，拿破仑比他们清楚。他已经了解到现代国家的真正本质，已经懂得，资产阶级社会的无阻碍的发展、私人利益的自由运动等等是这种国家的基础。但是拿破仑还是把国家看作目的本身，"而把市民生活仅仅看做司库和他的不能有**自己的意志的下属**"②。只要资产阶级社会的最重要的物质利益（即商业和工业）一和他的政治利益发生冲突，他就毫不珍惜它们，结果同样是遭到失败。

马克思还对资产阶级社会中人的社会性问题作了论述。如果说在《手稿》中，马克思把资产阶级社会中的人看成是非社会的人，认为由于利己主义，人在市民生活中丧失了自己的社会性，只是在政治生活中作为类存在物。在《神圣家族》中，马克思在批评鲍威尔把市民社会的成员看成单个的原子，只是通过国家才联合起来的观点时，恰好否定了这个看法。

马克思强调，市民社会的成员根本不是什么原子。原子的特性就在于它没有任何属性，和外界没有任何必然的联系。可是市民社会的成员不同。他们虽然是利己主义者，但不是和任何东西无关的、自满自足的、没有需要的独立的原子。他的每一种感觉都迫使他相信世界和他以外的其他人的存在。人的需要，只有通过他们之间的联系才能得到满足。"由此可见，正是**自然的必然性**、**人的特性**（不管它们表现为怎样的异化形式）、**利益**把市民社会的成员彼此连接起来。他们之间的**现实的**联系不是**政治生活**，而是**市民生活**。因此，把市民社会的**原子**彼此连接起来的不是**国家**，而是如下的事实：他们只是在**观念**中、在自己的**想像这个天堂中**才是原

①② 《马克思恩格斯全集》，中文1版，第2卷，156、157页。

子，而在实际上他们是和原子截然不同的存在物，他们不是**神类的利己主义者，而是利己主义的人**。"① 因此，在资产阶级社会中，不仅在政治生活中人作为类存在物，而且在市民社会中也是一样。只是由于摆脱了中世纪特权的桎梏，每个人都获得了最大的自由，因而似乎是分离的、独立的，实际上通过经济生活而彼此联系在一起。

《神圣家族》不仅把物质生产看成历史的发源地，而且揭示了人与历史的关系，批判了鲍威尔的历史目的论的观点。

鲍威尔把所谓真理置于历史之上，而把历史置于人之上。在他看来，现实的人类个体仅仅是历史达到自己目的的工具，而历史又是真理达到自我意识的过程。这样，历史有着确定的目的，即证明真理。这是一种目的论的观点。从前的目的论者认为，植物之所以存在，是为了给动物充饥，动物之所以存在，是为了给人类充饥；而在鲍威尔看来，人是为了历史而存在，而历史则是为了证明真理而存在。

历史并不具有自己的目的。目的性是人的活动的特点。历史作为客观过程，各种现象之间存在着因果关系。这种确定的、不断重复的因果联系，表现为历史的必然性。这种历史的必然性，并不存在于人的活动之外，而存在于人的活动之中。所以马克思说："**历史什么事情**也没有做，它'并不拥有**任何无穷尽的丰富性**'，它并'没有**在任何战斗中作战**'！创造这一切、拥有这一切并为这一切而斗争的，不是'历史'，而正是**人**，现实的、活生生的人。'历史'并不是把人当做达到**自己**目的的工具来利用的某种特殊的人格。历史**不过是**追求着自己目的的人的活动而已。"② 历史是人的历史，而且是现实的、活生生的人的历史。颠倒人与历史的关系，把历史变成抽象的主体，而人变成历史实现自己目的的工具，历史必

---

① 《马克思恩格斯全集》，中文 1 版，第 2 卷，154 页。
② 同上书，118 页。

然性的观念就会被神秘化为历史宿命论。

马克思把物质资料生产看成历史的发源地，从而有可能进一步探讨人们在物质生产过程中的相互关系。正是在《神圣家族》中，马克思通过对蒲鲁东关于"平等占有"的批评，接近了自己整个体系的基本思想——关于生产关系的思想。

作为小资产阶级代表的蒲鲁东，对资本主义私有制是极力抨击的。但他力图以"平等占有"来反对资本主义私有制，使每个人都平等地占有私有财产，以此来解决生产资料同人相脱离的问题。这表明蒲鲁东并没有摆脱私有制，而是企图在私有制的范围内来克服私有制，以平均占有的形式来实现人对实物世界的重新占有。

平等占有能消灭异化吗？不能。正如马克思所指出的："'平等占有'是政治经济的观念，因而还是下面这个事实的异化表现：**实物是为人的存在，是人的实物存在**，同时也就是**人为他人的定在**，是他**对他人的人的关系，是人对人的社会关系。蒲鲁东在政治经济的异化范围内来克服政治经济的异化。"**① 这个论断的深刻之处在于，马克思看到，对物的平等占有，并不是人与物的关系，而是通过物来实现的人与人的关系。在私有制条件下，人与人的社会关系采取了物化形式，表现为物与物的关系。可见，人对物的平等占有，表明人同人仍然是作为私有者之间的关系。发现物与物的关系下掩盖着人与人的社会关系，这是从异化劳动走向创立唯物史观的重要一步。

第三节　历史和群众。物质利益的作用

唯物主义历史观是沿着两个方面发展的：一方面是通过劳动揭示物质

---

① 《马克思恩格斯全集》，中文1版，第2卷，52页。

资料生产的作用，发现社会关系体系发展的客观规律性；另一方面是从肯定人的主体地位，发现人民群众的伟大作用。这两个方面是相互联系的。在《神圣家族》中，马克思和恩格斯从物质资料生产是历史发源地的观点出发，驳斥了鲍威尔蔑视群众的唯心史观，对人民群众的伟大历史作用作了深刻的论述。

鲍威尔一伙极力抬高自我意识的作用，贬低物质生产的意义。他们无视劳动者是物质财富创造者这一事实，断言工人什么也没有创造，据说"为了创造一切，就需要某种比工人的意识更强有力的意识"。在他们看来，只有他们的思想创造物才是有意义的，才算是"一切"，而工人的劳动是"平凡的工作"，是"始终是为了满足他们自己的需要的某种单一的东西"。他们把抽象的思辨活动，置于物质生产活动之上。《神圣家族》驳斥了这种"疯话"。他们说："批判的批判什么都没有创造，工人才创造一切，甚至就以他们的精神创造来说，也会使得整个批判感到羞愧。英国和法国的工人就很好地证明了这一点。"①

鲍威尔一伙把真理同群众对立起来。他们以嘲笑的口吻说，群众以为自己占有许多不言而喻的真理，实际上真理与群众无关。真理是自己论证自己，群众既不能认识真理，也不能占有真理。这样，真理和群众是对立的："它不是面向经验的人，而是面向'**心灵的深处**'，它为了成为'**真正被认识了的**'真理，不去影响居住在英国的地下室中或是法国库房的阁楼里的人的**粗糙的躯体**，而是通过他的整个唯心主义的肠道'徐徐伸展'。"② 群众是愚昧的，拥有真理的是"批判的批判"者们，全部真理都埋藏在他们的唯心主义肠道之中。实际上鲍威尔一伙是贫乏的，他们除了说一些空洞的、最简单的、不言而喻的东西以外，对真理一无所知，而最

---

① 《马克思恩格斯全集》，中文1版，第2卷，22页。
② 同上书，102页。

终会把握历史真理的是一切"真理的精华"——人类自己。

鲍威尔一伙还把群众和历史进步对立起来，他们不是把群众看成历史的动力，而是看成历史的阻力。说什么"到现在为止，历史上的一切伟大的活动之所以**一开始**就是不成功的和没有实际成效的，正是因为它们**引起了**群众的**关怀**和**唤起了**群众的**热情**"①。在他们看来，只有思想才是历史发展的决定力量。

和鲍威尔的论断相反，马克思从物质生产是历史发源地出发，强调物质利益在历史中的作用。推动人们起来斗争的不是抽象的思想原则，而是现实的物质利益。例如在法国的资产阶级革命中，起决定作用的不是自由、平等、博爱的口号，而是资产阶级的物质利益。这些口号所起的动员与鼓舞作用，正在于它反映了这种物质要求。"'思想'一旦离开'利益'，就一定会使自己出丑。"②

至于广大非资产阶级群众，他们的热情之所以和资产阶级革命进程成反比，正在于资产阶级的革命原则，并不代表他们的实际利益，不是他们自己的革命原则，因而仅仅是暂时的热情和表面的热情而已。

同样，判断一种革命成功与否也离不开物质利益。法国资产阶级革命对资产阶级来说是成功的，它获得了实际效果，最终满足了资产阶级的物质要求和政治要求。只有对那些非资产阶级的劳动群众来说，革命才是不成功的。因为他们获得解放的现实条件同资产阶级是根本不同的。所以同鲍威尔一伙的看法相反，法国革命之所以不成功不是因为它引起了群众的关怀和唤起了群众的热情，而是因为它并不包括全体居民，而只代表特殊的、有限的群众，因而广大群众的热情只是暂时的、表面的。马克思由此得出一个重要结论："历史活动是群众的事业，随着历史活动的深入，必

---

① 《马克思恩格斯全集》，中文1版，第2卷，102页。
② 同上书，103页。

将是群众队伍的扩大。"① 由此，他把对历史主体活动的认识提到了规律性认识的高度。

　　鲍威尔一伙关于群众是消极的、精神空虚的物质因素，而精神、批判则是积极因素的观点，无非是黑格尔历史观的漫画式的完成，而黑格尔的历史观又不过是关于精神和物质、上帝和世界相对立的基督教宗教哲学的思辨表现。马克思用来同这种历史观相对抗的并不是关于人的本质异化和复归的观点，而是关于物质生产是历史的发源地、人民群众是历史创造者的历史唯物主义观点。这是《神圣家族》不同于《手稿》的重要之点。从此以后，马克思深入到历史发源地内部，通过揭示物质资料生产方式运动的规律，踏上了全面创立唯物主义历史观的进程。

---

① 《马克思恩格斯全集》，中文1版，第2卷，104页。

第十章 由"异化劳动"到全面确立唯物史观的理论准备

在《神圣家族》中，费尔巴哈的影响虽然大为减小，但仍存在对费尔巴哈的"崇拜"；异化虽然不是作为处于主导地位的方法，但仍然残存以人的本质作为衡量资本主义生产关系尺度的观点。可是在《德意志意识形态》中，马克思从赞扬费尔巴哈到批判费尔巴哈，全面创立唯物主义历史观，摒弃了对异化的人本主义解释。从《神圣家族》到《德意志意识形态》为期甚短，不到一年，这个转变似乎很难理解，其实不是偶然的。马克思早期思想的特点是变化急剧。当时正处于探索过程中的马克思，思想正如汹涌澎湃的大海。他从巴黎到达布鲁塞尔以后，一方面继续深入研究政治经济学，另一方面继续研究哲学，弄清了费尔巴哈哲学的主要缺点。马克思在 1845 年春写的《评弗里德里希·李斯特的著作〈政治经济学的国民体系〉》和《关于费尔巴哈的提纲》为我们从经济学和哲学两个方面提供了这种转变的理论线索。

第一节 对生产力和生产关系辩证关系原理的初步接近

在唯物史观的创立中，马克思对经济学的深入研究起了重大作用。如果说 1844 年初马克思在巴黎开始的经济学研究，使他摆脱了德国古典哲学的思辨传统，由异化上升到异化劳动，发现了劳动在形成人类历史中的决定作用，打通了一条通向唯物主义历史观的道路，那 1845 年初马克思到达布鲁塞尔以后继续经济学研究，则为由异化劳动转向全面创立唯物史观作了理论准备。完全可以说，马克思由异化到异化劳动再到全面创立历史唯物主义，同政治经济学的研究是分不开的，而目的则在于寻求对共产主义学说的科学论证。

马克思是在 1845 年 2 月初，由于法国政府的迫害而移居布鲁塞尔的。在这里，马克思继续进行在巴黎开始的政治经济学研究，阅读了大量的政治经济学著作。他还同恩格斯专程到过伦敦和曼彻斯特实地考察和进行文献研究。这里我们只着重分析一下马克思对德国经济学家弗·李斯特于 1841 年出版的《政治经济学的国民体系》第一卷的评论，看看马克思是如何开始接近生产力和生产关系规律的。

弗里德里希·李斯特是德国资产阶级庸俗经济学家。他为适应德国资产阶级发展工业，保护国内市场，防止英国竞争的需要，提倡保护关税制度，反对自由贸易。他的《政治经济学的国民体系》第一卷，就是专门论述国际贸易、贸易政策和德国关税制度的。他强调德国保护关税的必要性，并吹嘘自己要对政治经济学中流行的国际贸易理论、贸易政策理论的错误实质和原因进行研究。可是李斯特极力掩盖他的理论的实质，仿佛他不是代表德国资产阶级追求财富，独占国内市场，力图使德国的工业达到英国的繁荣程度的愿望，而是为了所谓国家的利益："他害怕谈他所渴求的恶的交换价值,而谈生产力;他害怕谈竞争,而谈国家生产力的国家联合;他害怕谈他的私利,而谈国家利益。"①

恩格斯和马克思不约而同地打算批判李斯特。恩格斯在 1844 年 11 月给马克思的信中谈到,他要写"反对李斯特的小册子"。这本小册子的写作目的同他正在着手写的《英国工人阶级状况》是一样的。《英国工人阶级状况》直接控诉的是英国资产阶级,但它打的是麻袋,指的是驴子,即德国资产阶级,说明德国资产阶级和英国资产阶级一样,只是在榨取方面不那么勇气十足,不那么彻底,不那么巧妙而已。而评李斯特的小册子,则是要揭露德国资产阶级保护关税的实质。

恩格斯和马克思对李斯特的批判有个分工。恩格斯从实际方面来批判李斯特,阐明他的经济体系的实际结论。恩格斯于 1845 年 2 月 15 日在爱北斐特的演说就是这样。他详细考察了实行保护关税制度所引起的各种可能性,证明它必然导致无产阶级贫困,从而引起革命。恩格斯说:"详细考察的结果完全证实了我在最初根据竞争所做的概括性的说明,**即社会革命**将是我们现在的社会关系在任何条件和任何情况下必然引起的后果。正如我们可以有把握地从已知的数学公理中得出新的定理一样,我们也可以有把握地从现存的经济关系和政治经济学的原理中得出社会革命即将到来的结论。"②

和恩格斯不同,马克思着重对李斯特的理论前提进行批判。他揭露了李斯特唯心主义的生产力观,揭露了他在关心生产力的幌子下对财富的追求,并通过分析现代工业和生产力的关系,朝着揭示历史发展的最基本规律的方向前进。

德国的资产者和英、法资产者一样是追求工业财富的。但英国和法国

---

① 《马克思恩格斯全集》,中文 1 版,第 42 卷,240 页。
② 《马克思恩格斯全集》,中文 1 版,第 2 卷,624 页。

的资产阶级通过他们的经济学家公开表达这种要求，他们把财富奉为神明，并在学术上也无情地把一切献给财富。而德国资产阶级追求财富又否认财富。他们为自己创造了一种与世俗的法国和英国的经济学完全不同的"理想化的"经济学，创造了一种新的财富理论，以便证明他们追求财富是有道理的。他们用空虚的、浅薄的、伤感的唯心主义，层层包裹他们那最卑鄙、最龌龊的追求财富的市侩精神。李斯特的政治经济学就是这种理论。

李斯特把生产力和交换价值对立起来，把生产力看成是一种精神力量，以此来表明，他追求的不是非精神的物质财富，不是交换价值，而是精神本质，即无限的生产力。正如马克思所揭露的："生产力表现为一种无限高于交换价值的本质。这种力量要求具有内在本质的地位，交换价值要求具有暂时现象的地位。这种力量表现为无限的，交换价值表现为有限的；前者表现为非物质的，后者表现为物质的；我们在李斯特先生那里看到了所有这些对立。因此，力量的超感觉世界便代替了交换价值的物质世界。"①

事实上，生产力并不是独立的精神本质，并不是一种不可捉摸的"幽灵"，而是一种物质力量。马克思指出，只要翻一下任何一本统计材料就可以看到，那里谈到水力、蒸汽力、人力、马力，所有这些都是生产力。虽然资产阶级统计学把人同马、蒸汽、水全部都充当力量的角色，表现了对人的蔑视，但它却破除了"美化'生产力'的神秘灵光"，表明生产力是一种实实在在的物质力量。

德国资产者照样想发财，想赚钱，但却反对交换价值、物质财富，似乎只关心生产力。李斯特说："国家必须牺牲物质的力量以便赢得精神的

---

① 《马克思恩格斯全集》，中文 1 版，第 42 卷，261 页。

或社会的力量。保护关税是为了唤起工业力。"他还说:"财富的原因同财富本身是完全不同的东西,同财富本身相比,创造财富的力量是无比重要的。"这完全是虚伪的。马克思说:"李斯特先生装腔作势,似乎他不顾恶的交换价值,处处为了生产力本身而关心生产力。"①

从形式上看,交换价值、货币,似乎总是外在目的,而生产力似乎是人自己本性中产生的目的,即目的本身。因此,关心生产力就是关心人自身。实际上德国资产阶级关心的还是自己的物质财富。

难道德国的资产者、工厂主关心工人发展他们的一切才能,发挥他们的生产能力,使他们像人一样从事活动因而同时发展人的本性吗?不是的。在他们看来,如果弯腰驼背、四肢畸形、某些肌肉的片面发展和加强能使工人更有生产能力,那么这种弯腰驼背、四肢畸形、片面的肌肉运动就是一种生产力。如果工人的精神空虚比充沛的精神活动更富有生产能力,那么工人的精神空虚就是一种生产力。如果一种职业的单调使工人更有能力从事这项职业,那单调就是一种生产力。因此所谓生产力,无非是"致富的手段""致富的生产力"。所以马克思嘲笑德国资产阶级,说他们声称自己"猎取的不是非精神的物质财富,不是恶的有限的**交换价值**,而是**精神本质**,无限的**生产力**。当然,这种精神本质会导致以下的情况:'**市民**'借此机会把世俗的交换价值装满自己的口袋"②。

李斯特把创造财富的力量同财富本身区分开来,以此表示对人的重视。实际上结果和原因是不可分的。结果的性质包含在原因之中,原因中包含着结果所具有的某种规定性。资产者把无产者不是看作人,而是看作创造财富的力量,这种对人的"赞扬",就是对人的"贬低"。要是资产者认为使用人力不如使用牲畜、机器更有利,他们会毫不犹豫地以牲畜和机

---

① 《马克思恩格斯全集》,中文1版,第42卷,263页。
② 同上书,250页。

器来代替人。李斯特把自己的观点同英国古典政治经济学区分开来，认为后者是建立在交换价值的基础上，而自己是建立在生产力的基础上。其实他们本质上是一致的。如果说英国古典政治经济学把人看成交换价值是把人变成物，那李斯特所谓的生产力理论，把人看成是创造财富的原因，这并不是把人作为真正的主体，而是作为为资产阶级创造财富的机器。

所以马克思认为，生产力并不是精神力量，而是物质力量，不能离开社会制度抽象地考察生产力。他说："在现代制度下，生产力不仅在于它也许使人的劳动更有效或者使自然的力量和社会的力量更富于成效，而且它同样还在于使劳动更加便宜或者使劳动对工人来说**生产效率更低了**。因此，生产力从一开始就是由交换价值决定的。"① 这就充分说明，在资本主义制度下，生产力的发展不仅表明人的劳动更富有成效，而且意味着对工人剥削的加强。马克思后来一再强调这一点。他在写于 1864 年的《国际工人协会成立宣言》中指出，在资本主义社会，"劳动生产力的任何新的发展，都不可避免地要加深社会对比和加强社会对抗"②。

和《手稿》相比，马克思在评论李斯特的观点时对劳动的分析前进了一步。在《手稿》中，马克思撇开了劳动借以实现的形式，从主体的本质角度来考察劳动，把劳动定性为自由的自觉的活动，而在这里则着重指出："谈论自由的、人的、社会的劳动，谈论没有私有财产的劳动，是一种最大的误解。'劳动'，按其本质来说，是非自由的、非人的、非社会的、被私有财产所决定的并且创造私有财产的活动。"③

毫无疑问，《手稿》把劳动规定为有意识有目的的活动，并从人与自然进行物质交换的角度来考察劳动，是认识的一种进展。它把握了人与动

---

① 《马克思恩格斯全集》，中文 1 版，第 42 卷，263 页。
② 《马克思恩格斯选集》，1 版，第 2 卷，130 页。
③ 《马克思恩格斯全集》，中文 1 版，第 42 卷，254～255 页。

物的根本区别，并揭示了不以任何社会形式为转移，或者说适用于一切社会形式的劳动的根本特性——对象化。但它有一个局限，仅仅从这种劳动中看不出人类在其中发生的一定历史阶段的生产关系，并容易导致把现实的劳动看成是和作为人类本性的劳动相对立的异化劳动。从劳动按其本性来说应该如何来衡量资本主义制度下的劳动，虽然也可以给予谴责和揭露，但终究限制了对它的科学理解。可以撇开各种劳动形式概括出劳动的一般特点，但劳动的性质不能从劳动一般，而必须从它借以实现的形式（一定的生产关系）得到说明。当马克思强调资本主义制度下的劳动是被私有财产所决定并创造私有财产的活动时，就从人的本性（真正的劳动）同人的本性的异化（异化劳动）的对立，转向劳动本身，把劳动同劳动借以实现的形式结合起来考察，朝发现生产力（人与自然的关系）和生产关系（人与人的关系）的矛盾运动规律前进了一步。

马克思在对资本主义工业的分析中已开始接近这一点。他认为可以从完全不同的观点来看待工业。一种是从肮脏的买卖利益的观点，即资产阶级的观点来看待工业。例如德国的资产阶级就以忌妒的目光盯着英国高度发展的工业，也想在国内达到这个高度。他们挥舞着保护关税的皮鞭以便向自己的民族灌输"工业教育"的精神，其目的当然是维护资产阶级的利益。另一种观点是把工业的发展看成是为自己创造人的生活条件，为人的生存奠定基础。因此，必须把现代工业制度同它违反自己的意志而无意识地创造的生产力区分开来。不能把对工业生产力的赞美，变成对资产阶级的赞美、对资本主义私有制度的赞美。马克思说："工业用符咒招引出来（唤起）的自然力量和社会力量对工业的关系，同无产阶级对工业的关系完全一样。今天，这些力量仍然是资产者的奴隶，资产者无非把它们看作是实现他的自私的（肮脏的）利润欲的工具（承担者）；明天，它们将砸碎自身的锁链，表明自己是会把资产者连同只有肮脏外壳（资产者把这个外壳看成是工业的本质）的工业一起炸毁的人类发展的承担者，这时人类的核心也就赢得了足够的力量来炸毁这个外壳并以它自己的形式表现出来。明天，这些力量将炸毁资产者用以把它们同人分开并因此把它们从一种真正的社会联系变为（歪曲为）社会桎梏的那种锁链。"[①] 这段深刻的论述，把资本主义工业的生产力同它借以活动的条件（私有制）划分开来。它把私有制称为"锁链""外壳""桎梏"，而把工业生产力的发展看成是"砸碎""炸毁"这些"锁链""桎梏"的力量，并把无产阶级看成能掌握这些生产力，并用同它相适应的形式表现出来的"人类的核心"。这种从资本主义工业自身的内部矛盾（工业生产力和它借以活动的形式）引出的革命结论，比起从人的本质和存在的矛盾引出的结论，无疑更接近《德意志意识形态》即将全面创立的历史唯物主义。

第二节　社会生活的本质。实践观与历史观的结合

与《评弗里德里希·李斯特的著作〈政治经济学的国民体系〉》一文的手稿大体同时，马克思还写下了对费尔巴哈哲学的十一条纲领性的意见。这就是著名的《关于费尔巴哈的提纲》（以下简称《提纲》）。如果说对李斯特的评论，从一个侧面表明马克思如何通过经济学的研究接近历史唯物主义，那对费尔巴哈的评论，则是从新世界观的高度总结了到1845年春的重要成果。

《提纲》有两个重大变化：第一，就马克思同费尔巴哈的关系来说，已经从颂扬费尔巴哈转向批判费尔巴哈。马克思以批判费尔巴哈作为发挥自己理论的主要形式，这表明他最后离开了这个"中间环节"，走向全面

---

① 《马克思恩格斯全集》，中文1版，第42卷，258~259页。

创立辩证唯物主义和历史唯物主义;第二,与此相联系,马克思最终清除了费尔巴哈关于人的本质的异化和复归的人本主义影响。他从自我异化过渡到分析社会的自我分裂,从人的类本质进入到分析社会关系的总和,并科学地揭示了社会生活的本质和各种意识形态的物质根源。但《提纲》的出现不是偶然的,更不是马克思思想发展过程的"断裂"。只要仔细研究《提纲》,就不难发现许多重要思想,在此以前以萌芽形式分散地、零碎地包含在从《黑格尔法哲学批判》开始的一系列著作,特别是《手稿》和《神圣家族》中。但这些天才的思想与费尔巴哈人本主义的影响是交织在一起的。而《提纲》则不同。它针对费尔巴哈和旧唯物主义的根本缺点,以格言的形式概括了自己到 1845 年春所达到的思想深度,是马克思以前思想精华的提炼。

实践观点是贯穿《提纲》的核心。马克思不仅把实践引入认识论,更重要的是把它引入历史观。实践观与历史观的结合,这是《提纲》的一个显著特色。从把劳动作为人的本质到作为社会生活的本质,从人类实践活动中来考察人类社会,终于敲开了唯物主义历史观的大门。所以恩格斯在 1888 年把《提纲》称为"包含着新世界观的天才萌芽的第一个文件",而到 1893 年更具体地称之为"历史唯物主义的**起源**"[1]。

社会的本质是什么? 在 1845 年春以前,马克思并不是十分明确的。例如他在 1844 年的《手稿》中,就把社会看成是和人的本质相符合的共同体,因此社会的概念是指扬弃了私有制的状态,而私有制社会则被看成是非社会。在《提纲》中,马克思以实践的观点考察社会,揭示了各种社会形式的共同本质。他说:"社会生活在本质上是**实践的**。"[2] 马克思的这

---

[1] 《马克思恩格斯全集》,中文 1 版,第 21 卷,412 页;第 39 卷,24 页,北京,人民出版社,1974。

[2] 《马克思恩格斯选集》,1 版,第 1 卷,18 页。

个结论是高度浓缩的，它蕴含着一些重要的历史唯物主义原则。

第一，揭示了社会的起源和基础。社会和自然不同。自然界虽然也通过人类的活动发生变化，但自然界存在的基础在于自身，它不依赖人类而存在。社会不同，社会生活在本质上是实践的，它是人类活动的产物。社会的起源并不像契约论者所主张的是由于契约，而是由于劳动。劳动创造了人，同时也创造了人类社会。这两者是一致的。因此社会是人类活动的领域，是以一定的物质生产活动为基础而组织起来的有机结构。没有物质资料生产，就没有人类社会。

第二，揭示了社会生活的基本内容。作为人类最基本的实践活动的物质生产是社会存在的基础，但不是社会生活的唯一内容。除了生产活动外，人们还进行政治活动，在阶级社会中它主要表现为阶级斗争，而在非阶级社会，则表现为参与管理公共事务的社会活动；人们还进行科学、艺术的实验和创造活动。总而言之，社会生活在本质上是实践的，它包含各种形式的实践活动。没有多种形式的实践活动，社会生活是难以想象的。

第三，揭示了社会发展规律的特点。自然规律和社会规律有共同性，但又各有特点。自然规律是自然自身的规律，无论人类参与与否，自然界都按它固有的规律发展。而社会是人类活动的领域，它的基本内容是各种形式的实践活动，因此社会规律并不存在于人的实践活动之外，而是存在于其中，表现为一种最终决定人类行为结局的力量。尽管每个人都怀有自己的目的和愿望，但他们在活动中所形成的客观关系及其发展方向却是不以个人意志为转移的。例如商品是人类生产出来的，但商品生产出来以后进入流通领域，它不是依据人的意志，而是按照自身的规律（价值规律）在运动。

正因为社会生活本质上是实践的，所以马克思强调"凡是把理论导致神秘主义方面去的神秘东西，都能在人的实践中以及对这个实践的理解中得到合理的解决"①。

认识来源于实践既是马克思主义认识论的根本原则，也是唯物主义历史观的根本原则，虽然考虑问题的角度不同，但它们的原则是一致的。马克思和恩格斯随后不久在《德意志意识形态》中，把历史唯心主义定性为"从观念出发来解释实践"，而把历史唯物主义定性为"从物质实践出发来解释观念"②，这都表现了对实践在历史观中的作用的重视。

用实践解释观念，在历史领域中就是用人们的社会存在，即物质生产过程来解释各种意识形态。任何模糊的、怪诞的、神秘的意识形态，它的"秘密"不在于意识形态自身，而在于人的实践之中。只要科学地分析每个时代的实践活动，特别是物质生产活动，就能对初看起来不可理解的现象作出合理的解释。

马克思还在批评费尔巴哈的宗教观时，从人的自我异化过渡到分析社会的自我分裂。从人进到人的社会，这是一个重要进展。

费尔巴哈从宗教的自我异化，从世界被二重化为宗教的、想象的世界和现实的世界这一事实出发，致力于把宗教世界归结为它的世俗基础。在费尔巴哈看来宗教无非是人的自我异化，是人的本质同人相脱离："人在宗教中将他自己的隐秘的本质对象化。这样就必然证明，上帝跟人的这种对立、分裂——这是宗教的起点——乃是人跟他自己的本质的分裂。"③因此费尔巴哈所说的宗教的世俗基础，并不是社会，而是人，抽象的人，所以马克思说，"世俗世界在费尔巴哈那里仍然不过是些**词句**"④。

和费尔巴哈不同，马克思没有停留在宗教是人的自我异化的水平上，而是力求探讨费尔巴哈所没有回答的问题：人为什么会把宗教幻想塞进自

---

① 《马克思恩格斯选集》，1版，第1卷，18页。
② 《马克思恩格斯全集》，中文1版，第3卷，43页。
③ 《费尔巴哈哲学著作选集》，下卷，60页。
④ 《马克思恩格斯全集》，中文1版，第3卷，261页。

己的头脑？马克思早在 1842 年就认为，宗教本身是没有内容的，它的根源不在天上，而是在人间。后来在 1843 年和 1844 年研究犹太人问题时，马克思反复强调，现代犹太人的生活不能以他们的宗教来解释；相反，犹太教的生命力只能用虚幻地反映在犹太教中的市民社会的实际基础来解释。1845 年春的《提纲》更进了一步，马克思不仅指出："'宗教感情'本身是**社会的产物**"，并且提出了社会矛盾问题，强调："世俗的基础使自己和自己本身分离，并使自己转入云霄，成为一个独立王国，这一事实，只能用这个世俗基础的自我分裂和自我矛盾来说明。因此，对于世俗基础本身首先应当从它的矛盾中去理解，然后用排除这种矛盾的方法在实践中使之革命化。"① 很显然，马克思这里所说的世俗基础不是抽象的人和人的类本质，而是现实的社会。马克思虽然没有明确指出社会的内在矛盾是什么，但他肯定"世俗基础"自身包含矛盾，并提出通过排除社会矛盾来消灭宗教的基础，较之仅仅用人的本质的异化来解释宗教是完全不同的。

实践是人类认识的目的，这不仅是认识论的命题，同样是历史唯物主义的重要原则。当马克思说哲学家们只是用不同的方式解释世界，而问题在于改造世界，它的重点并不是指自然，而是指社会。马克思当时全力倾注的是变革社会，使它"在实践中受到革命改造"。他后来在《德意志意识形态》中继续发挥了这个论点。马克思批评费尔巴哈，说他"和其他的理论家一样，只是希望达到对**现存**事实的正确理解，然而一个真正的共产主义者的任务却在于推翻这种现存的东西"。他还说："对**实践**的唯物主义者，即**共产主义者**说来，全部问题都在于使现存世界革命化，实际地反对和改变事物的现状。"② 如果把实践问题仅仅限制在认识论范围内，而排

---

① 《马克思恩格斯选集》，1 版，第 1 卷，17 页。
② 《马克思恩格斯全集》，中文 1 版，第 3 卷，47、48 页。

除在历史观之外，那唯物主义历史观就会向唯心主义历史观转化。

历史经验证明，不理解实践在人类社会生活中的作用的历史观只能是唯心主义的历史观。18世纪法国启蒙学派虽然提出了人是环境和教育的产物的命题，但由于他们不懂得环境的改变和人的活动的一致性，不懂得正是在革命的实践中，人在改变环境的同时也改变了自己，因而始终跳不出理性支配世界的唯心主义圈子。费尔巴哈也是如此。马克思在《提纲》中批评费尔巴哈，说他仅仅把理论活动看作真正人的活动，鄙视实践，不了解革命实践活动的意义，这不仅是指他的认识论，更主要的是指他的人本主义的历史观。仅就认识论而言，费尔巴哈对实践在认识中的作用还多少发表过一些合理的意见，所以列宁在《唯物主义和经验批判主义》中说："费尔巴哈和马克思、恩格斯一样，在认识论的基本问题上也向实践作了在舒尔兹、费希特和马赫看来是不能容许的'跳跃'。"甚至认为："费尔巴哈把人类实践的总和当作认识论的基础。"[1] 可是一超出认识论范围而进入历史领域，费尔巴哈就完全陷入唯心主义。这是容易理解的。如果说不懂实践在认识中的作用仍然可以是唯物主义者，那在历史领域中则不可能。因为社会生活在本质上是实践的，如果不理解实践（特别是物质资料生产）在社会生活中的作用，那就不可能真正把握人与自然、人与人的关系，从而对社会及其发展规律不可能达到科学的理解。马克思说："**直观的**唯物主义，即不是把感性理解为实践活动的唯物主义，至多也只能做到对'市民社会'的单个人的直观。"[2] 这就是对费尔巴哈之所以陷入历史唯心主义的总结性评论。

---

① 《列宁选集》，2版，第2卷，141、142页。
② 《马克思恩格斯选集》，1版，第1卷，18页。

第三节　人的现实本质是一切社会关系的总和

　　"人的本质是一切社会关系的总和"是《提纲》中的一个根本性的命题。它标志着 1845 年春，马克思对人与社会关系的认识所达到的新高度。

　　在《神圣家族》中，马克思还把费尔巴哈的人称为以自然为基础的现实的人，赞扬他以此为根据完成了对宗教的批判，并拟定了对黑格尔的思辨哲学批判的要点。几个月以后，在《提纲》中马克思批判了费尔巴哈从孤立的个体中求取人的本质的观点，转而面向人的社会关系的总和。

　　所谓人的本质问题，不能简单归结为从个体（每个人）中寻求人的共同本性问题。把这个问题局限在个别（具体的人）和一般（作为人的人）的范围里，就不能突破人本主义的狭隘眼界。对历史唯物主义来说，探求人的本质，从根本上说就是研究人和社会的关系问题。

　　费尔巴哈人本主义历史观的局限正在于，他撇开人的社会关系和历史进程，企图从孤立的个体中探求人的本质，把人的本质归结为个体和类的关系问题。尽管费尔巴哈把人看成有血有肉的感性存在物，实际上这种不属于任何社会，在社会之外的人类个体是不存在的，因而建立在这种个体基础上的类，以及把个体结合在一起的类本质，当然是非现实的。在费尔巴哈那里，人类个体、类、类本质都是一些空洞的概念。

　　在 1845 年的《提纲》之前，马克思对人和人的本质的看法同费尔巴哈已经存在分歧。马克思在《黑格尔法哲学批判》中强调人的社会特质；在《〈黑格尔法哲学批判〉导言》中强调人不是抽象的栖息在世界之外的东西，人就是人的世界，就是国家，就是社会；在《手稿》中把劳动看成人的本质……都是这种分歧的表现。但是，在 1845 年春之前，在个体和类的矛盾，以及异化表现为人的类本质同人相对立的问题上，马克思仍然保留有费尔巴哈的影响。

自觉地清除费尔巴哈的影响，是从《提纲》开始的。针对费尔巴哈的观点，马克思提出了"人的本质并不是单个人所固有的抽象物。在其现实性上，它是一切社会关系的总和"这一著名论断。这个论断不仅对人的本质给予了科学规定，更重要的是摒弃了费尔巴哈关于个体、类、类本质的观点，为全面创立唯物主义历史观清除了最后的障碍。

第一，马克思关于人的本质的论断，摒弃了费尔巴哈式的人类个体的观点。毫无疑问，现实的人都表现为个体，离开了个体，人必然是一个不可捉摸的抽象存在。但人们直观中的人类个体，并不是彼此孤立的。彼此无关的人类个体只存在于想象之中，不是现实的人。以这种人类个体作为出发点，只能是人本主义的。

人是社会存在物，这一点马克思在《提纲》之前就论述过。但人的社会性，不单是人不能离开社会，而且在于任何人都是生活在一定的社会形态之中。《提纲》强调的正是这一点。马克思在批评费尔巴哈关于"个体"的观念时指出，费尔巴哈"所分析的抽象的个人，实际上是属于一定的社会形式的"①。

任何个人都是属于一定社会形式的个人。但社会不是个人的简单集合，而是表示这些现实个人的彼此发生的那些联系和关系的总和。因此，属于一定社会形式的个人，是处于一定的社会结构之中的。例如，在阶级社会中，个人—集团（阶级）—社会是统一的，个人属于一定的集团（阶级），而各个集团（阶级）构成特定的社会。所以人类社会的关系是个人—集团—社会，而不是个体—亚种—类，马克思后来把后一个公式称为对历史科学的"奚落"。个人问题的解决，归根结底取决于他所属的阶级

_____
① 《马克思恩格斯选集》，1版，第1卷，18页。

的命运；而某个阶级的前途，取决于社会形式的变化。在资本主义社会中，某个工人可以成为资本家，由一无所有变成百万富翁，但整个无产阶级的解放不可能依靠每个工人的发财致富来解决。实际上，工人的前途依靠整个无产阶级的解放，而无产阶级的解放，取决于整个社会问题的解决。头足倒置是错误的。

第二，马克思关于人的本质的论断，摒弃了费尔巴哈关于个体和类的观点，把人与人的关系从个体和类转变为人与社会的关系。

在《提纲》之前，马克思对费尔巴哈的"类"的认识并不明确。他有时把它同社会相提并论，这在 1844 年 8 月 11 日致费尔巴哈的信中表现得很明显。人作为社会存在物和作为类存在物似乎是可以相互代替的。1845 年的《提纲》消除了这种混乱。

"社会"同"类"的概念是不同的。"类"强调的是个体的自然同一性，它对个体是一视同仁的，而"社会"则是积极活动的个人之间的全部联系和关系。马克思所说的全部社会关系的总和，指的就是社会。他在《雇佣劳动与资本》中明确地指出了这一点，说："**生产关系总合起来就构成为所谓社会关系，构成为所谓社会，并且是构成为一个处于一定历史发展阶段上的社会，具有独特的特征的社会。**"①

如果说把人作为个体和类的关系，在生理学、解剖学、体质人类学范围内允许的话，用以考察社会则不行。把人从个体和类的关系变成人与社会的关系，对于历史观是非常重要的。从前一种观点出发，必然把研究的重点集中在探求个体的类本质，即寻找个体的永恒不变的本质；从后一种观点出发，必然是研究人与人之间的关系，即社会及其发展规律。从类的观点来考察人类个体，只能看到抽象的同一性——人就是人，他们的差异

---

① 《马克思恩格斯选集》，1 版，第 1 卷，363 页。

是同一个类中的差异：性别、肤色、年龄等等。而从社会的角度来考察人，则能看到它的社会属性。特别是在阶级社会中，看到他的阶级属性。如果在阶级对立的社会中，仅仅看到奴隶主与奴隶、资本家和工人、地主与农民都是人，当然不是唯物史观。

难道人作为人来说没有共同的人性吗？亲子之情、男女之爱、友谊、同情、对美的追求不是在任何时代、任何民族、任何国家都能发现吗？当然，我们珍重人的美好的感情，那些为人们所赞扬、为诗歌小说所传诵的撼人心魂、催人泪下的东西。但我们应该知道，这些并不是每个人所固有的属性的抽象，而是在社会中形成的。它不是人作为类的特性，而是人作为社会存在物的特性。因此，随着社会的变化，人性是会改变的。

从生物学的角度看，人虽然同属一个类，但由于人是社会存在物，在阶级社会中存在不同阶级和政治集团利益的对立，人往往不是按照"类"的态度对待人。人与人（同类）的关系有时还不如人与动物（异类）的关系亲密。这一点连费尔巴哈都不否认。他在《黑格尔哲学批判》中说："难道人对动物的关系只是一种专制的关系吗？被遗弃和被放逐的人岂不是在动物的忠诚中找到一点东西来补偿自己同胞的忘恩负义、阴谋诡计和背信弃义吗？对于他的受了损伤的心灵，动物岂不是一种调解的医治力吗？"① 屠格涅夫著名的短篇小说《木木》中所描绘的农奴主对农奴以及农奴对狗的关系就迥然不同。在西方某些城市中，不少人喜欢养所谓"宠物"，尤其是养狗成风。因为人情太薄，转而爱狗。在专门埋葬狗的坟墓中，有的墓志铭上刻着："这里埋着我的爱犬吉尔，比起我的三位丈夫，它对我更加忠实。"有的刻着："在我孤独和痛楚的一生中，你是我忠诚的伴侣和唯一的朋友。"还有的刻着："人不断使我失望，你永远给我以温

---

① 《费尔巴哈哲学著作选集》，上卷，46~47 页。

暖。"五花八门，不一而足。这并不是故作惊人的消闲之笔，而是愤世嫉俗。我当然不是说，人与动物之间不可以建立感情，人不应该爱动物而应该虐待动物，而是说那种爱狗甚于爱人，一面是狗餐厅、狗旅馆、狗医院、狗礼服，而另一面是有人无家可归、难以为生，这种对宠物有情而对人无情的现象是社会病态。这种现象仅仅从人是类的观点，而不从唯物史观的观点来分析是无法理解的。

第三，根据前面两点，马克思完全摒弃了费尔巴哈从孤立的个体中探求人的本质，把人的本质理解为类、理解为每个个体内在所固有的，把所有的个体自然地联系在一起的共同性，而是从人与社会的关系，把人摆在一定的社会形式中，作出了人的本质在其现实性上是一切社会关系总和的科学结论。

或许有的人会说，人的本质是人作为人的质的规定性，它适用于每个人，只能是类本质。比如劳动是人的本质，它并不取决于社会关系的变化，是永恒不变的；人是社会存在物也是这样，它适用于每一个时代、每一个人，只要是人就必然是社会存在物。所以，与其说人的本质是一切社会关系的总和，不如说它是个体所共有的根本属性。

的确，马克思在《手稿》中把劳动看作人的类特性，看作人与动物的根本区别。人能进行有意识有目的的劳动，而一般动物是本能地活动；人是社会存在物，而一般动物是自然存在物。可是问题在于：一窝蜜蜂实际上是一只蜜蜂。蜜蜂的类的特性，也就是个体的特性。人则不同。劳动和社会性不是人类个体所固有的特性，并不是因为每个人都能进行劳动，人才是劳动的动物；并不是因为每个人都是社会存在物，人才是社会存在物。恰好相反，人作为孤立的个体，并不具有这些特性。劳动和社会性不是也不可能是人类个体固有的属性的抽象，不是类特性，而是人的社会特性。它概括的是人类社会存在的基础和任何个人都属于一定的社会形式这一客观事实。因此，仅仅从个体和类而不从人与社会的关系来看，是无法理解人作为人的特性的。

马克思把劳动作为人的本质，作为人与动物的根本区别的思想是深刻的，但把劳动看作人固有的类特性，反映了费尔巴哈关于个体和类关系思想的影响。《提纲》不同，它摒弃了类本质的提法。但人的本质是一切社会关系的总和并不是对劳动作为人的本质的否定，而是沿着这个方向的进一步前进，深入到劳动过程内部，从社会关系中找到人的现实本质，从人与动物的区别进入到人与人的区别。

社会是人的活动的产物，但任何现实的个人又都属于一定的社会形式。社会是一种环境——社会环境，它是制约和形成人的思想和行为的客观条件。任何人的思想、才能、观念的形成，都离不开他们所处的社会。原始社会的人不同于奴隶社会，资本主义社会的人不同于社会主义，以及同一社会形态下人们之间的差异性，其原因不在于人的肉体特性，而在于作为一切社会关系总和的社会本身。无论个人怎样看待自己，怎样设想自己超时代、超历史，实际上都是当时各种社会关系的产物。因此，在实践活动中，随着各种社会关系的改变，人的本质也发生变化。

《提纲》是马克思批判费尔巴哈，全面创立唯物史观的理论准备和纲要。它最终突破了个体和类的框框，从人的类本质转向人的社会，从而真正使对人的认识达到了科学高度。

第十一章　唯物主义历史观的全面创立

马克思在《提纲》中批评费尔巴哈从抽象的人类个体中探求人的本质的观点，把个体和类的问题转变为人与社会的问题。马克思思想的进一步深化是要深入到社会内部，揭示它的发展规律。这个任务是在《德意志意识形态》中实现的。

马克思以批判鲍威尔、施蒂纳、费尔巴哈的形式，总结并进一步发展了在此以前所取得的成就，论述了人类社会存在的前提和基础、人类社会的结构和演变，从横断面（社会结构）和纵断面（社会形态的更替）对人类社会作了科学的分析。马克思彻底清算了费尔巴哈人本主义的影响和残余，完成了从异化劳动理论到唯物史观的飞跃。

第一节　出发点转移的完成。劳动从作为人的内在本质到
作为社会存在的基础

要全面创立唯物主义历史观，必须找到一个正确的出发点。《德意志

意识形态》的一个巨大成就，就是彻底批判了费尔巴哈抽象的人和施蒂纳的"唯一者"，科学地阐明了唯物史观的前提，揭示了物质资料生产在人类社会发展中的决定作用。

究竟什么是马克思主义的出发点，这是一个有争议的问题。我以为要比较正确地解决这个问题，必须区分事实判断与价值判断，弄清出发点的含义。

就主体与客体的关系来说，存在两种：一种是主体的认识在何种程度上反映了客体，即在主体的认识中是否包含不依赖于主体的客体内容。要真正正确地反映现实，必须从客观对象出发，尽可能客观地把握对象自身发展的规律。这属于事实判断。另一种是主体为什么认识客体，这种认识在何种程度上符合主体自身的利益与愿望。这属于价值判断。前一种要解决的是客观对象"是什么"，后一种要解决的是"为了什么"。这两者之间有联系，但也有区别。符合主体自身利益与愿望的判断，不一定都是科学的判断。

就人类来说，任何一种认识都与自身的利益不可分，或者说都是为了人类自己。自然科学如此，社会科学也如此。不同的是，自然科学没有阶级性，它的事实判断与价值判断之间是一致的；而在对社会的认识中，价值判断渗入到事实判断中，为了狭隘的阶级利益，往往会掩盖事实，歪曲真理。而只有马克思主义才达到二者高度的一致。

马克思主义的产生，是适应无产阶级斗争需要的。就马克思主义的目的来说，它当然是为了无产阶级和人类的解放。由于无产阶级利益与社会发展规律的一致性，这个目的本身成为马克思能正确认识人类社会的必要条件，但不是它之所以是科学理论的根据。马克思主义要成为科学，就必须正确地反映历史规律自身。

就人类对历史的认识来说，它大体上经历了神学历史观、资产阶级人道主义历史观、唯物主义历史观。就各种历史观的主观目的来说，它们都是为了自己阶级的利益。神学历史观是为了奴隶主和封建主的利益，人道主义历史观就其起源来说是为了革命的资产阶级的利益，而唯物主义历史观则是为了无产阶级和全体劳动者的利益。因此从最抽象的意义上说都是为了人，与人类无关的事是不会引起人们的注意和兴趣的。即使是神学历史观，形式上是为了神，实际上也还是为了人，为了奴隶主和封建主的利益。

我们这里所讨论的出发点，是就事实判断说的，即如何认识历史，如何认识历史自身的规律，达到对历史的科学认识。在这种意义上，不同的历史观有不同的出发点。神学历史观以神为出发点，以神的意旨作为解释历史变迁和各种社会现象（如富贵贫贱、生死祸福）的最终依据。资产阶级人道主义历史观以人为出发点，即用抽象的人性作为衡量社会的尺度和解释历史的依据。从神学历史观到人道主义历史观的转变，最根本的是出发点的转变，即解释历史的指导原则的变化。毫无疑问，资产阶级人道主义有巨大的历史功绩，仅就历史观而言，突出人而不是突出神，从人自身而不是从神的意旨中寻找历史发展的动力，就是朝揭开历史之谜的方向迈出了重大的一步。但就其对历史的认识来说，仍然在唯心主义的范围内。

一方面，价值判断会渗透并影响到对事实的判断。资产阶级人道主义以抽象的人为出发点，虽然在一定程度上反映了事实（历史是人创造的，而不是神创造的），但主要取决于它的阶级利益。新兴资产阶级为了实现自己的目的，广泛争取同盟者，必然要把自己的利益说成是全体成员的利益。正如《德意志意识形态》所指出的："每一个企图代替旧统治阶级的地位的新阶级，就是为了达到自己的目的而不得不把自己的利益说成是社会全体成员的共同利益，抽象地讲，就是赋予自己的思想以普遍性的形式，把它们描绘成唯一合理的、有普遍意义的思想。进行革命的阶级，仅就它对抗另一个阶级这一点来说，从一开始就不是作为一个阶级，而是作为全社会的代表出现的；它俨然以社会全体群众的姿态反对唯一的统治阶级。"①

另一方面，资产阶级人道主义取决于资产阶级革命的特点。封建社会和教会统治的政治实践和理论原则，是轻视人、蔑视人，使人不成其为人。按照神学历史观，在神面前，所有的人无贤愚不肖，都是生而有罪的。他们鼓吹，"轻视自己的人，在上帝那里就受到尊重"，"你应当把自己看得很微小，这样，在上帝眼中，你就是大的"，"愈是为人间所蔑视，你就愈是得到上帝的珍视"②，如此等等。在封建专制君主面前，所有的人无贵无贱，都是臣民。或者像恩格斯所说的，人人平等，就是说大家都等于零。因此，面临反对封建制度和教会统治的新兴资产阶级，在观念形态上必然强调以人为出发点和归宿，用人来对抗神，用人权来对抗君权，以便完成自己反对封建制度、确立资产阶级统治的历史使命。马克思正是从这个角度对资产阶级人道主义高扬"人"的旗帜的原因作了分析。他说："为什么市民社会的成员称做'人'只是称做'人'，为什么他的权利称为**人权**呢？这个事实应该用什么来解释呢？只有用政治国家和市民社会的关系，政治解放的本质来解释。"③

所谓"人的觉醒""人的发现"，是先进资产阶级对自身利益的意识，它要求扫除人身依附的等级制度、特权制度，满足尘世的欲望。这在一定程度上代表了其他被压迫阶级的利益和要求。因此，资产阶级人道主义越是把人抽象化，以"人"的名义抗争，就越是把人与神的对立、广大被统治者和专制制度的对立推向极端，使它们之间的矛盾尖锐化、公开化，并

---

① 《马克思恩格斯全集》，中文1版，第3卷，54页。
② 《费尔巴哈哲学著作选集》，下卷，53页注②。
③ 《马克思恩格斯全集》，中文1版，第1卷，437页。

使自己对宗教和专制制度的抨击具有浓郁的情感色彩，起了重要的启蒙作用，而且对培育比封建主义进步的政治观点、道德观点、美学观点和文艺创作起到"发酵"作用。在几百年中，在许多领域中产生过一批多才多艺、学识渊博的巨人，留下了不少感人至深的名篇佳作，这是人类文化的一笔宝贵财富。

资产阶级人道主义虽然把出发点由神转到人，但它包含着不可解决的矛盾。

从理论上说，它以人性作为历史的尺度，认为历史的发展动力在于人类善良的天性或理性。可是永恒不变的人性怎么能成为变动不居的历史的原因呢？人道主义历史观必然在历史和人性相互关系的难题中徘徊。实际上，资产阶级人道主义者所开创的由神到人的转移，只是由神性进到人性，而没有达到现实的人，因此它不可能科学地说明历史。正如恩格斯后来在批判泛斯拉夫主义的宣言中所指出的，"人道""自由""平等""博爱""独立"，"这些字眼固然很好听，但在历史和政治问题上却**什么也证明不了**"①。仅仅借助于人类的天性，而不着力于探求历史的客观基础，必然把历史本身发展的客观规律排斥在自己的视野之外。

从实践上说，资产阶级人道主义的阶级性同它以人为出发点的抽象原则之间存在深刻的矛盾。在理论上，它从抽象的人和人性出发，提倡尊重一切人的权利、尊严、价值，宣扬普遍的自由和平等；但在实践上，它是从资产阶级的利益出发，追求的是资产阶级的自由和权利，维护的是有产者的尊严和价值。开始时，这种矛盾是潜在的、尚未显露的。反对封建专制制度和教会统治的共同利益，超过了隐藏在"人"后面的阶级对立。可是当资产阶级由被压迫阶级变为统治阶级，资本主义制度代替了封建制

---

① 《马克思恩格斯全集》，中文1版，第6卷，325页，北京，人民出版社，1961。

度，资产阶级人道主义的理论和实践之间的对立就极其明显地暴露出来了。资本主义社会的现实同抽象人道主义原则完全相反："商业日益变成欺诈。革命的箴言'博爱'在竞争的诡计和嫉妒中获得了实现。贿赂代替了暴力压迫，金钱代替了刀剑，成为社会权力的第一杠杆。初夜权从封建领主手中转到了资产阶级工厂主的手中。"① 早期的资产阶级人道主义者确实怀着真诚的动机、满腔的热情、美妙的理想，自以为是在为"人"的一切而奋斗，但它的实际结果却是一部分人对另一部分人的统治和压迫。这种观念中的起点和实际终点之间的对立，是历史发展规律本身所决定的，不以任何人的意志为转移。

以抽象的人为出发点是资产阶级人道主义的共同点。从 14 世纪意大利开始萌发的人文主义思潮，经过 18 世纪法国的启蒙学派，到 19 世纪的德国变为一种更为抽象的关于人的哲学理论。费尔巴哈的人本主义就是资产阶级人道主义的一种特殊形态。在德国哲学发展的链条中，费尔巴哈是作为黑格尔的对立面出现的。因此在费尔巴哈的哲学中，人本主义和自然观的唯物主义是不可分的。费尔巴哈的唯物主义是人本主义的，即以人为中心来展开关于肉体与精神、存在和思维统一的论述；费尔巴哈的人本主义是唯物主义的，即以人的感性实在性为前提。因此，同以往的唯物主义相比，费尔巴哈的唯物主义具有人本主义的特色；而同以往的人道主义相比，则更具有唯物主义色彩。

但作为历史观来说，费尔巴哈的人本主义同以往资产阶级人道主义一样都是把人抽象化。这是不可避免的，因为费尔巴哈在德国的条件下再现了从神到人的过程，始终在人与神的对立中考察人。他自己说过，他所有的著作，"只有一个目的、一个意志和思想、一个主题。这个主题正是宗

---

① 《马克思恩格斯选集》，1 版，第 3 卷，298 页。

教和神学，以及与之有关的一切东西"。他还说："我的主要对象是基督教，是宗教——它是人之直接对象、直接本质。"① 为了反对非人格的精神实体上帝和黑格尔的绝对观念，费尔巴哈强调人的感性实在性，并把人的本质看成是"类"，是单个人的固有物的抽象。所谓"人是人的最高本质"是一个反宗教的命题，是向神学贬低人、蔑视人的教义的挑战。对人来说，人就是上帝。人的至高无上的本质不是存在于人之外的神，而应该是人自身。

以人本主义形态出现的费尔巴哈人道主义有它的独特之处，他融合了欧洲资产阶级人道主义传统和德国古典哲学的异化观点，提出了关于人的本质的异化和复归的理论，使人道主义和异化成为一个问题的两个方面：异化表现为人的本质与人相脱离，人变成非人，变成上帝的奴仆，变成利己主义者；扬弃异化，就是使人重新占有自己的本质，使非人成为真正的人。费尔巴哈公开声明这一点，他否定"神学和宗教的荒诞的、虚幻的本质，为的是肯定人的实在的本质"，使人"从基督徒转变为人，转变为完全的人"②。这样，费尔巴哈关于人的本质异化和复归的理论，使以人作为出发点的抽象人道主义原则得到更加思辨的哲学论证。

如果说以抽象的人为出发点，反映了反对封建制度和宗教神学的资产阶级革命的特点，那么对代表无产阶级的马克思主义来说，要科学地揭示社会发展的规律，则必然要摒弃这种理论出发点。

无产阶级负有不同于资产阶级的历史使命。资产阶级的利益要求它掩盖自己革命的性质，而无产阶级则要求揭示自己革命的性质；资产阶级把对立阶级化为抽象的人，而无产阶级要求从"人"的背后看到阶级；资产阶级把自己的特殊利益冒充为普遍利益，而无产阶级要求在"普遍利益"

---

① 《费尔巴哈哲学著作选集》，下卷，507、27 页。
② 同上书，525、786 页。

的空泛议论中看到无产阶级和资产阶级利益的根本对立。因此，无产阶级如果不摆脱以抽象的人为出发点的人道主义历史观，不揭开覆盖在对立阶级之上的含情脉脉的面纱，它就只能是一个自在的阶级而不能成为一个自为的阶级。马克思主义正是适应这种需要而产生的一种科学理论。

无产阶级作为独立政治力量登上历史舞台，资本主义社会阶级关系的日益简单化，以及阶级斗争极其明显地围绕物质利益而展开，这些客观事实要求马克思对以抽象的人为出发点的人道主义历史观进行重新研究，为找到新的出发点提供了必要性和可能性。但唯物主义历史观是一种科学理论，它的创立必须经过思维着的头脑，即进行艰苦的理论探索。这个过程，就是逐步清除费尔巴哈的影响的过程。

在19世纪40年代的德国，在黑格尔哲学解体过程中对马克思影响最大的哲学家是费尔巴哈。这种影响包含既相互联系又相互区别的两个方面：一个是人本主义中包含的唯物主义的影响，另一个是人的本质的异化和复归的理论的影响。前一个方面，有助于马克思摆脱黑格尔的唯心主义，批判和改造黑格尔的辩证法；后一个方面，使马克思的历史观在一个时期内还不能完全摆脱人的本质的异化和复归的图式，对无产阶级的地位和使命的论证还带有人本主义的色彩。

即使是处在费尔巴哈的影响之下，马克思同费尔巴哈一开始也存在分歧，他一直在寻求新的出发点。自从在《黑格尔法哲学批判》中论述了市民社会决定国家的思想以后，马克思逐步转向解剖市民社会，并研究政治经济学。特别是在作为经济学研究初步成果的《手稿》中，他把劳动看成人的本质，看成是人与动物的根本区别，并论述了劳动在人的自我形成中的作用，这是一个重大进展，它为马克思从劳动中寻找新的出发点开辟了道路。但《手稿》对劳动的分析有着明显的局限。它从主体（人）本质角度分析劳动，把劳动看成是自由自觉的活动，是人的类本质，而把现实的劳动看成同人的类本质相对立的异化劳动。在人的本质与异化劳动的对立中来考察劳动，必然限制对劳动作用的科学的认识。

在《德意志意识形态》中，马克思把物质资料生产作为人类社会存在的基础。他抛弃了把劳动看作人的天性，看作人的内在目的以及把劳动和维持人的肉体生存对立起来的观点，科学地分析了物质资料生产在人类社会中的决定作用，从而为唯物主义历史观最终找到了正确的出发点。他说："我们不是从人们所说的、所想像的、所设想的东西出发，也不是从只存在于口头上所说的、思考出来的、想像出来的、设想出来的人出发，去理解真正的人。我们的出发点是从事实际活动的人，而且从他们的现实生活过程中我们还可以揭示出这一生活过程在意识形态上的反射和回声的发展。甚至人们头脑中模糊的东西也是他们的可以通过经验来确定的、与物质前提相联系的物质生活过程的必然升华物。"① 他还说："我们开始要谈的前提并不是任意想出的，它们不是教条，而是一些只有在想像中才能加以抛开的现实的前提。这是一些现实的个人，是他们的活动和他们的物质生活条件，包括他们得到的现成的和由他们自己的活动所创造出来的物质生活条件。因此，这些前提可以用纯粹经验的方法来确定。"② 这不仅是对费尔巴哈的批判，也是对自己以前哲学信仰的清算。

第一，马克思用现实的个人来取代费尔巴哈的生物学的人类个体。费尔巴哈的人类个体是不属于任何社会形式的，而马克思所说的现实的个人不是与世隔绝、离群索居的人，而是受生产力和交往形式制约，在一定的物质条件下进行物质生产的人。

第二，马克思用人的感性活动来取代费尔巴哈仅仅把人看成是感性对象。费尔巴哈虽然强调人的感性实在性，但他从来没有看到真实存在着

---

① 《马克思恩格斯全集》，中文 1 版，第 3 卷，30 页。
② 同上书，23 页。

的、活动着的人，而是停留在抽象的人上。所以马克思批评他说："费尔巴哈谈到的是'人自身'，而不是'现实的历史的人'。"① 马克思不同。他强调自己所说的人是从事实际活动的人，是人的感性活动，而不单纯是人的感性存在。

第三，在人的活动中，马克思摆在首位的是物质生产活动，他明确指出："这种活动的基本形式当然是物质活动，它决定一切其他的活动，如脑力活动、政治活动、宗教活动等。"② 因为"人们为了能够'创造历史'，必须能够生活。但是为了生活，首先就需要衣、食、住以及其他东西。因此第一个历史活动就是生产满足这些需要的资料，即生产物质生活本身"③。他强调："任何历史观的第一件事情就是必须注意上述基本事实的全部意义和全部范围，并给予应有的重视。"④

同自然界不一样，社会是人类活动的领域。社会中的一切都是人参与的。但是对这个事实，可以进行两种不同的哲学概括。一种是把人变成摆脱一切客观制约性的抽象主体，变成一个概念——"人"。例如施蒂纳就是这样。他把人当成全部历史的积极主体，可是在他那里，人只是概念、观念的另一个名称而已。这种所谓人不可能参与任何实际活动，也不可能创造历史，而只是在哲学家头脑中游荡的幽灵。这是对客观事实的错误概括。马克思在批判施蒂纳时指出："决不是人这个神圣概念，而是处在现实交往中的现实的人创造了经验关系，只是在后来，在事后，人们才把这些关系虚构、描绘、想像、肯定、确认为'人'这一概念的启示。"⑤

《德意志意识形态》唯物辩证地解决了历史领域中的主体和客体关系。

---

① 《马克思恩格斯全集》，中文1版，第3卷，48页。
② 同上书，80页。
③ 同上书，31页。
④ 同上书，32页。
⑤ 同上书，258页。

现实的、从事实际活动的人是历史的主体。各种社会关系是人们相互活动的产物。因此，历史不单纯是为人们活动提供的舞台，而就是人们活动本身。可是就局部来说，它又为每一代人提供活动的客观环境。这个环境是确定的、既成的、给予的。所以，从总体上说，人既是能动的又是受制约的，既是剧作者又是剧中人。马克思说："历史的每一阶段都遇到有一定的物质结果、一定数量的生产力总和，人和自然以及人与人之间在历史上形成的关系，都遇到有前一代传给后一代的大量生产力、资金和环境，尽管一方面这些生产力、资金和环境为新的一代所改变，但另一方面，它们也预先规定新的一代的生活条件，使它得到一定的发展和具有特殊的性质。由此可见，这种观点表明：人创造环境，同样环境也创造人。"① 因此，历史唯物主义从来不脱离人类活动的历史环境来考察人，而是把人的创造作用、能动作用的发挥置于现实的基础之上。

历史唯物主义把人的物质资料生产作为自己的出发点绝不是排斥对人的研究。没有人的物质生产活动，正如没有物质生产的人一样是不可思议的。但历史唯物主义反对把抽象的人作为出发点，孤立地探讨人和人的本性。社会不是个人的简单总和，也不是可以随便装入任何一种人的容器，而是以生产关系总和为基础的特定的经济形态。不是人的本质决定生产方式的性质，而是有什么性质的生产方式才会有什么样的人。人是什么样，"这同他们的生产是一致的——既和他们生产**什么**一致，又和他们**怎样**生产一致。因而，个人是什么样的，这取决于他们进行生产的物质条件"②。历史证明，正因为唯物主义历史观确立了新的出发点，才使对人的认识达到了新的科学高度。

---

① 《马克思恩格斯全集》，中文1版，第3卷，43页。
② 同上书，24页。

第二节　深入到生产过程内部。从研究个体和类的矛盾到
发现社会自身的规律

出发点的转变是具有划时代意义的转变。当马克思完全转到新的出发点后，他就彻底抛弃了以人的本质作为衡量历史的尺度的观点，转而分析客观生产过程本身，发现了生产力和生产关系运动规律，并在此基础上揭示了社会的内在结构和社会形态的更替。正如马克思自己所说："这种历史观就在于：从直接生活的物质生产出发来考察现实的生产过程，并把与该生产方式相联系的、它所产生的交往形式，即各个不同阶段上的市民社会，理解为整个历史的基础；然后必须在国家生活的范围内描述市民社会的活动，同时从市民社会出发来阐明各种不同的理论产物和意识形式，如宗教、哲学、道德等等，并在这个基础上追溯它们产生的过程。"马克思还强调，只有从物质资料生产出发，才"能够完整地描述全部过程"以及"描述这个过程的各个不同方面之间的相互作用"①。不难设想，如果没有这种出发点，关于生产力和生产关系、经济基础和上层建筑、社会存在和社会意识、阶级和阶级斗争、国家与革命等一整套历史唯物主义学说，是根本建立不起来的。

在 1845 年春之前，马克思的思想中还存在着费尔巴哈人本主义的影响，尤其是在社会形式和人的本质的相互关系问题上。一方面，他在某些论述中把家庭、市民社会、国家看作人的本质的实现，看作人的本质的客观化，因而现实的社会关系成了主体（人）内部所固有的质；另一方面，他用人的本质作为衡量人的存在即各种社会关系是否合理的尺度，把不合理的现

---

① 《马克思恩格斯全集》，中文 1 版，第 3 卷，42～43 页。

实看成是人的本质同人相异化。《提纲》第六条把这个颠倒过来了。既然人的现实本质是由社会关系的总和决定的，那就不能把人的本质同形成它的社会关系对立起来。可是社会关系又是由什么决定的呢？《提纲》没有回答这个问题。《德意志意识形态》继续发挥和深化了在批判李斯特的政治经济学时所获得的认识，抛弃了把社会矛盾看成是社会关系压抑和歪曲人的本质，人的本质和人相异化的观点，转而从社会生产过程自身寻找原因。

马克思深入到生产过程内部，从人与自然、人与人的关系中展开了他关于生产力和生产关系相互关系的论述。尽管这两重关系在《手稿》中均已涉及，但表述和深度都是不同的。《手稿》中人与自然的关系表现为人的本质力量的对象化；而人与人的关系表现为人的本质的异化。这双重关系均以人的本质为中介，而在《德意志意识形态》中着眼的是生产过程本身。马克思指出，生产过程表现为双重的关系：一方面是自然关系，另一方面是社会关系。在人与自然的关系中，已经不是局限于人的本质力量，即人所具有的感官力量、人的情感、人的欲望对象化为产品，而是运用生产工具，自然产生的生产工具特别是文明创造的生产工具改造自然以满足自己生活资料的需要。而人与人的关系也不仅仅是异化借以表现的形式，而是一种社会关系，是人们在生产过程中共同活动的物质交往和物质联系："社会关系的含义是指许多个人的合作，至于这种合作是在什么条件下、用什么方式和为了什么目的进行的，则是无关紧要的。"①

马克思不仅更科学地规定了生产过程的两个方面，而且进一步揭示了它们之间的关系。他说："人们对自然界的狭隘的关系制约着他们之间的狭隘的关系，而他们之间的狭隘的关系又制约着他们对自然界的狭隘的关系。"② 这就是说，生产力和生产关系是相互制约、相互促进的。但是在

① 《马克思恩格斯全集》，中文1版，第3卷，33页。
② 同上书，35页。

这种相互作用中，最终起决定作用的是生产力："人们所达到的生产力的总和决定着社会状况。"随着生产力的发展，"已成为桎梏的旧的交往形式被适应于比较发达的生产力，因而也适应于更进步的个人自主活动类型的新的交往形式所代替；新的交往形式 à son tour〔又〕会变成桎梏并为别的交往形式所代替"①。

在这里，我们不想论述生产力和生产关系规律本身以及马克思关于生产关系的概念是如何形成的，而是要着重论述，马克思从物质资料生产出发揭示出生产力和生产关系辩证运动规律，是怎样解决自己以前遗留的问题，从而建立起唯物主义历史观的。

第一，历史的本质和动力。

从《手稿》中马克思把历史看成是人通过人的劳动而诞生的过程，到《神圣家族》中提出历史的发源地和历史无非是人类追求自己的目的的活动，虽然有所前进，但都没有解决历史究竟是如何发展的问题。

在《德意志意识形态》中，马克思从生产力的总和决定社会状况出发，强调始终要把人类的历史同工业和交换的历史联系起来研究和探讨，把历史看成是物质资料生产方式发展和变化的历史。在马克思看来，历史不外是各个世代依次更替，在整个历史发展过程中构成一个有联系的交往形式的序列，"由于这些条件在历史发展的每一阶段上都是与同一时期的生产力的发展相适应的，所以它们的历史同时也是发展着的、为各个新的一代所承受下来的生产力的历史"②。

也正因为这样，人类的历史才由狭隘地区性的历史变成世界历史，这是由生产力的发展决定的。只是随着生产力的发展，各个民族相互影响的活动范围愈来愈扩大，原始的闭关自守的状态被打破，人们之间的普遍交

---

① 《马克思恩格斯全集》，中文 1 版，第 3 卷，33、81 页。
② 同上书，81 页。

往才得以逐步建立。"由此可见，历史向世界历史的转变，不是'自我意识'、宇宙精神或者某个形而上学怪影的某种抽象行为，而是纯粹物质的、可以通过经验确定的事实，每一个过着实际生活的、需要吃、喝、穿的个人都可以证明这一事实。"①

历史发展的动力，并不是某种存在于历史之外或凌驾于历史之上的东西，而就在历史之中，在于构成历史发展的基础和内容的生产方式的内在矛盾。马克思明确指出："按照我们的观点，一切历史冲突都根源于生产力和交往形式之间的矛盾。"② 马克思这一重要论断，揭示了历史发展的"机制"，即物质资料生产方式是如何起作用的。它不仅回答了是什么，而且回答了为什么。

生产关系必须适合生产力的性质和水平。马克思在驳斥用军事占领来解释古代世界向封建主义过渡时论述了这一点，强调一切都取决于被征服民族的生产力状况。"定居下来的征服者所采纳的社会制度形式，应当适应于他们面临的生产力发展水平，如果起初没有这种适应，那末社会制度形式就应当按照生产力而发生变化。"③ 因此，罗马帝国灭亡后，奴隶制向封建制过渡的决定力量，归根到底就是生产力的发展。

马克思还看到，当某种生产关系还能促进生产力发展，并未成为生产发展障碍时，它是不会被消灭的。他说："私有财产是生产力发展一定阶段上必然的交往形式，这种交往形式在私有财产成为新出现的生产力的桎梏以前是不会消灭的，并且是直接的物质生活的生产所必不可少的条件。"④ 如果不根据生产力发展的要求，而是按照主观意志来任意改变生产关系，最终是达不到目的的。年轻的马克思当时就看到了这一点，表明

---

① 《马克思恩格斯全集》，中文 1 版，第 3 卷，52 页。
②③ 同上书，83 页。
④ 同上书，410~411 页。

他的历史观已臻于成熟。

社会领域是人的领域。生产力和生产关系的矛盾必然通过人与人的关系表现出来。在阶级社会中，它表现为阶级斗争，而阶级斗争最尖锐的表现是革命。因此，在阶级社会中，阶级斗争和社会革命是不可避免的，它的必然性存在于经济事实之中。正如马克思所指出的："生产力和交往形式之间的这种矛盾……每一次都不免要爆发为革命，同时也采取各种附带形式——表现为冲突的总和，表现为各个阶级之间的冲突，表现为意识的矛盾、思想斗争等等、政治斗争等等。"① 这样，马克思就进一步揭示了生产力和生产关系的矛盾作为社会发展的决定力量是如何实现的。生产关系并不会自动适应生产力发展的要求。生产关系无论怎样腐朽落后，都是受到统治阶级全力维护的。在阶级社会中，排除阶级斗争和社会革命，历史的发展是不可想象的。

但革命的基础并不是生产力发展的绝对水平。仅从横向上比较，即用一个国家的生产力发展高度同另一个国家比较，撇开具体的历史环境，撇开各不同国家的国情，无法理解革命发展的不平衡性，无法理解为什么革命往往不是在生产力发展水平最高，而是在生产力并不发达的国家首先发生。马克思在强调一切历史冲突都根源于生产力和交往形式之间的矛盾时，并没有把它绝对化。他说："对于某一国家内冲突的发生来说，完全没有必要等这种矛盾在这个国家本身中发展到极端的地步。由于同工业比较发达的国家进行广泛的国际交往所引起的竞争，就足以使工业比较不发达的国家内产生类似的矛盾。"② 马克思把德国和英国相比，从生产力发展水平来说，德国落后于英国；就所有制来说，资本主义私有制在德国比在英国进步。可是，德国的资产阶级既遭到封建贵族的反对，又害怕新兴

---

①② 《马克思恩格斯全集》，中文1版，第3卷，83页。

的无产阶级，腹背受敌，矛盾复杂尖锐。马克思寄希望于德国，认为德国的革命会早于英国。这个期望没有实现，但马克思分析问题的方法仍然是很有教益的。中国革命的胜利证明了这一点。

第二，社会的多层次结构和各种因素的相互关系。

马克思从物质资料生产中区分出生产力和生产关系两个方面并揭示了它们之间的辩证联系，从而揭示了社会的结构。马克思从生产力、生产关系、上层建筑的相互联系中来分析社会，并且指出："三个因素——生产力、社会状况和意识——彼此之间可能而且一定会发生矛盾。"①

这比起1845年以前，例如在《手稿》中直接用生产来解释上层建筑更加科学化、精确化。从物质生产中寻找上层建筑现象的根源，这个方向是正确的，但不能到此为止。仅仅用物质资料生产不能说明，为什么在资本主义国家生产的发展并没有改变上层建筑的性质，为什么有的生产水平低的国家比生产水平高的国家具有更先进的社会制度和道德面貌，或者为什么生产水平大体相同的国家具有不同的社会制度，如此等等。在《德意志意识形态》中，马克思通过划分生产力、生产关系（当时主要称为交往形式）、上层建筑，把生产关系作为既受生产力制约又制约政治的和观念的上层建筑的中介环节，使上述问题得到科学的解答。

马克思所揭示的社会有机体的结构的规律，是把社会作为一个完整系统来对待的。他把社会看成各种因素相互作用的整体，并分析了各种因素的独特功能。马克思并不是机械的因果决定论者。他不仅论述了生产力→生产关系→上层建筑的各环节的因果关系，也看到了上层建筑→生产关系→生产力的反作用。但是马克思不同于仅仅用相互作用这个抽象概念，把各种因素并列起来，否定历史领域中因果规律的多因素论的观点。

① 《马克思恩格斯全集》，中文1版，第3卷，36页。

第三，社会发展是自然历史过程。

这个问题，马克思在《手稿》中已经提到，他说："历史是人的真正的自然史。"[①] 但是这个论断与其说是指历史发展的规律，不如说是指历史的内容，即历史是人改造自然的过程，是自然界成为人这一过程的现实部分。相反，从社会形态更替的角度看，由于马克思当时还没有完全摆脱费尔巴哈关于人的本质异化和复归理论的影响，对于社会形态更替的实质和规律性并没有达到科学的认识。

尽管人们对《德意志意识形态》中把所有制形式划分为部落所有制、古代公社所有制和国家所有制、封建的或等级的所有制、资产阶级所有制，以及共产主义所有制的理解不一致，但有一点是肯定的，即由于马克思发现了生产力和生产关系运动规律，揭示了社会的多层次结构，说明了在生产力发展的推动下，如何由一种社会形态过渡到另一种更高级的社会形态，因而不仅提供了划分各种社会形式的客观标准，而且完全有科学根据把这种更替看成是不以人们意志为转移的客观过程。马克思关于社会经济形态的学说，揭示了社会发展的动因和机制，从而把唯心主义从历史领域中驱逐出去。

西方有些历史学家和社会学家，否认历史发展的规律性，否定历史决定论，鼓吹非决定论。在他们看来，社会现象不同于自然现象，前者是单一的、个别的、不重复的、偶然的，无规律可循。他们说："相信一定的规律性是社会发展的基础，认为这种规律的知识提供预见的可能性，从而给政治家明确规定其活动的范围，对于这种信仰，像迷信一样，应该被拒绝。"[②] 按照这种看法，根本不可能存在具有客观意义的社会历史科学。"历史是现

---

① 《马克思恩格斯全集》，中文1版，第42卷，169页。
② 转引自［苏］Н. И. 德里亚赫洛夫、В. И. 拉津等编：《历史唯物主义范畴》，246页，北京，北京师范大学出版社，1984。

代的历史。"每一个人都是按照自己的观点和需要，重新塑造历史。在他们眼里，马克思关于社会经济形态的学说，是一种机械的"宿命论"。

具体的历史事件是单一的、不会重复的，但社会现象是有重复性的。1871年的普法战争只有一次，但战争作为社会现象是不断出现的；1789年的法国大革命不会重复，但在阶级社会中，革命是不可避免的。罗伯斯比尔、丹东在历史上不会有第二个，但个人在历史上的作用问题会一再出现。同样，尽管任何一个国家、民族都有自己的特点，有独特的语言、文化传统、历史状况，有不同的历史人物和事件，但任何一个社会都是建立在一定的生产方式的基础上，并有与其相适应的政治的和观念的上层建筑。生产力决定生产关系，并以生产关系为中介，最终制约着全部上层建筑，这是稳定的、不断重复的本质联系。这就是规律，支配整个人类社会的普遍规律。

马克思关于社会经济形态的学说并不否定历史发展的多样性。每一个国家都有自己特定的历史环境、地理环境、文化传统和民族心理，因而状况各不相同。同样是封建社会，中国就不同于欧洲，也不同于印度。在欧洲是封建领主土地所有制占统治地位，在中国是封建土地所有制占统治地位，而在印度则土地为村社所有。欧洲从封建社会中孕育出资本主义社会；而中国封建社会长期停滞，最后成为半殖民地半封建社会；而对于俄国，马克思后来甚至认为俄国的农村公社，存在非资本主义道路发展的可能性，这一切取决于历史条件。马克思反对把西欧资本主义发展的典型形式，看成是一切民族不管历史环境如何都注定不可避免的道路。历史不是操着同样步伐前进的阅兵式。但也不能由此得出结论说，历史发展没有一般规律，各个国家、民族的发展是截然不同的、多元的。尽管各个民族发展的历史顺序，可以出现跳跃、局部倒退、社会变态，但都是受唯物史观所揭示的一般规律支配的。物质资料生产是社会存在和发展的基础，社会是在社会内部各种因素的相互作用中发展的。所谓"自我调节"只是相对的，资本主义社会不可能是万古长存的。这是颠扑不破的真理。

社会发展是可以预测的，当然不像预见日食、月食那样准确。社会生活中各种偶然因素的作用，比自然界要复杂得多。在唯物史观的指导下，并运用近代自然科学的一些方法，如系统方法、控制论、信息论和数学统计，对科技发展和社会生活的各个侧面进行定性定量的分析，对社会发展的趋势，有可能作出近似正确的判断。具体的历史事件是很难预料的，但历史发展的趋势是可以预见的，尽管历史自身的发展会不断修正已有的结论。完全否认历史预见的可能性，是以否定历史发展规律为依据的，这是不可知主义在历史领域中的表现。

由上可见，如果不从探讨主体自身的内在本质，探求人的本质与社会存在的矛盾，转向分析客观生产过程，揭示生产过程内部生产力和生产关系的矛盾，并以此为据，对社会的横断面（社会结构）和纵断面（社会形态的更替）作出科学的分析，唯物史观是不可能建立的。

唯物史观的确立，使马克思彻底清除了原先残留的费尔巴哈人本主义的影响。

马克思抛弃了把劳动作为人的本质和作为维持人类生存手段对立起来的观点。在《手稿》中，他把维持肉体生存作为人的非人化的、人降低到动物水平的标志，而在《德意志意识形态》中，马克思则肯定："任何人类历史的第一个前提无疑是有生命的个人的存在。因此第一个需要确定的具体事实就是这些个人的肉体组织，以及受肉体组织制约的他们与自然界的关系。"[1] 毫无疑问，劳动具有多种功能，它包括创造人自身、发展人的才能以及带来快感（劳动时的愉快）等等，但在任何社会中，都不能把

---

[1] 《马克思恩格斯全集》，中文1版，第3卷，23页。

维持人类生存排除在劳动目的之外。即使到了共产主义社会，劳动不再作为个人谋生的手段，它的一个根本目的也仍然是满足整个社会不断增长的物质和文化需要。劳动的其他功能的发挥和实现都建立在这个最基本的功能之上。所以马克思在批评费尔巴哈的人本主义时是把这一点包括在内的。他说："这种活动、这种连续不断的感性劳动和创造、这种生产，是整个现存感性世界的非常深刻的基础，只要它哪怕只停顿一年，费尔巴哈就会看到，不仅在自然界将发生巨大的变化，而且整个人类世界以及他（费尔巴哈）的直观能力，甚至他本身的存在也就没有了。"①

马克思也摒弃了《手稿》中把真正的人与异化的人对立起来的做法，按照他发现的生产力和生产关系矛盾运动的规律，对人与非人进行了新的解释："'人的'这一正面说法是同某一生产发展的阶段上**占统治地位**的一定关系以及由这种关系所决定的满足需要的方式相适应的。同样，'非人的'这一反面说法是同那些想在现存生产方式内部把这种统治关系以及在这种关系中占统治地位的满足需要的方式加以否定的意图相适应的，而这种意图每天都由这一生产发展的阶段不断地产生着。"② 通俗地说，当生产关系适应生产力要求，人们对这种生产关系表示满意的时候就说它是"人的"；而当生产关系严重阻碍生产力发展，使整个社会发生危机，形成不利于人类发展的环境时就说它是非人的、违反人性的。马克思作了个比喻：从大海里运到库弗尔格拉班的鲸鱼，生存环境发生了变化，如果鲸鱼有意识的话，它也会把这种由不顺利的环境所造成的境遇说成是和自己的本性相矛盾的。所以马克思说："哲学家们关于现实的人不是人这一荒谬的判断，只是实际上存在于人们的关系和要求之间的普遍矛盾在抽象范围

① 《马克思恩格斯全集》，中文1版，第3卷，50页。
② 同上书，508页。

之内的最普遍最广泛的表达。"①

人的、非人的，人性的、非人性的这些用语并不是不可用，要一概排斥，问题在于它的哲学基础。如果撇开社会内在矛盾，以人的固有本性为尺度，把一切罪恶现象看成人性的异化的观点，是人本主义的。如果按照历史唯物主义观点，把它看成是按照公认的道德准则对人们行为的评价，则表现的是人们对某一行为的赞成或反对的态度。我们在斥责法西斯时经常使用"灭绝人性"，而在赞扬一个人的高尚行为时就使用"符合人性的行为"，等等。这是两种不同的情况。因此应该把关于人的人本主义哲学观点和道德规范区分开来。后来恩格斯在《诗歌和散文中的德国社会主义》一文中驳斥格律恩曲解歌德时专门作了这种区分。他说："由于歌德自己时常在比较夸张的意义上使用'人'和'人的'这些字眼，格律恩先生就轻而易举地把歌德变成了'人的诗人'。歌德使用这些字眼自然仅仅是指当时的人们以及后来的黑格尔所使用的那种意义而言，那时，'人的'这个词主要是用在同异教的和基督教的野蛮人相对立的希腊人身上，是指远在费尔巴哈赋予这些术语以神秘的哲学内容之前所使用的那种意义而言。这些字眼，特别是在歌德那里，大多具有一种完全非哲学的、肉体的意义。"② 我们之所以要引证这段话，是为了说明研究马克思的思想发展，重要的是观点的变化，而不能拘泥于用语。即使在《德意志意识形态》之后，马克思也使用过无愧于人类本性之类的提法，这决不表明他的观点同1845 年春之前相比没有变化。有些争论，正是没有区分哲学观点和普通用语引起的。

---

① 《马克思恩格斯全集》，中文 1 版，第 3 卷，505 页。
② 《马克思恩格斯全集》，中文 1 版，第 4 卷，255 页。

第三节 对异化问题的新认识：从用异化解释分工到 从分工中探求异化

随着由异化劳动理论过渡到全面确立唯物史观，异化在马克思思想中的地位和作用发生了根本性的变化。唯物史观成为马克思分析和研究社会历史的唯一指导原则。只有坚持唯物史观，才能对异化现象作出科学的解释。

异化论并不是德国的特产，开始也不是一种抽象的思辨理论，而是作为对社会现象的一种解释而萌发的。从历史上看，它的出现同文艺复兴时开始逐步兴起的资产阶级人道主义有着思想上的血缘关系。新兴资产阶级倡导以人为出发点，把自由、平等、尊严、价值看成人的本性，人的不可剥夺的天赋权利，对以奴役代替自由，以特权代替平等，人的权利和尊严遭到践踏的封建制度进行了抨击。但为什么人会丧失自己固有的权利，会丧失人作为人的尊严和本性呢？异化作为一种社会历史观，就是从解答这个"难题"中产生出来的。卢梭虽然没有使用异化这个概念，但他用权力转让说来回答所谓非人性的现实同人性的对立，就包含后来异化理论的萌芽。

作为资产阶级的启蒙思想家，卢梭是一个资产阶级人道主义者。他的社会契约学说同他的人道主义是结合在一起的。卢梭提倡"爱一切的人，甚至爱那些轻视人民的人"，"人，是绝对不能说人类的坏话的"①；他尖锐抨击封建制度、专制政府"使人类受屈辱，使'人'这个字丧失了尊

---

① ［法］卢梭：《爱弥儿》，上卷，311 页，北京，商务印书馆，1978。

严"，是一个"既不公平而又荒谬的政府制度"①。在卢梭看来，人本来是自由的、自主的人，可是在当时的社会里，人不仅受整个自然界的支配，而且特别受同类的支配，失去自由。放弃自由，就是"放弃人类的资格，就是放弃人类的权利"，"这样的一种弃权是不合人性的"②。卢梭所要探讨的，正是人为什么会违背自己的本性，"转让"即异化自己的本性呢？他说："人生来是自由的，但却无往不在枷锁之中"，"这种变化是怎样形成的？我不清楚。什么才能使这种变化成为合法的？我自信能够解答这个问题"③。

在卢梭看来，人类为了摆脱自然状态，相互订立契约，绝不是要转让自己的自由，相反是力图保障自己的自由。在自然状态中，由于不利于人类生存的种种障碍超过了每个个人自我保存的力量，单纯的自然状态不能继续，如果不改变生存方式，就会被消灭，因此人们"要寻求一种结合的形式，使它能够以全体共同的力量来防御和保护每个结合者的人身和财富；而同时与全体相结合的每个个人又只不过是在服从自己本人，并且仍旧是像以往一样的自由"④。因此，卢梭认为，主权是不可分割、不可转让的，"主权既然不外是公意的运用，所以就永远不可转让，主权既然只能是集体的生命，所以就只能由自己来代表自己，权力可以转让，但是意志则不可以转让"⑤。据此，他批评了霍布斯关于臣民必须放弃主权，绝对服从元首的君主专制论，嘲笑这种理论像把人变成一群群的牛羊一样，"每群有每群的首领，首领之所以保护他们，只是为了要吞掉他们"⑥。

①　［法］卢梭：《民约论（社会契约论或政治权利原理）》（以下简称《社会契约论》），121 页，北京，法律出版社，1958。
②　同上书，13 页。
③　同上书，6 页。
④　同上书，19～20 页。
⑤　同上书，35 页。
⑥　同上书，8、109 页。

可是，理论终究是理论，事实是比理论更强有力的。按照卢梭的社会契约论，人民没有转让自己的主权，官吏是人民的公仆，政府是主权者的执行者，它应该按照公意而活动。只要主权者愿意，他就可以限制、修改或收回托付的权力。而事实上，国家和政府凌驾于主权者之上，剥夺了主权者的自由，成了"他们的主人"。卢梭看到这种矛盾，指出这种"滥用职权及蜕化"的不可避免的趋向："迟早总有一天君主终于会压制主权者，并破坏了社会的契约。这是政治体的内在的不可避免的弊病，它从政治体一产生起，就在不停地使政治体趋向毁灭，正如意志与死亡最后会毁灭人的身体一样。"正是从政府篡夺主权那个时刻起，社会契约就被破坏了，这样他们的服从就不是一种义务，而是被迫的。卢梭在这里描述的"转让"，就是封建社会的权力异化，是同人类订立契约时的愿望完全背离的。

任何一种理论都必须有其立论的根据。完全从思辨的角度看，异化状态必然以非异化状态为前提，两相对照，形成一幅对当时现实评价的图案。卢梭就是这样。他设想出两种人——"自然人"和"文明人"，即自然状态和文明社会，从它们的对比中，说明他关于社会契约的理论。这种方法，对以后关于人和非人的异化理论，不能说没有影响。

在卢梭看来，在原始的自然状态下，人的生活只是按照自己的本性，服从自己的天性。"自然人"满足于自己粗陋的小屋，局限于用荆刺和鱼骨缝制兽皮衣服，用羽毛和贝壳来装饰自己。他们过着自由、健康、善良和幸福的生活，没有我们文明社会那些可怕的后果。这种看法在当时是很普遍的，并没有什么特别的地方。马克思说过："18世纪流行过的一种臆想，认为自然状态是人类本性的真正状态。当时有人想用肉眼去看人的思想，因此就创造了**自然状态的人的形象**——巴巴盖诺，他们纯朴得居然用羽毛去遮盖自己的身体。在18世纪最后几十年间，曾经有人这样想：**自然状态的人**是具有非凡的才智的，捕鸟者到处都在模仿易洛魁人和印第安人等的歌唱法，以为用这种圈套就能诱鸟入网。所有这些奇谈怪论都是以这样一种真实思想为根据的，即**原始**状态只是一幅描绘人类**真正**状态的纯朴的尼德兰图画。"①

但是，联系到卢梭的异化思想的萌芽，这种关于自然状态描述的新颖之处在于，它树立了一个评价现实的尺度。卢梭心里也很清楚，这种自然状态是不真实的，他反复把它称为"基于人的本性的推理"。他说："不应当把我们在这个主题上所能着手进行的一些研究认为是历史真相，而只应认为是一些假定的和有条件的推理。这些推理与其说是适于说明事物的真实来源，不如说是适于阐明事物的性质，正好像我们的物理学家，每天对宇宙形成所作的那些推理一样。"② 卢梭实际上是把自己关于自然状态的论述，看成如自然科学中的假设一样。他之所以需要这个假设，是因为"我们必须对这种状态具有正确的观念，才能很好地判断人类现在的状态"③。可见醉翁之意不在酒。卢梭是托古喻今，抒发自己对当时现实的愤懑和对自由、平等的向往。因此他并不无条件地赞美自然状态，要求回到自然状态。他驳斥了认为"必须毁灭社会，取消'你的'和'我的'这种区别，再返回森林去和熊一起生活"的观点，进而明确地指出，我们"再不能以野草和橡子充饥，既不能没有法，也不能没有首领"④。卢梭不是眷恋过去，而是着眼未来。他不把改变现实（扬弃异化）看成是复归于自然状态，这种观点是辩证的。

卢梭比较全面地看到了契约社会同主权者的意愿相背离的状况。除了上面曾谈到的权力异化，即政府的篡权和蜕化外，他还对道德、财产的问题进行了论述。

---

① 《马克思恩格斯全集》，中文1版，第1卷，97页。
② ［法］卢梭：《论人类不平等的起源和基础》，71页。
③ 同上书，64页。
④ 同上书，166页。

使卢梭头角崭露，获得极大声誉的第一篇著作，是《论科学与艺术》的应征论文，主题是论述科学与艺术的复兴是否有助于敦风化俗的问题。在这篇获得法国第戎科学院奖金的论文中，卢梭断然否认科学与艺术的进步能促进和完善道德，相反，它败风坏俗，戕伐德行，使道德堕落。他说，"我们的灵魂正是随着我们的科学和我们的艺术之臻于完美而越发腐败"，"随着科学与艺术的光芒在我们的地平线上升起，德行也就消逝了"①。卢梭还列举了许多科学与艺术发达的民族，由于腐败而被"野蛮"民族征服的例子作为根据，其中特别谈到了封建制度下的中国，他说："在亚洲就有一个广阔无垠的国家，在那里文艺之为人尊崇摆在国家尊荣的第一位。如果各种科学可以敦风化俗，如果它们能教导人们为祖国而流血，如果它们能鼓舞人们的勇气，那么中国人民就应该是聪明的、自由的而且是不可征服的。然而，如果没有一种邪恶未曾统治过他们，如果没有一种罪行他们不曾熟悉，如果无论大臣们的见识还是法律所号称的睿智，或者那个广大帝国的众多居民，都不能保障他们免于愚昧而粗野的鞑靼人的羁轭的话，那么他们的那些文人学士又有什么用处呢？他们所满载的那些荣誉又能得到什么结果呢？结果不就是充斥着奴隶和为非作歹的人吗？"②

作为一个资产阶级的启蒙主义者，本应提倡科学，颂扬文化，卢梭的言论似乎是"出轨"。但卢梭关于科学技术的进步与道德的反比例关系，绝不单纯是愤世嫉俗之言，而是看到了当时道德领域的异化现象：一方面是科学、技术的进步；另一方面是世态炎凉、道德败坏，人与人之间充满了疑虑、猜忌、冷酷、戒备、仇恨与奸诈。卢梭看到了这种矛盾，但没有正确理解这种矛盾。的确，卢梭也力图在这两者之间寻找一个中间环节，

---

① ［法］卢梭：《论科学与艺术》，11 页，北京，商务印书馆，1963。
② 同上书，13～14 页。

这就是奢侈。他说，"奢侈很少是不伴随着科学与艺术的，而科学与艺术则永远不会不伴随着奢侈"，"当生活日益舒适、工艺日臻完美、奢侈开始流行的时候，真正的勇敢就会削弱，尚武的德行就会消失；而这些仍然是科学和艺术在暗中起作用的结果"①。科学进步→奢侈→道德堕落，这就是卢梭的公式。我们当然不能责怪卢梭不懂得对象化和异化的区别，没有真正理解科学技术与道德之间的关系，这是由他的历史观的局限性决定的。相反应该说，卢梭以睿智的思想和敏锐的目光，看到了这种矛盾，看到了道德领域的异化现象，提出了问题，这是极其深刻的。

特别是卢梭对私有制非常重视。例如在讲到私有制和道德关系时，他说："一方面是竞争和倾轧，另一方面是利害冲突，人人都时时隐藏着损人利己之心。这一切灾祸，都是私有财产的第一个后果。"② 在谈到权力异化时，也是同私有财产联系在一起的。正是由于产生了私有制，富人通过对穷人的欺骗，订立契约，产生了社会和法律，"它们给弱者以新的桎梏，给富者以新的力量；它们永远消灭了天赋的自由，使自由再也不能恢复；它们把保障私有财产和承认不平等的法律永远确定下来，把巧取豪夺变成不可取消的权利；从此以后，便为少数野心家的利益，驱使整个人类忍受劳苦、奴役和贫困"③。

"在没有私有制的地方是不会有不公正的。"④ 卢梭引用洛克的话，表达了自己的重要结论。虽然卢梭对私有制起源的看法，没有摆脱唯心主义的束缚，但是他强调"冶金术和农业这两种技术的发明，引起了这一巨大的变革"⑤，这应该说是天才的思想。

---

① ［法］卢梭：《论科学与艺术》，18、22 页，北京，商务印书馆，1963。
② ［法］卢梭：《论人类不平等的起源和基础》，125 页。
③ 同上书，128～129 页。
④ 同上书，119 页。
⑤ 同上书，121 页。

由上可见，卢梭的社会政治理论中包含某些合理的思想，特别是历史辩证法，但是用异化（权力转让）来说明社会，终究是一种唯心主义历史观。

德国古典哲学把异化变成一种思辨理论。尽管各个哲学家对人的本质的说法不同，但都包含一个共同内容，即用人的本质的异化来解释非人性的现实（如宗教、国家）同人的本质的对立。马克思开始也是沿着这条路起步的，但逐步摒弃了这种方法，特别是从《德意志意识形态》开始，发生了根本性的变化。

在《德意志意识形态》中，马克思批判了施蒂纳的唯心主义的异化观。这种批判是《手稿》《神圣家族》对黑格尔和鲍威尔异化观批判的继续。但不同的是，在上述著作中马克思还没有完全摆脱费尔巴哈的影响，他在批判唯心主义异化观的同时，在一些地方仍然保留有人的本质同人相异化的观点，用人的自我异化来解释无产阶级和资产阶级的对立。而对施蒂纳的批判，完全是建立在唯物史观基础上的。

施蒂纳形式上抛弃了费尔巴哈抽象的人，而强调作为"唯一者"的"我"。实际上施蒂纳的"我"并不是以经验的、实在的个人为基础的，而是摆脱了一切关系的"我"。这种"我"仍然是抽象的人的别名而已。施蒂纳正是以这种"我"为基础，展开了他的唯心主义异化观。他把一切有别于"我"的东西称为"非我"。这种"非我"有各种名称，它可以表现为纯逻辑的概念，例如"自在的存在""异在"，也可以表现为具体观念，例如人民、国家等等。重要的倒不是施蒂纳对"非我"的表述，而是他把一切都弄成与"我"相对立的"非我"，而"非我"就是异于"我"的东西，因此"非我"对"我"的关系就是异化关系。这样，施蒂纳把一切现实的关系和现实的个人都预先宣布为异化的，把这些关系和个人都变成关于异化的完全抽象的名词。所以马克思批判施蒂纳时指出："他的任务不是从现实个人的现实异化和这种异化的经验条件中来描绘现实的个人，他的做法又是：用关于异化、**异物**、**圣物**的空洞思想来代替一切纯经验关系的发展。"①

很显然，马克思并不是一般地反对使用异化这个概念，而是反对把异化弄成空洞的名词。他用现实个人的现实异化来代替人的异化，用研究产生异化的经验条件来代替抽象的主客体对立。例如，在《德意志意识形态》中，马克思通过对旧的分工和异化相互关系的探讨，科学地揭示了私有制条件下异化的本质和起源，走出了《手稿》循环论证的"困境"，并使对生产力和生产关系辩证运动规律的认识进一步具体化。

在《手稿》中，马克思通过对英国古典政治经济学的研究，初步接触到分工问题。他摘录了亚当·斯密、萨伊、斯卡尔贝克、穆勒有关分工和交换的某些言论并作了评论，认为关于分工的本质，"国民经济学家们是讲得极不明确和自相矛盾的"②。

马克思当时由于刚刚研究经济学，对于分工的认识也并不十分清楚。他说，"**分工**是关于异化范围内的**劳动社会性**的国民经济学用语。换言之，因为**劳动**不过是人的活动在外化范围内的表现，不过是作为生命外化的生命表现，所以**分工**也无非是人的活动作为**真正类活动**——或作为类存在物**的人的活动**——的**异化的**、**外化的设定**"，是"**作为类活动的人的活动这种异化的和外化的形式**"③。说分工是劳动社会性的表现当然是正确的。人的社会性，从根本上说是劳动的社会性。如果劳动可以彼此无关地进行，人们之间就不会建立物质交往关系。分工表明人的劳动是社会性的劳动，在劳动中借助于分工以及与分工紧密联系的交换，人们处于相互联系

---

① 《马克思恩格斯全集》，中文 1 版，第 3 卷，317 页。
② 《马克思恩格斯全集》，中文 1 版，第 42 卷，144～145 页。
③ 同上书，144 页。

之中。而且马克思当时也注意到英国古典经济学派对分工的看法，例如分工提高劳动的熟练程度，增加社会产品，但又限制单个人的能力并使之退化；人的才能的差别与其说是分工的原因，不如说是分工的结果；分工和交换可以形成社会生产力；等等。这对于马克思深入分析分工都有积极作用。但是把分工看成是异化劳动的表现，用异化来解释分工，并没有真正揭示分工的原因和本质。

在《德意志意识形态》中，马克思紧密联系生产力和生产关系来分析分工，并从旧的劳动分工中分析异化。

分工是由生产力发展水平决定的。一个民族的生产力发展水平，最明显地表现在该民族分工的发展上。马克思指出："任何新的生产力都会引起分工的进一步发展。"① 人类从根据性别、体力自发地形成的分工，发展到工商业劳动同农业劳动的分离、商业劳动同工业劳动的分离，以及同一个劳动部门共同劳动的个人之间愈来愈细致的分工，都是根源于生产力的发展。

分工还与生产关系密切联系。分工发展的各个不同阶段，同时也就是所有制的各种不同形式。马克思说："分工从最初起就包含着劳动**条件**、劳动工具和材料的分配，因而也包含着积累起来的资本在各个私有者之间的劈分，从而也包含着资本和劳动之间的分裂以及所有制本身的各种不同的形式。"② 马克思在分析各种所有制形式的划分和更替时，着重指出它们都是与分工的一定水平相适应的。

因此，在马克思看来，在以往的社会中，生产力、生产关系、上层建筑之间之所以必然发生矛盾，正是因为存在旧式的分工。因为分工不仅促进了生产力发展，有剩余产品，而且通过生产工具和产品的分配，使一部

---

① 《马克思恩格斯全集》，中文1版，第3卷，24页。
② 同上书，74～75页。

分人占有另一部分人的产品，这样物质活动和精神活动、享受和劳动、生产和消费发生分裂。所以马克思说："要使这三个因素彼此不发生矛盾，只有消灭分工。"① 这里所说的消灭分工，当然指的是与私有制相联系的旧式分工。

正是基于这种认识，马克思不再把异化看成是人的自我异化、人的类本质同人相脱离，而是根源于生产方式。他说，"在一定的、当然不以意志为转移的**生产方式**内，总有某些异己的、不仅不以分散的个人而且也不以他们的总和为转移的实际力量统治着人们"，并且明确指出这种力量是"通过交往而形成的力量，从而个人的行为转化为社会关系，转化为某些力量，决定着和管制着个人"②。而在生产方式中，马克思突出地分析了分工，把自发形成的分工看成是产生异化的根源，因为只要分工还不是出于自愿，而是自发的，那么人本身的活动对人来说就成为一种异己的、与他相对立的力量，不是人驾驭着这种力量，而是这种力量驱使着人。

正是由于分工，人的社会活动被固定化了，每个人都被限制在一定的特殊的活动范围内。这个范围是强加于他的，他不能超出这个范围："他是一个猎人、渔夫或牧人，或者是一个批判的批判者，只要他不想失去生活资料，他就始终应该是这样的人。"③ 个人屈从于分工，屈从于他被迫从事的某种活动，虽然能提高劳动的熟练程度，但却使人的发展片面化、畸形化。脑力劳动和体力劳动的对立，使得一部分人只运用体力而另一部分人只运用脑力。城乡的对立，把一部分人变为受局限的城市动物，而把另一部分人变成受局限的乡村动物。生产越发展，分工越发达，人的活动越是被局限在狭小的范围内。分工促进了生产的发展，最终为人的全面发

---

① 《马克思恩格斯全集》，中文1版，第3卷，36页。
② 同上书，273～274页。
③ 同上书，37页。

展创造了条件，但在一定的历史时期内又是一种奴役人的力量。

分工和交换是不可分的。处于某种固定活动范围的个人，他们之间通过交换发生联系，使私人劳动转化为社会劳动。这样，劳动者同自己的产品相脱离，彼此占有对方的产品，劳动逐步转变为谋生劳动，并且从简单商品生产中孕育和产生了资本主义的商品生产。人们的活动愈来愈受市场力量的支配。马克思说："单独的个人随着他们的活动扩大为世界历史性的活动，愈来愈受到异己力量的支配……受到日益扩大的、归根到底表现为**世界市场**的力量的支配。"① 商品经济代替自然经济，标志着历史的进步。商品生产越发达意味着生产水平越高。但是建立在高度发达的分工和交换基础上的资本主义商品生产，形成了一种人们无法控制的盲目的市场力量，使商品生产者的命运受商品和货币的支配。

个人力量由于分工而转化为物的力量，还表现在社会生产力的形成。个人的力量是分散的、彼此对立的，通过分工和协作，通过个人的交往和相互联系才能成为真正的力量，即社会生产力。这种力量在私有制条件下，表现为一种完全不依赖于各个个人并与他们分离的东西，是与各个个人同时并存的特殊世界。人们不能自觉地充分控制、利用生产力，反而为它所控制。正如马克思所指出的："受分工制约的不同个人的共同活动产生了一种社会力量，即扩大了的生产力。由于共同活动本身不是自愿地而是自发地形成的，因此这种社会力量在这些个人看来就不是他们自身的联合力量，而是某种异己的、在他们之外的权力。关于这种权力的起源和发展趋向，他们一点也不了解；因而他们就不再能驾驭这种力量，相反地，这种力量现在却经历着一系列独特的、不仅不以人们的意志和行为为转移的，反而支配着人们的意志和行为的发展阶段。"②

---

① 《马克思恩格斯全集》，中文1版，第3卷，41～42页。
② 同上书，38～39页。

　　由此可见，并不是异化劳动导致分工，而是分工导致劳动的异化。生产力的提高—分工的发展—私有制的产生，这是《德意志意识形态》描述的历史的进程。

　　当然，马克思这里所说的分工，是与私有制相结合的旧式分工。这种分工把人终生束缚在某一种职业上，导致人的片面发展，并通过交换逐步形成由商品、货币、资本支配人的物的世界。社会主义社会仍然存在分工，存在交换，存在商品和货币，但社会主义的商品生产是有计划的商品生产，社会主义的分工、交换、商品、货币反映的是社会主义生产关系。我们大力发展社会主义的商品经济，自觉地运用价值规律和供求关系来调节生产，逐步使交换、生产及其相互关系重新受自己支配，这同资本主义社会盲目受市场力量和供求关系的统治是不同的。

第四节　从实现人的本质到人的全面发展

　　历史唯物主义根本不同于结构主义。它从物质资料生产方式出发，揭示社会发展的内在规律，但非常重视对人的问题的研究。

　　任何一种有影响的理论，都可能受到来自不同方面的批评。列宁关于从左边和右边对康德、杜林、狄慈根的批判的论述是发人深省的。列宁说："马克思和恩格斯经常'轻蔑地谈论'不好的社会主义者，但是应当从中看出：他们的本意是要求正确的科学的社会主义学说，而不是要求从社会主义飞到资产阶级观点上去。马克思和恩格斯经常斥责**不好的**（主要是反辩证法的）唯物主义，但他们所根据的是更高级、更发展的辩证**唯物主义**，而不是休谟主义或贝克莱主义。"①

---

① 《列宁选集》，2版，第2卷，244页。

我们坚决反对站在封建主义立场上来反对资产阶级人道主义，否定它的历史进步性和某些合理因素。马克思主义摒弃以人为出发点的抽象人道主义的历史观，但并不抛弃资产阶级人道主义中的合理因素。正如作为无神论的马克思主义，十分珍惜欧洲教堂和敦煌石窟中以宗教为题材的著名壁画和雕塑，但把它限制在艺术领域一样，马克思主义反对的是以抽象的人作为出发点，但并不否定资产阶级人道主义在政治、道德、美学、艺术领域所取得的某些成就。资产阶级曾经是被压迫阶级，它在反对封建制度时提出的某些口号，反映了社会发展的进步趋势。以为批判以抽象的人为出发点，就可以不必关心人，对人冷漠无情；批判抽象的自由、平等、博爱，批判抽象的人的价值、尊严，就可以不讲人格和尊严，不讲自由、平等；批判抽象人道主义，就可以不要任何意义上的人道主义：这是不正确的。社会主义社会是人道的社会，社会主义社会处理人与人之间的关系应该包含社会主义的人道主义原则。

"无情未必真豪杰。"一个真正的革命者，应是富有人情味的，尤其是热爱人民的。马克思就是这样。他对亿万劳动者怀有最真挚的同情和爱。他贫病交加，屡遭迫害，以毕生精力为无产阶级和全人类解放探求真理。但马克思并不以自己的人道主义情感作为立论的根据，正如妙手回春的圣医不以对病人的感情代替诊断一样。在《德意志意识形态》中，马克思批判了以实现人的本质为历史最终目的的"真正社会主义"者，但他在唯物史观的基础上，对个人自由和全面发展的问题给予了极大的注意。

"真正社会主义"是德国19世纪40年代流行的小资产阶级空想社会主义。他们用德国古典哲学，特别是费尔巴哈关于人的本质异化和复归的理论来理解法国的空想社会主义文献。他们用人的本质来判断一切，把货币、雇佣劳动等等看成是人的本质的异化，而把社会主义看成是实现人的本质的要求。例如，海尔曼·泽米希在《共产主义、社会主义、人道主义》中就把有产者和无产者看成是人的本质的异化，而把社会主义看成是对人的本质真正认识的必然结果。他说："现在我们的社会如此野蛮化了，有些人（食利者）像野兽一样贪婪地向他人的劳动产品猛扑，让自己的固有本质由于游手好闲而腐化；这一情况的必然结果是：另一些人（无产者）被迫像机器一样地生产，他们的财产（他们所固有的人的本质）之所以丧失，并不是由于游手好闲，而是由于过度的疲劳。""对人的本质的认识所产生的自然的、必然的结果已经是真正的人类生活。"① 鲁道夫·马特伊在《社会主义的建筑基石》中也宣称："承认人类平等，承认每个人生存的权利，是以对共同的、人人共有的人的本性的意识为基础的。"②

1845 年春以前，特别是在《手稿》中，马克思在某些方面也残留有人的本质异化和复归的论证方式。《德意志意识形态》以生产力和生产关系相互作用的规律为依据，对施蒂纳以及"真正社会主义"展开了批判。这同时也包含对自己以往哲学信仰的某种清算。

马克思摒弃了把共产主义看成是实现人的本质，是人的本质复归的观点。他说，"在'施蒂纳'那里，'共产主义'是从寻找**本质**开始的"，"而共产主义是用实际手段来追求实际目的的最实际的运动"③。共产主义是交往形式的产物，它的最深刻根源在资本主义生产方式之中："生产力在其发展的过程中达到这样的阶段，在这个阶段上产生出来的生产力和交往手段在现存关系下只能带来灾难，这种生产力已经不是生产的力量，而是破坏的力量（机器和货币）。与此同时还产生了一个阶级，它必须承担社会的一切重负，而不能享受社会的福利，由于它被排斥于社会之外，因而必然与其余一切阶级发生最激烈的对立；这个阶级是社会成员中的大多

---

① 转引自《国际共运史研究资料》，第 7 辑，226、228 页。
② 转引自上书，237 页。
③ 《马克思恩格斯全集》，中文 1 版，第 3 卷，236 页。

数，从这个阶级中产生出必须实行根本革命的意识，即共产主义的意识，这种意识当然也可能在其他阶级中形成，只要它们认识到这个阶级的状况。"① 后一句话，实际上是对出身于非工人阶级，但清楚地认识到工人阶级状况和使命的知识分子作用的肯定。这种生产方式矛盾—阶级对立—共产主义意识的论证方式，完全是唯物史观的。

马克思特别强调生产力发展的重要性。只有生产力的巨大增长和高度发展，才能壮大无产阶级力量并促使无产阶级和资产阶级的矛盾激化；同样，生产力的高度发展也是保证社会主义成为一个真正富裕社会的绝对必需的实际前提。否则，所谓平等，只能是贫穷的普遍化，而贫穷并不是社会主义。

马克思重视个人自由问题，但他反对施蒂纳从人的概念中引出自由，认为自由的程度取决于它是否符合人的概念的观点。自由并不是人的本质或类本性，而是具体的历史的概念，它取决于生产方式。马克思说："人们每次都不是在他们关于人的理想所决定和所容许的范围之内，而是在现有的生产力所决定和所容许的范围之内取得自由的。"② 这个论断，无论是对自然还是对社会都是非常深刻的。

就人与自然的关系来说，人对自然规律的认识和利用依赖于生产力发展的水平。随着生产力的发展，人类从自然界日益获得更多的自由。

就人与社会的关系来说，情况当然要复杂些。个人在社会领域中获得何种程度的自由发展的可能性，直接依赖于生产关系的性质。人不能离开社会，只有在集体中才可能有个人自由。可是有两种不同的集体。一种是虚假的共同体，或者像马克思所说的冒充的集体，例如在阶级社会，个人自由只有对那些在统治阶级范围内发展的个人来说才是存在的。他们之所

---

① 《马克思恩格斯全集》，中文 1 版，第 3 卷，77~78 页。
② 同上书，507 页。

以有个人自由，是因为他们是这个阶级的成员；相反，对于被统治阶级成员来说，不但他们的个人自由不能得到保证，反而增加了一个新的桎梏。为什么会是这种情况呢？直接原因是阶级的划分，可阶级的划分是与一定的生产水平相适应的。所以马克思认为，在社会领域中，自由问题归根结底也离不开生产力发展水平。他说："作为过去取得的一切自由的基础的是有限的生产力；受这种生产力所制约的、不能满足整个社会的生产，使得人们的发展只能具有这样的形式：一些人靠另一些人来满足自己的需要，因而一些人（少数）得到了发展的垄断权；而另一些人（多数）经常地为满足最迫切的需要而进行斗争，因而暂时（即在新的革命的生产力产生以前）失去了任何发展的可能性。由此可见，到现在为止，社会一直是在对立的范围内发展的，在古代是自由民和奴隶之间的对立，在中世纪是贵族和农奴之间的对立，近代是资产阶级和无产阶级之间的对立。"① 阶级对立限制了被压迫阶级的自由，使自由成为狭隘的、仅仅是一部分人拥有的东西。

马克思并不反对自由，而是反对以牺牲一部分人为代价的所谓自由，他认为每个人的自由发展应该是一切人的自由发展的条件。为此必须消灭旧社会的生存条件，消灭个人隶属于一定阶级的现象，建立新的联合体，即共产主义，"在真实的集体的条件下，各个个人在自己的联合中并通过这种联合获得自由"。而要做到这一点，必须以"发达的生产力为基础"②。

个人全面发展的可能性和必要性，同样根源于生产方式。在以往的历史上，个人屈从于旧的分工是与一定的生产力水平以及生产关系的性质相适应的。虽然资本主义生产力的高度发展要求劳动者具有一定的科学知识和文化水平，以便适应资本主义工业发展的需要和资本转移，"劳动变换

---

① 《马克思恩格斯全集》，中文 1 版，第 3 卷，507 页。
② 同上书，84、85 页。

律"要求劳动者具有多种技能，但资本主义私有制和阶级对立，终究限制了个人多方面发展的可能性。而共产主义生产方式代替资本主义生产方式为人的全面发展开辟了道路："只有在这个阶段上，自主活动才同物质生活一致起来，而这点又是同个人向完整的个人的发展以及一切自发性的消除相适应的。同样，劳动转化为自主活动，同过去的被迫交往转化为所有个人作为真正个人参加的交往，也是相互适应的。"①

当然，人的全面发展也是相对的。所谓消灭个人屈从于分工，主要是消灭以往存在的体力劳动与脑力劳动的对立、城乡对立，以及劳动和享受、生产和消费的分离，消灭个人被迫从事某种劳动的状况，而不是取消一切分工。分工是生产力发展和生产社会化的必然要求。马克思关于"在共产主义社会里，任何人都没有特定的活动范围，每个人都可以在任何部门内发展，社会调节着整个生产，因而使我有可能随我自己的心愿今天干这事，明天干那事，上午打猎，下午捕鱼，傍晚从事畜牧，晚饭后从事批判，但并不因此就使我成为一个猎人、渔夫、牧人或批判者"的设想是理想化的。但是在共产主义条件下，人们不是被迫，而是按照各自的爱好、心愿、才能从事某种劳动，而且由于非生产时间的延长，人们有时间和精力在任何部门内发展，培养和发挥自己的各种才能。这种共产主义新人，是由共产主义生产关系的性质和高度发达的生产力决定的。

马克思从物质资料生产方式出发来考察人的全面发展，摒弃了把人的全面发展看成是人的本质实现的观点。他在批评费尔巴哈时指出："哲学家们在已经不再屈从于分工的个人身上看见了他们名之为'人'的那种理想，他们把我们所描绘的整个发展过程看作是'人'的发展过程，而且他们用这个'人'来代替过去每一历史时代中所存在的个人，并把他描绘成

---

① 《马克思恩格斯全集》，中文1版，第3卷，77页。

历史的动力。这样，整个历史过程被看成是'人'的自我异化过程，实际上这是因为，他们总是用后来阶段的普通人来代替过去阶段的人并赋予过去的个人以后来的意识。由于这种本末倒置的做法，即由于公然舍弃实际条件，于是就可以把整个历史变成意识发展的过程了。"① 马克思在《德意志意识形态》中把这种本末倒置的做法完全倒过来了，他不是研究抽象的人和人的抽象本质，而是研究实际条件，即人们的物质资料生产活动，并在这个基础上研究现实的人及其现实本质，从而对个人自由和全面发展的问题作了科学的论述。

---

① 《马克思恩格斯全集》，中文 1 版，第 3 卷，77 页。

第十二章　唯物史观和工人运动的结合。对资本主义社会史和社会结构的卓越分析

　　《德意志意识形态》只是标志着对唯物史观原理的全面阐述，而不是唯物史观发展史的终结。出版商虽然能阻止这本巨著的出版，使珍珠掩埋在尘土里，但却封锁不了思维着的头脑，不能夺去马克思已经获得的成就。相反，在《德意志意识形态》之后，马克思带着新的历史观点登上了更广阔的政治舞台。

　　如果说在《德意志意识形态》中，马克思的视线还是专注于德国，通过清算自己的旧的哲学信仰，批判在德国像瘟疫般流行的"真正社会主义"来确立自己的理论的话，那在大体上完成了创立唯物史观的艰巨工程之后，马克思面临的任务是，在工人中宣传自己的观点，使欧洲无产阶级相信自己的观点正确，反对当时严重影响工人运动的各种错误思潮。这就开始了唯物史观和工人运动相结合的光辉时期。

　　在《哲学的贫困》中，马克思通过批判蒲鲁东的经济观点和哲学观

点，进一步推进和发挥了《德意志意识形态》中确立的某些原理。特别是在《共产党宣言》中，马克思运用唯物史观分析资本主义社会的结构，为世界工人阶级制定了一个科学纲领。《共产党宣言》是运用唯物史观研究近代史，即资本主义产生和发展史的卓越典范。它无可辩驳地证明，唯物史观一旦应用于现实，就能发挥出无穷的威力。

第一节　社会整体观和历史发展的终极原因

马克思是一个孜孜不倦的学者，又是一个伟大的斗士。他一生都在与各种错误思潮的斗争中坚持和发展自己的科学理论。在马克思清算了"真正社会主义"后，他与蒲鲁东的斗争处在突出的地位。

蒲鲁东自有他的历史地位，但从科学理论上看他是拙劣的。这个法国人，在他的同胞面前似乎是擅长德国思辨的哲学家，而在德国人面前又俨然是卓越的经济学家。其实他两者都不是。对于1844年就同他交往，既精通德国古典哲学又熟悉英法古典政治经济学的马克思来说，"蒲鲁东先生彻头彻尾是个小资产阶级的哲学家和经济学家"[①]。蒲鲁东在1846年出版的《经济矛盾的体系，或贫困的哲学》（后称《贫困的哲学》），就是以唯心史观为核心，把黑格尔的辩证法和李嘉图的劳动价值论庸俗化的赝品。

马克思在1846年12月28日致巴·瓦·安年柯夫的信中，随后又在《哲学的贫困》中，对蒲鲁东的经济观点、哲学观点、改良主义的社会政治观点进行了驳斥，并在论战中正面阐发了一系列重要理论，其中最主导的就是唯物史观。梅林推崇《哲学的贫困》，认为"这部书不但是马克思

---

① 《马克思恩格斯全集》，中文1版，第27卷，487～488页。

生活上的一个里程碑，而且也是科学史上的一个里程碑"①。他的主要着眼点也是唯物史观。

马克思在驳斥蒲鲁东把相互联系的各种经济关系看成仅仅是前后相继的关系时强调，"每一个社会中的生产关系都形成一个统一的整体"②。这种社会整体观，即把社会各个组成要素看成是相互制约的整体的观念是非常重要的，也是极其深刻的。蒲鲁东把同一社会中的各种社会关系，按照时间的顺序排列，片面强调它们在时间上的先后序列，而抹杀它们同时并存的相互依赖、相互制约的关系。这种单线的、按时间顺序的排列，实际上是把统一的社会的各个方面分割开来，变成由一个产生另一个的不同社会阶段。统一的、有机的社会立体结构，变成分裂的、没有生命活力的平面图。这是对人类社会有机体的歪曲。马克思在批评蒲鲁东时指出："谁用政治经济学的范畴构筑某种思想体系的大厦，谁就是把社会体系的各个环节割裂开来，就是把社会的各个环节变成同等数量的互相连接的单个社会。其实，单凭运动、顺序和时间的逻辑公式怎能向我们说明一切关系同时存在而又互相依存的社会机体呢？"③

马克思把社会看成一个统一整体，但并不认为构成社会的各种因素仅仅是相互依存的具有同等作用的独立系统。马克思在考察社会时，反对停留在各种因素相互作用的抽象图式上，而是划分不同层次的关系，并着力探求历史发展的决定性因素。

蒲鲁东是历史唯心主义者。他无视历史的客观现实性，否认适应时间顺序的现实历史，把抽象的逻辑范畴看成现实历史的基础，认为现实的经济关系是经济范畴的化身。这样一来，客观的历史只不过是逻辑范畴这种

---

① ［德］梅林：《马克思传》，159 页，北京，人民出版社，1965。
② 《马克思恩格斯全集》，中文 1 版，第 4 卷，144 页。
③ 同上书，145 页。

底布上的花纹而已。

马克思反对这种看法。在马克思看来，经济范畴并不是独立的实体，而是存在于科学思维中的一种逻辑结构。它是派生的，而不是原生的。它是生产关系的理论表现，即科学抽象。并不是经济关系适应和体现经济范畴，事情应该倒过来。人们在生产过程中，既生产生产关系，又按照自己的社会关系创造了相应的原理、观念和范畴。因此，经济范畴在思维着的头脑中的秩序，应该反映生产关系的内在联系。否则，无论逻辑范畴的秩序排列得怎样井井有条，也无非是一个非常无秩序的头脑中的所谓秩序而已。这种秩序不是科学体系，而是虚构。

经济范畴的逻辑体系不是绝对独立的封闭系统，而是依存于生产关系的，那生产关系又决定于什么？马克思并没有在生产关系和经济范畴之间来回兜圈子，而是由生产关系更深一层进到生产力。马克思说："社会关系和生产力密切相联。随着新生产力的获得，人们改变自己的生产方式，随着生产方式即保证自己生活的方式的改变，人们也就会改变自己的一切社会关系。手工磨产生的是封建主为首的社会，蒸汽磨产生的是工业资本家为首的社会。"[1] 并且明确地指出生产力和生产关系不仅仅是相互依存的函数关系，而且存在着因果关系，生产力是最终的决定性因素："生产方式、生产力在其中发展的那些关系并不是永恒的规律，而是同人们及其生产力发展的一定水平相适应的东西，人们生产力的一切变化必然引起他们的生产关系的变化。"[2] 马克思在致安年柯夫的信中反复强调了这一点。虽然生产力决定和制约生产关系是一个复杂的过程，它的内在机制还有待深入研究，但这种因果联系无疑是存在的。整个人类历史的发展都证实了这一点。

---

[1] 《马克思恩格斯全集》，中文 1 版，第 4 卷，144 页。

[2] 同上书，155 页。

生产力决定生产关系，并和生产关系处于不可分割的联系之中，但生产力自身又形成一个相对独立的系统。在《手稿》中，马克思提出的人的本质力量的概念中蕴含着生产力的内容，即人自身所具有的自然力，如欲望、激情、劳动能力是一种对象化的力量。在《德意志意识形态》中，马克思强调了生产工具的作用，并把生产工具区分为自然产生的生产工具（如耕地、水等等）和文明创造的生产工具（各种劳动工具）；在《哲学的贫困》中，马克思除了生产工具外，还特别强调了作为劳动的主体——工人的作用，指出："在一切生产工具中，最强大的一种生产力是革命阶级本身。"① 这样，人和工具就构成了生产力系统的两个基本因素。

但生产力并不是人和工具的机械组合，而是一种有机结构。仅仅是人加工具只是可能的生产力，而不是现实的生产力。在现实的生产过程中，生产力都是以一定的结构方式存在的。这种结构可以区分为社会结构和技术结构。社会结构是人与工具结合的社会方式，即所有制和分工、协作。技术结构是生产工具的性质和劳动者运用工具的水平，例如在手工劳动中，是劳动者使用工具，劳动者的经验和技能是生产力水平的一个标志；而在机器生产中，是工人操作和控制机器，科学技术直接转化为生产力。因此，即使具有同样的生产工具，但由于社会结构和技术结构的不同，生产力的水平也是不一样的。生产力是不断发展的，因而生产力诸因素的结构方式也是不断变化的。劳动者在劳动过程中的作用也不断改变，由运用体力到更多运用智力，由直接参与生产到控制和监督机器，但不能由此得出结论，马克思关于人是生产的主体，最强大的一种生产力是工人阶级自身的论断过时了。事实上，无论机器怎样取代劳动者的直接劳动，它也不是生产的主体，而是生产工具，它是劳动者同生产对象之间的中介。科技

---

① 《马克思恩格斯全集》，中文1版，第4卷，197页。

革命改变的是生产力的技术结构，它没有也不可能改变人的主体地位。

马克思把社会看成以生产方式的内在矛盾为基础的有机统一整体。这种观点同西方社会学中的社会有机论是迥然不同的。西方某些社会学派虽然也把社会看成是有机体，但它们按照生物有机体的概念来理解人类社会，把人类社会看成生物有机体那样的自我调节系统，并把社会的各种制度，同生物的器官和功能相比拟。例如，哈佛大学的社会学家 E. O. 威尔逊就把社会学同生物学结合起来，用新达尔文进化论来解释社会生活，把生物进化的原则直接运用于社会。自然选择、生存竞争成为解释社会进化的重要原则。毫无疑问，人类社会是有机生命发展的结果和最高形式，是自然界的特殊部分。人，从人类学的观点看，同样有个适应自然环境的问题。但人和其他动物不同，它不是消极依赖自然，也不是改变身体结构来适应自然，而是通过劳动来改变自然，使自然适应人类生存的需要。因此，社会规律不同于支配生物学的规律，社会有机体也不同于生物有机体。社会自身就包含着运动和发展的契机和源泉。社会有机体是矛盾的统一体，它的基础是生产方式的内在矛盾，而不是人对自然的生物学的适应。

这样，在马克思的历史观中，在马克思对历史的考察中，社会矛盾处于主导地位。社会发展是在解决社会自身的矛盾中不断前进的。马克思在评论资本主义社会时说："资产阶级运动在其中进行的那些生产关系的性质绝不是一致的单纯的，而是两重的。"[1] 并且进一步指出："当文明一开始的时候，生产就开始建立在级别、等级和阶级的对抗上，最后建立在积累的劳动和直接的劳动的对抗上。没有对抗就没有进步。这是文明直到今天所遵循的规律。到目前为止，生产力就是由于这种阶级对抗的规律而发展起来的。"[2] 因此，任何以对抗为基础的社会形态的自我调节的功能，

---

[1] 《马克思恩格斯全集》，中文 1 版，第 4 卷，155 页。

[2] 同上书，104 页。

都只能是有限的。虽然它可以通过各种社会控制器（政治的、法律的和道德的）来进行调节，但这只是矛盾的缓和，而不是矛盾的消失。当社会矛盾激化到一定量度时，社会就会失控，制动阀就会失灵，任何调节都无济于事。过分夸大社会自我调节的功能，把西方资本主义国家的相对稳定绝对化，是只看到暂时的平静而看不到潜伏的暗流。

马克思批判了蒲鲁东的形而上学历史观。蒲鲁东自诩为辩证法家，以卖弄黑格尔辩证法而自豪，实际上是个形而上学者。他把资本主义经济范畴机械地划分为好的和坏的两个方面，力图通过辩证综合来保留好的方面，消除坏的方面，自以为这就是辩证运动。其实，这不是运动，而恰好是运动的终结。蒲鲁东把这种矛盾调和论运用于政治领域，把社会平衡绝对化。正如马克思所说："他完全象一个政治上的空论家，想把国王、众议院、贵族院一并当做社会生活的构成部分，当做永恒的范畴。他只是寻求一个新公式，以便把这些力量平衡起来。"① 马克思还根据辩证历史观批判了资产阶级人道派和博爱派，他们否认矛盾，"愿意保存那些表现资产阶级关系的范畴，而不要那种构成这些范畴的实质并且同这些范畴分不开的对抗"②。

马克思把社会看成是包含内在矛盾的有机体，并从社会结构角度研究这个有机体。生产关系是一种结构——人类相互结合的方式；生产力是一种结构——生产工具和人以一定方式的结合；同样，全部上层建筑，其中包括各种意识形态都有其特殊的存在方式。但马克思并不把社会结构看成是纯粹的形式，而是看成人类活动的存在方式。马克思反对黑格尔把人看成绝对观念自我实现的工具的观点，也反对蒲鲁东把人看成原理、原则、范畴自我运动的工具的观点，它只不过是黑格尔观点的庸俗化的翻版。马

---

① 《马克思恩格斯全集》，中文1版，第27卷，486页。
② 《马克思恩格斯全集》，中文1版，第4卷，157页。

克思认为，蒲鲁东的观点是一种天命论，神秘的天命论，天命成为他用来拖引全部经济范畴自我运动的火车头。

马克思强调，历史是人类活动的产物。我们考察历史，考察每个时代的历史现实，不应该撇开人类活动，把人当成历史的消极工具，而应该把人"既当成剧作者又当成剧中人物"①。这是《哲学的贫困》中提出的重要思想，是唯物辩证地考察历史中主客体关系的根本原则。

人是历史的剧作者。举凡人类社会的一切，无一不是人类自身活动的产物。生产关系是人类相互作用的产物，生产力是人类改造自然的能力；其他如科学、文学、艺术，都是人类自身的创造物。没有人类活动，历史是无法想象的。

可人又是剧中人。也就是说，就人类活动的方式来说他是主动的，但它的后果不是可预期的，行为是受制约的。正如戏剧中的角色的性格、行为、结局，受到剧中情节（剧中人物的相互关系）的制约一样，人的活动有其被动的一面。每代人都是在既成的历史条件下活动，历史舞台是由我们上一代人的活动所形成的。它是既成的、给予的。存在主义极力鼓吹"自由选择"，实际上这种选择是有一定限度的。

马克思问道："人们能否自由选择某一社会形式呢？决不能。"社会形式都是与既成的生产力水平和性质相适应的。"在人们的生产力发展的一定状况下，就会有一定的交换〔commerce〕和消费形式。在生产、交换和消费发展的一定阶段上，就会有一定的社会制度、一定的家庭、等级或阶级组织，一句话，就会有一定的市民社会。有一定的市民社会，就会有不过是市民社会的正式表现的一定的政治国家。"②

人们能自由选择生产力吗？也不能。"人们不能自由选择**自己的生产**

---

① 《马克思恩格斯全集》，中文1版，第4卷，149页。
② 《马克思恩格斯全集》，中文1版，第27卷，477页。

力——这是他们的全部历史的基础，因为任何生产力都是一种既得的力量，以往的活动的产物。所以生产力是人们的实践能力的结果，但是这种能力本身决定于人们所处的条件，决定于先前已经获得的生产力，决定于在他们以前已经存在、不是由他们创立而是由前一代人创立的社会形式。"①

因此，社会发展有自己的规律，这个规律是不以人们的意志为转移的。个人的行为是有目的、有意识的，可是由人的行为所形成的历史自身是无目的、无意识的。对于人的行为来说，我们可以问为了什么；而对社会历史来说，不能问为了什么，而只能问为什么。社会现象之间的联系不是目的性的联系，而是因果性联系。尽管每个人的社会行为体现人的目的，可是社会现象相互作用的结果却往往超出或违反人的目的。对社会历史的研究，不是探求历史的目的性，而是发现历史自身的规律性。当然，人不是规律的奴隶，这对于历史领域同样是适用的。但要利用规律，就必须服从规律。不受规律制约的主体，只是想象中的"自我"，它既不能思维，也不能行动。

确实，人既是剧作者又是剧中人，在形而上学头脑看来是一个咬不开的"硬核桃"。对于蒲鲁东是这样，对于当代西方某些攻击唯物史观是经济唯物主义、历史宿命论者来说也是这样。

第二节　历史和人性。历史评价的尺度

正如生产方式一样，每个时代的意识形态也有自己的特征。从14世纪逐步兴起的抽象人道主义历史观，广泛渗透到文学、艺术、道德领域，并在很长时期内处于支配地位。蒲鲁东对历史的看法，并没有跳出这个圈

---

① 《马克思恩格斯全集》，中文1版，第27卷，477～478页。

子，尽管他力图用抽象平等观来解释李嘉图学说，从中引出有利于劳动者的结论。

蒲鲁东在《贫困的哲学》的前言中假定上帝的存在，设想宇宙之内有一种不可知的力量在引导着星群和原子，并使整个宇宙转动起来，甚至断言自己"需要有关上帝的这个假设来树立社会科学的权威"，实际上蒲鲁东并不允许上帝干涉尘世生活。和历史上的人道主义者一样，在人与神的问题上，蒲鲁东强调的是人与神的对立："上帝是和人类相矛盾的，正如慈善是和正义矛盾的；圣德是完善的理想，是和可完善性相矛盾的；王权是立法权力的理想，是和法律相矛盾的；等等。"因此他提出："为了医治盲目信仰，不是把人类和上帝看成同一的东西——这等于在社会经济方面肯定共有共享，在哲学方面肯定神秘主义和原有状态——而是给人类证明，如果有一个上帝的话，上帝是人类的仇敌。"①

蒲鲁东公开宣称："我不反对人道主义，我继承人道主义。"② 并且摒弃他在《贫困的哲学》前言中提出的关于上帝存在的假设，认为，"从今以后，如果再次描述神学的假设，这等于在科学上重新后退。唯一应该重视的是社会，是人"③。为了表示自己所说的人道主义不同于抽象人道主义，蒲鲁东甚至批评认为人性天生丑恶的性恶论，批评卢梭认为人性善良而社会与文明使人堕落的论点，反对把人设想为脱离现实的抽象存在物的做法，认为"这就是放弃了真实性来抓住一个影子，就是说，真正的人并不是实际的人，就是说，要得到真正的人，人类的理想必须超时间，到永恒中去"④。

其实，蒲鲁东并没有超出抽象人道主义历史观的范围。他用人及其需

---

① ［法］蒲鲁东：《贫困的哲学》，第 1 卷，371、380 页，北京，商务印书馆，1961。
② 同上书，371 页。
③ 同上书，370 页。
④ 同上书，374 页。

要来阐述自己的价值理论，但我们只要仔细考察一下便会发现，蒲鲁东的人和需要烙上了明显的抽象人性论的印记。

蒲鲁东非常重视价值理论，认为"价值是经济结构的基石"，"是政治经济学的基本观念，也是它的主要范畴"①。他在《贫困的哲学》中用了整整一章（第二章）来阐述价值的矛盾，并由此展开了他对全书的论述。蒲鲁东把价值分为三种：使用价值、交换价值、综合价值（即社会价值）。使用价值在自相矛盾的推动下产生了交换价值，使用价值和交换价值相互渗透、相互吸收，又产生了综合价值。而使用价值过渡到交换价值的动力，是需要。

在蒲鲁东看来，人的需要是多方面的，但是，"由于我所需要的许多东西在自然界里为数有限或者根本没有，因此我不得不去协助生产我所缺少的东西，可是，由于我不能单独生产这么多的东西，所以我就会向别人，即向各行各业中我的合作者建议，把他们所生产的一部分产品同我所生产的产品交换。所以，我特别保证我自己产品的数量始终超过我所能消费的数量；同样，我的同辈们，他们也保证他们各自产品的数量也超过他们使用的数量。这项不言而喻的契约通过商业作用完成了"②。按照这里所阐述的思维进程，作为出发点的是一些同社会隔绝处于孤立状态的个人，这些鲁滨逊式的个人具有多种需要，然后从这些需要中引申出分工，从分工中引申出交换。可问题在于：离开了物质资料生产，离开了分工和交换，孤立的个人为什么拥有多种需要？这些需要是怎样产生出来的呢？蒲鲁东以这种需要为出发点，是重新回到以自然的人和人的自然本性为出发点的老路。

马克思并不否认人的需要问题的重要性。从唯物史观中排除人的需

---

① ［法］蒲鲁东：《贫困的哲学》，第 1 卷，62、107 页。
② 同上书，63 页。

要，等于从社会领域中把人驱逐出去，这是不可想象的。人作为血肉之躯，同其他动物有某些共同点即维持肉体生存的需要。在《手稿》中，马克思就肯定了这一点。他说：**"饥饿**是自然的**需要；**因而为了使自己得到满足、得到温饱，他需要在他之外的**自然界、**在他之外的**对象**。"① 但人的自然需要是人化即社会化了的需要，无论就其内容还是满足需要的方式来说，都取决于生产发展的水平，是社会历史发展的产物。

特别重要的是，在社会历史发展进程中，人不断产生新的需要。它不是取决于人的自然本性，而是新的生产条件和生活条件的产物。生产不断生产出对产品的需要。因此对需要的研究，不能从孤立的人的自然本性出发，而必须研究生产，研究分工和交换发展的水平，才能说明人的多种需要是如何产生的，这些需要又如何反作用于生产；并且应该研究生产关系，研究人在生产关系中的不同地位，才能说明各种人为什么有不同的需要。所以在《哲学的贫困》中，马克思驳斥了蒲鲁东从抽象的需要出发的观点，强调需要是由人的"社会地位来决定，而社会地位却又取决于整个社会组织。当然，工人买马铃薯和妇女买花边这两者都是根据本人的意见行事的。但是他们意见的差别就是由于他们在社会上所处的地位不同，而这种社会地位的差别却又是社会组织的产物"。马克思还提出一个问题："需要的整个体系究竟是建立在意见上还是建立在整个生产组织上？"他明确回答说："需要往往直接来自生产或以生产为基础的情况。"②

如果说，需要并不取决于人的本性，而是依赖生产发展水平的话，交换也同样如此。蒲鲁东用个人向别人的建议来解释交换的起源是历史唯心主义的。他根本无法说清楚，"这位鲁滨逊怎么会突然想到向 '他的合作

---

① 《马克思恩格斯全集》，中文1版，第42卷，168页。
② 《马克思恩格斯全集》，中文1版，第4卷，86～87、87页。

者'提出**这种建议**，而这些合作者又怎么会毫无异议地就接受了这个建议"①。其实，交换并不起源于个人为满足自己的多种需要而向别人提出的建议，而是取决于生产和分工的水平。交换有自己的历史，它经历过不同的阶段。曾经有一个时期，例如在中世纪，当时交换的只是剩余品，即生产超过消费的过剩品，只有到了资本主义社会，才使一切产品都处于商业范围之内，甚至连德行、爱情、信仰、知识和良心都成了买卖的对象。

蒲鲁东还从抽象人性论的观点来看待竞争。

蒲鲁东对竞争的看法，自有其独特和卓越之处。他看到资本主义竞争的消极方面，竞争产生贫困，酿成内战，毁灭自由，制造纠纷，败坏道德，但也肯定了竞争的积极作用，肯定了竞争的必要性。他认为，只要一种产品仅由唯一的制造商出售，这种产品的真实价值就永远是一个秘密，或者由于生产者的隐瞒，或者由于不注意把成本降低到最低限度或无法把成本降低到最低限度，因此生产的特权对于社会是一种真正的损失，工业的公开和劳动者的竞争一样，都是一种需要，所有想象出来的和可能想象到的计划都不能脱离这个规律。蒲鲁东还提出一种假定来说明竞争的必要性。他说："假如颁布一道法令，说从 1847 年 1 月 1 日起人人的劳动和工资都有保障，那么工业上的极端紧张状态立即就会转变为严重的停滞。工业里的热烈紧张情况将立刻继之以无止境的松懈，真实价值将迅速地跌到通货额面的价格以下，硬币尽管刻着国王画像和印鉴，也将遭到和大革命时代所发行的纸币同样的命运，商人将提高价格，减少货物，我们在贫困的地狱里又将下降一层，而竞争却只是贫困地狱里的第三层的情形。"②蒲鲁东还同傅立叶主义者就未来社会主义社会是否存在竞争展开了辩论。

---

① 《马克思恩格斯全集》，中文 1 版，第 4 卷，79 页。
② ［法］蒲鲁东：《贫困的哲学》，第 1 卷，186 页。

按照傅立叶主义者的看法，有一种竞争是有益的、值得赞扬的、合乎道德的，是足以开阔胸襟、提高思想的，是高尚、大度的，这是竞赛；另一种是有害的、不道德的、不友好的，以仇恨、杀害为能事，意存嫉妒的，利己主义的竞争。因此，竞赛同竞争是不同的。蒲鲁东不同意这种看法。他说："有人说，竞赛不是竞争。我首先要指出，这种虚伪的区别只是表现在原则所发生的不同效果上，这就使人相信实际上有两个原则，被人混为一谈。"他明确宣称："竞赛不是别的，就是竞争。"①

蒲鲁东没有否定竞争的积极作用，并且预言社会主义社会仍然存在竞争，这是富有启发性的。但他把竞争机械地划分为好坏两个方面，力图消除竞争坏的方面，保留好的方面，这种观点是形而上学的。特别是蒲鲁东不把竞争看成商品生产特有的经济现象，而是把它看成永恒的范畴，力图从人的永恒不变的本性中寻找竞争的根源。他说，竞争是"社会经济的原理、命运的法规、人类灵魂的要求"，"人生是一场持久不息的战争，对需要品的战争，对自然的战争，对同类的战争，因而也是对自己的战争"②。蒲鲁东用这种观点来解释反对中世纪的同业公会、行会和商会，反对各种封建特权，提倡自由竞争的法国资产阶级革命。这种把竞争归结为"人类灵魂"的内在要求的观点，是一种抽象的人性论。

马克思在《哲学的贫困》中驳斥了蒲鲁东对竞争的看法。他说："蒲鲁东先生不懂得，竞争的形成同 18 世纪人们的现实发展有联系，他把竞争变成 in partibus infidelium〔在真正现实以外的〕**人类灵魂**的某种必然要求。"③ 特别是马克思反驳蒲鲁东颠倒历史和人性，把竞争看成人的永恒不变的本性的观点，提出了"整个历史也无非是人类本性的不断改变"④ 的

①　［法］蒲鲁东：《贫困的哲学》，第 1 卷，184 页。
②　同上书，188、192 页。
③　《马克思恩格斯全集》，中文 1 版，第 4 卷，175 页。
④　同上书，174 页。

著名论断。

竞争不是根源于人的利己主义本性，而是商品经济所固有的经济现象。这个秘密，只有在商品生产发展到它的最高阶段——囊括一切的资本主义商品生产时才最终暴露出来。在资本主义的市场经济中，竞争是不以人们意志为转移的客观规律，它与人的个性无关。无论是道德高尚还是卑劣，善良还是心狠手辣，贪婪还是慷慨；也无论是男人还是女人，是血气方刚的年轻人还是饱经风霜的老者，只要不是自甘破产，在资本主义的市场经济中必然要进行竞争。这是资本增值的要求。毫无疑问，从主体来考察，资本主义竞争必然通过对私人利益的自我意识，它表现为贪婪、贪欲、对利润的追求，一句话，表现为极端的利己主义，即蒲鲁东所说的"人类灵魂"的内在要求。实际上这种所谓人性是历史的折光，正如铸币是在模子中被浇灌出来的一样。因此，在社会主义的商品经济中虽然存在竞争，但在主体意识中不再表现为贪欲、贪婪和极端的利己主义，而是对社会主义经济规律的自我意识，即对社会主义经济效益和整体利益的自觉追求，而直接经营者的局部和个人利益，归根结底包含在集体利益之中。这不是人性的转变而是历史的转变，是生产关系变化的结果。

马克思还批判了蒲鲁东以抽象的平等观念作为衡量历史尺度的唯心主义观点。

从认识的主体来说，衡量事物必须有一个尺度，对历史的评价也是这样。但对历史的评价不能是一个单纯的价值尺度，即客观历史现象对于认识主体（阶级和个人）的利益和需要符合的程度，而最根本的是历史规律自身。因此历史评价的尺度，从根本上说是对历史的看法，即突出地表现了历史观的性质。

作为小资产阶级思想代表的蒲鲁东是矛盾的化身，在历史观中也是如此。他极力反对用抽象的道德观点来评价经济关系，反对在"各种经济问题里不断渗入博爱、慈善、牺牲精神"，他把博爱、慈善、牺牲精神斥为"神秘主义"①，但他实际上并没有跳出唯心史观的圈子。他说："社会的秩序是建立在严正的公平上面，绝不是建立在四海一家、舍己为人、爱人如己的天国情感上面，今天有不少可敬的社会主义者殚精竭虑要在人民中间掀起这一类情感。"② 用公平、正义来取代爱人如己、舍己为人，正如把公尺换成英寸一样，丝毫不改变问题的本质。

蒲鲁东早在 1840 年出版的《什么是所有权》中，就以公平为根据对所有权进行了抨击。"财产就是盗窃"这一具有极大鼓动性的口号，是对资产阶级政治经济学视为永恒神圣的东西的挑战。尽管蒲鲁东对资本主义制度的丑恶流露出深刻而真诚的激愤，但他的立论根据是错误的。以公平、正义为尺度来抨击资本主义私有制，对资本主义私有财产产生的历史必然性及被取代的原因，一点也没有作出科学的说明。正如恩格斯所说："蒲鲁东在其一切著作中都用'公平'的标准来衡量一切社会的、法权的、政治的、宗教的原理，他摒弃或承认这些原理是以它们是否符合他所谓的'公平'为依据的。"③ 这不是解释历史，而是对历史的羞辱，全部人类私有制的历史都被"公平"的扫帚扫进垃圾堆，以准备欢迎平等天国的到来。

蒲鲁东的上述观点，在他 1846 年出版的《贫困的哲学》中得到进一步发挥。不同的是他在这里从经济学的角度，把他的平等观和价值理论结合在一起，企图平均主义地解释李嘉图的劳动价值论，引申出建立以平等交换为基础的新社会的结论。他反复强调，"平等是我们唯一的准绳，也是我们的理想"④。并且把平等看成是交换的平等，是价值内所蕴含的矛

---

① ［法］蒲鲁东：《贫困的哲学》，第 1 卷，232 页。
② 同上书，86 页。
③ 《马克思恩格斯全集》，中文 1 版，第 18 卷，306 页，北京，人民出版社，1964。
④ ［法］蒲鲁东：《贫困的哲学》，第 1 卷，109 页。

盾的消除，所以他说："价值尺度或价值比例的学说，请大家注意，就是平等的学说。"① 只要一切生产者都严格按照所谓的正确的比例性关系进行生产，并以公平的价格进行交换，即以等量劳动的产品换取同等数量劳动的产品，社会就能建立在公平、正义的基础上。这一天一定能到来。正如一个旅行家在倾斜蜿蜒的路上从深谷登上顶峰，坚毅、勇敢、不屈不挠地沿着曲折的道路，以坚定的步伐向着他的目标稳步前进一样，历史在经历了不平等之后，正朝着平等、公平的目标前进。

蒲鲁东以公平、正义、平等为衡量历史的尺度，同以抽象的理性或以善恶观念为尺度一样，都同属于抽象人性论的历史观，只是表现形式不同而已。这是一种主观的尺度。它要求历史应该符合自己的道德观念和法权观念。它探讨的不是历史是什么，而是它应该是什么。他自以为为历史找到了一个永恒不变的尺度，实际上人们的善恶观念、正义与非正义、公平与不公平的法权观念是极其相对的、不断变化的。而它们变化的根据，正是它用以衡量的对象自身。

衡量即比较。衡量历史就是比较历史。因此评价历史的尺度，必须反映历史发展的真实进程。人类的历史首先是生产方式发展的历史。因此衡量历史进步的尺度只能是生产和生产方式的发展，以及与之相应的社会、政治、文化、科学、教育的发展，而不能是抽象的人性，不能是永恒不变的道德观念和法权观念。马克思在《哲学的贫困》中以工厂制度为例说明了这一点。他说："工厂一出现就表现出一些迥非慈善的行为。儿童在皮鞭下面工作；他们成了买卖的对象，有人为弄到儿童同孤儿院订立了合同。所有关于徒工制度的法律一概废除，因为，用蒲鲁东先生的话来说，再也用不着**综合的**工人了。最后，自 1825 年起，一切新发明几乎都是工

① ［法］蒲鲁东：《贫困的哲学》，第 1 卷，86 页。

人同千方百计地力求贬低工人特长的企业主进行冲突的结果。在每一次多少有一点重要性的新罢工之后，总要出现一种新机器。而工人则很少在机器的应用中看到他们的权利的恢复，或如蒲鲁东先生所说，他们的**复原**。"[①] 但是在马克思看来，这是一种历史的进步，这种进步是不能用公平、正义的抽象观念冲刷掉的。因此，他批评蒲鲁东不了解工厂制度的革命方面，竟建议工人向后倒退："蒲鲁东先生没有超出小资产者的理想。为了实现这个理想，他除了让我们回到中世纪的帮工或者至多中世纪的手工业者师傅的地位以外，没有想出更好的办法。"[②] 事情的结局必然是这样。以抽象的平等观念为尺度，必然对以往的历史怀着诗情画意般的眷恋之情，而对未来的向往（平等的再度到来），也只是一幅以已经失去的平等为蓝图的理想化的图画而已。

马克思在 1846 年批判蒲鲁东之后，在 1847 年又同卡尔·海因岑展开了论战。马克思批判了海因岑的唯心史观，继续发挥了他在《哲学的贫困》中取得的成果。

海因岑过去是个自由派小官吏，早在 1844 年就曾幻想过法律范围内的进步，力图在宪法范围内实现某种改革。他由于出版《普鲁士的官僚制度》一书而被迫离开德国，在瑞士结识了卢格。通过卢格，他接受了费尔巴哈的抽象人道主义、黑格尔的唯心主义以及施蒂纳思想的影响。海因岑的历史观是唯心主义的。

海因岑由自由派转向激进派。他把美国革命的传统和法国 1793 年的传统，同自己从共产主义者那里剽窃来的革命措施结合在一起，要求在德国建立起类似瑞士的德意志共和国。为了使他幻想建立的德意志共和国更加光荣，海因岑把它嵌进卢格化的费尔巴哈的人道主义的框子里，宣布这

---

① 《马克思恩格斯全集》，中文 1 版，第 4 卷，169 页。
② 同上书，172 页。

个共和国是即将到来的"人的王国"。海因岑还梦想在不改变生产方式和交换方式的前提下，人们可以任意改变和自动调整财产关系与继承权，并宣扬道德是历史的尺度，鼓吹应该把社会建立在高尚、正义、道德这些永恒真理的基础上。

海因岑的历史观同马克思创立的唯物史观是对立的。1847 年 9 月，海因岑在《德意志——布鲁塞尔报》上发表文章对共产主义者进行攻击，恩格斯立即回敬了一篇《共产主义者和卡尔·海因岑》，对他进行了驳斥。海因岑又抛出了《共产主义者的"一个代表"》，对恩格斯进行粗暴的谩骂。为此，马克思写了《道德化的批判和批判化的道德》一文。这不是一般的论战性文章，也不单纯是为了击退海因岑对恩格斯的进攻。如果仅仅为此，海因岑的文章是不值得认真回答的。马克思是借此机会，通过对海因岑文章中所表现的道德化的批判和批判化的道德，以及他所提出的"使社会人道化"的药方的分析，对历史观的一些重大问题，如历史的道德评价问题、人性问题作了正面的阐述。

马克思驳斥了海因岑把历史和道德对立起来，把历史的发展看成道德上的背弃的观点。在马克思看来，历史是不断前进的。一切发展，不管其内容如何，都可以看作一系列不同的发展阶段，它们以一个否定另一个的方式彼此联系着。发展必然包含否定，即否定已经过时的陈旧形式。如果以陈旧的道德观点来衡量历史，把历史的发展，把新事物对旧事物的否定说成是背弃，是极其荒谬的。

历史自身的发展，必然引起价值观念、道德观念的变化。道德标准和内容不同，评价显然是不同的。在先进阶级看来是道德的、高尚的，而在没落阶级看来则是不道德的、卑劣的。特别是历史处于急剧变革时期，"世风日下""人心不古""道德沦丧"之类的贬语，往往成为没落阶级反对变革的伦理根据。所以马克思强烈抨击海因岑把发展说成是道德上的背弃的观点，把他说成是"道德高尚的庸人"。马克思说："**背弃！** 批判化的庸人可以丝毫不懂这个词的含义而用这个词来辱骂任何一种发展；他可以郑重其事地把自己无发展能力的发育不全完全相反地说成是道德上的十全十美。例如各国人民的宗教幻想把无罪的时代、黄金时代列在**史前时期**（当时还根本没有任何历史发展，因此也没有任何否定、任何背弃），从而辱骂了整个**历史**。"[①] 执着地以陈旧的道德标准来衡量历史，量出的不是历史，倒是自己道德的卑劣——对过时的社会关系的维护。

马克思还反对海因岑颠倒财产关系和政治权力关系，用所谓公平、正义为尺度来衡量财产关系的观点。海因岑把资本主义制度下的财产关系，即一个人拥有一切，而另一个人一无所有归结为是否公平的问题，"归结为类似的简单的良心问题和关于公平的词句"[②]。

其实，财产问题不是公平和正义的问题，不是道德问题，而是与某一阶级的物质利益密切相关的"切身问题"。随着生产的发展，在不同的历史条件下，财产问题的表现形式是极不相同的。例如，在英国和法国的资产阶级革命中，财产问题的实质归结为给竞争以广阔的自由和消灭一切封建财产关系，即封建领地、行会、垄断等，因为这些关系在 16 世纪至 18 世纪变成了工业发展的桎梏，因而废除封建的财产关系，是资产阶级的切身利益问题。同样，在无产阶级革命时代，要求废除资产阶级的财产关系，关系到工人阶级的切身利益。财产问题是个重大的社会问题。从经济领域逃到道德领域，即使把自己道德愤怒的重炮全部发射出来，也丝毫不能对财产关系的实质和解决途径作出科学的说明。

更为荒谬的是，海因岑认为，"财产关系的不公平全靠权力来维持"。他只强调问题的一面，即政治权力对财产关系的维护；而看不到一定的政

[①] 《马克思恩格斯选集》，1 版，第 1 卷，169 页。
[②] 同上书，174 页。

治权力是在所有制关系基础上产生的，它的性质、职能和作用的限度，归根结底取决于经济关系。正如马克思所指出的："如果资产阶级从政治上即利用国家权力来'维持财产关系上的不公平'，它是不会**成功**的。'财产关系上的不公平'以现代分工、现代交换形式、竞争、积聚等等为前提，决不是来自资产阶级的政治统治，相反，资产阶级的政治统治倒是来自这些被资产阶级经济学家宣布为必然规律和永恒规律的现代生产关系。"①无论资产阶级国家怎样进行调节，怎样使管理"科学"化，它都无法永远维持资本主义的财产关系。它能暂时缓和矛盾，但不能解决矛盾。只要实行社会主义革命的经济条件逐步孕育成熟，资产阶级政治统治大厦倾覆的时刻就会到来。

马克思还驳斥了海因岑用人性来消融阶级斗争的抽象人性论。海因岑攻击共产主义者制造阶级斗争，唆使人们相互反对。他说："我在自己的革命宣传中没有犯'共产主义者的局限性'的毛病——不面向人们，只面向'阶级'，**唆使**不同'行业'的人们互相反对。这是因为我承认'人性'不总是以'阶级'或'钱包的大小'为转移的'可能性'。"②

这是一连串的谬误。

阶级对立并不是钱包大小的问题，更不是各行业之间的争吵。职业分工不是阶级划分。钱包大小纯粹是数量上的差别，它可以是同一阶级内部的区别；同样，阶级差别并不是建立在行业的基础上。分工在同一阶级内部造成不同的工种。至于说单独的个人并不总是以他所属的阶级为转移，这当然很可能。各阶级之间的某些成员可以相互投入对方的阵营，特别是历史变革的时代尤其如此。例如，在法国资产阶级革命时期，少数贵族转到第三等级。但这个事实，并不能改变阶级斗争的实质。因为少数觉醒了

① 《马克思恩格斯选集》，1版，第1卷，171页。
② 转引自上书，182页。

的贵族背叛了自己的阶级，并不是超出阶级斗争，而是投向当时的革命阶级——资产阶级反对腐朽贵族阶级的斗争。

海因岑抹掉一切阶级差别，强调共同的人性，硬要彼此对立的阶级消失在人性之中。这当然是幻想。正如马克思所指出的："如果海因岑先生认为，以不依自己意志为转移的**经济**条件作为存在的基础并因这些条件而彼此处于极尖锐的对抗中的**各阶级**，可以靠一切人们所固有的'人性'这个属性而越出本身存在的现实条件，那末，**某一个**君主要靠自己的'人性'而使自己超出自己的'君主的权力'，超出自己的'君主的行业'该是多么容易呵！"[①] 海因岑企图建立一个既不代表资产阶级也不代表无产阶级，而是以"人类"为目的的政党——"人们的党"，可见抽象人性论已经把他引导到何等荒谬的地步。

海因岑关于"使社会人道化"的处方，也集中暴露了他的唯心史观。他反对法国资产阶级革命，认为公安委员会和支持他们的雅各宾派是一些惨无人道的暴徒，而把自己所设想的使社会人道化的措施，说成是建立一个"为了人""为了好人""为了人道的人"的"最好共和国"的道路。而这些措施中最关键的一条，就是在合乎道德正义感的基础上合理地对财产关系进行调整。

在海因岑看来，资本主义财产关系是不合理的。许多人一无所有，甚至没有起码的必需品，而另外一些人搜刮衣不蔽体的无产者，像贵族一样手中积累起千千万万的不义之财。要使社会人道化，使人人拥有的东西既不太多，也不太少，就必须对每一个公民的最低限度财产作出保证，也对他的最高财产限额作出规定。海因岑就是用这种公平的道德尺度解决了全部经济矛盾，使社会人道化。这表明他一点也不懂政治经济学。马克思认

---

① 《马克思恩格斯选集》，1版，第1卷，183页。

为，资本主义私有制不是一种简单的关系，而是资产阶级生产关系的总和。其中最根本的是阶级关系。因此消灭私有制，意味着消灭阶级，根本改变资产阶级生产关系。这是一种巨大的历史性的变化，是全部社会活动的产物。把这种伟大变革，归结为通过合乎道德地对财产关系的自觉调整，的确是海外奇谈。无怪乎马克思嘲笑他说："伟大的卡尔·海因岑开的'使社会人道化'的药方，应当归功于'印加族'和'康培的儿童读物'。"① 即用来哄哄孩子们的东西。

第三节　生产关系和阶级关系。对阶级斗争物质基础的探讨

马克思不仅批判蒲鲁东，批判海因岑，密切注意工人运动中的错误思潮，并且重视在工人中的宣传活动，正面向工人阐述自己创立的科学观点。《雇佣劳动与资本》一书就收录了马克思在德意志工人协会的几次讲演。虽然这本书是 1849 年 4 月以连载的形式发表在《新莱茵报》上的，但就它的基本思想来说属于 1847 年。

唯物史观的创立同马克思从事经济学研究是分不开的。这一点，在《手稿》《德意志意识形态》《哲学的贫困》中都表现得很明显。《雇佣劳动与资本》虽然属于 19 世纪 40 年代的著作，有个别地方与他 1859 年以后写的著作中的论点不同，而且从较晚的著作来看，有些用语和整个语句是不妥当的，甚至是不正确的，如把出卖劳动力和出卖劳动相混同，但在这部著作中，马克思第一次正面地、通俗地宣传和阐述了自己的经济观点，特别是把经济观点和唯物史观结合在一起，通过更切近地考察"资产阶级的生存及其阶级统治和工人的奴役地位所依为基础的经济关系本身"，"详

---

① 《马克思恩格斯选集》，1 版，第 1 卷，189 页。

述构成现代阶级斗争和民族斗争的物质基础的**经济关系**"①，对什么是社会、生产关系和阶级关系以及阶级对抗的实质作了有经济学根据的论述，进一步深化了唯物史观的一些重要思想。

当我们考察任何一种社会时，我们所看到的是极其多种多样的人的活动和关系的庞大网络。它光怪陆离，使人眼花缭乱。但只要深入进去，我们就可以发现这种种复杂纷乱的关系，大体上分为两类，即人与自然的关系、人与人的关系，而把这两类关系串联起来的核心、基础，是物质资料的生产。正如马克思所说的："人们在生产中不仅仅同自然界发生关系。他们如果不以一定方式结合起来共同活动和互相交换其活动，便不能进行生产。为了进行生产，人们便发生一定的联系和关系；只有在这些社会联系和社会关系的范围内，才会有他们对自然界的关系，才会有生产。"②因此，物质资料生产是整个社会大厦借以建立起来的骨骼和底层建筑。

马克思抓住了整个社会的决定性环节。与以往历史上把社会同国家等同起来，或把社会看成是家庭的扩大，或把社会看成个人的简单集合的形形色色的社会观不同，马克思从人的多种活动中划出生产活动，从人的各种关系中划出生产关系，从而把握了社会的本质。他说："总之，各个人借以进行生产的社会关系，即**社会生产关系，是随着物质生产资料、生产力的变化和发展而变化和改变的。生产关系总合起来就构成为**所谓社会关系，构成为所谓**社会**，并且是构成为一个处于**一定历史发展阶段**上的社会，具有独特的特征的社会。古代社会、封建社会和资产阶级社会都是这样的生产关系的总和，而其中每一个生产关系的总和同时又标志着人类历史发展中的一个特殊阶段。"③ 马克思这段精辟论述，既揭示了各种社会

---

① 《马克思恩格斯选集》，1 版，第 1 卷，351、350 页。
② 同上书，362 页。
③ 同上书，363 页。

的共同本质，又揭示了它们的特殊本质。但无论研究它们的共同性还是特殊性，都离不开对生产关系自身的分析。这当然不意味着只要研究生产关系的总和就可以把一个社会的面貌概括无遗，而不必考察其他各种关系，如政治关系、道德关系、家庭关系、思想关系等等，而只是说要理解什么是社会，并从总体上把握社会的性质和面貌，就必须研究它的社会关系的总和，除此以外，别无他途。

正因为马克思抓住了生产关系，所以他对人与物的考察都上升到新的科学高度，而不是停留在抽象的人本主义和拜物教的水平上。他在驳斥脱离生产关系把黑奴同黑人混为一谈时指出："黑人就是黑人。只有在一定的关系下，他才成为**奴隶**。纺纱机是纺棉花的机器。只有在一定的关系下，它才成为**资本**。脱离了这种关系，它也就不是资本了，就象**黄金**本身并不是**货币**，沙糖并不是沙糖的**价格**一样。"① 这种看法，同《手稿》相比，显然是一个重大进展。

在《手稿》中，马克思把人与人相异化看成是人的类本质同人相脱离，由于异化人丧失了自己人的本质。在这里，马克思强调生产关系的制约性。黑人之所以成为奴隶，是由一定的生产关系造成的。因此，考察黑人沦为奴隶的原因，不是探求他的人的本性，而是研究特定历史阶段的生产关系。只有在一定的社会联系和社会关系的范围内，才能对这种社会现象作出科学的解释。

同样，就资本的实体表现形式来说，它包括原料、劳动工具和各种生活资料，是一种物的形态，但它的本质是一种社会关系。因为构成资本的生产资料、劳动工具和原料，都是在一定的社会条件下，在一定的生产关系中生产和积累起来的，并在一定的社会联系和社会关系中进行新的生

---

① 《马克思恩格斯选集》，1版，第1卷，362页。

产。任何物质生产的最终产品必然表现为物，表现为若干物质产品的总和，但其中反映了产品借以进行生产的关系的性质。这是一种社会属性，与产品的自然属性无关。尽管资本的实体形态可以变化，如以棉花生产代替羊毛，以大米代替小麦，以轮船代替铁路，但丝毫不会改变资本的性质。所以马克思说："**资本**也是一种社会生产关系。这是**资产阶级的生产关系**，是资产阶级社会的生产关系。"① 离开了社会关系来考察的物，不属于唯物史观中的"物"。

在社会中，人既然处于一定的社会联系和社会关系之中，那么就不是孤立的。虽然我们直观看到的人都是个体，但实际上人是群体，他们形成各种不同的集团。在阶级社会中，这种大的社会集团就是阶级。阶级这种社会集团，不同于以血缘为基础的家庭关系，也不同于以地域为基础的邻里关系，而是按照人们在生产关系中的不同地位结合起来的集团。有什么样的生产关系，就有什么样的阶级关系。生产关系的性质和结构，决定社会的阶级结构。在《雇佣劳动与资本》中，马克思抓住这个根本之点，对构成资本主义社会的最基本的阶级关系进行了考察。

工人是劳动者，劳动是工人本身的生命活动，是工人本身的生命的表现，但并不是任何劳动者都是工人。按照马克思的说法，劳动并不向来就是雇佣劳动，劳动（力）并不向来就是商品。奴隶不是把自己的劳动力出卖给奴隶主，正如耕牛不是向农民卖工一样。奴隶连同自己的劳动力一次而永远地出卖给奴隶主了。奴隶是商品，可以在奴隶市场拍卖，从一个所有者手里转到另一个所有者手里。奴隶本身是商品，而他的劳动力却不是他的商品。农奴是土地的附属物，替土地所有者生产果实。农奴虽然把一部分劳动力出卖给土地所有者，但他不仅取不到报酬，而且还要缴纳贡

---

① 《马克思恩格斯选集》，1版，第1卷，363页。

赋。工人不同。他不属于任何私有者，也不属于土地，是"自由"的。他可以而且必须出卖自己，并且是零碎地出卖自己，把自己每日生命中的若干小时出卖给资本家。这是一种摆脱了人身依附关系、形式上"自由"的劳动者。

同样，资本家是私有者，但不是任何私有者都是资本家。奴隶主、封建领主是私有者，但他们同自己的奴隶、农奴并不存在商品交换关系。资本家之所以是资本家，不仅在于他是生产资料的所有者，而且在于他通过商品关系，使工人的活的劳动替积累起来的劳动充当保存和增值的手段。

正如磁场的南极和北极一样，雇佣劳动与资本，即工人和资本家彼此制约，不可分离。它们是同一个生产关系的产物，是各自按照自己在生产关系中的不同地位而形成的两个对立的社会集团。因此，工人同资本家的关系不是个人对个人的关系，而是一种阶级关系。尽管资本家和工人的关系总是通过单独的个人来表现，但他们并不是作为个人，而是作为特定阶级的成员进行交往的。正如马克思所指出的："工人只要愿意，就可以离开雇用他的资本家，而资本家也可以随意辞退工人，只要工人使他不能再获得利益或者不能使他获得预期的利益，他就可以辞退。但是，工人是以出卖劳动①为其工资的唯一来源的，如果他不愿饿死，就不能离开**整个购买者阶级即资本家阶级。工人不是属于某一个资产者，而是属于整个资产阶级；至于工人给自己寻找一个雇主，即在资产阶级中间寻找一个买主，那是工人自己的事情了。**"② 当代资产阶级大力宣传"爱厂如家"，极力培植工人对资本家的家庭般的感情和关系，虽然能一时模糊阶级关系，但改变不了这种关系。资本永远不会成为劳动的代表，要在它们两者之间建立一致的感情和关系，确实比猛虎和羔羊媾和还难。

---

① 在1891年版本中，"劳动"改为"劳动力"。
② 《马克思恩格斯选集》，1版，第1卷，355～356页。

马克思不仅从生产关系中找到了资本家和工人存在的根据，而且找到了彼此对抗的根源，即它们相互斗争的物质基础。马克思通过对工资和利润关系的分析，发现了资本家和工人的对立是根本利益的对立，并驳斥了各种关于资本家和工人利益一致的观点。

马克思当时虽然还没有区分劳动和劳动力，也没有形成剩余价值的概念，把工资看成是劳动价格。但他已经看到，工资是工人的劳动的收入，它同依靠资本收入的利润是对立的。这种对立的突出表现是工资和利润的反比例关系。

马克思把工资区分为名义工资和实际工资。名义工资是劳动（力）的货币价格，实际工资是用工资实际交换所得到的商品量。问题不仅在于，名义工资的增加可以掩盖实际工资的下降；而且在于，无论是名义工资还是实际工资，都不能完全表达工资所包含的各种对比关系，因为工资首先是由它同资本家的利润的对比关系来决定的。即使实际工资不变，甚至增加，工人的工资同它所创造的利润相比也仍然下降了，社会财富在资本和劳动之间的分配更加不平衡。**"工资和利润是互成反比的。"**[①] 因为资本所占的份额即利润的增加，意味着劳动所得的份额即工资的减少，反之亦然。利润增加多少，工资就降低多少，而利润降低多少，工资就增加多少。这是一种对抗性矛盾，所以马克思说："即使我们单只在**资本和雇佣劳动的关系这个范围**内观察问题，也可以知道**资本的利益和雇佣劳动的利益是截然对立的。**"[②]

马克思还驳斥了各种抹杀资本和劳动对立的理论。这些观点虽然是一百多年以前流行的，但马克思的批判仍然具有重要的理论和现实意义。在当今世界上，被马克思驳斥过的观点，以各种各样的形式重复出现。特别

---

① 《马克思恩格斯选集》，1 版，第 1 卷，370 页。
② 同上书，371 页。

是因为资本主义处于相对和平和稳定时期，这些观点具有一定的迷惑性。

第一，"资本长得越肥，它的奴隶也吃得越好"①。按照这种看法，资本与劳动的利益是一致的，生产资本的增长和工资的增长是相互协调的。马克思驳斥这种看法。他强调指出，生产资本愈增加，分工和采用机器的范围就愈扩大。分工和采用机器的范围愈扩大，工人之间的竞争就愈激烈，他们的工资就愈减少。特别是由于生产资本的增加和竞争的激烈，资本家不得不以日益扩大的规模使用既有的巨大的生产资料，为此而动用一切信贷机构，使经济危机愈来愈频繁。在危机中，正如古代奴隶成为奴隶主人的殉葬品一样，大批工人由于失业、饥饿而成为危机的殉葬物。

不错，随着生产资本的增加和生产力的发展，整个社会的财富、社会需要和社会享受也会增长。工人得到的消费品的质量和数量，同以往相比可以发生变化。但这不能证明资本和劳动利益的一致性。正如马克思所说："我们的需要和享受是由社会产生的，因此，我们对于需要和享受是以社会的尺度，而不是以满足它们的物品去衡量的。因为我们的需要和享受具有社会性质，所以它们是相对的。"② 例如，一座小房子不管怎样小，在周围的房屋都是这样小的时候，它是能满足人们对住房的要求的，但一旦在小房子近旁耸立起一座宫殿，这座小房子就缩成可怜的茅舍模样了。因此，即使生产发展，工人所能得到的东西，比起资本家，比起一般社会发展水平来，仍然不是增加而是降低了。"所以，一方面工人的收入在资本迅速增加的情况下也有所增加，可是另一方面横在资本家和工人之间的社会鸿沟也同时扩大。"③ 所谓资本迅速增加对工人有好处的论点，无非是说，工人为资本家增加的财富愈多，落到自己嘴里的残羹剩饭就愈多。

---

① 《马克思恩格斯选集》，1版，第1卷，373页。
② 同上书，368页。
③ 同上书，372页。

这是奴隶生活的"改善"。一个觉悟了的工人决不会颂扬自己的奴隶地位。

第二，"因采用机器而成为多余的工人可以在**新的**工业部门里找到工作"①。事实并非这样。失业是资本主义制度不可避免的现象。在新的劳动部门找到工作并不都是被解雇的工人，而往往是新进入劳动力市场的青年工人。即使是被认为能大量吸收劳动力的机器制造业，也因为日益多方面地采用机器而排挤工人。况且工人的队伍还从其他阶层破产的人中得到补充。这样，伸出来乞求工作的手像森林似的愈来愈稠密，而这些手本身则愈来愈瘦。正如流动着的水需要一个"水库"一样，资本主义社会劳动力的流动也需要一个"人库"——失业大军。现在同样如此。以为在所谓"夕阳工业"中被排挤出来的工人，在所谓"朝阳工业"——新兴行业中都能找到工作，这不过是个神话而已。

第三，"资本家所得利润的增加也可能是由于改进了劳动工具，采用了利用自然力的新方法等等"②。这就是说，不是劳动创造价值，而是新的生产工具和科学技术的应用创造了价值，为资本家创造了更多的利润。马克思早就反驳了这个论点。他说："改进机器，在生产中采取利用自然力的新方法，使得在一定的劳动时间内，用同样数量的劳动和资本可以创造出更多的产品，但绝不是创造出更多的交换价值。""不管资本家阶级即资产阶级（一个国家的也好，整个世界市场的也好）相互之间分配生产所得的纯收入的比率如何，这个纯收入的总额归根到底只是活劳动加到全部积累起来的劳动上去的那个数额。"③　无论科学技术怎样发展，自动化也罢，信息化也罢，它改变的是工人劳动中体力和智力支出的比重，但推翻不了劳动是价值唯一源泉的科学结论。因而资本主义制度下科技在生产中

---

① 《马克思恩格斯选集》，1 版，第 1 卷，378 页。

② 同上书，370 页。

③ 同上书，371 页。

的应用，虽然促进了生产并有利于社会进步，但它并没有减轻剥削而是强化了剥削。

由此可见，资产阶级和无产阶级的对立，是根源于资本主义生产关系的本质，通过利润和工资对抗关系表现出来的物质利益的对立。这是任何一种徒托空言的道德说教都解决不了的对立。这是唯物史观的观点，它同从历史中排除物质利益，排除基于物质利益对立的阶级斗争的唯心史观是迥然不同的。

第四节　唯物史观是《共产党宣言》的核心

《共产党宣言》是马克思、恩格斯为共产主义者同盟制定的科学纲领，写于 1847 年 12 月至 1848 年 1 月。它高度凝结了到 19 世纪 40 年代末期，马克思和恩格斯在哲学、经济学、科学社会主义学说上已经取得的重大成就，其中特别是唯物史观。

恩格斯一再指出，《共产党宣言》中始终贯彻的基本思想是唯物史观。意大利的第一个马克思主义者安东尼奥·拉布里奥拉也强调这一点。他在纪念《共产党宣言》的著名论文中说："这一著作的中枢、实质和决定性特点完全贯穿着新的历史观。它赋予这一著作以生气，并在这一著作中部分地得到了阐明和发挥。由于有了这一历史观，共产主义不再是一种希望，一种思念，一种回忆，一种猜想，一种出路，它第一次恰当地表现为意识到它的必然性，也就是意识到它是结束或解决当前阶级斗争的办法。"[①] 的确，在《共产党宣言》中，马克思卓越地应用了唯物史观来研究全部近代历史，分析资本主义社会的结构。他摒弃了抽象的道德原则、

---

① ［意］安·拉布里奥拉：《关于历史唯物主义》，5 页，北京，人民出版社，1984。

天赋的权利、永恒的理性以及公平、正义、平等之类的永恒真理，从历史本身来阐述历史的规律。《共产党宣言》极其生动地、鲜明地、无可辩驳地显示了唯物史观的科学性和实践性，表明它是唯一科学的历史观和方法论。

马克思紧紧把握住，每一历史时代的主要的经济生产方式与交换方式以及必然由此产生的社会结构，是该时代政治的和精神的历史赖以确立的基础。他从物质资料生产方式的变化中寻找资产阶级产生和发展的根据，指出：“现代资产阶级本身是一个长期发展过程的产物，是生产方式和交换方式的一系列变革的产物。”[1]

马克思在探求为什么从中世纪的农奴中会产生初期城市的城关居民，又为什么从这个市民等级中发展出最初的资产阶级分子时，始终以经济为主导线索，把它同生产的发展、需求的增加、世界市场的扩大密切结合在一起。现代大工业代替工场手工业，蒸汽和机器代替手工工具，工业中的百万富翁，整批整批产业大军的首领——现代资产者代替原来工业的中间等级，其原因盖出于此。特别值得提出的是，马克思注意到了地理因素的作用。他肯定了美洲的发现、绕过非洲的航行，对资本主义在西欧发展的重要意义。但和地理环境决定论不同，马克思不是把地理环境视为既成的、从外面决定社会的因素，而是从社会发展的角度来考察地理因素的作用。美洲和绕过非洲航路的发现之所以可能，之所以能起到促进资本主义发展的作用，是因为它适应新兴资产阶级开辟新的活动场所的需要。并不是地理条件，而是工业的发展建立了由美洲的发现所准备好的世界市场。

马克思并没有忽视政治的作用，但马克思坚持唯物史观，认为政治势

---

[1] 《马克思恩格斯选集》，1版，第1卷，252页。

力的扩张和经济实力的强大是分不开的。资产阶级在其发展过程中的每一个阶段，都与它的经济地位相符合，大体上有相应的政治成就。例如，它在封建领主统治下是被压迫的等级，在意大利和法国的城市公社里是武装的和自治的团体，在工场手工业时期，它是等级制君主国或专制君主国中同贵族抗衡的势力，甚至是大君主国的主要基础。当然，经济与政治之间的发展不是绝对平衡的，它们之间会存在矛盾。但是资产阶级在经济上统治社会和在政治上被统治的状况不会长久，最终经济势力会摧毁过时的政治势力。一旦资产阶级建立起大工业和世界市场，它就会打掉封建贵族头上的王冠，跻身于所谓资产阶级共和国的朝堂，成为独自掌权的统治者。

马克思在反驳当时资产阶级对共产主义的种种责难时，运用唯物史观分析了资本主义社会的结构。

资本主义社会不是建立在一般的所有制的基础上，而是建立在阶级对立、一部分人对另一部分人剥削的资本主义私有制的基础上。资本主义社会的教育制度、家庭关系以及宗教的、道德的、哲学的、政治的、法的观念都是与这种关系相适应的。

当有人把消灭资产阶级教育说成是消灭一切教育时，马克思反驳了这种看法。他强调，教育是由社会决定的，是由人们借以进行教育的那种社会关系决定的。资产阶级教育，对绝大多数人来说只不过是把人训练成机器。同样，家庭关系的性质依赖于社会关系。在资本主义社会，现代的资产阶级的家庭是建筑在资本上面，建筑在私人发财上面；而无产者的一切家庭联系，则由于大工业的发展而遭到破坏，他们的子女日益成为买卖对象和劳动工具。资本主义社会中的所谓自由，归根结底是属于资产阶级生产关系内的自由，是自由竞争在思想领域的折光。以生产资料私有制为核心的资本主义生产关系，像一道普照的光，它照射在资本主义社会的各个领域，使它带有自己特有的色彩。所以马克思说："人们的观念、观点和概念，一句话，人们的意识，随着人们的生活条件、人们的社会关系、人们的社会存在的改变而改变。"① 他在回答把资产阶级关于自由、教育、法等观念同资本主义社会相分裂的人时说："你们的观念本身是资产阶级的生产关系和所有制关系的产物，正象你们的法不过是被奉为法律的你们这个阶级的意志一样，而这种意志的内容是由你们这个阶级的物质生活条件来决定的。"②

马克思对资本主义社会采取一概否定的态度吗？没有。马克思把共产主义革命看成是同传统的所有制关系（私有制）、传统的观念（私有制观念）实行最彻底的决裂，因而着重强调资本主义社会的弊病是完全可以理解的，但他对资本主义社会的分析不仅是唯物主义的，而且是辩证的。唯物主义历史观自身就包含着辩证法，即对待历史的历史主义态度。列宁赞扬《共产党宣言》"极其透彻鲜明地叙述了新的世界观，叙述了包括社会生活在内的彻底的唯物主义，叙述了辩证法这一最全面最深刻的发展学说"③。

马克思肯定"资产阶级在历史上曾经起过非常革命的作用"④。恩格斯认为，这个评价"十分公正"⑤。从历史发展过程来考察，资本主义制度对人类历史的发展起过重大的积极作用。

第一，"资产阶级在它的不到一百年的阶级统治中所创造的生产力，比过去一切世代创造的全部生产力还要多，还要大"⑥。的确，资本主义社会代替封建社会，大大解放了生产力。自然力的征服、机器的采用、化学在工业和农业中的应用、轮船的行驶、铁路的通行、电报的发明、整个

---

① 《马克思恩格斯选集》，1版，第1卷，270页。
② 同上书，268页。
③ 《列宁全集》，中文1版，第21卷，30页，北京，人民出版社，1959。
④ 《马克思恩格斯选集》，1版，第1卷，253页。
⑤ 同上书，249页。
⑥ 同上书，256页。

整个大陆的开垦，蕴藏在社会劳动中的生产能力，确实像释放了的普罗米修斯。当时的资产阶级是进步的阶级，而其中处于首要地位的是工业资产阶级。

第二，资产阶级开始了"世界化"的过程。它使乡村屈服于城市，使农业民族屈服于工业民族，企图"按照自己的面貌为自己创造出一个世界"①。

资产阶级在发展工业的同时，创立了巨大的城市，使城市人口比农村人口大大增加。这是一个农村破产，城市掠夺农村的充满欺诈的痛苦过程。但就它的客观作用来说，使很大一部分居民摆脱了乡村生活的愚昧状态，卷入了工业文明的激流。历史注定了人类通向"天堂"必须经过"炼狱"的煎熬。

资产阶级也开始了开拓世界市场的远征。它的武器不仅是大炮，更主要的是价格低廉的商品。资产阶级并不是传播科学和"文明"的和平使者，资本主义的殖民史，是充满血与火的丑恶史。但它无意中打破了过去那种地方的和民族的自给自足和闭关自守状态，加强了各民族的物质交往和精神交往，使民族的片面性和局限性日益成为不可能。因此，资本主义的兴起开辟了真正的"世界史"。从历史发展的进程看，这是一种时代的进步。

第三，资产阶级以自己的价值观念代替过时的封建价值观念。资产阶级在它已经取得了统治的地方，破坏了一切封建的、宗法的和田园诗般的关系。它轰碎了世代同居的大家庭结构，撕下了罩在家庭关系上的温情脉脉的面纱，把这种关系变成了纯粹的金钱关系。它使金钱变成一切的价值尺度，把封建的伦理观念淹没在利己主义打算的冰水之中。它扫除了"万般皆下品，唯有读书高"的封建士大夫的观念，把历来令人尊敬的读书人

---

① 《马克思恩格斯选集》，1版，第1卷，255页。

变成了被雇佣的劳动者。

资产阶级还发展了自由竞争的观念，这是由他们的生产关系决定的。守旧、墨守成规、恐惧变革、原封不动地保持旧的生产方式是小生产者的特点，而资产阶级除非使生产工具，从而使生产关系以至全部社会关系不断地革命化，否则就不能生存下去。正如马克思着力描绘的："生产的不断变革，一切社会关系不停的动荡，永远的不安定和变动，这就是资产阶级时代不同于过去一切时代的地方。"①

相反相成是宇宙最普遍的规律，任何评价都是相比较而言的。资产阶级的历史进步性、革命作用，离不开它与封建制度的关系。资产阶级战胜封建阶级，是理性战胜迷信、科学战胜愚昧、资产阶级法权战胜封建特权、自由竞争战胜封建行会、积累战胜挥霍、贪财欲战胜享乐欲的斗争。但是资产阶级的进步性中包含着不可抗拒的矛盾，因为资本主义代替封建制度是一种剥削制度代替另一种剥削制度，是"用公开的、无耻的、直接的、露骨的剥削代替了由宗教幻想和政治幻想掩盖着的剥削"②。

马克思的伟大之处在于，他是对资产阶级进行历史的评价，而不是无原则地颂扬。说明过去是为了说明现在。马克思从资产阶级产生、发展和必然灭亡的全过程来考察资产阶级，把它的历史作用看成是整个过程的一个环节。这是真正的历史主义，是彻底的历史辩证法。正是依据这种历史观，马克思通过对资本主义自身包含的内在矛盾的分析，得出了"资产阶级的灭亡和无产阶级的胜利是同样不可避免的"③这一结论。

《共产党宣言》中的唯物主义历史观，还极其鲜明地表现在马克思对各种社会主义思潮的批判之中。这不仅是一种政治学说对另一种政治学说

---

① 《马克思恩格斯选集》，1 版，第 1 卷，254 页。
② 同上书，253 页。
③ 同上书，263 页。

的批判，而且是两种历史观的对立。

各种社会主义都必然要抨击资本主义，这是它们作为社会主义思潮的共同特征。但它们的立场和出发点不同，因而用以评价资本主义社会的尺度不一样。其实这不是衡量对象的尺度，倒是自我衡量的尺度。从这个尺度中，我们看到的不是历史的真实过程，而是形形色色的、倒退的唯心主义历史观。

封建的社会主义和小资产阶级的社会主义，是一种倒退的历史观，它用封建的或小资产阶级的尺度来衡量资本主义的生产方式。被资产阶级击败了的封建贵族，为了激起同情，装作关心工人阶级，声讨资产阶级。但在他们那种"半是挽歌，半是谤文；半是过去的回音，半是未来的恫吓"① 的文章中，他们夸耀的是封建的剥削方式的优越，他们的剥削方式如何不同于资产阶级的剥削方式。他们把革命无产阶级的出现，作为资本主义必须倒回封建制度的根据。小资产阶级的社会主义"是用小资产阶级和小农的尺度去批判资产阶级制度的"② 。他们被大工业排挤，不断被抛到无产阶级的队伍中。虽然他们有时也能精辟地分析现代生产关系的矛盾，但他们企图恢复旧的生产资料和交换手段，从而恢复旧的所有制关系和旧的社会，或者企图重新把现代的生产资料和交换手段硬塞到已被它们突破的旧的所有制关系的框子里去。上述两种社会主义思潮的政治意义是不同的，但从历史观来看都是申公豹的脑袋——朝后转。

批判的空想的社会主义和共产主义的政治意义与历史意义不同。这些体系的创始人在许多方面是革命的，他们的著作中所包含的批判成分，提供了启发工人觉悟的极为宝贵的材料，他们关于未来社会的积极主张和实际措施，有许多是有价值的天才猜测。但从历史观来说，他们彻底发挥了

---

① 《马克思恩格斯选集》，1 版，第 1 卷，274 页。
② 同上书，276 页。

18 世纪法国启蒙学派的理性主义，思维着的悟性成了衡量一切的唯一尺度，人的头脑以及通过它的思维发现的原理，要求成为一切人类活动和社会结合的基础。正如《共产党宣言》在批判他们的历史观时指出的："社会的活动就要由他们个人的发明活动来代替，解放的历史条件就要由幻想的条件来代替，无产阶级的逐步组织成为阶级就要由他们特意设计出来的社会组织来代替。在他们看来，今后的世界历史不过是宣传和实施他们的社会计划的历史。"①

特别值得注意的是，马克思把德国的或"真正的"社会主义，看成是"关于真正的社会、关于实现人的本质的无谓思辨"②。马克思批评他们以人的本质为尺度的历史观，批评他们把货币关系看成"人的本质的外化"，把批判资产阶级国家看成是"抽象普遍物的统治的废除"，批评他们自称"不代表无产者的利益，而代表人的本质的利益，即一般人的利益"③，等等。这是在《德意志意识形态》之后，马克思对以人的本质为尺度，用人的本质异化和复归来衡量历史，解释社会主义的明确表态。

第五节　掌握阶级社会历史的钥匙

恩格斯把阶级斗争称为伟大的历史规律，认为阶级斗争对于阶级社会历史的意义，与能量守恒定律的发现对于自然科学的意义一样，并把阶级斗争看成是理解全部阶级社会历史的钥匙。《共产党宣言》在唯物史观方面的一个突出贡献，正在于它通过总结历史，特别是资本主义社会揭示了这条规律，并在 1848 年达到了当时历史条件所允许的高度。

---

① 《马克思恩格斯选集》，1 版，第 1 卷，282 页。
② 同上书，277 页。
③ 同上书，278 页。

　　阶级斗争的发现并不是马克思的首创。马克思曾经肯定英国古典经济学派对阶级作过经济的分析，肯定法国复辟时代的历史学家看到了阶级斗争并用以理解法国的历史。马克思把梯叶里称为"法国历史编纂学中的'阶级斗争'之父"。但他们都无法同马克思相比。只有马克思才从每一历史时代的生产方式和交换方式以及由此产生的社会结构出发来考察阶级和阶级斗争，把阶级斗争理论变成一种科学的历史观和方法论。这当然要经历一个过程：从在《莱茵报》为贫苦农民辩护，到《德法年鉴》阐述无产阶级历史使命，经过《手稿》《神圣家族》《德意志意识形态》到《共产党宣言》，越来越深化。虽然《共产党宣言》中的个别论断不完善，但它从历史和现实两个方面对阶级斗争作了分析，既提供了阶级斗争史的宏伟画卷，又提供了对资本主义社会阶级斗争特点的缜密描绘，为人类认识扑朔迷离的历史和现实指出了一条主导线索。

　　马克思从历史发展的角度，对阶级斗争进行了纵向的考察，指出："到目前为止的一切社会的历史都是阶级斗争的历史。"① 这个论断后来被马克思和恩格斯所更正。在1847年底撰写《共产党宣言》时，社会的史前状态，全部成文史以前的社会组织，几乎还完全没有人知道。后来，普鲁士的奥·哈克斯特豪森（1792—1866）发现了俄国的土地公有制，毛勒（1790—1872）证明了这种所有制是一切条顿民族的历史发展所由起始的社会基础，而且人们逐渐发现，土地公有的村社是从印度起到爱尔兰止各地社会的原始形态。特别是杰出的美国学者摩尔根（1818—1881）发现了民族的真正本质及其与部落的关系，揭示了原始共产主义社会的内部组织的典型形式，表明只有随着原始公社的解体，社会才开始分裂为各个独特的、终于彼此对立的阶级。

---

① 《马克思恩格斯选集》，1版，第1卷，250页。

《共产党宣言》中上述论断的失误，并不影响马克思对阶级斗争的分析。事实证明，马克思对阶级斗争的历史考察取得了重大成就。

第一，马克思指出："自由民和奴隶、贵族和平民、领主和农奴、行会师傅和帮工，一句话，压迫者和被压迫者，始终处于相互对立的地位，进行不断的、有时隐蔽有时公开的斗争，而每一次斗争的结局都是整个社会受到革命改造或者斗争的各阶级同归于尽。"[①] 在这里，马克思极其简明扼要地揭示了社会结构和阶级结构的关系——每一种社会形态都有其特有的基本阶级；揭示了处于彼此对立的阶级关系的实质——压迫者和被压迫者；揭示了使整个社会受到革命改造的动力——阶级斗争；揭示了阶级斗争的规律——矛盾的激化有个过程，从隐蔽的斗争到公开的斗争；等等。

第二，马克思区分了阶级和等级，揭示了阶级划分的等级特征。他说："在过去的各个历史时代，我们几乎到处都可以看到社会完全划分为各个不同的等级，看到由各种社会地位构成的多级的阶梯。"[②] 例如，在古代奴隶社会，有贵族、骑士、平民、奴隶；在封建社会的中世纪，有封建领主、陪臣、行会师傅、帮工、农奴。阶级和等级不能等同。阶级是由人们在社会关系中不同的经济地位决定的，而等级则是法律规定的具有不同身份和权利的集团。在奴隶社会和封建社会，几乎每一个阶级内部都有各自独特的等第。森严的等级制度使整个社会呈现出一个等级的梯形结构，掩盖了阶级关系。马克思关于阶级和等级的区分及联系的论述，使人们从等级区分中看到阶级，又从阶级区分中看到等级，对奴隶社会和封建社会复杂的隶属关系，有一个明确的、清晰的阶级图景。

第三，马克思揭示了阶级社会意识形态的共同特征。按照马克思的说

---

①②　《马克思恩格斯选集》，1版，第1卷，251页。

法，到目前为止的一切社会的历史都是在阶级对立中运动的，而各个时代又各有自己特殊的阶级关系，这是差异性。"但是，不管这种对立具有什么样的形式，社会上一部分人对另一部分人的剥削却是过去各个世纪所共有的事实。因此，毫不奇怪，各个世纪的社会意识，尽管形形色色、千差万别，总是在某种共同的形式中运动的，这些形式，这些意识形式，只有当阶级对立完全消失的时候才会完全消失。"① 马克思为我们提供了用阶级观点考察意识形态发展史的指导线索，阐明了为什么社会意识形态的某些形式，以及宗教观念、私有观念会转变成一种根深蒂固的"传统"。这不是植根于人性的共同性，而是因为私有制和阶级压迫是几千年来社会共同的历史环境。

马克思不仅纵向地考察了历史上的阶级斗争，而且着重分析了资本主义社会阶级斗争的现实。马克思密切地结合资本主义生产方式的内在矛盾，对资本主义社会阶级斗争的特征、规律和必然结局作了历史唯物主义的分析。

马克思认为，从封建社会灭亡中产生出来的现代资产阶级社会并没有消灭阶级对立，但他强调资本主义社会"用新的阶级、新的压迫条件、新的斗争形式代替了旧的"②。对这种新的阶级、新的压迫条件、新的斗争形式的研究，构成了马克思主义关于资本主义社会阶级斗争理论特有的内容。

资本主义社会的阶级关系，摆脱了以往奴隶社会和封建社会的等级特征，直接表现为阶级对立。而且资本主义的阶级关系也日益简单化，"整个社会日益分裂为两大敌对的阵营，分裂为两大相互直接对立的阶级：资产阶级和无产阶级"③。以前的中间等级不断分化。由于经不起较大资本

---

① 《马克思恩格斯选集》，1版，第1卷，271页。
②③ 同上书，251页。

家的竞争，中间等级的下层，即小工业家、小商人和小食利者，以及手工业者和农民，补充到无产阶级队伍中来。阶级关系的简单化，意味着社会矛盾的尖锐化。

马克思还通过全面分析资产阶级社会各阶级的状况，确定了无产阶级的革命地位。他区分了无产阶级和流氓无产阶级，指出流氓无产阶级是旧社会最下层中消极的腐化的部分，他们有时也被无产阶级革命卷到革命的洪流中来，但由于他们的整个生活状况，他们更甘心于被人收买，去干反动的勾当。他还分析了中间等级，即小工业家、小商人、手工业者、农民的状况，揭示了他们同资产阶级的矛盾，以及他们具有革命和保守的两面性质。马克思指出："在当前同资产阶级对立的一切阶级中，只有无产阶级是真正革命的阶级。其余的阶级都随着大工业的发展而日趋没落和灭亡，无产阶级却是大工业本身的产物。"[①] 马克思的论断是针对当时资本主义生产比较发达的西欧各国说的。对于农业人口占全国大多数的中国来说，作为无产阶级同盟军的农民的革命力量和作用是不能低估的。

马克思还通过对无产阶级反对资产阶级所经历的不同阶段的分析，揭示了无产阶级从自在阶级转变为自为阶级的规律。无产阶级反对资产阶级，是由最初的个别工人，然后是某一工厂的工人，然后是某一地方的某一劳动部门的工人，逐步发展成全国性的斗争；由分散的、无组织的斗争，发展到组织成阶级，创立政党；由捣毁机器、烧毁工厂，发展到意识到自己的根本利益，夺取政权。这是各国工人运动的普遍性的规律。不同的是马克思主义诞生以后，可以大大缩短这个过程，并不是每一个国家都必须重复西欧工人运动所走过的漫长道路。

在《共产党宣言》中，从发生学的角度说，马克思还没有认识到阶级

---

① 《马克思恩格斯选集》，1版，第1卷，261页。

的产生是与生产发展的一定阶段相联系的，把以往全部人类史看成阶级斗争史。但马克思已经看到，阶级不是永远存在的，当无产阶级利用自己的政治统治，一步一步地夺取资产阶级的全部资本，把一切生产工具集中在国家即组织成为统治阶级的无产阶级手里，并且尽可能增加生产力的总量时，阶级差别是会消失的："代替那存在着阶级和阶级对立的资产阶级旧社会的，将是这样一个联合体，在那里，每个人的自由发展是一切人的自由发展的条件。"① 马克思把"尽可能快地增加生产力的总量"作为阶级消灭的重要条件，并把无产阶级上升为统治阶级看成是向无阶级社会过渡的思想是极其深刻的，它已经包含后来 1852 年给约·魏德迈信中的著名论点。

《共产党宣言》关于阶级和阶级斗争的理论，就其基本观点来说至今仍然是正确的。虽然第二次世界大战以后，特别是近几十年来主要资本主义国家科技迅速发展，使阶级关系呈现出某些新特点，但它没有驳倒而是证明了马克思关于阶级和阶级斗争的理论。

按照马克思的观点，生产关系决定阶级结构，每一个社会都有为它的生产关系所决定的基本阶级。当然，在资本主义社会，各阶级或同一阶级的各阶层之间，其成员不是固定不变的。特别是当代生产力的迅速发展和竞争的加剧，使这种流动性变得越来越明显，但不能以此来抹杀资本主义社会的阶级对立。事实上，在资本主义社会，同一阶级内部的职业、工种的流动要比各阶级之间的流动大得多。即使是阶级成员之间的某些流动性，不可能也不会导致社会阶级结构的改变。在以资本主义私有制为基础的资本主义社会，必然存在资产阶级和无产阶级的对立和斗争。用个别工人爬上百万富翁的地位，作为每一个工人都可以通过"流动"而上升到资

---

① 《马克思恩格斯选集》，1 版，第 1 卷，273 页。

产阶级地位的橱窗，无非是用一种抽象可能性来掩盖现实的阶级对立。

　　资本主义社会的阶级关系趋向简单化，日益分裂为两大阶级对立的规律并没有改变。西方所流传的资本主义社会"中间阶级"化，并通过这条道路泯灭阶级对立的观点是不符合事实的。毫无疑问，科技的发展会改变产业结构和职业结构，例如单纯从事体力劳动的"蓝领"工人的减少，熟练技术工人即所谓"白领"工人的增加，以及由于管理现代化和科学化而出现的经理阶层，等等，都是新的社会现象，应该研究。但不能用职业的种类来代替阶级的划分，单纯的收入、文化程度都不是划分阶级的根据。把被雇佣的、收入较好的体力劳动者和脑力劳动者从工人阶级中划分出来是没有科学根据的。科技发展没有改变资本主义社会的基本阶级结构及其发展的总趋势。资本家是生产资料的所有者（不管他们是否直接经营和管理企业），工人是被雇佣的劳动者（不管他们收入多少、文化水平高低、属于何种工种）。生产自动化减少了对蓝领工人的需求，但增加了白领工人的数目。企业的分散和规模的缩小"裁减"工人，但整个社会生产的发展又不断"创造"工人。资本主义生产的发展就是工人队伍的扩大，这是铁的规律，是无法改变的。

　　1848 年 2 月《共产党宣言》的发表，向全世界公开宣告了马克思主义的诞生。《共产党宣言》是部不朽的著作。它当然不可能穷尽对资本主义的认识，但它所提供的科学历史观和方法论，至今仍然是我们分析当代资本主义社会的指导原则。

第十三章　1848 年革命和唯物史观的发展。马克思对法德革命经验的总结

　　《共产党宣言》发表的时候，欧洲正掀起一场革命的暴风雨。它席卷欧洲大陆，直至俄国边境。这是资产阶级性质的革命，但不是以往法国资产阶级革命的翻版。无论是阶级力量的配置、革命面临的任务，还是在政治舞台上活动的人物和政党，都具有自己时代的特性和风貌。马克思亲身参加了这次革命。这不仅是马克思生平事业中最突出之点，而且构成了唯物史观发展的重要阶段。

　　如果说在《共产党宣言》中，马克思着重探讨的是他那个时代的"近代史"，即资本主义社会如何在封建社会母胎中孕育和发展的过程，那么马克思发表在《新莱茵报》上的重要政论和《1848 年至 1850 年的法兰西阶级斗争》《路易·波拿巴的雾月十八日》等著作研究的则是"现代史"，即解释和阐述"当时发生的政治事件"。马克思通过总结法国和德国的革命经验，在有关社会革命问题、阶级斗争和国家问题、社会发展中的主观

因素和客观因素的辩证关系问题，以及如何评价历史人物等问题上进一步发展了历史唯物主义。马克思对当时刚刚发生、正在发生、尚未发生的事件的分析、判断和预测，不仅表现了他的天才洞察力，而且雄辩地证实了唯物史观作为科学历史观和方法论的认识价值。

第一节　1848 年革命和抽象人道主义原则的破灭

从当时的欧洲来说，法国是政治斗争最尖锐、最典型、最激烈的国家。1848 年法国的二月革命，成为点燃德国、奥地利、匈牙利、捷克革命烽火的"信号弹"。

法国的二月革命是资产阶级性质的革命，是工业资产阶级反对金融贵族专横统治的革命。巴黎工人参加了这次革命，但资产阶级独占了胜利果实。以临时政府名义实行统治的并不是工人们期待的"社会共和国"，而是以路易·勃朗和阿尔伯为装饰品的资产阶级专政。

马克思关注的不只是二月革命的资产阶级性质，还有它的意识形态的幻想。二月革命的旗帜是自由、平等、博爱，似乎彼此对立的资产阶级和工人阶级在博爱的号召下共同战斗。博爱——这就是二月革命所宣告的，用大号字母写在巴黎的三角墙上、写在每所监狱上面、写在每所营房上面的口号。人们仿佛又回到了法国的 1789 年，向后倒退了半个世纪。其实 1848 年的二月革命不同于 1789 年的法国资产阶级革命。1789 年的革命并不只是法国的革命，而是欧洲范围的革命，它不是社会中某一阶级的胜利，而是宣告了欧洲新社会的政治制度的胜利，资本主义社会对封建社会的胜利。而就世界范围来说，它不仅反映了法国的要求，而且反映了世界的发展趋势。这是一个时代的进步。当时，自由、平等、博爱是进步的旗帜，是动员一切被压迫阶级起来共同战斗的旗帜。1848 年的革命不同。

资产阶级不仅反对封建制度，而且感受到无产阶级强大的威胁。资产阶级腹背受敌。它想利用人民作为国王的避雷针，又想利用国王作为人民的避雷针。它在自由、平等、博爱的旗帜下动员无产阶级起来为其火中取栗，又随时准备镇压胆敢提出自己要求的无产者。

法国由二月革命发展到六月革命证实了这一点。当资产阶级在二月革命取得政权后，战场上只剩下无产阶级和资产阶级。资产阶级积极筹建自己的武装，并以救济失业为名把大批工人赶向国家工场。当工人试图捍卫自己争得的权利时，资产阶级就以武力镇压。在巴黎无产阶级的六月起义中，无产阶级受到残酷的迫害，1.1万多人被屠杀，2.5万多人被监禁、流放和服苦役，巴黎淹没在血泊之中。事实表明，"博爱"只有在资产阶级和无产阶级的利益结合在一起的时候，只有在无产阶级不威胁资产阶级利益的范围内才存在。一旦无产阶级敢于作为一个具有自己利益和要求的单独阶级来反对它的时候，它就会把"'自由，平等，博爱'这句格言代以毫不含糊的'步兵，骑兵，炮兵！'"①。

这不是法国资产阶级的特性，而是时代条件决定的。德国资产阶级更是如此。当法国发生二月革命时，德国也发生了三月革命。但是被革命送上了国家政权高峰的资产阶级，立即向德国封建势力妥协，倒转头来镇压无产阶级。如果说在法国，资产阶级只是在二月革命之后，在清除了阻碍本阶级进行统治的一切障碍之后，才以反革命首领的面貌出现，而在德国，资产阶级甚至连自己的公民自由和自己的统治所必需的起码条件都没有取得就成了封建制度的尾巴。在法国，资产阶级以暴君身份出现，并实行了自己的反革命，而在德国，资产阶级则以奴婢的身份出现，并为自己暴君的利益而实行反革命。在法国，资产阶级取得了胜利之后制伏了人

---

① 《马克思恩格斯选集》，1版，第1卷，640页。

民，而在德国，资产阶级为了不让人民胜利而自己甘愿受人摆布。比起 1789 年的法国资产阶级，比起自己的祖先，这些"不肖"子孙们只不过是侏儒而已。

怎么可能期待 1848 年的资产阶级，认真地举起自由、平等、博爱的旗帜，联合无产阶级共同战斗呢？当卢格说"在整个地球上，还未曾有过比 1848 年更伟大的革命"时，恩格斯揭示了 1848 年革命的"人道"口号的实质。他说：

> "按它的原则来说是最人道的"，——因为这些原则是由抹杀最对立的利益而产生的。

> "按它的法令和公告来说是最人道的"，——因为这些法令和公告是欧洲一切空虚的头脑中产生出来的关于博爱的幻想和关于友爱的多情的词句的撮要。

> "按它的表现来说是最人道的"，——这些表现就是波兹南的屠杀和野蛮行为、拉德茨基的杀人放火的勾当、巴黎六月胜利者的野兽般的残暴行为、克拉柯夫和布拉格的屠杀、普遍的军阀统治，简单地说，就是在今天，在 1848 年 9 月 1 日，"表现"为这个革命的全貌的一切卑鄙行为，由于这一切卑鄙行为，4 个月来所洒的鲜血，比 1793 年和 1794 年所洒的鲜血的总和还要多。

> "人道的"卢格先生！①

按照马克思的看法，在 1848 年仍然沉醉于 1789 年的口号是时代的幻觉；那些拘泥于法国资产阶级革命的所谓革命者，是一些学究；那些迷信"阶级和平"，为人民向资产阶级乞求施舍，并用冗长的博爱说教来对无产阶级进行催眠的小资产阶级社会主义者，是一些空谈家。他们丧失了记忆，

---

① 《马克思恩格斯全集》，中文 1 版，第 5 卷，425 页，北京，人民出版社，1958。

丧失了时代感："大多数人有充分的权利嘲笑那些犯了时代错误，不断重复fraternité（博爱）词句的可怜的空想家和伪善者。因为这里的问题正是要抛掉这种词句以及由这个词句的模棱两可的含意所产生的幻想。"①

历史自身是最强有力的。尽管二月革命时巴黎的无产阶级沉醉在宽大仁慈的普遍博爱的气氛中，尽管拉马丁把临时政府称为"消除各阶级间所存在的可怕误会的政府"，但当拉马丁的欢乐焰火变成卡芬雅克的炮火，巴黎在燃烧、呻吟、流血的时候，无产阶级终于从"博爱"的幻想中惊醒过来。正如马克思所总结的："在这些失败中陷于灭亡的不是革命。陷于灭亡的是革命前的传统的残余，即那些尚未发展到尖锐阶级对立地步的社会关系的产物；陷于灭亡的是革命政党在二月革命以前没有摆脱的一些人物、幻想、观念和方案，这些都不是**二月胜利**所能使它摆脱的，只有一连串的**失败**才能使它摆脱。"② 无产阶级得到的是霰弹，失去的是幻想。这是一次胜利，以血的代价获得的胜利。街垒战中的失败，从摆脱旧的传统观念的意识形态的胜利中得到加倍的补偿。

马克思根据 1848 年革命的经验，特别是 1848 年至 1851 年法国所经历的政治演变，对意识形态的产生、传统意识形态的社会功能及其变化，以及精神生产的特点作了论述。这些都大大丰富了唯物史观。

在 1848 年的二月革命中，资产阶级传统的意识形态——抽象的人道主义原则，构成人们行为的幻想动机，这不是偶然的。人们都是在既定历史条件下进行活动的。这种条件不仅是物质条件，而且包括传统观念。正如马克思所总结的："一切已死的先辈们的传统，象梦魇一样纠缠着活人的头脑。当人们好象只是在忙于改造自己和周围的事物并创造前所未闻的事物时，恰好在这种革命危机时代，他们战战兢兢地请出亡灵来给他们以

---

① 《马克思恩格斯选集》，1 版，第 1 卷，302 页。
② 同上书，393 页。

帮助，借用它们的名字、战斗口号和衣服，以便穿着这种久受崇敬的服装，用这种借来的语言，演出世界历史的新场面。例如，路德换上了使徒保罗的服装，1789—1814 年的革命依次穿上了罗马共和国和罗马帝国的服装，而 1848 年的革命就只知道时而勉强模仿 1789 年，时而又模仿1793—1795 年的革命传统。"①

　　意识形态的传统是一种巨大的力量。但它在不同的历史条件下作用是不同的。处于上升时期的资产阶级代表人物，如卡米尔·德穆兰、丹东、罗伯斯比尔、圣茹斯特、拿破仑这些英雄人物，他们都穿着罗马的服装，讲着罗马的语言，但他们的目的是实现当代的任务，即解除束缚新兴资产阶级发展的桎梏和建立新的社会制度，并为法国资产阶级社会在欧洲大陆上创造一个符合时代要求的适当环境。他们之所以把目光转向罗马，是为了从罗马共和国的高度严格的传统中，找到实现资产阶级历史使命所必需的理想、艺术形式和幻想，掩盖自己革命的狭隘的资产阶级性质，以便把自己的热情保持在伟大历史悲剧的高度。这不是蓄意欺骗，而是真实的信仰。他们中的一些人在被送上断头台时，仍然充满自我牺牲精神和英雄气概，真诚地相信自己是为全人类而献身。可见，在资产阶级革命上升时期，使死人复活是为了赞美新的斗争，为了提高想象中的某一任务的意义。当革命目的达到以后，必然从形式到内容都创立与新的经济基础相应的意识形态："新的社会形态一形成，远古的巨人连同一切复活的罗马古董——所有这些布鲁土斯、格拉古、普卜利科拉、护民官、元老以及凯撒本人就都消失不见了。冷静务实的资产阶级社会把萨伊、库辛、鲁瓦埃-科拉尔、本扎曼·孔斯旦和基佐当做自己真正的解释者和代言人；它的真正统帅坐在营业所的办公桌后面，它的政治首领是肥头大耳的路易十八。

————————

　　① 《马克思恩格斯选集》，1 版，第 1 卷，603 页。

资产阶级社会完全埋头于财富的创造与和平竞争，竟忘记了古罗马的幽灵曾经守护过它的摇篮。"①

这并不难理解。资本主义社会终究不是奴隶社会。资产阶级终究不是奴隶主贵族。尽管新兴资产阶级掀起的"文艺复兴"运动，可以从古希腊罗马被湮没的文献中发现自己需要的瑰宝；尽管通过传统和教育继承了这些情感和观点的人，会以为这些情感和观点就是他的行为的真实动机和出发点，实际上决定某个阶级的意识形态的是它赖以生存的物质条件和所有制形式。马克思在分析正统派和奥尔良派之所以对立时指出："在不同的所有制形式上，在生存的社会条件上，耸立着由各种不同情感、幻想、思想方式和世界观构成的整个上层建筑。整个阶级在它的物质条件和相应的社会关系的基础上创造和构成这一切。"② 这个重要论断，提供了对意识形态的实质和起源的科学理解。

马克思强调任何一种意识形态，从它的来源和反映的内容来说，都同一定的阶级和所有制形式相联系，但就它的创造者和信奉者的实际地位来说，并不一定都是这个阶级的成员。这是精神生产的一个重要特点。精神生产是一个相对独立的部门。从事精神生产的脑力劳动者、著作家可以来自不同的阶级。他们为各阶级"制造"理论、观点、意识形态，使特定阶级的心理、情绪、需求的反映系统化和理论化。使他们成为某个阶级代表的不是他们原来的阶级出身，而是他们的产品——精神产品，是他们的精神产品中所反映的实际阶级利益和要求。马克思在分析1848年法国革命中的小资产阶级民主派时特别论述了这一点。他说："不应该认为，所有的民主派代表人物都是小店主或小店主的崇拜人。按照他们所受的教育和个人的地位来说，他们可能和小店主相隔天壤。使他们成为小资产阶级代

---

① 《马克思恩格斯选集》，1版，第1卷，604页。
② 同上书，629页。

表人物的是下面这样一种情况：他们的思想不能越出小资产者的生活所越不出的界限，因此他们在理论上得出的任务和作出的决定，也就是他们的物质利益和社会地位在实际生活上引导他们得出的任务和作出的决定。一般说来，一个阶级的**政治代表**和**著作方面的代表人物**同他们所代表的阶级间的关系，都是这样。"①

　　某个阶级的社会意识形态的作用不是固定不变的，随着它所依存的阶级的物质利益和地位的变化，它的作用是不同的，有不同的社会功能。在 1789 年法国资产阶级革命时期，自由、平等、博爱是革命的旗帜、进步的旗帜。尽管以抽象普遍形态出现的人道主义原则仍然是虚幻的，但它的社会功能是革命的。它在一定程度上反映了被压迫的劳动者的利益、愿望和要求，动员他们起来同封建制度斗争。而在 1848 年革命中，它起到钝化和掩盖无产阶级和资产阶级的对立的作用，或者像马克思所说的"把无产阶级的狮子催眠入睡"② 的作用。意识形态功能的这种变化，反映的是阶级关系和矛盾的变化。

　　更为深刻的是，马克思敏锐地看到，并不是自由、平等、博爱、人道的原则背叛了资产阶级，而是胜利了的资产阶级背叛了自己最初的理想。当他们能继续使用"人道"为借口，能利用抽象的自由、平等、博爱来维护自己的利益时，他们不会放弃这些口号③：一旦他们感到这些威胁到他

①　《马克思恩格斯选集》，1 版，第 1 卷，632 页。

②　同上书，300 页。

③　马克思在 19 世纪 60 年代多次揭露资产阶级利用人道、自由等口号进行斗争的策略。他在《华盛顿政府与西方列强》一文中说："事实上，1856 年的宣言在慈善的词句后面隐藏着很大的不人道。它原则上把战争从各国人民的战争变成了各国政府的战争。它赋予财产以不可侵犯性，但是对人却不给予这种不可侵犯性。它为贸易挡住了战争恐怖，从而使工商业阶级可以无视这种恐怖。此外，不言而喻，1856 年宣言的人道借口只是给欧洲观众看的，和神圣同盟的宗教借口完全一样。"（《马克思恩格斯全集》，中文 1 版，第 15 卷，452 页，北京，人民出版社，1963）他在《英国的人道与美国》一文中还说："人道在英国像自由在法国一样，现在已经成了 traders in politics〔政治商人〕的一种输出品了。""英国贵族和他们的大臣们却非常热心地监督正在进行战争的美国北方人的'人道'，比监察官卡托监督罗马公民的德行更为热心！"（同上书，538 页）

们的利益时，他们就会断然摒弃它。正如马克思所说："资产阶级正确地
了解到，它为反对封建制度而锻造出来的各种武器都倒过来朝向它自己
了，它所创造的一切教育手段都转过来反对它自己的文明了，它创造的所
有的神都离弃了它。"① 对资产阶级来说，一切侵犯和不利于它的统治的
东西都是坏的，"不管它是在为人类的痛苦感伤地哭泣，不管它是在宣扬
基督的千年王国和博爱，也不管它是在用人道主义态度漫谈精神、教育和
自由，或是在空泛地臆造一切阶级的协调和幸福的制度"② 。由此可见，
对抽象人道主义原则社会功能的分析，还必须区分其是资产阶级及其政客
们的蓄意欺骗或斗争策略，还是没有摆脱唯心主义历史观的进步人士对资
本主义不人道制度的抗议。

　　1848 年的革命经验和教训表明，无产阶级需要有自己的意识形态。
它不仅要代表无产阶级的利益和愿望，而且要科学地反映客观历史进程。
如果说资产阶级革命可以穿着古罗马人的服装上演革命的戏剧，无产阶级
则不能，它要弄清楚自己在资本主义社会的地位和使命。正如马克思所指
出的："十九世纪的社会革命不能从过去，而只能从未来汲取自己的诗情。
它在破除一切对过去的事物的迷信以前，是不能开始实现自身的任务的。
从前的革命需要回忆过去的世界历史事件，为的是向自己隐瞒自己的内
容。十九世纪的革命一定要让死者去埋葬他们自己的死者，为的是自己能
弄清自己的内容。从前是辞藻胜于内容，现在是内容胜于辞藻。"③ 无产
阶级肯定人类的一切优秀文化遗产，包括资产阶级取得的一切成就，但它
坚决打破僵化的、陈旧的历史传统的枷锁；它经常回顾以往的历史足迹，
但把目光朝向未来；它不托古改制，而是坚定地站在现实的基础上。这就
是无产阶级，这就是无产阶级的意识形态。

---

①② 《马克思恩格斯选集》，1 版，第 1 卷，644 页。
③　同上书，606 页。

第二节　历史进步与社会变革。社会革命的必然性与必要性

社会革命问题既是一个历史观问题，又是一个现实的社会问题。可以说，马克思在思想转变过程中一直在探索这个问题。到《共产党宣言》时，马克思已经从新的历史观的角度对社会革命问题作过原则性的论述。例如在《德意志意识形态》中，马克思已看到一切历史冲突都根源于生产力和交往形式的矛盾；这种矛盾的激化都不免要爆发革命。他还强调，"历史的动力以及宗教、哲学和任何其他理论的动力是革命，而不是批判"。在《哲学的贫困》的结尾，马克思以高昂激情的语言论述社会进化和政治变革的关系。至于《共产党宣言》这个伟大的纲领，完全可以说是无产阶级的革命宣言书，它通过对资本主义生产方式的内在矛盾和无产阶级与资产阶级对立的分析，宣告了无产阶级革命的目的，并制定了无产阶级政党在革命中的策略和措施。但到《共产党宣言》发表为止，马克思并没有亲眼见证革命，也没有亲身参加过一次革命。真正使马克思有机会从唯物史观高度来检验和发展自己的社会革命论的，正是他亲身参加的1848年革命。恩格斯曾强调这一点。他说："研究和说明革命震动和被镇压下去的原因，从历史的观点上说，也有极重要的意义。"[①]

和自然领域相比，社会领域的变化是比较显著的。从人类进入奴隶社会以后，在整个阶级社会中，被压迫者的骚动和起义、政权的更替和易手，都是凭直观就能觉察到的事实，因而人们往往把视线集中在政治斗争领域，把革命仅仅看成是政权的更迭，看成是单纯的政治革命，而不能探索革命的深刻经济根源和全部丰富内涵。马克思突破了这个狭隘的眼界。

---

① 《马克思恩格斯选集》，1版，第1卷，501页。

毫无疑问，任何一个革命的最主要问题都是国家政权问题。国家政权从一个阶级手里转到另一个阶级手里，是革命首要的基本的标志。但并不是任何政权的易手都能称为革命。真正的政治革命应该是社会革命。它是特定阶级以夺取政权为中介，破坏旧的生产关系巩固新的生产关系，破坏旧的上层建筑巩固新的上层建筑的政治行动。因此革命是社会的变革，它最深刻的根源存在于社会矛盾自身。波澜壮阔的 1848 年革命就是这样的革命，但是一次失败的革命。把这次革命的发生归咎于少数人的恶意煽动，或者完全从少数领袖人物的偶然动机、优点、缺点、错误或变节中去寻找失败的原因都是唯心主义的。马克思运用唯物史观从发生革命的国家的总的社会状况和生活条件中，探求革命必然爆发又必然失败的原因，并驳斥了形形色色的唯心史观。

法国发生二月革命并演变为六月革命不是偶然的。法国从 1789 年革命以后，经历了 40 年的空前尖锐的斗争，直到 1848 年二月革命的前夜，掌握统治权的都不是资产阶级，而只是它的一个集团：银行家、交易所大王、铁路大王、煤矿和森林的所有者以及与他们有联系的那部分土地所有者，即所谓金融贵族。因此工业资产阶级同金融贵族存在矛盾。与此同时，无产阶级和资产阶级也存在矛盾。这些矛盾都错综复杂地交织在一起。金融贵族的统治引起了强烈的不满，特别是 1845 年至 1846 年两个具有世界意义的经济事件的发生，即马铃薯病虫害和农业歉收所引起的物价暴涨，以及英国工商业总危机对法国的影响，加深了人民的普遍不满，使不平的怨言发展成武装起义，终于爆发了二月革命。但在二月街垒战中产生的临时政府，归根结底是代表资产阶级的政府。无产阶级被迫在六月重新拿起了武器，但结果是遭到失败。在马克思看来，法国的二月革命和六月革命是有其深刻的经济根源的，而它失败的必然性也存在于经济之中。他说："在这种普遍繁荣的情况下，即在资产阶级社会的生产力正以在资产阶级关系范围内一般可能的速度蓬勃发展的时候，也就谈不到什么真正的革命。只有在**现代生产力**和**资产阶级生产方式这两个要素互相矛盾**的时候，这种革命才有可能。"[1] 按照马克思的分析，1848 年资产阶级社会关系的基础还是那么巩固，任何阻止资产阶级发展的企图都必然会被这个基础碰得粉碎。但只要产生革命的经济条件酝酿成熟，革命终究是会到来的。"**新的革命，只有在新的危机之后才有可能。但是新的革命的来临，象新的危机的来临一样，是不可避免的。**"[2]

同法国一样，德国的三月革命及其随后的演变，取决于德国社会的总的状况和阶级结构。正是德国资本主义生产方式的发展，决定了资产阶级必然要反对封建制度；而先天发育不良的资本主义经济，又决定了德国资产阶级是如此萎靡、畏缩、胆怯。但即使没有法国二月革命的诱发，德国自身内部的经济矛盾和政治矛盾的发展也必然会爆发革命。

马克思不仅从资本主义生产方式同封建生产方式的矛盾，以及资本主义生产方式自身的矛盾中来分析 1848 年革命的必然性，并且在《新莱茵报·政治经济评论》杂志上发表的评论基佐和格·弗·道梅尔小册子的书评中，对用唯心主义观点来曲解 1848 年革命的理论进行了驳斥。

基佐是法国复辟时代的著名政治家和历史学家。他在历史理论方面的一个杰出贡献，是研究了阶级和阶级斗争。可就是这样一位 "ancien régime〔旧制度〕下最聪明的人物"，"天才历史学家"，却被 1848 年二月革命 "弄得昏头昏脑"，"以致完全不能理解历史"[3]。他在 1850 年出版的著作《英国革命为什么会成功？英国革命史讨论》中，对革命作了完全唯心主义的解释。他从自己原来主张过的阶级和阶级斗争理论向后倒退，认为 "一切革命都是由于少数不满足于一般自由的捣乱者的恶意和宗教狂热

①② 《马克思恩格斯选集》，1 版，第 1 卷，488 页。
③ 《马克思恩格斯全集》，中文 1 版，第 7 卷，247 页。

而引起的"①。法国之所以发生二月革命应归咎于法国人的品性，"只是由于法国人品质恶劣，才使得 1830 年的七月王朝经历了 18 年艰苦岁月后终于遭到了可耻的破产，使它不能象 1688 年以来的英国王朝那样维持很久"②。他还把资产阶级共和国看成"不过是一些野心勃勃、狂热冲动和心怀恶意的人所搞出来的名堂"③。基佐为法国失去各种政治力量的平衡而痛惜，他非常羡慕"充满平静安宁、田园诗意"的英国，但其实英国社会的阶级矛盾也达到了尖锐的程度，"正在展开极为尖锐的冲突和极为深刻的变革"④。这一切都表明，曾经用阶级斗争观点考察资产阶级反对封建阶级革命的理论家们，再也不能客观地看待资本主义社会的阶级斗争的现实。反对封建制度的革命是必然的，而反对资产阶级的革命则是偶然的，是破坏政治平衡的恶意煽动。这就是他们的结论。无怪乎马克思说："不但 les rois s'en vont〔国王要滚蛋〕，而且 les capacités de la bourgeoisie s'en vont〔资产阶级的天才人物也要滚蛋〕。"⑤

在《评格·弗·道梅尔〈新时代的宗教。创立综合格言的尝试〉》中，马克思驳斥了道梅尔的唯心史观。道梅尔把 1848 年革命看成是"民众越规行为"，是"社会的下层阶级对上层阶级的嫉妒、愤怒和渴慕"，"是'粗野'反对'文明'的斗争"⑥。这样，他就不是用各阶级的生活条件来解释阶级斗争和社会革命，而是把革命产生的原因归结为某些心怀恶意的人玩弄阴谋诡计，利用群众的卑鄙本能，唆使他们反对有教养的阶级。道梅尔把基于物质利益的阶级斗争，变成了"文明"与"野蛮"的道德和文

---

① 《马克思恩格斯全集》，中文 1 版，第 7 卷，250 页。
② 同上书，247 页。
③ 同上书，250 页。
④ 同上书，251～252 页。
⑤ 同上书，253 页。
⑥ 同上书，237、238 页。

化的斗争。

同样荒谬的是，道梅尔把宗教凌驾于革命之上，认为革命是没有实效的，只有创立新的宗教才能改变世界。他说："只有通过新的宗教才能产生全新的世界秩序和关系。宗教能作出多大贡献，基督教和伊斯兰教就可以作为这方面的例证。抽象的单独的政治是软弱无能和毫无效果的，1848 年开展的革命运动就可以非常明显地证明这一点。"① 这完全是对历史的无知。事实上并不是新的宗教产生了新的世界秩序，恰好相反。例如就基督教来说，它是古代"世界秩序"瓦解以后产生的，是这种瓦解的表现，而不是瓦解的原因。马克思在分析了社会变革与宗教变迁的关系之后指出："非常明显，随着每一次社会制度的巨大历史变革，人们的观点和观念也会发生变革，这就是说，人们的宗教观念也要发生变革。"② 人们不是在宗教中，而是在社会的经济生活中，找到了社会变革的最终秘密。

社会革命最深刻的根源存在于社会基本矛盾之中。它是这种矛盾极端激化的外部表现，又是这种矛盾得以解决的社会手段。社会革命的巨大社会功能，正在于它借助革命暴力，通过群众斗争的形式，使和平时期长期积累起来的矛盾得到解决，从而推动社会发展。正是在这个意义上，马克思说："**革命是历史的火车头。**"③

一切反动阶级的代表人物都诋毁社会革命。他们把旧制度的缓慢发展视为正常的社会秩序，而把社会革命看成是社会病态，破坏了生产力的发展。这当然是错误的。

毫无疑问，社会革命当然包含着破坏。它破坏旧的生产关系，破坏旧的上层建筑，破坏过时的陈旧观念，一句话，破坏旧的社会秩序。而且在

---

① 转引自《马克思恩格斯全集》，中文 1 版，第 7 卷，239 页。
② 同上书，240 页。
③ 《马克思恩格斯选集》，1 版，第 1 卷，474 页。

革命战争中，生产力也会遭到不同程度的破坏。但革命的本质不是单纯的破坏，而是建设。它巩固和确立新的生产关系和上层建筑，为生产力的迅速发展创造了一个有利的经济和政治条件。革命确实是社会进步和政治进步的强大发动机，它能使一个民族在这种剧烈震动时期五年就走完在普通环境下一百年还走不完的途程。从阶级社会的历史发展中排除社会革命，无非是要把社会这个活的有机体变成僵化的木乃伊，从而使自己的阶级统治永世长存。历史自身的变革和震荡一再击碎了这个梦想。马克思从历史观的高度使无产阶级自觉意识到这一规律，强化自己的革命意识，这是一个伟大的功绩。

马克思还通过总结法国 1789 年的资产阶级革命到 1848 年欧洲革命的历史经验，区分了资产阶级革命的两种类型。尽管由于经济和政治发展水平不同，在 1848 年革命中，法国资产阶级革命同德国资产阶级革命各有特点，但它们都属于同资产阶级早期革命不同类型的革命。

在法国 1789 年的革命中，资产阶级是实际领导革命的进步阶级。当时相互更替掌握政权的是一些越来越革命的党派。立宪派统治以后是吉伦特派的统治；吉伦特派统治以后是雅各宾派的统治。它们一个比一个更激进。"每当某一个党派把革命推进得很远，以致它既不能跟上，更不能领导的时候，这个党派就要被站在它后面的更勇敢的同盟者推开并且送上断头台。革命就这样沿着上升的路线行进。"[①]

1848 年的革命不同。不仅软弱的德国资产阶级在三月革命后背叛了自己的同盟者，即使是比较坚定的法国资产阶级，在取得二月革命的胜利果实后，也同样掉过头来镇压无产者。在法国，一些越来越温和甚至反动的集团掌握了政权，它们在保护私有制、家庭、宗教和秩序的口号下，不

---

① 《马克思恩格斯选集》，1 版，第 1 卷，625 页。

断地排挤比自己激进的派别。"革命就这样沿着下降的路线行进。二月革命的最后街垒还没有拆除，第一个革命政权还没有建立，革命就已经这样开起倒车来了。"①

在资产阶级长期进行的夺取政权和巩固政权的斗争中，资产阶级革命按照上升和下降两条相反的路线发展，这不是偶然的。它是由资本主义生产方式逐步处于支配地位，以及由此引起的阶级关系和阶级力量对比的变化所决定的。在资产阶级面前，站着一个衣衫褴褛、满怀怨恨、坚强有力的无产阶级，使资产阶级感到畏惧。资产阶级不可能向前推进革命。小资产阶级民主派也不可能单独进行革命。但马克思从 1848 年革命中看到了另一种可能性，即无产阶级把民主革命进行到底并使它转变为社会主义革命。这就是马克思关于不断革命的思想。马克思在《1848 年至 1850 年的法兰西阶级斗争》《中央委员会告共产主义者同盟书》中阐述了这个重要思想。虽然马克思关于不断革命的思想在当时的条件下并没有实现，但马克思关于资产阶级民主革命和社会主义革命的辩证关系、无产阶级在民主革命和社会主义革命中的斗争策略的思想都极其深刻，为列宁和毛泽东在领导俄国革命和中国革命时所继承、运用和发展。

第三节　对国家问题的历史唯物主义的考察

国家问题是政治学的问题，但如何考察和认识国家的本质是个历史观的问题。国家问题是政治斗争的枢纽。马克思非常重视国家问题，它是马克思创立唯物史观的一个突破点。正是通过清算和批判黑格尔的唯心主义国家观，马克思打开了通向唯物史观的大门。

---

① 《马克思恩格斯选集》，1 版，第 1 卷，625 页。

早在《莱茵报》时期，马克思在《摩塞尔记者的辩护》中就反对用掌权人物的个人意志来解释国家，强调必须研究决定国家本质的各种关系的客观本性。在《黑格尔法哲学批判》中，马克思批判了黑格尔的国家学说，提出了市民社会决定国家的原理，为唯物史观奠定了第一块基石。而在《德意志意识形态》中，马克思完全达到了对国家本质的唯物主义理解。他不仅揭示了以普遍利益形态出现的国家是虚假的共同体，并且用阶级斗争的观点总结了国家制度演变的实质，强调国家内部的一切斗争，如民主政体、贵族政体、君主政体相互之间的斗争，争取选举权的斗争等等，归根结底是各个不同阶级之间的斗争。马克思的这些论断，包括对以往特别是法国历史经验的总结，缺乏现实经验的检验和论证。1848年欧洲革命的经验填补了这个重要空白。特别是从中总结出来的关于打碎资产阶级国家机器和无产阶级专政历史使命的论述，把马克思主义国家学说推进到一个新阶段。

政治制度是在一定的社会经济基础上建立起来的上层建筑的核心。它既包括政权的阶级属性，也包括统治阶级借以实现自己统治的形式。马克思通过总结1848年革命的经验，对后一方面，即资产阶级政治制度形式的演变的实质作了深刻的论述。马克思从阶级斗争和阶级力量对比的变化中考察资产阶级的国家制度，坚持彻底的历史唯物主义原则。

马克思把法国的二月革命时期，即从1848年2月24日到5月4日（从路易·菲力普被推翻到制宪国民议会开幕），称为革命的序幕、普遍联欢的喜剧。这个时期仓促建立的政府是临时政府，各个阶级的代表，如王朝反对派、共和派的资产阶级、民主共和派的小资产阶级和社会主义民主派的工人，都在二月政府中临时取得了位置。虽然每个政党都按照自己的观点来解释这个临时政府，例如夺取了二月革命胜利的工人把它宣布为"社会共和国"，实际上这个所谓临时政府是资产阶级性质的政府，但由于阶级力量对比关系，临时政府就其构成成分来说表现为共同推翻七月王朝的各个阶级间的妥协和分享胜利果实。

当巴黎无产阶级陶醉于二月革命的胜利，沉湎于"社会共和国"的幻想中时，反对无产阶级的势力进行集结和组合，并对无产阶级发动了进攻。马克思把这段时期，即从 1848 年 5 月 4 日制宪国民议会的召开到 12 月 10 日路易·波拿巴当选总统称为纯粹的资产阶级共和派专政。制宪国民议会公然宣布建立共和国，但不是无产阶级在二月街垒战中幻想的社会共和国，而是资产阶级共和国："国民议会所宣告成立的、唯一合法的共和国，不是一种反对资产阶级制度的革命武器，而是对资产阶级制度实行的一种政治改造，是重新在政治上加强资产阶级社会的一种改造，——简言之，就是**资产阶级共和国**。"[①] 在六月无产阶级起义者尸骨堆上建立的资产阶级共和国，无非是全体资产阶级借人民的名义进行的统治，它的任务是巩固资本统治和奴役劳动者。因此由被幻想为"社会共和国"的临时政府到资产阶级共和国，表明阶级关系和阶级力量对比的变化，无产阶级由同盟者变成敌对者，由二月革命的胜利者变成六月起义的失败者。

但是纯粹的资产阶级共和派专政为时不久。资产阶级共和派由于对无产阶级的镇压，以及推行的损害小资产阶级和农民利益的税收和财政政策，在同拥护君主政体的保皇派的斗争中处于劣势。路易·波拿巴当上了总统，并通过政变最终登上了皇帝宝座，恢复了帝制。由议会制的资产阶级共和国倒回到帝制不是偶然的，它反映了资产阶级对人民的恐惧："本能告诉他们，共和制虽然完成了他们的政治统治，同时却破坏着这一统治的社会基础，因为他们现在必须面对各个被奴役的阶级并且直接和它们斗争，不能用王冠作掩护，不能用相互之间以及和王权之间的次要斗争来转

---

① 《马克思恩格斯选集》，1 版，第 1 卷，413 页。

移全国的视线了。由于感觉到自己软弱无力,他们才不得不在他们阶级统治的完备的条件面前退缩下来,力图返回到那些不大完备、不大发达、因而危险也较少的阶级统治的形式上去。"① 并不是保皇主义的回忆和对旧王朝的依恋促使帝制的恢复,而是现实的阶级利益的需要。大地主和大资产阶级需要王冠,需要在王冠下实现自己的统治。至于王冠没有戴在波旁王室或奥尔良王室的头上,而是为科西嘉人路易·波拿巴所篡夺,这并没有改变事情的本质。

马克思把1848年法国革命时期资产阶级专政的政治形式的变化,同对革命的下降路线的分析结合在一起。从二月革命的"社会共和国"到议会制的资产阶级共和国,再到路易·波拿巴的第二帝国,这种政治形式的变换不已,是阶级斗争借以进行的场所,又是阶级斗争的结果。每种政治形式都是阶级力量对比变化的凝聚物。马克思通过总结法国1848年革命的经验,使他先前提出的关于市民社会决定国家的原理得到进一步的深化,找到了由市民社会向国家领域过渡的"中介"。

马克思还通过总结法国革命的经验,揭示了资产阶级国家政权的发展规律。

第一,官僚化和军事化。资产阶级国家是在封建国家的基础上发展起来的。它进一步发展了专制君主制所开始的中央集权制,并扩大了政府权力的容量、属性和帮手的数目。例如在法国,在君主专制时代就形成了一个庞大的官僚机构和军事机构,有复杂而巧妙的国家机器,有50万人的官吏队伍和50万人的军队。资产阶级革命胜利后并没有消灭这个官僚机器,相反还进一步官僚化和军事化,以便实现自己的统治。如果没有军队、警察、监狱、官僚,没有庞大的行政机构和军事力量,资产阶级就不

---

① 《马克思恩格斯选集》,1版,第1卷,630页。

可能实现自己的专政。资本主义社会是以阶级对抗为基础的。阶级利益的对立和少数人对多数人的统治这一根本性质，决定了资产阶级国家政权的官僚化和军事化的必然趋势。

第二，限制议会权力，扩大行政权力。在资产阶级反对封建专制制度的斗争中，议会起了进步的作用。但当资产阶级确立自己的统治权后，议会成为资产阶级实现统治的形式。它和行政权相结合，都是资产阶级国家机器的组成部分。在法国二月革命以后成立的制宪国民议会，从成立之日起，就反对无产阶级，以实现资产阶级的统治为目的。但资产阶级专政的真正力量并不是议会，而是行政权力。它的全部政策的实施和制定都是在政府内部进行的。资产阶级国家发展的规律，是尽量扩大行政权力，限制议会权力，力图把议会降低为资产阶级专政的装饰品和清谈馆。例如在当时的法国，行政权力支配着 50 万以上的官吏，管制、控制、指挥、监视着整个社会，它无处不在、无所不知；而议会只是依靠辩论生存的场所，尽管议员们"在国民议会讲坛上热情奔放，大发议论"，实际上"非常无能"。为此，马克思批评了"议会迷"，即迷信议会，把议会放在行政权力之上，认为议会可以控制和支配行政权的人。他说："1848 年以来，在全欧洲大陆上流行着一种特殊的病症，**即议会迷**，染有这种病症的人就变成幻想世界的俘虏，失去一切理智、一切记忆，失去对外界世俗事物的一切理解。"① 这当然不是说，无产阶级应该拒绝议会斗争，而是说应该弄清资产阶级议会的本质，弄清议会斗争的条件和局限。

第三，民主的扩大与缩小。尽管资产阶级专政可以采取不同的国家形式，但不能由此得出结论说，"争取国家形式的斗争似乎是空洞的、幻想的和毫无意义的"。事实上，对无产阶级的革命来说，"不掩盖社会矛盾，

---

① 《马克思恩格斯选集》，1 版，第 1 卷，665 页。

不用强制的因而是人为的办法从表面上制止社会矛盾的国家形式才是最好的国家形式。能使这些矛盾进行公开斗争，从而获得解决的国家形式才是最好的国家形式"①。这种政治形式就是资产阶级的民主共和国。因为它提供的自由和民主，有利于宣传、训练、组织无产阶级进行斗争。

资产阶级的自由和民主，尽管是狭隘的、残缺不全的，但比起封建专制制度是一个巨大的进步。资产阶级自身的发展需要自由和民主，但它又给了无产阶级一种反对自身的武器。马克思在《路易·波拿巴的雾月十八日》中指出："资产阶级正确地了解到，它为反对封建制度而锻造出来的各种武器都倒过来朝向它自己了，它所创造的一切教育手段都转过来反对它自己的文明了，它创造的所有的神都离弃了它。它了解到，一切所谓的市民自由和进步机关，都侵犯它的**阶级统治**，并且既威胁它的社会基础，又威胁它的政治上层。"② 这样，资产阶级一方面宣布自由与民主，另一方面又心惊胆战地提防无产者对它的"利用"，因而尽量限制和缩小自由。例如法国 1848 年的宪法规定，人身、出版、言论、结社、集会、教育和信教等自由，是法国公民的绝对权利，然而它总是加上一个附带条件，说明人们只有在不受他人同等权利和公共安全或法律限制时才允许享有这种权利。"宪法的每一节本身都包含有自己的对立面"，"在一般词句中标榜自由，在附带条件中废除自由"③。而且资产阶级完全可以以保证"公共安全"（实际上是资产阶级社会的安全）或触犯法律为名，剥夺他人享有的自由。因此资产阶级力图限制和缩小人民享有的自由和民主权利，无产阶级则反其道而行之。这种斗争构成了无产阶级和资产阶级斗争的一个重要方面。

---

① 《马克思恩格斯选集》，1 版，第 1 卷，303 页。
② 同上书，644 页。
③ 同上书，616 页。

更加深刻的是，马克思通过对法国 1848 年革命中资产阶级专政的政治形式的更迭，特别是路易·波拿巴政变后政权更加官僚化和军事化的分析，在《路易·波拿巴的雾月十八日》这部光辉著作中得出了一个对无产阶级革命至关重要的结论。马克思认为，以往的一切革命都是使官僚化的国家机器更加完备，而不是把它毁坏。法国 1848 年争夺统治权的各个政党，都是力图夺取现成的政权，把这个庞大的国家机构的夺得视为自己胜利的主要战利品，而无产阶级革命的任务是打碎资产阶级的国家机器。关于打碎资产阶级国家机器的论点是马克思主义国家学说中的基本结论，它科学地解决了如何用无产阶级专政代替资产阶级专政的问题。

马克思关于打碎资产阶级国家机器的论断，不是唯意志论、无政府主义，而是建立在唯物史观的基础上，是以对资产阶级国家的本质分析为依据的。马克思反对的是资产阶级国家机器的高度官僚化和军事化，反对的是它极力维护少数人的利益而对劳动人民进行镇压的阶级属性，而不是反对国家作为国家所具有的某些共同特征。例如马克思认为打碎国家机器丝毫也不危及中央集权制。官僚政治所实行的中央集权制是还受封建制度累赘的一种低级的粗糙的形态。"现代社会所需要的国家中央集权制，只能在和封建制度斗争中锻炼出来的军事官僚政府机器的废墟上建立起来。"[①]无产阶级专政国家的中央集权制是以广泛的民主为基础的，是民主和集中相结合的制度。

再如，打碎资产阶级国家机器，绝不是全盘否定资产阶级国家在执行某种社会职能中所积累的行政经验和管理经验。国家是阶级压迫的工具，但又执行某种管理和干预经济的社会职能。这两者是相互结合、相互渗透的。阶级统治以执行某种社会职能为基础，而在管理中又体现着一定的阶

---

① 《马克思恩格斯选集》，1 版，第 1 卷，699 页。

级利益。以往的一切国家都是这样。马克思 1853 年在《不列颠在印度的统治》一文中，对于古代亚洲各国政府举办公共工程，经营河谷灌溉，注重水利的经济职能作了论述。同样，现代资产阶级国家也必须执行某种社会职能和经济职能。无产阶级在打碎资产阶级国家机器后，在加强自身政权的建设过程中，应该总结、分析和吸收以往的经验。

无产阶级专政是新型国家。作为国家来说，它当然包括镇压职能，即对敌人的专政。但镇压职能并不是无产阶级政权的唯一职能，它必须执行经济职能和其他社会管理职能，以便为将来向共产主义社会过渡创造条件。马克思从来没有把无产阶级专政当作目的自身。马克思是在《1848年至 1850 年的法兰西阶级斗争》中第一次明确提出无产阶级专政这个概念的。正是在这里，马克思同时规定了无产阶级专政的任务："这种专政是达到**消灭一切阶级差别**，达到消灭这些差别所由产生的一切生产关系，达到消灭和这些生产关系相适应的一切社会关系，达到改变由这些社会关系产生出来的一切观念的必然的过渡阶段。"①

后来在 1852 年 3 月 5 日致约·魏德迈的信中，马克思进一步归纳了自己从唯物史观角度对 1848 年革命所作的总结，并把它看作自己的独特贡献。他说："无论是发现现代社会中有阶级存在或发现各阶级间的斗争，都不是我的功劳。在我以前很久，资产阶级的历史学家就已叙述过阶级斗争的历史发展，资产阶级的经济学家也已对各个阶级作过经济上的分析。我的新贡献就是证明了下列几点：（1）**阶级的存在仅仅同生产发展的一定历史阶段**相联系；（2）阶级斗争必然要导致**无产阶级专政**；（3）这个专政不过是达到**消灭一切阶级**和进入**无阶级社会**的过渡。"② 在这里，他不仅从理论上初步纠正了《共产党宣言》中把以往一切历史都看成阶级斗争史

① 《马克思恩格斯选集》，1 版，第 1 卷，479～480 页。
② 《马克思恩格斯全集》，中文 1 版，第 28 卷，509 页，北京，人民出版社，1973。

的提法，强调阶级的存在与生产发展的内在联系，论述了无产阶级专政产生和消亡的必然性，还重申了无产阶级专政的历史使命是通过彻底消灭一切阶级差别而过渡到无阶级社会。

在一定历史阶段内，无产阶级的国家政权当然应该巩固，这是全体人民的根本利益所在。但它不能依靠无限制地扩大政府机构的组织、权限和容量，也不是片面强化专政职能。要科学地研究社会主义国家机器运转的机制和功能，进行科学决策和科学管理，高效率地发挥它的各种社会职能，以便大力发展生产力，促进物质文明和精神文明的建设。所谓政权即镇压之权，是历史唯心主义的国家观。其实即使是剥削阶级的国家，也不可能单纯依靠暴力来维持自身的生存。马克思在分析 1848 年欧洲革命时，针对当时法国和德国资产阶级借助于暴力镇压无产阶级的情况得出一个结论：“刺刀尖碰上了尖锐的‘经济’问题会变得象软绵绵的灯芯一样。”①尽管当时欧洲没有像马克思所期待的那样发生无产阶级革命，但马克思的这个论点本身是历史唯物主义的。

第四节　历史的主体与客体。历史人物的评价

革命，是各个阶级及其政治代表最积极的活动时期。登上政治舞台前台表演的各种人物，既有叱咤风云的革命斗士，也有阴险诡诈的政客；既有推动历史发展青史留名的英雄，也有阻碍历史发展遗臭万年的奸佞。各个阶级及其代表人物之间的复杂斗争，他们的兴衰胜负，构成了一组组具有戏剧效果的历史画面。

1848 年的法国革命就是这样。当时各个阶级都积极活动着，有在六

---

① 《马克思恩格斯选集》，1 版，第 1 卷，317 页。

月革命中被镇压下去的无产阶级，有自以为稳操胜券的资产阶级，有勇于言辞而怯于行动的小资产阶级，有在闭塞落后的小块土地上挣扎的小农，也有一心图谋复辟旧王朝的大地主和大资产阶级。有各种代表人物，有代表工人的布朗基、巴尔贝斯、拉斯拜尔，有代表小资产阶级的赖德律-洛兰，也有号称代表工人实际上是小资产阶级社会主义者的路易·勃朗，还有以沽名钓誉者、议员、银行家和律师为代表的，聚集在巴黎《国民报》周围的资产阶级政治人物，他们的首领是卡芬雅克、马拉斯特。但历史似乎在嘲弄人们，经历过革命洪流冲洗的法国，最后却落入了路易·波拿巴手中。路易·波拿巴于 1848 年 12 月被选为总统，1851 年 12 月 2 日发动政变，解散立法议会。一年以后，他仿效他的伯父复辟帝制，登上了皇帝的宝座。

路易·波拿巴的政变，像晴天霹雳一样震惊了整个政治界。有的人出于道义的愤怒而大声谴责，但所有的人都只感到惊异，而没有人理解问题的实质。例如 1852 年出版的维·雨果的《小拿破仑》和蒲鲁东的《从十二月二日政变看社会革命》，都说明了这一点。

雨果对路易·波拿巴进行谴责，对他进行了尖刻和俏皮的抨击，但他没有能力分析法国的阶级状况，不理解使路易·波拿巴的政变获得成功的条件，而把政变只看作个人的暴力行为。似乎路易·波拿巴完全凭借个人的意志和力量，在一天之内，就改变了法国的历史面貌。雨果着力揭露波拿巴的冒险家的丑恶本质，但他却没有觉察到，当他片面渲染这个阴谋家表现了世界历史上空前强大的个人主动作用时，他就不是把这个人写成小人物而是写成伟大的英雄。

与雨果相反，蒲鲁东在《从十二月二日政变看社会革命》中陷入了纯客观主义。他竭力从历史自身寻找政变的因果联系，把政变描绘成一种历史必然性，是以往历史发展的结果。路易·波拿巴变成了历史必然性的傀儡和工具。这样，蒲鲁东"对这次政变所作的历史的说明，却不知不觉地变成了对政变主人公所作的历史的辩护"①。

在当时众多的评述路易·波拿巴政变的著作中，只有马克思写于 1852 年的《路易·波拿巴的雾月十八日》才真正作了卓越的历史唯物主义的分析。马克思既分析了当时阶级斗争的状况，分析了二月革命以后法国历史的全部进程以及由此造成的条件和态势，把路易·波拿巴的活动放在确定的历史背景下，又考察了他的个人品质，考察了他施展的流氓手段和全部阴谋诡计，这样就弄清楚了究竟是什么原因，"使得一个平庸而可笑的人物有可能扮演了英雄的角色"②。

《路易·波拿巴的雾月十八日》是一部重要的历史唯物主义著作，按照恩格斯的说法，"是一部天才的著作"③。马克思通过对刚刚发生的政变所作的透彻分析和预测，对历史观中的一些重大问题，例如主体与客体的关系问题，以及如何评价历史人物的问题作了卓越的阐述。

正如在认识论领域中一样，历史观中同样存在主体与客体的关系。它们是交叉的、叠合的，但又不完全等同。从主体来说，作为认识的主体和历史主体是同一个主体，即实践着的、现实的人；从客体来说，不仅历史的客体是认识的对象，而且作为认识和改造对象的自然界，也通过物质资料生产变成了历史的因素，变成了人与人之间相联系的纽带。没有自然界，当然就没有人类社会，没有人类发展的历史。但它们考察的角度不一样。认识论着重研究的是主体认识的规律，即主体通过什么样的认识过程、途径和方法，达到对客体的真理性认识，而历史观着重研究的是人类活动所创造的客体——社会——自身的规律。在认识论中，我们不能抽象地说没有主体就没有客体，而在历史观中则完全可以说，没有人类的活动

① ②　《马克思恩格斯选集》，1 版，第 1 卷，599 页。
③　同上书，601 页。

就没有社会和历史。但不能由此得出结论，说历史领域没有客体，只有主体，只有人及其活动。马克思在《路易·波拿巴的雾月十八日》中的全部分析，正是从唯物辩证地解决历史领域中的主客体关系入手。他深刻地指出："人们自己创造自己的历史，但是他们并不是随心所欲地创造，并不是在他们自己选定的条件下创造，而是在直接碰到的、既定的、从过去承继下来的条件下创造。"①

"人们自己创造自己的历史"，这就是说，马克思肯定人是历史的主体。创造历史的既不是绝对观念，也不是天命与神意，而是人类自己。人类以自己的活动谱写了自己的"历史之歌"。

马克思还对作为历史创造主体的人进行了分析。同着重探讨人的思维结构、认识结构的认识论不同，唯物史观分析的是人的社会结构。马克思在总结法国 1848 年至 1851 年的历史时，分析了各个不同阶级、不同政党和派别，及各种不同类型的人物，不仅揭示了阶级、政党及其代表人物间的关系，而且揭示了它们在历史发展中的不同地位和作用。这样，"人是历史主体"的论断并没有使真实的历史淹没在抽象的哲学原则之中，使历史丧失自己的个性，相反，它使历史在人的活动中真正显示出自己的时代特色和真实内容。

历史是人自己创造的，但人并不能随心所欲地创造历史。尽管人们的一切活动都必须经过思维着的头脑，它表现为热情、欲望、意志和目的，但人的行为和动机有着社会制约性。这种制约人的行为和动机的条件，就是社会环境，它是人们借以活动的历史舞台。在这些条件中，归根结底起首要决定作用的是经济条件，即物质资料生产方式，其次是政治条件，即由生产方式决定的阶级结构和政治制度，以及存在于人们头脑中的意识传

---

① 《马克思恩格斯选集》，1 版，第 1 卷，603 页。

统。对于每一代人来说，这些条件不是自我设计的，而是前一代人活动的结果。它是既成的、给予的、继承的。人们不能自由选择生产力和生产关系，也不能主观确定阶级结构，连已死的先辈们的意识传统，也像梦魇一样纠缠着活人的头脑。

马克思充分肯定人的历史主体地位，肯定人的创造力，但又科学地揭示了人的思想和行为的制约性，研究了那制约历史发展进程的一般规律。历史规律并不存在于人的行为之外，而是存在于人的行为之中。它通过无数的单个意志和行为的相互冲突、相互矛盾为自己开辟道路。马克思的历史观是唯物辩证的，他把人的主体地位和历史规律的客观性结合在一起，既反对宿命论又反对唯意志论。

马克思在《路易·波拿巴的雾月十八日》中，正是从上述历史观的高度，通过描述路易·波拿巴这种人物的产生、历史作用，政变获得暂时成功的原因以及对其结局的预测，表达了马克思对如何分析和评价历史人物的基本看法。

马克思在分析法国 1848 年至 1850 年的阶级斗争时说过："如爱尔维修所说的，每一个社会时代都需要有自己的伟大人物，如果没有这样的人物，它就要创造出这样的人物来。"① 马克思的这个论断，不仅适用于对历史起进步作用的伟大人物，也适用于那些阻碍历史发展的反面人物。路易·波拿巴就是这样。虽然他不可一世，趾高气扬，但他对自己成为历史"必要人物"的真正原因并不理解，片面夸大自己。马克思一针见血地指出："波拿巴的作用日益增长是当时的环境造成的，而他本人却相信，这仅仅是由于他的名字有魔力和他一贯模仿拿破仑的缘故。"②

马克思所说的环境，是指社会环境，即法国 1848 年的阶级斗争，以

---

① 《马克思恩格斯选集》，1 版，第 1 卷，450 页。
② 同上书，496 页。

及革命沿着下降路线所形成的政治态势。法国的菲利普王朝被二月革命推翻了，接着无产阶级在六月起义中遭到残酷镇压，但资产阶级共和派和小资产阶级民主派又为代表大地主大资产阶级的秩序党所击败。法国处在不停的政治动乱之中。资产阶级发出了"**没有终结的恐怖，还不如令人恐怖的终结**"的惊叫。由于他们感到自己软弱无力，因此宁愿放弃资产阶级共和国的统治形式，"力图返回到那些不大完备、不大发达、因而危险也较少的阶级统治的形式上去"①。路易·波拿巴这样的人物正符合他们的需要。

历史人物的产生取决于时代的需要，因此他必然具有他那个时代和阶级的特性。在研究历史人物时，比较研究是可以的，但必须反对肤浅的历史对比，即撇开每个历史人物的时代和阶级特性，仅仅抓住某些表面的相似之点。由于阶级斗争以及阶级斗争的经济条件的差别，由这种斗争所产生的政治人物之间必然是不同的。马克思特别强调了这一点。他说："我希望，我这部著作对于清除那种流行的——特别是现今在德国流行的——关于所谓**凯撒主义**的书生用语，将会有所帮助。在作这种肤浅的历史对比时，人们忘记了最主要的一点，即在古代的罗马，阶级斗争只是在享有特权的少数人内部进行，只是在自由富人与自由穷人之间进行，而从事生产的广大民众，即奴隶，则不过为这些斗士充当消极的舞台台柱。……由于古代阶级斗争同现代阶级斗争在物质经济条件方面有这样的根本区别，在由这种斗争所产生的政治人物之间，也就不能比坎特伯雷大主教与祭司长撒母耳之间有更多的共同点了。"②

马克思在对 1848 年法国革命中的人物，特别是对路易·波拿巴的分析中始终坚持这种唯物辩证的方法。他处处揭穿路易·波拿巴刻意模仿他

---

① 《马克思恩格斯选集》，1 版，第 1 卷，630 页。
② 同上书，599～600 页。

的伯父，把拿破仑的名字作为戴在自己头上的花环的诡计和幻想，强调他
们之间的差别。马克思发挥了黑格尔的一个历史观点。黑格尔认为，一切
伟大的世界历史事变和人物，可以说都出现两次，马克思补充说，第一次
是作为悲剧出现，第二次是作为笑剧出现。例如在法国资产阶级革命中，
两度出现拿破仑称帝，第一次是伯父拿破仑第一，第二次是侄儿拿破仑第
三，相隔近半个世纪。时代不同，他们的历史地位和作用也就迥然不同。
尽管侄儿冒充伯父，但他们终属两类人物。拿破仑第一是革命的资产阶级
的代表，是旧的封建制度的摧毁人。他的统治是暴虐的，但比起被他打倒
的王公贵族来说却又平和得多。他企图以战争的形式巩固和推行资本主义
制度，他摧毁了神圣罗马帝国，传播了拿破仑法典。拿破仑第一的失败是
英雄末路，是一出悲剧；而拿破仑第三则是害怕彻底进行反封建革命的资
产阶级代表，他缩小和剥夺革命已经取得的民主成果，阻止革命向有利于
劳动者的方向发展。路易·波拿巴的称帝，只不过是历史的笑料而已。

　　路易·波拿巴政变获得成功，并不像雨果所说的是由于他个人发挥了
空前强大的主动作用，而是客观条件造成的。在这些条件中，除了各派政
治力量在相互斗争中遭到削弱，行政权空前扩大，议会权力破产，路易·
波拿巴把行政权集中在自己手里外，还有他得到了法国人数最多的小农的
支持。马克思指出："由于各个小农彼此间只存在有地域的联系，由于他
们利益的同一性并不使他们彼此间形成任何的共同关系，形成任何的全国
性的联系，形成任何一种政治组织，所以他们就没有形成一个阶级。因
此，他们不能以自己的名义来保护自己的阶级利益，无论是通过议会或通
过国民公会。他们不能代表自己，一定要别人来代表他们。他们的代表一
定要同时是他们的主宰。"[1] 由于拿破仑是法国资产阶级大革命中的代表

---

[1] 《马克思恩格斯选集》，1 版，第 1 卷，693 页。

人物，是封建制度的反对者，这一历史传统在法国农民中间造成一种迷信，以为一个名叫拿破仑的人将会把一切失去的福利送还他们。对伯父的回忆、眷恋，使小农对拿破仑的侄儿产生幻想和期待。当然，路易·波拿巴并不代表革命的农民，而是代表保守的农民。他代表的不是农民的开化，而是农民的迷信；不是农民的理智，而是农民的偏见；不是农民的未来，而是农民的过去。但是法国小农在当时的政治态度，却成为保证波拿巴政变获胜的重要条件。

马克思并没有把客观条件和个人作用对立起来，他重视波拿巴个人的一些特性对于他承担的角色所起的重要作用。马克思分析了这个人的政治品质和道德品质，使人们看到，由波拿巴而不是别人充当这个角色不是没有个人原因的。马克思把波拿巴称为"流氓无产阶级的首领""肮脏人物""老奸巨猾的痞子"，说他"不是一个夜间决定白天要干什么的人，而是一个白天作决定却在夜间采取行动的人"①。马克思描绘了波拿巴纵横捭阖、用腊肠和烧酒收买社会渣滓的卑鄙伎俩。道德问题，对于一个普通人来说只是一个个人品质问题，而对于历史人物来说却是可以在历史上打上烙印的重要因素，正如婚姻对普通人纯属私事，而欧洲历史上的政治联姻却是重大政治问题一样。唯物史观并不拒绝对历史人物个人品质甚至心理的分析，但它不局限于道德的评价，而注重它的历史意义。马克思肯定个人的作用，包括他所具有的各种品质的作用，但个人作用的大小和性质取决于它同历史规律的关系。任何个人都无法改变历史的规律。马克思指出："如果皇袍终于落在路易·波拿巴身上，拿破仑的铜像就将从旺多姆圆柱顶上被推下来。"② 历史最终证实了马克思的预言。

---

① 《马克思恩格斯选集》，1版，第1卷，658页。
② 同上书，599页。

第十四章 唯物史观和经济学研究的深入结合。对资本主义社会形态的系统分析

　　世界近代史上规模最大、范围最广的欧洲 1848 年革命终于结束了。无产阶级虽然没有实现马克思关于不断革命的设想，但在革命中受到了锻炼，他们转向筹建组织，积蓄力量。1848 年革命以后，资本主义开始了相对稳定的发展时期。

　　马克思于 1849 年下半年到达资本主义世界中心伦敦。从硝烟弥漫的德国的街垒战中，马克思转向了另一个阵地，在英国博物馆的阅览室中恢复了因革命而中断的经济学研究。这是一次艰苦卓绝的战斗。他力图通过对资本主义经济形态的系统剖析，揭示必然导致资本主义灭亡的客观规律。除了继续关心和领导工人运动，为《纽约每日论坛报》写作政论外，马克思几乎以全力从事《资本论》的创作。无论是疾病、贫困，还是家庭的不幸，都没有迫使马克思搁笔。他为我们留下了卷帙浩繁的经济学手稿，出版了《资本论》第一卷。马克思完成了第二个伟大发现——剩余价

值学说，并通过经济学的研究丰富和发展了唯物史观。

第一节　唯物史观的新发展

马克思的思想发展史证明，唯物史观和经济学研究是分不开的。唯物史观为科学地研究经济学确立了理论和方法，而经济学的研究又丰富和推动了唯物史观的发展。经济学研究深入时期往往是唯物史观发展时期。例如，马克思 1844 年在巴黎研究经济学的成果，汇集到《手稿》和《神圣家族》中；1845 年在布鲁塞尔对经济学的研究，反映在《德意志意识形态》、《哲学的贫困》和《共产党宣言》中。

但是，直至 1848 年，马克思都还没有对资本主义社会形态进行全面的、连贯的、系统的分析，而是在为这一伟大工程准备构件。在《手稿》中，马克思分析了私有制的财产关系的本质、劳动的异化性质，但偏重于分配关系，通过对工资、利润、地租的分析来揭示有产者和无产者的关系；在《共产党宣言》中，马克思虽然分析了资本主义社会的结构，它的生产关系和阶级关系，以及资产阶级的家庭、教育、法，等等，但这种分析还是原则的、粗线条的。真正把资本主义社会形态作为活的有机体，将它的全部生产关系以及它所固有的阶级对抗的具体表现，将维护资产阶级统治的资产阶级政治上层建筑，将资产阶级的自由平等之类的思想，将资产阶级的家庭关系和盘托出，用严密的逻辑体系把它再现出来的，是伟大著作《资本论》。

可以说，马克思是穷毕生之精力从事《资本论》的创作的。在 1848 年以前所取得成就的基础上，马克思在 19 世纪 50 年代全面开始了准备工作。定居伦敦之后不久，马克思就把注意力转向研究政治经济学的基本理论，研究国民经济学说史和资本主义世界的现实状况，从资产阶级经济学家的著作、官方文件和期刊中搜集材料，作了摘录和评注，这就是关于经济学的《伦敦笔记》。以后马克思又陆续写作了《资本论》的几部草稿，即《经济学手稿（1857—1858 年）》《经济学手稿（1861—1863 年）》《经济学手稿（1863—1865 年）》，并于 1859 年正式出版了《政治经济学批判》第一分册。马克思在创立无产阶级政治经济学的同时，深化和丰富了唯物史观。其中《政治经济学批判》的著名《导言》和《序言》，在唯物史观发展史上具有极其重要的意义。

按时间顺序，《导言》先于《序言》。《导言》是 1857 年 8 月底到 9 月中旬写的。① 它是专门论述政治经济学的对象和方法的，但同样是一篇哲学著作。除了研究方法和叙述方法、历史方法和逻辑方法、抽象与具体、分析和综合这些有关认识论和辩证逻辑的问题外，它还专门论述了历史唯物主义的重大问题。

在《导言》中，马克思着重论述了物质资料生产的问题。他对生产的社会性、生产的一般与特殊形式、生产关系内诸因素的相互关系，以及物质资料生产对精神生产的制约性及其相互矛盾问题的阐述，概括地、鲜明地表达了唯物史观对物质资料生产的本质和作用的看法，并批判了卢梭、斯密、李嘉图、巴师夏、凯里、蒲鲁东等人的历史唯心主义观点。

物质资料的生产是人类社会存在的基础，这是马克思创立唯物史观以来一贯坚持的观点。通过 19 世纪五六十年代对经济史和社会史的研究，马克思更是坚定了这个看法，任何一个民族，如果停止劳动，不用说一年，就是几个星期，也要灭亡，这是每一个小孩都知道的。但是马克思并不满足于揭示这个事实，而是对这个事实进行哲学的分析。

---

① 关于《导言》的写作日期，学术界有不同看法。例如苏联学者巴加图利亚就不同意《马克思恩格斯全集》确定的日期。他说："正如研究所表明，原先确定《导言》的写作时间为 8 月底（23 日）至 9 月中，这是没有充分根据的。马克思大概在不晚于 8 月底的几天之内就写完了它。"这个问题对考据学来说也许是重要的，但对理论来说，前后相差半个月并无实质性的意义。

在马克思看来，一切生产都是个人在一定社会形式中并借助这种社会形式而进行的对自然的占有。生产当然离不开个人，但生产并不是个人的生产。马克思说："人是最名副其实的社会动物，不仅是一种合群的动物，而且是只有在社会中才能独立的动物。孤立的一个人在社会之外进行生产——这是罕见的事，偶然落到荒野中的已经内在地具有社会力量的文明人或许能做到——就象许多个人不在**一起**生活和彼此交谈而竟有语言发展一样，是不可思议的。"① 正因为生产始终是社会性的生产，因而进行生产的个人只能是社会性的个人。并不是人的本性决定生产的社会性，而是生产的社会性决定人不可能孤立存在。生产的社会性是理解人的本性的入口。

马克思根据这个根本观点批评卢梭的社会哲学，批评他关于通过契约来建立天生独立的主体之间的相互关系和联系的社会契约论。实际上人们的相互关系，并不是通过个人的契约，而是在生产过程中形成的。马克思也批评了斯密和李嘉图，批评他们不理解生产的社会性，把单个的孤立的渔夫和猎人当作考察生产的出发点，这种观点应归入 18 世纪鲁滨逊故事的毫无想象力的虚构。可是到了 19 世纪，美国的经济学家凯里、法国的巴师夏和蒲鲁东，又把这种 18 世纪的荒诞无稽的观点重新引进经济学中来，企图以此来对他们不知道历史来源的经济关系的起源作历史哲学的说明。这表明，马克思在《导言》中对生产社会性的论述，无论对历史观还是对经济学都是十分必要的。

这是一个根本性的观点，在马克思创立和推进唯物史观的过程中，他不断地回到这个问题上来。在很多年以后，他在一篇关于阿·瓦格纳的政治经济学教科书的书评中又强调了这个问题。瓦格纳在他的教科书第一卷

---

① 《马克思恩格斯选集》，1 版，第 2 卷，87 页。

中论述国民经济学的一般理论时，离开社会生产抽象地谈论人、需要和价值，把价值看成是人的自然愿望，因为人要清楚地了解外部财物同他的需要的关系就必须估价，正是通过估价，财物或外界物才被赋予价值。马克思一针见血地指出："'人'？如果这里指的是'一般的人'这个范畴，那末他根本没有'任何'需要；如果指的是孤立地站在自然面前的人，那末他应该被看做是一种非群居的动物；如果这是一个生活在不论哪种社会形式中的人，——瓦格纳先生就是这样假设的，因为他的'人'，虽然没有受大学教育，但至少会说话，——那末出发点是，应该具有社会人的一定性质，即他所生活的那个社会的一定性质，因为在这里，生产，即他**获取生活资料的过程**，已经具有这样或那样的社会性质。"① 很显然，离开了生产的社会性，这一切都是无法理解的。

马克思还肯定了从总体上对作为社会存在基础的物质生产进行研究的必要性。任何生产，都是一定社会发展阶段上的生产，但生产的一切时代总有某些共同标志、共同规定，没有它们，任何生产都是不可能进行的。通过比较，抽象出生产的一般特点，对于我们认识生产的共同本质是有价值的。马克思说："**生产一般**是一个抽象，但是只要它真正把共同点提出来，定下来，免得我们重复，它就是一个合理的抽象。"② 例如，任何物质资料生产都包含主客体关系，"主体是人，客体是自然，这总是一样的"③。这是一种人和自然之间的过程，是人以自身的活动来引起、调整与控制人和自然之间的物质交换的过程。这种物质交换是人类社会的永恒的自然条件，是人类社会生活的一切社会形式所共有的。

但我们不能只"见到统一"，"就忘记本质的差别"。必须研究"生产的一般规定在一定社会阶段上对特殊生产形式的关系"，即研究"生产关

① 《马克思恩格斯全集》，中文1版，第19卷，404～405页，北京，人民出版社，1963。
②③ 《马克思恩格斯选集》，1版，第2卷，88页。

系的全部历史"。例如生产工具，这是生产的一般条件。没有生产工具，没有过去的、积累下来的劳动，任何生产都是不可能的。但生产工具作为资本，却不是普遍的、永恒的自然关系，不是主体与客体联系的必然环节。只有在一定的生产形式中，才能使生产工具，使过去积累下来的死的劳动成为资本。因此，马克思说："一切生产阶段所共同的、被思维当做一般规定而确定下来的规定，是存在的，但是所谓一切生产的**一般条件**，不过是这些抽象要素，用这些要素不可能理解任何一个现实的历史的生产阶段。"① 这是一个极其重要的方法论原则，无论对经济学还是对哲学都是适用的。我们不仅要研究生产一般，研究生产中人与自然的关系，而且要研究生产借以实现的特定形式，研究每个阶段人与人的关系的具体形态。把生产中的统一与差别、一般与特殊割裂开来，只讲生产一般而不探讨每个历史阶段的特殊的生产形式，必然把"生产一般"这种合理抽象变成什么也说明不了的僵死的教条。

生产不是个人孤立的行为，而是社会性质的生产，这集中地表现在生产是包含着生产（狭义的）、分配、交换、消费各个环节的复杂的经济过程。马克思深入到生产过程的内部揭示各个环节之间的辩证联系，进一步确立了把生产关系看成有机整体的唯物史观的观点。

整体观，这是唯物史观的一个重要观点。任何一个复杂的事物，都包含着各个部分，构成统一整体。自然界如此，社会领域同样如此。在《哲学的贫困》中，马克思已经指出："每一个社会中的生产关系都形成一个统一的整体。"② 在《导言》中，马克思重申了这个观点，指出："不同要素之间存在着相互作用。每一个有机整体都是这样。"③ 但经过十几年的

---

① 《马克思恩格斯选集》，1版，第2卷，91页。
② 《马克思恩格斯全集》，中文1版，第4卷，144页。
③ 《马克思恩格斯选集》，1版，第2卷，102页。

潜心研究之后，马克思没有停留在一般原则上，而是进一步确定了构成统一整体的各个环节的具体内容和作用是如何实现的。

马克思是重视消费的，他全面论述了生产与消费的辩证关系。他分析了生产与消费辩证同一性的三种表现，肯定了消费对生产的积极意义。产品在消费中才得到最后完成。例如：一条铁路，如果没有通车、不被磨损、不被消费，它就只是可能性的铁路；一间房屋无人居住，事实上就不成其为现实的房屋。产品不同于单纯的自然对象，它在消费中才证实自己是产品，才成为产品。而且消费创造出新的生产的需要，因而创造出生产的观念上的内在动机。但是，在这两者的相互作用中，起首要作用的是生产，生产为消费提供材料、对象，规定消费方式（消费的质与量以及生活方式），通过生产出来的产品引起消费者的需要。而且"生产活动是实现的起点，因而也是实现的居于支配地位的要素，是整个过程借以重新进行的行为"①。合理的消费有利于生产，而离开生产发展水平，片面地追求高消费只能妨碍生产，并导致消费的萎缩。

马克思对生产与分配、生产与交换的分析，就其指导思想和方法来说，同对生产与消费的分析是一样的，都看到各种因素的相互作用，但又不陷于多因素论，而是贯彻生产归根结底起决定作用的原则。马克思在讲到分配时强调："分配的结构完全决定于生产的结构，分配本身就是生产的产物，不仅就对象说是如此，而且就形式说也是如此。"② 至于作为生产以及由生产决定的分配和消费之间的媒介的交换，或者是直接包含在生产之中，或者是由生产决定。

通过对生产中各个环节的分析，马克思作了一个重要总结。他说："我们得到的结论并不是说，生产、分配、交换、消费是同一的东西，而

① 《马克思恩格斯选集》，1版，第2卷，97页。
② 同上书，98页。

是说，它们构成一个总体的各个环节、一个统一体内部的差别。生产既支配着生产的对立规定上的自身，也支配着其他要素。过程总是从生产重新开始。交换和消费不能是起支配作用的东西，那是自明之理。分配，作为产品的分配，也是这样。而作为生产要素的分配，它本身就是生产的一个要素。因此，一定的生产决定一定的消费、分配、交换和**这些不同要素相互间的一定关系**。当然，生产**就其片面形式来说**也决定于其他要素。"①在唯物史观发展史上，马克思的这个论断，使人们对物质资料生产过程各种因素的相互关系及运转机制有了较为清晰的图景。

在作了上述分析之后，马克思着手分析物质资料生产在整个社会中的作用。他在《导言》第四部分列了一个准备论述的问题的要目：生产、生产资料和生产关系、生产关系和交往关系、国家形式和意识形式同生产关系和交往关系的关系、法的关系、家庭关系。马克思虽然并没有按照这个提纲展开自己的观点，但他提出了许多重要看法，例如，关于生产力的概念和生产关系的概念的辩证法问题，关于生产力和交往关系在军队中的表现问题，关于文化史（宗教史和政治史）同现实的历史的关系问题，关于历史的必然性和偶然性的关系问题，关于交通工具对历史变为世界史的影响问题，等等。其中特别是关于物质生产的发展同艺术生产的不平衡关系问题，这是唯物史观中的一个极其重要的问题。

马克思认为，艺术发展的一定的繁荣时期，绝不是同社会的一般发展成比例的，因而也绝不是同仿佛是社会组织的骨骼的物质基础的一般发展成比例的。在艺术本身的领域内，某些有重大意义的艺术形式只有在艺术发展的不发达阶段才是可能的，例如古希腊神话就是如此。任何神话都是用想象和借助想象以征服自然力，支配自然力，把自然力加以形象化，因

---

① 《马克思恩格斯选集》，1版，第2卷，102页。

而随着这些自然力实际上被支配，神话也就消失了。在资本主义时代，不可能再产生那种具有划时代意义的古典史诗和古希腊神话，它们能给我们以艺术享受，并且在某些方面还是一种规范和高不可及的范本。这并没有推翻唯物史观，因为古希腊的史诗和神话，"同它在其中生长的那个不发达的社会阶段并不矛盾。它倒是这个社会阶段的结果，并且是同它在其中产生而且只能在其中产生的那些未成熟的社会条件永远不能复返这一点分不开的"①。

马克思还强调，"进步这个概念决不能在通常的抽象意义上去理解"②。因为物质生产和精神生产不是绝对平衡的。资本主义社会生产力的高度发展，并不一定在文学艺术领域中带来相应的进步。相反，资本主义生产会同某些精神生产部门如艺术和诗歌发生对抗。当代西方的现实证实了马克思的论断。当然这并不是说在资本主义社会中，文学艺术不可能取得任何进展，而只是说物质生产和精神生产之间不是简单的直线联系，而要经过一系列中介，因此它们之间的发展不是完全同步的。那种把唯物史观曲解为庸俗的经济决定论的观点是完全错误的。

如果说，《导言》着重探讨的是生产的社会性和生产关系的结构，那写于1859年的著名的《序言》则不同，它是从宏观上对唯物主义历史观进行总体性的概括。

在马克思的思想发展过程中，对唯物主义历史观有过两次概括性的总结。一次是在《德意志意识形态》中，它是对到1846年为止所取得的成就的总结；另一次是在《序言》中，它是对到1859年为止所取得的成就的总结，特别是1848年革命的经验和19世纪50年代，尤其是1857年至1858年经济学研究的成果。我们只要比较研究一下这两次总结，就可以

---

① 《马克思恩格斯选集》，1版，第2卷，114页。
② 同上书，112页。

看到马克思在唯物史观方面的进展。

在《德意志意识形态》中，马克思在概述唯物史观时指出："这种历史观就在于：从直接生活的物质生产出发来考察现实的生产过程，并把与该生产方式相联系的、它所产生的交往形式，即各个不同阶段上的市民社会，理解为整个历史的基础；然后必须在国家生活的范围内描述市民社会的活动，同时从市民社会出发来阐明各种不同的理论产物和意识形式，如宗教、哲学、道德等等，并在这个基础上追溯它们产生的过程。"①

可是，到1859年，在《序言》中对唯物史观的论述要更为完整和精确。马克思在扼要地叙述了自己探索唯物史观的过程之后，说："我所得到的、并且一经得到就用于指导我的研究工作的总的结果，可以简要地表述如下：人们在自己生活的社会生产中发生一定的、必然的、不以他们的意志为转移的关系，即同他们的物质生产力的一定发展阶段相适合的生产关系。这些生产关系的总和构成社会的经济结构，即有法律的和政治的上层建筑竖立其上并有一定的社会意识形式与之相适应的现实基础。物质生活的生产方式制约着整个社会生活、政治生活和精神生活的过程。不是人们的意识决定人们的存在，相反，是人们的社会存在决定人们的意识。社会的物质生产力发展到一定阶段，便同它们一直在其中活动的现存生产关系或财产关系（这只是生产关系的法律用语）发生矛盾。于是这些关系便由生产力的发展形式变成生产力的桎梏。那时社会革命的时代就到来了。随着经济基础的变更，全部庞大的上层建筑也或慢或快地发生变革。在考察这些变革时，必须时刻把下面两者区别开来：一种是生产的经济条件方面所发生的物质的、可以用自然科学的精确性指明的变革，一种是人们借以意识到这个冲突并力求把它克服的那些法律的、政治的、宗教的、艺术

① 《马克思恩格斯选集》，1版，第1卷，43页。

的或哲学的，简言之，意识形态的形式。我们判断一个人不能以他对自己的看法为根据，同样，我们判断这样一个变革时代也不能以它的意识为根据；相反，这个意识必须从物质生活的矛盾中，从社会生产力和生产关系之间的现存冲突中去解释。无论哪一个社会形态，在它们所能容纳的全部生产力发挥出来以前，是决不会灭亡的；而新的更高的生产关系，在它存在的物质条件在旧社会的胎胞里成熟以前，是决不会出现的。所以人类始终只提出自己能够解决的任务，因为只要仔细考察就可以发现，任务本身，只有在解决它的物质条件已经存在或者至少是在形成过程中的时候，才会产生。大体说来，亚细亚的、古代的、封建的和现代资产阶级的生产方式可以看做是社会经济形态演进的几个时代。资产阶级的生产关系是社会生产过程的最后一个对抗形式，这里所说的对抗，不是指个人的对抗，而是指从个人的社会生活条件中生长出来的对抗；但是，在资产阶级社会的胎胞里发展的生产力，同时又创造着解决这种对抗的物质条件。因此，人类社会的史前时期就以这种社会形态而告终。"① 在这里，马克思没有使用《德意志意识形态》中的"市民社会""交往形式"等概念，而是采用生产方式、生产力和生产关系、经济基础和上层建筑、社会形态、社会经济形态等范畴，对人类社会发展的基本规律，作了高度凝练的概括。

《序言》的最大成就是整体观。这不仅是社会现象的整体观，而且是规律的整体观。它不是孤立地、分别地，而是从它们相互作用的总体中来论述社会发展规律。它既揭示了每一条规律的独特内容和作用，又揭示了它们的相互联系和中介。没有一条规律能够离开其他规律单独起作用。马克思着重揭示其中一个因素的变化如何导致另一个因素的改变，从而引起社会形态的演变。这是一连串的连环套。为了把握某一规律，我们可以在

---

① 《马克思恩格斯选集》，1版，第 2 卷，82～83 页。

观念上打碎这个整体，着重其中的一个侧面，但在实际社会生活中它们是不可分割地交织在一起的。因此，马克思把人类社会看成十分复杂并充满矛盾，由各种规律综合起作用的历史过程。

但是，马克思并没有停留在抽象的相互作用和相互联系的空泛议论中。在《序言》中，马克思紧紧把握住相互制约的各种因素中的决定性环节，从这个环节着手，展开了环环相扣的考察。马克思把生产关系划为社会结构，发现了社会现象的重复性和常规性，特别是他把生产关系归结于生产力的高度，找到了历史发展的最主要的决定因素。抓住了生产力，就抓住了社会历史发展中的决定环节。只有分析某一时期生产力的状况，才能找到某种生产关系存在和变化的依据；也只有生产力才提供区分生产关系是否适应的客观尺度。离开了生产力和生产关系的矛盾，就不能理解经济基础和上层建筑如何会发生冲突，就不能理解社会革命最深刻的根源。一句话，只有抓住生产力，把生产关系归结于生产力的高度，才能有可靠的根据把社会形态的发展看作自然历史过程。马克思关于社会发展辩证法的理论是建立在唯物主义基础上的。抽去了生产力最终起决定作用的原则，就会通过貌似辩证法的多因素相互作用的理论而重新陷入唯心主义。

《序言》在唯物史观发展史上的作用是巨大的，但它带有自己时代的特点，即马克思对唯物史观探讨的阶段性特征。《序言》从生产力着眼，顺向考察了生产力→生产关系→上层建筑→社会革命→社会形态的更迭，但没有进行逆向的考察。马克思从来没有否定上层建筑和生产关系对于生产力的作用，但当时的重心并没有放在这里。这是时代的要求，而不是理论的缺陷。

第二节　社会形态和人

在唯物史观发展史上，马克思主义创始人倾注全力分析过的主要是两种社会形态：一种是原始氏族社会，另一种是资本主义社会。前者的代表作，是恩格斯根据摩尔根的著作和马克思的笔记所写的《家庭、私有制和国家的起源》，后者是马克思的《资本论》。这两者是相互衔接的。如果说《家庭、私有制和国家的起源》着力揭示私有制、阶级、国家是如何产生的话，那《资本论》则是通过对资本主义社会的解剖，说明它们必然消亡。马克思是把资本主义社会作为对抗社会的最后一个社会形态来分析的。

《资本论》研究的对象不是抽象的人，而是社会形态。正如马克思在《资本论》第一版序言中所说："我要在本书研究的，是资本主义生产方式以及和它相适应的生产关系和交换关系。"① 马克思通过对资本主义生产过程、流通过程以及生产总过程的分析，以逻辑的形式，把资本主义生产方式的产生、发展和灭亡的趋势作为自然历史过程再现出来。但不能由此得出结论说，《资本论》把人的活动排斥在经济规律之外。马克思说："人本身是他自己的物质生产的基础，也是他进行的其他各种生产的基础。"② 没有人，没有人与自然界的物质交换，也就不存在人类社会，更无所谓社会发展规律。马克思对资本主义社会形态的分析当然没有离开主体，离开人的物质生产活动，但他着重考察的不是生产过程中人与人的意志关系、他们各自的愿望和追求，而是在生产过程中形成的不依赖人们意志的客观关系，以及这些关系如何按照自身的规律发展。无论是对由商品到货币到资本转化的分析，对由简单商品生产到资本主义商品生产的分析，对由简单协作到手工工场再到资本主义工厂生产的分析，还是对绝对剩余价值和相对剩余价值的生产、剩余价值的分割和转化形态的分析，马克思都没有求助于人的抽象本质，而是严格地依据生产力的发展及与其相适应的生产

① 《马克思恩格斯全集》，中文1版，第23卷，8页，北京，人民出版社，1972。
② 《马克思恩格斯全集》，中文1版，第26卷第1册，300页，北京，人民出版社，1972。

关系来论述它的客观进程。马克思通过物与物的关系来揭示人与人的关系。因此《资本论》中对人的分析，始终坚持从社会出发，把人放在一定的社会形态中，作为一定生产关系的担当者来考察。从社会的角度来分析人，这是马克思的历史理论的根本原则。

在作为《资本论》的第一个草稿的 1857 年至 1858 年的手稿中，马克思对三种社会形态下人的发展问题进行了分析。马克思指出："人的依赖关系（起初完全是自然发生的），是最初的社会形态，在这种形态下，人的生产能力只是在狭窄的范围内和孤立的地点上发展着。以**物的**依赖性为基础的人的独立性，是第二大形态，在这种形态下，才形成普遍的社会物质交换，全面的关系，多方面的需求以及全面的能力的体系。建立在个人全面发展和他们共同的社会生产能力成为他们的社会财富这一基础上的自由个性，是第三个阶段。第二个阶段为第三个阶段创造条件。因此，家长制的，古代的（以及封建的）状态随着商业、奢侈、**货币**、**交换价值**的发展而没落下去，现代社会则随着这些东西一道发展起来。"① 在这里人们不难看出，马克思坚持的是唯物史观原则，生产力决定生产关系，生产关系总和所构成的社会状态决定个人的状况。

在古代，进行生产的个人从属于一个较大的整体：父系氏族、母系氏族，后来是从属于由氏族间的冲突和融合而产生的各种形式的公社。每个人都是作为某一部落体或共同体的成员。"这种个人具有为组成这种共同体所需的相应品质"②，如特有的"直观的宗教"、个人的"狭隘性"、原始社会的人的意识和观点等等。这些当然不是来源于人的本质，而是"和有限的而且是原则上有限的生产力的发展相适应"③。

---

① 《马克思恩格斯全集》，中文 1 版，第 46 卷（上），104 页，北京，人民出版社，1979。
② 《马克思恩格斯全集》，中文 1 版，第 46 卷（下），35 页，北京，人民出版社，1980。
③ 《马克思恩格斯全集》，中文 1 版，第 46 卷（上），497 页。

如果说，最初人表现为种属群、部落群、群居动物，以血缘关系为纽带而集合的共同体，那么随着生产和交换的发展，群的存在成为不必要，并使之解体，出现了人的孤立化的现象。过去，血缘关系使个人成为一定的狭隘人群的附属物，而后来，摆脱了自然联系的个人，仿佛成了彼此孤立的社会"原子"。其实，这种孤立的个人并不是历史的起点，而是历史的结果。它是旧的以血缘关系为纽带的共同点破灭的产物。到了18世纪，这种孤立的个人观点发展到高峰。其实，"产生这种孤立个人的观点的时代，正是具有迄今为止最发达的社会关系（从这种观点看来是一般关系）的时代"①。高度发展的资本主义商品生产，更加强化了人与人的联系。一个人的需要可以而且必须用另一个人的产品来满足，反过来也是一样。尽管他们彼此毫不相识，漠不关心，甚至在观念上彼此敌视，但生产上和需要上的差别，使得他们必然处在一定的社会关系之中。不过这种联系客体化在商品和货币之中，因而人与人的关系以物为中介，被物的关系掩盖着。实际上，"物的依赖关系无非是与外表上独立的个人相对立的独立的社会关系，也就是与这些个人本身相对立而独立化的、他们互相间的生产关系"②。

由此可见，资本主义社会形态下所出现的独立个人，是挣脱了以血缘为纽带的共同体，摆脱了人身依附、人身束缚的狭隘关系的表现，但它仍然处于一定的社会关系之中。资本主义制度呈现如下矛盾：一方面，人们之间的联系比历史上任何社会都更加紧密；另一方面，人们在观念上、在情感上又彼此隔膜、疏远、孤立。这种状况当然不是由于人性的变化，而是根源于生产的社会性和占有的私有性之间的矛盾，即根源于资本主义生产方式的本质。

---

① 《马克思恩格斯全集》，中文1版，第46卷（上），21页。
② 同上书，111页。

正因为马克思把人放在一定的生产关系之中，从社会的角度来分析人，所以在《资本论》中，马克思对人的考察紧紧抓住资本主义的生产关系。他说："我决不用玫瑰色描绘资本家和地主的面貌。不过这里涉及到的人，是经济范畴的人格化，是一定的阶级关系和利益的承担者。我的观点是：社会经济形态的发展是一种自然历史过程。不管个人在主观上怎样超脱各种关系，他在社会意义上总是这些关系的产物。"① 在谈到资本家和工人的区分时，马克思强调："这种生产方式的主要当事人，资本家和雇佣工人，本身不过是资本和雇佣劳动的体现者，人格化，是由社会生产过程加在个人身上的一定的社会性质，是这些一定的社会生产关系的产物。"②

马克思的上述论断，包含着非常丰富的思想。

第一，人是一定阶级关系和利益的承担者。这里当然指的是阶级社会。在这种社会里，个人是一定阶级关系和利益的承担者，他们各有自己的阶级隶属和特殊利益。他们之间最本质的关系是阶级关系。某一阶级的个人，可以从一个阶级转到另一个阶级（如个别工人上升为资本家，资本家破产而沦为工人，从而改变了自己的阶级地位和利益），但阶级的区分并不会因个别成员的流动而自我消灭。阶级结构是相对稳定的。以私有制为基础的某种特定类型的生产关系，必然有与其相适应的基本阶级结构，以及与一定的阶级划分相结合的个人。个人属于一定阶级，是阶级社会无可否认的客观事实。没有任何阶级归属、没有任何特殊利益，游离于阶级之外的"个人"是不存在的。

第二，人是经济范畴的人格化。某一个人并不因为他是资本家才拥有资本，而是因为他占有资本才成为资本家。同样，工人并不因为他是工人

---

① 《马克思恩格斯全集》，中文1版，第23卷，12页。
② 《马克思恩格斯全集》，中文1版，第25卷，995页，北京，人民出版社，1974。

才出卖劳动力，而是因为出卖劳动力才成为工人；高利贷者之所以是高利贷者，在于他以货币作为获取利息的资本，不拥有货币资本的高利贷者天底下是没有的。因此，一个人是什么，或者说他的社会特质是什么并不取决于他的自然属性，而是取决于他所依存的社会关系或经济形式的规定性。在资本主义生产关系之外，并不存在资本家和雇佣工人的划分。这种区分是同雇佣劳动和资本结合在一起的，是个人的社会存在方式。

马克思的这个论断，同黑格尔以及把黑格尔庸俗化的蒲鲁东是截然不同的。蒲鲁东把经济范畴看成来源于无人身的理性，把全部经济活动看成经济范畴的自我运动，马克思早在《哲学的贫困》中就已经批判了这个观点。马克思这里所说的经济范畴不是观念形态，而是生产关系，是在生产和交换过程中形成的客观的和实际的关系，这种关系决定人们的社会特质。例如，马克思关于商品在流通中形成的关系对人的影响就是这样分析的。他说："商品所有者只是以商品监护人的身分进入流通过程。在这个过程中，他们彼此以买者和卖者的对立形式出现，一个是人格化的糖块，另一个是人格化的金。糖块一变成金，卖者也就变成买者。这种特定的社会身分，决不是来自人的个性，而是来自以商品这个特定形式来生产产品的人们之间的交换关系。"①

正因为资本家是人格化的资本，所以资本家作为人所具有的某些重要特性，并不是源自抽象的人性，而是反映资本的特性。例如，与依靠地租为生的封建贵族所特有的闲散、懒惰、寄生、奢侈不同，资产者狂热地追求价值的增值、绝对的致富欲和利己主义，以及在经营中所表现的精打细算和不墨守成规的进取精神，根源于资本主义生产方式。自由竞争作为外在的强制规律支配着每一个资产者，他必须依靠积累不断扩大资本才能维

---

① 《马克思恩格斯全集》，中文 1 版，第 13 卷，85 页，北京，人民出版社，1962。

持自己的资本。资产者的个人特性如果不符合资本的特性，他就不能成为一个"好"的资本家，就必然破产。

第三，人是各种社会关系的产物。自然界并没有创造奴隶主和奴隶、资本家和工人，并没有创造各种各样的人物。是人类自己创造了自己。物质资料的生产和再生产，不仅生产物质产品、再生产生产关系，而且再生产出人类自身。这不仅是指人口的再生产，而且是指作为生产关系承担者的个人的再生产，即再生产出处于一定生产关系的个人。早在 1844 年马克思就看到了这一点。他在《手稿》中强调，资本主义生产不仅生产产品，而且把人当作商品人，当作具有商品的规定性的人，当作精神上和肉体上非人化的存在物生产出来。在《资本论》中马克思始终坚持这个基本观点。无论是对资本家、工人、地主，还是对产业资本家、商业资本家、借贷资本家的描述，都是和他们在生产关系中所处的地位，即同资本、雇佣劳动、地租、工业资本、商业资本、借贷资本紧密结合在一起的。他着力揭示的不是人的永恒不变的本性，而是生产关系所形成的个人的社会特质。

马克思把人摆在一定的社会形态下来考察，因而他关于共产主义社会人的全面发展的理论，完全建立在唯物史观的基础上。个人的全面发展不是全面实现人的本质，也不是基于抽象人道主义原则的道德理想，而是新的物质资料生产方式必然创造出与其相适应的一代共产主义新人。这是历史发展的客观规律。只是在观念形态上，它才表现为关于人的发展的理想和愿望。

马克思反复强调："全面发展的个人……不是自然的产物，而是历史的产物。"① 他还说："个人的全面性不是想象的或设想的全面性，而是他

---

① 《马克思恩格斯全集》，中文 1 版，第 46 卷（上），108 页。

的现实关系和观念关系的全面性。……要达到这点，首先必须使生产力的充分发展成为**生产条件**，使一定的**生产条件**不表现为生产力发展的界限。"①

首先是生产力的充分发展。资本主义作为社会发展的一个形态来说，它的重大历史功绩正在于形成了普遍的社会物质交换、多方面的需求以及比较发达的生产力。虽然资本主义社会的劳动分工，压抑了工人的全面生产志趣和才能，人为地培植工人片面的技巧，使人片面和畸形地发展，但科学技术在生产中的运用，提高了对工人文化水平的要求。各种工艺学校、农艺学校、职业学校是在大工业基础上发展起来的。它表明生产力的巨大发展自身蕴含着体力劳动和脑力劳动结合的客观要求和趋向。而且生产力的发展和自由竞争，不断导致资本和劳动的分配，它需要能适应不断变动的劳动要求的人，要用那种把不同社会职能当作互相交替的活动方式的全面发展的个人，来代替只是承担一种社会局部职能的局部个人。在资本主义条件下，劳动变换律是一种盲目起作用的规律。它给工人带来灾难，但却自发地、强制地打破把工人束缚在某一种劳动部门的局限。

当然，仅仅有生产力的发展还不够，还必须变革生产关系。资本主义社会虽然有较发达的生产力，但它是以阶级对抗为基础的社会。工人的职业教育以培养熟练的技术工人为限，生产力的提高不会导致缩短必要劳动时间，而是裁减工人。资本主义生产关系不仅妨碍生产力的发展，而且也妨碍生产力自身蕴含的客观趋势的实现。

马克思关于个人全面发展的论断，不是根据理想的人塑造出来的，而是来自对资本主义生产方式的分析。他从资本主义生产力的高度发展和客观趋势中，看到了未来共产主义社会中个人全面发展的必要性和可能性。

---

① 《马克思恩格斯全集》，中文1版，第46卷（下），36页。

那时，由于生产力的极大发展和阶级的消灭，**"群众的剩余劳动**不再是发展一般财富的条件，同样，**少数人的非劳动**不再是发展人类头脑的一般能力的条件。于是，以交换价值为基础的生产便会崩溃，直接的物质生产过程本身也就摆脱了贫困和对抗性的形式。个性得到自由发展，因此，并不是为了获得剩余劳动而缩减必要劳动时间，而是直接把社会必要劳动缩减到最低限度，那时，与此相适应，由于给所有的人腾出了时间和创造了手段，个人会在艺术、科学等等方面得到发展"①。

由上可见，马克思是把人放在社会中，从社会形态的变化来考察人的变化。从最初狭隘的人，到资本主义社会片面发展的人，再到共产主义社会个性全面发展的人，是由物质资料生产方式的发展所决定的。当然不能由此得出结论说，与一定生产方式相适应的人，是被动地、自发地形成的。事实上，人们在创立新的生产方式，形成新的生产力和生产关系的过程中，同时使主体自身得到改变。而且上层建筑的各个环节，特别是教育制度对改变主体自身起着重大作用。但人类究竟如何塑造自己，它的客观可能性、必要性和所能达到的限度，归根结底取决于生产力发展水平和生产关系的性质，而不是思想家们苦思冥想构思出来的理想人的类型。这是唯物史观的基本观点，也是《资本论》考察人的发展的根本理论和方法。

第三节　对资本主义社会异化现象的再考察

在马克思的唯物史观理论发展过程中，有一个令人瞩目的现象，那就是，从马克思的博士论文和博士论文准备材料，到1844年写的《手稿》，异化理论越来越突出；而从《德意志意识形态》确立唯物史观，批判青年

①　《马克思恩格斯全集》，中文1版，第46卷（下），218~219页。

黑格尔派和"真正社会主义"者的唯心主义异化理论以后，在相当长的一段时间内，他不再使用异化概念。可是在《资本论》的几个草稿，如《经济学手稿（1857—1858 年）》《经济学手稿（1861—1863 年）》《经济学手稿（1863—1865 年）》中，又大量出现异化概念。即使是正式出版的《资本论》，也多处使用异化概念并对商品、货币、资本的拜物教进行了论述。一度消失的异化概念重新出现在马克思的经济著作中。马克思的思想似乎经历了一个圆圈：由异化劳动上升到唯物史观之后，又返回到它原来的起点——异化理论。这种现象使人感到困惑并引起激烈的争论。

仅仅根据马克思在《资本论》和它的准备著作中仍然使用异化概念，就断言异化是马克思主义的核心，是马克思一以贯之的思想，而根本不考察它的发展和变化，这是一种形式主义的做法。问题的关键并不在于马克思的后期著作是否出现过异化概念，而在于他究竟是在什么意义上使用这个概念的，以及马克思分析资本主义制度的根本理论和方法究竟是历史唯物主义还是异化理论。撇开这些根本性的问题而只停留在现象上，得不出正确的结论。

马克思从《德意志意识形态》由异化劳动理论上升到唯物史观之后，不再把异化作为根本的理论和方法。在《资本论》及其准备著作中，虽然仍使用异化概念，但它的根本理论和方法是唯物史观（当然也包括辩证唯物主义）。马克思于 1857—1858 年所写的《〈政治经济学批判〉导言》，1859 年所写的《〈政治经济学批判〉序言》，是专门论述政治经济学的对象和方法的，可以说是马克思写作《资本论》的指导思想，但其中没有一句话讲到异化。如果异化理论真的是后期全部经济著作的根本方法，马克思是不可能一字不提的。相反，在《导言》，特别是《序言》中，人们看到的是对历史唯物主义的经典表述。这不是偶然的。正如恩格斯在讲到马克思的经济学研究时所说："德国的经济学本质上是建立在**唯物主义历史**

观的基础上的，后者的要点，在本书的序言中已经作了扼要的阐述。"①

我们只要把《手稿》同《资本论》及其草稿稍加比较就可以看到这一点。1844 年《手稿》是由异化上升到异化劳动的重要著作。马克思通过对劳动的研究，不仅探索到历史唯物主义的某些重要思想，而且对私有财产的本质，对工资、利润、地租以及货币等经济问题发表了深刻的看法。但是，由于马克思当时撇开了劳动借以实现的社会形式，把劳动作为人的类本质，而把资本主义制度下工人的劳动看成是人的本质的异化，从而把资本主义制度看成是与人的类本质相对立的制度。这样来考察资本主义制度，虽然也能提出尖锐的批判和谴责，但对资本主义生产方式的本质，它的产生和灭亡的客观经济根据并没有达到科学的理解，没有完全摆脱人的本质的异化和复归的框架。

或许有人会说，完全可以撇开劳动借以实现的社会形式来考察劳动，因为劳动是自然界和人之间的物质交换的一般条件，它是一切社会的人所共有的，并不依赖于某一特定的社会形式。其实这是两个不同的问题：一个是关于作为劳动的劳动的一般要素问题，这是一切性质的劳动所共有的。正如我们可以抽象出"生产一般"一样，我们也可以抽象出劳动一般。它研究的是在劳动过程中，主体（人）如何通过劳动资料作用于劳动对象。这种研究是必要的。在《资本论》及其草稿中，马克思曾多次论述这个问题。另一个问题是，撇开劳动的社会形式，把真正的劳动看成是人的本质，并以此作为衡量和评价现实劳动的尺度，这是属于历史观的问题。事实证明，离开了劳动借以实现的社会形式以及这种社会形式存在的依据，不可能对劳动的性质作出正确的评价。

《资本论》及其草稿不同，它的指导思想是《〈政治经济学批判〉序

---

① 《马克思恩格斯选集》，1 版，第 2 卷，116～117 页。

言》中所阐述的历史唯物主义原则。它不是从人的类本质的异化，而是从生产力和生产关系的相互联系中来考察经济现象的。在使用异化概念较多的《经济学手稿（1857—1858 年）》中，作为指导原则的正是这个根本规律。例如在"货币"章中，马克思的分析就不同于 1844 年的《手稿》。在 1844 年的《手稿》中，马克思把货币看成是"**人类的外化的能力**"，货币的神力包含在"它的**本质**中，即包含在人的异化的、外化的和外在化的**类本质中**"[1]。而在 1857 年至 1858 年的手稿中，马克思则着重从与商品、价值形式的联系中考察货币的本质和职能。他批评蒲鲁东及其信徒达里蒙的"劳动货币"论，分析了商品的价值和使用价值及其矛盾，强调货币是产品的商品形式发展的必然结果。马克思说："作为价值，商品是**货币**。""商品的交换价值，作为同商品本身并列的特殊存在，是**货币**，是一切商品借以互相等同、比较和计量的那种形式，是一切商品向之转化，又由以转化为一切商品的那种形式，是一般等价物。"[2] 因此，货币并不是人的类本质的异化，而是生产发展的结果。如果没有生产和交换的发展，没有产品生产向商品生产的转化，就不会有货币。

　　同样，在"资本"章中马克思考察资本，也是着眼于生产力的发展。他说，"新的生产力和生产关系不是从**无**中发展起来的，也不是从空中，又不是从自己产生自己的那种观念的母胎中发展起来的"，"以资本和雇佣劳动为基础的生产，不仅在形式上不同于其他生产方式，而且也要以物质生产的全面变革和发展为前提"[3]。马克思以土地所有制为例说明这个问题。旧式的土地所有者向现代租地农场主的转变，无论取得收入的形式还是劳动者得到报酬的形式都发生了改变，但"这不是形式上的区别，而是

　　① 《马克思恩格斯全集》，中文 1 版，第 42 卷，153 页。
　　② 《马克思恩格斯全集》，中文 1 版，第 46 卷（上），85、86 页。
　　③ 同上书，235 页。

以（农业）**生产方式**本身的**全面改造**为前提的，因而前提条件是以产业、商业和科学的一定发展，简言之，以生产力的一定发展为基础的"①。

至于《资本论》，更是运用和发展唯物史观的光辉典范。马克思在《资本论》中，把资本主义社会形态看作自然历史过程，从资本主义生产方式的内在矛盾中，揭示了它的产生、发展和必然灭亡的规律。马克思完全不借助于人的本质异化和复归的理论，而是紧紧把握住生产关系，并把生产关系归结于生产力的高度。列宁在同俄国民粹派米海洛夫斯基的论战中，特别强调了《资本论》中的两个归结的指导原则，把《资本论》对资本主义社会形态的全面剖析看成是唯物史观的光辉证明。

事实上，从19世纪50年代开始，马克思经济学研究的最大成果是创立剩余价值理论，而它的理论和方法论原则是唯物史观。在《资本论》和它的准备著作中运用的异化概念，是对已经用唯物史观和剩余价值学说所揭示的资本主义生产关系对抗性质的描述。把异化作为根本理论和方法是不可能达到这种高度的。可以这样说，没有唯物史观和剩余价值学说就没有《资本论》，也不可能理解马克思用异化概念来描述的生产关系的对抗性质。因此，我们认为，把马克思的唯物史观的形成过程概括为从异化上升到异化劳动，再从异化劳动上升到全面创立唯物史观是恰当的。

在19世纪50年代和60年代的几个经济学手稿与《资本论》中重新引入异化概念，并不意味着马克思绕过《德意志意识形态》，返回到1844年的《手稿》。问题不仅是异化在马克思主义中的地位发生了变化，而且它的内容也发生了改变。在1844年，马克思通过分析异化劳动的规定性，揭示了劳动产品和劳动自身同劳动者的对立、人与人的对立，但他把这种对立看成是人的类本质同人相脱离，并从中推论出人与人的对立。尽管马

---

① 《马克思恩格斯全集》，中文1版，第46卷（上），234页。

克思已经看到了资本和劳动的对抗关系，但对异化的这种看法仍留有费尔巴哈的印记。

《资本论》及其准备著作和 1844 年的《手稿》不完全一样。它虽然吸收了后者通过异化分析所取得的经济学和哲学成就，但清除了它的人本主义烙印。在这里，马克思不是通过劳动产品和劳动自身同主体的关系来探求人的本质的异化，而是研究资本主义生产关系的特征，研究资本主义生产关系如何通过物来实现并表现为物的关系，形成了物对人统治的假象。

马克思把资本主义社会看成是以物的依赖为基础的社会形态。人们在生产过程中形成的社会关系，以物为中介，表现为物与物的关系。商品、货币、资本，就其实物形态来说都表现为物，但它们的本质并不是物，而是被体现在物中的一定的社会生产关系。物并不会奴役人。例如，机器并不会剥削工人，只有当机器为资本家所占有，作为资本时才会奴役工人。所以马克思说：“关键不在于**物化**，而在于**异化**，外化，外在化，在于巨大的物的权力不归工人所有，而归人格化的生产条件即资本所有，这种物的权力把社会劳动本身当作自身的一个要素而置于同自己相对立的地位。”① 他还说：“工人丧失所有权，而物化劳动拥有对活劳动的所有权，或者说资本占有他人劳动，——两者只是在对立的两极上表现了同一关系，——这是资产阶级生产方式的基本条件，而决不是同这种生产方式毫不相干的偶然现象。”② 马克思通过对资本主义制度下劳动的异化、劳动条件与劳动者的分离、资本与劳动的对立、科学的应用给劳动者带来的社会后果的分析，处处揭示的是资本主义的生产关系的本质及其对抗性质。商品拜物教、货币拜物教、资本拜物教是资本主义生产关系物化的客观特征，而庸俗政治经济学的“三位一体”的公式（土地—地租、资本—利

---

① 《马克思恩格斯全集》，中文 1 版，第 46 卷（下），360 页。
② 同上书，361 页。

息、劳动一工资），只停留在现象上，极力掩盖剩余价值的来源，把人与人的关系还原为物与物的关系。

以物化形式表现的生产关系对人的奴役，是资本主义生产关系的特性。它既是生产力发展到一定程度，形成了普遍物质交换和社会联系的产物，又是生产力发展水平还不足以彻底改变生产关系的表现。它是必然的，但不是永恒的。它的最终根源存在于物质生产方式之中，而不是人的类本质同人相脱离。马克思特别强调了这一点。他在谈到资本主义社会中的异化现象时说："这种颠倒的过程不过是**历史的**必然性，不过是从一定的历史出发点或基础出发的生产力发展的必然性，但决不是生产的某种**绝对**必然性，倒是一种暂时的必然性，而这一过程的结果和目的（内在的）是扬弃这个基础本身以及过程的这种形式。"① 不运用唯物史观来分析资本主义社会形态，不分析资本主义社会的生产力和生产关系，所谓物对人的奴役就会变成一种神奇的力量，变成神秘莫测、无法解开的"死结"。

第四节 对俄国农村公社的研究。社会形态更替的顺序性和跳跃性

关于社会发展的阶级性以及由一种社会形态向另一种社会形态过渡的规律性问题，是马克思历史观的最重要内容。早在《手稿》中，马克思就已经触摸到历史发展的两个重要环节：由不动产到动产和由资本主义私有制社会到私有制的扬弃。这是以不太清晰的概念，表述了由封建社会向资本主义社会，以及由资本主义社会向社会主义社会转变的问题。

真正对世界历史过程各社会形态进行具体划分，第一次提出社会形态更替学说的是《德意志意识形态》。马克思根据所有制形式，划分了部落

---

① 《马克思恩格斯全集》，中文1版，第46卷（下），361页。

所有制、古代公社所有制和国家所有制、封建所有制、资产阶级所有制以及共产主义所有制，并根据他第一次揭示的生产力和交往形式相互作用的规律，粗略地勾画了各种社会形态的基本特征，以及它们更替的内在机制。在《经济学手稿（1857—1858年）》中，马克思对资本主义生产以前的各种形式进行了专门的论述。在1859年的《〈政治经济学批判〉序言》中，马克思把以往的全部研究成果概括为一个公式：“大体说来，亚细亚的、古代的、封建的和现代资产阶级的生产方式可以看做是社会经济形态演进的几个时代。”① 马克思关于社会形态的历史划分与演变的论断，表明他把人类历史发展看成是有规律的前进运动。

问题是，马克思关于五种社会形态依次演变的规律是不是各个国家和民族都必须经历的全部过程？到《资本论》第一卷出版为止，马克思还没有正面作出回答。这个问题是在19世纪70年代后半期到80年代初解决的。

《资本论》对资本主义社会形态作了缜密的剖析，它主要是以当时工业最发达最典型的英国作为范例。但马克思的研究并不限于英国。《资本论》第一卷出版后，马克思广泛地研究了许多国家的经济情况，其中特别是俄国。为了能够对俄国经济发展作出准确的判断，年已半百、工作繁忙的马克思还学会了俄文，他通过俄国官方公布的统计材料和学者的著作，对俄国的农村公社，对俄国1861年的改革及其后果作了研究。马克思这段时期的研究，从两个方面进一步丰富和发展了唯物史观。

第一，属于同一社会形态的国家各有自己的特点。

马克思按照物质资料生产方式来划分历史阶段，把世界历史的发展归纳成几种形态，从而揭示了社会现象的重复性和常规性，但他并不否认各

---

① 《马克思恩格斯选集》，1版，第2卷，83页。

国的特点。例如，在《经济学手稿（1857—1858 年）》和《〈政治经济学批判〉序言》中，马克思提出了亚细亚生产方式，强调了古代东方许多国家生产方式的特点问题。后来在《资本论》第三卷中，马克思把这种分析上升为一般的理论原则，指出："相同的经济基础——按主要条件来说相同——可以由于无数不同的经验的事实，自然条件，种族关系，各种从外部发生作用的历史影响等等，而在现象上显示出无穷无尽的变异和程度差别，这些变异和程度差别只有通过对这些经验所提供的事实进行分析才可以理解。"① 历史完全证明了马克思的这个科学判断。同样属于封建社会形态，中国不同于欧洲；同样属于资本主义社会形态，英国、美国、日本各有其特点。研究每个国家和民族的历史，不能忽视这种特殊性。

但是，对民族特殊性的研究，并不能否定马克思关于社会形态的学说。这种特殊性是在同一社会形态下的特性，它们必然有许多共同的本质的东西，而且是受唯物史观所揭示的一般规律所支配的。所以马克思在论述差异性的同时强调："任何时候，我们总是要在生产条件的所有者同直接生产者的直接关系——这种关系的任何形式总是自然地同劳动方式和劳动社会生产力的一定的发展阶段相适应——当中，为整个社会结构，从而也为主权和依附关系的政治形式，总之，为任何当时的独特的国家形式，找出最深的秘密，找出隐蔽的基础。"② 同中有异，异中有同，这是历史辩证法的重要原则。

第二，社会形态更替顺序性中的跳跃性。

不仅从横断面看，同一社会形态的各个国家和民族有其特殊性，而且从纵断面看，从历史发展过程来看，社会形态的更替也会有其特殊性。世界历史发展的一般规律，并不排斥各个国家或民族历史发展的特点。马克

---

① 《马克思恩格斯全集》，中文 1 版，第 25 卷，892 页。
② 同上书，891～892 页。

思在对俄国农村公社发展前景的分析中，对这个问题作了重要分析。

1877 年俄国《祖国纪事》杂志第十期，发表了民粹主义思想家米海洛夫斯基的文章《卡尔·马克思在尤·茹柯夫斯基先生的法庭上》，对《资本论》作了错误解释。为此，马克思写了一封致《祖国纪事》杂志编辑部的信，第一次就俄国究竟是"首先摧毁农村公社以过渡到资本主义制度呢，还是与此相反，发展它所特有的历史条件，就可以不经受资本主义制度的一切苦难而取得它的全部成果"① 的问题发表意见。马克思采取的是严格的科学态度，不是从抽象的原则出发进行简单的肯定或否定，而是把"条件"放在首位②，用以作为考虑两种可能性的根据。他说："如果俄国继续走它在 1861 年所开始走的道路，那它将会失去当时历史所能提供给一个民族的最好的机会，而遭受资本主义制度所带来的一切极端不幸的灾难。"③

上述信件没有寄出。几年以后，俄国革命者维·伊·查苏利奇代表俄国革命者请求马克思就俄国农村公社的命运和俄国历史发展前景，特别是世界各国由于历史必然性都必须经过资本主义阶段的理论发表看法。马克思写了回信，并为回信拟过三个草稿，对 1877 年的论点作了更详细的发挥和论述。

马克思坚持历史的辩证法，把俄国农村公社发展前景问题同它所处的环境结合起来，而不是孤立考察农村公社自身。因此他认为，《资本论》对资本主义社会形态的分析，既不包括赞成俄国农村公社有生命力的论

———————————

① 《马克思恩格斯全集》，中文 1 版，第 19 卷，129 页。
② 马克思说："极为相似的事情，但在不同的历史环境中出现就引起了完全不同的结果。如果把这些发展过程中的每一个都分别加以研究，然后再把它们加以比较，我们就会很容易地找到理解这种现象的钥匙；但是，使用一般历史哲学理论这一把万能钥匙，那是永远达不到这种目的的，这种历史哲学理论的最大长处就在于它是超历史的。"（同上书，131 页）
③ 《马克思恩格斯全集》，中文 1 版，第 19 卷，129 页。

据，也不包括反对农村公社有生命力的论据，关键在于条件："或者是它所包含的私有制因素战胜集体所有制因素，或者是后者战胜前者。一切都取决于它所处的历史环境……*a priori*〔先验地〕说，二种结局都是可能的，但是，对于其中任何一种，显然都必需有完全不同的历史环境。"①

正是根据这个原则，马克思并不否认俄国非资本主义道路的可能性，条件是无产阶级革命。"如果革命在适当的时刻发生，如果它能把自己的一切力量集中起来以保证农村公社的自由发展，那末，农村公社就会很快地变为俄国社会复兴的因素，变为使俄国比其他还处在资本主义制度压迫下的国家优越的因素。"② 后来在《共产党宣言》1882年的俄文版序言中，马克思重申了这个看法，如果俄国革命将成为西方无产阶级革命的信号而双方互相补充的话，俄国的土地公共所有制的俄国公社便能成为共产主义发展的起点。

马克思也指出了另一种可能性，而且是现实的可能性，那就是公社的解体，资本主义在俄国的发展。因为在当时的俄国农村，已经产生一个由比较富裕的农民组成的农村中等阶级，而且国家的勒索、商人的劫掠、地主的剥削和高利贷者从内部的破坏，使公社面临瓦解的危险："威胁着俄国公社生命的不是历史的必然性，不是理论，而是国家的压迫，以及渗入公社内部的、也是由国家靠牺牲农民培养起来的资本家的剥削。"③

历史终于实现了后一种可能性。俄国在1861年废除了农奴制以后，资本主义，首先是工业资本主义得到了发展。俄国最终没有绕过资本主义发展阶段，而是以自己特有的形式再现了资本主义发展的一般规律。

但不能由此得出结论，说马克思晚年关于俄国非资本主义道路发展可

---

① 《马克思恩格斯全集》，中文1版，第19卷，435页。
② 同上书，441页。
③ 同上书，446页。

能性的设想是错误的、没有意义的。事实正好相反，马克思关于俄国历史前景的推测，包含着历史发展阶段跳跃性的思想，是对他创立的五种社会形态学说的补充。中国革命的胜利以及我国许多少数民族的发展，证明了马克思论断的正确性。

问题是不能像某些西方学者那样，把马克思关于历史发展的跳跃性同他关于社会形态更替的一般规律对立起来，以前者否定后者，认为各国的历史发展如瓶坠地，碎片四溅，没有确定的方向。这是一种非决定论的历史观。正如列宁后来所指出的："世界历史发展的一般规律，不仅丝毫不排斥个别发展阶段在发展的形式或顺序上表现出特殊性，反而是以此为前提的。"①

第一，马克思关于社会形态的划分是完全正确的。旧中国的半殖民地半封建社会不是独立的社会形态，而是资本主义和封建主义相结合的变种。至于西方所谓"信息社会""后工业社会"，也不是什么独立的社会形态，仍然是资本主义社会。共产主义社会以后的发展，我们不知道，也不可能知道，这并不重要。重要的是，迄今为止，尽管我们可以发现某种社会形态的变种，但没有一种社会形态超出马克思发现的五种社会形态之外。

第二，马克思关于世界历史发展的顺序性是正确的。尽管并不是每一个国家和民族都完整地依次演进，但它的发展方向同世界历史总的顺序是一致的。某一个国家发展的顺序是原始社会到奴隶社会，而另一个国家则以奴隶社会为起点，由奴隶社会"发展"到原始社会；某一个国家的资本主义社会是在封建社会母胎中孕育成熟的，而另一个国家则是封建社会在资本主义社会母胎中孕育成熟。这种事是不可设想的，从来没有过。历史

---

① 《列宁选集》，2版，第4卷，690页。

发展是曲折的，甚至会出现暂时的倒退，但发展的进程是定向的。一个国家的历史发展可以超越某一历史阶段，但它的历史运行的线路，不可能是同马克思揭示的历史规律相反的逆向运动。

第三，马克思关于生产方式内在矛盾及其运动规律的揭示是完全正确的。五种社会形态演变理论的核心内容，是揭示了生产力对生产关系的制约作用，以及生产力的发展最终导致一种社会形态过渡到另一种更高的社会形态。某一个国家由于内外条件越过某一历史阶段，并不证明上述规律失效，而是以一种特殊方式实现这一规律。历史发展阶段（即某种生产关系处于支配地位的社会形态）可以超越，但它所达到的生产力是不能空缺的。如果说社会形态的更迭可以发生跳跃的话，那生产力的相应发展则是必不可少的，在封建社会生产力水平的基础上建立和巩固社会主义社会是不可想象的。当马克思设想俄国有可能避免资本主义发展阶段时，指的是它的所有制形式而不是生产力水平和科技成就。在马克思看来，由于俄国农村公社和西方资本主义生产是同时代的东西，"这使得它不必服从资本主义的 modus operandi〔活动方式〕"，"有可能不通过资本主义制度的卡夫丁峡谷，而享用资本主义制度的一切肯定成果"①。可见，从世界历史范围来看，把世界历史作为一个整体来看是不能越过某一历史阶段的，而某一国家或某一民族发生的局部超越，是因为它们所处时代生产力的高度发展，使得它们有可能在人类已经达到的生产力水平上迎头赶上。

世界历史发展的统一性和多样性的统一，这才是完整的唯物辩证的历史观。至于西方某些人根据所谓历史发展的"多线"论，否定资本主义最终会被社会主义所代替，寻找所谓第三条道路，这是明显地渗透着阶级利益的资本主义辩护论。社会主义革命已经证明，并将继续证明这种理论是

---

① 《马克思恩格斯全集》，中文1版，第19卷，436、438页。

错误的。

第五节　马克思晚年的"人类学"笔记和对史前社会的探讨

19 世纪下半叶，当恩格斯把全部精力投入《自然辩证法》和《反杜林论》的写作，致力于阐述辩证唯物主义自然观和把马克思主义系统化时，马克思则致力于原始社会和东方社会的研究。他写于 1879 年至 1881 年间的五个读书笔记——《马·柯瓦列夫斯基〈公社土地占有制，其解体的原因、进程和结果〉（第一册，1879 年莫斯科版）一书摘要》《路易斯·亨·摩尔根〈古代社会〉一书摘要》《亨利·萨姆纳·梅恩〈古代法制史讲演录〉（1875 年伦敦版）一书摘要》《约·拉伯克〈文明的起源和人的原始状态〉（1870 年伦敦版）一书摘要》《约·布·菲尔〈印度和锡兰的雅利安人村社〉一书摘要》，就是这类研究的见证。上述马克思致俄国《祖国纪事》杂志编辑部和查苏利奇的信中所发挥的理论，不是偶然进发的天才火花，而是这种研究，特别是对东方土地公社制度研究的结晶。

国内外学者都非常注意研究马克思主义和人类学的关系，强调人类学在马克思主义形成和发展中的特殊作用。有的学者甚至认为，马克思的思想发展路线是从早期的哲学人类学到晚年的经验人类学。其实，这些被称为人类学笔记的摘要，既不是哲学意义上的人类学（人本学），也不单纯是社会学意义上的人类学，而是历史研究，是马克思运用历史唯物主义对原始社会和东方社会的历史研究。它的研究对象不是人自身，而是社会。它研究前资本主义社会形态，特别是原始社会发展的规律性。

马克思终生致力于资本主义社会研究。他以 40 年的时间从事《资本论》的准备和写作。马克思也很重视对前资本主义社会形态的探讨，这是更深刻地剖析资本主义社会所必需的。可是由于史料的缺乏，在很长一段时间内，马克思对史前人类社会的状况并不十分清楚。

在《德意志意识形态》中，马克思把部落所有制作为人类历史发展的第一种所有制形式，实际上是把它作为人类的史前状态。他描述了这时的状况，说："社会结构只局限于家庭的扩大：父权制的酋长、他们所管辖的部落成员以及奴隶。隐蔽地存在于家庭中的奴隶制，只是随着人口和需求的增长，随着同外界往来（表现为战争或交易）的扩大而逐渐发展起来的。"① 他还说："家庭中的奴隶制……是最早的所有制"，"在那里妻子和孩子是丈夫的奴隶"②。很显然，当时在马克思看来，部落所有制中隐蔽地存在着家庭奴隶制，社会结构是父权制，它是家庭的扩大。这说明马克思对母权制和父权制、个体家庭和氏族、公有制和奴隶制的区分与关系还不清楚，把家内奴隶制看成历史的最早的社会形态。

在《经济学手稿（1857—1858 年）》中，马克思对资本主义生产以前的各种形式进行了研究。在谈到亚细亚的所有制形式时，马克思说："在这种土地所有制的第一种形式中，第一个前提首先是自然形成的共同体：家庭和扩大成为部落的家庭，或通过家庭之间互相通婚［而组成的部落］，或部落的联合。""人类素朴天真地把土地看作**共同体的财产**，而且是在活劳动中生产并再生产自身的共同体的**财产**。每一个单个的人，只有作为这个共同体的一个肢体，作为这个共同体的成员，才能把自己看成**所有者**或**占有者**。"③ 正因为这样，马克思在 1859 年的《〈政治经济学批判〉序言》中把亚细亚生产方式看作社会发展的第一个形态，用以取代《德意志意识形态》中的部落所有制，认为亚细亚的、古代的、封建的和现代资产阶级的生产方式是社会经济形态演进的几个时代。这说明，马克思开始了解到

---

① 《马克思恩格斯全集》，中文 1 版，第 3 卷，25 页。
② 同上书，36～37 页。
③ 《马克思恩格斯全集》，中文 1 版，第 46 卷（上），472 页。

土地公有制是历史的起点，是人类最早的所有制关系。

但是，到这时为止，马克思对原始社会的状况仍不甚了解。不仅马克思如此，当时整个学术界对原始社会状况都缺乏研究。

重要的转折是 19 世纪 60 年代。巴斯蒂安的《历史上的人》、梅恩的《古代法制史讲演录》、巴霍芬的《母权论》、麦克伦南的《原始婚姻》、泰勒的《人类原始历史和文明产生的研究》、拉伯克的《文明的起源和人的原始状态》、摩尔根的《人类家庭的血亲制度和姻亲制度》和《古代社会》等等，在十多年内相继出版，对原始社会的家庭、婚姻、氏族、母权制和父权制进行了研究。

其中特别是摩尔根的《古代社会》具有重要的科学价值。摩尔根通过自己长期广泛的调查研究，发现了原始社会的社会结构，证明母系氏族是原始社会的基本单位，阐明了家庭形式的演变规律，表明了家庭形式和婚姻形式在原始社会中的作用，说明了私有制的产生导致专偶制家庭的产生和文明社会的建立。恩格斯说："关于人类原始史，直到 1877 年，摩尔根才给我们提供了理解这一历史的关键。"[1] 马克思对《古代社会》一书十分重视。他在摘要中，改变了摩尔根原著的体系结构，剔除其中的错误观点，对有价值的东西作了详细的摘录。马克思通过研究《古代社会》和其他著作，比较深入地研究了原始社会，填补了他自己科学研究中的一项空白。

马克思肯定原始社会血缘关系的客观性。他在驳斥格罗特把血缘关系看作观念关系时说："亲爱的先生！不是**观念的**，是**物质的，用德语说是肉欲的！**"[2] 血缘关系和亲属制度不同，这一点摩尔根看到了，他认为家庭是一个能动的要素，它从来不是静止不动的，而亲属制度是被动的，它

---

① 《马克思恩格斯选集》，1 版，第 3 卷，50 页。
② 《马克思恩格斯全集》，中文 1 版，第 45 卷，503 页，北京，人民出版社，1985。

把家庭经过一个长久时期所发生的进步记录下来，并且只有当家庭已经根本变化了的时候，它才会发生根本变化。马克思肯定摩尔根的这一看法并作了进一步的发挥，他说，同样，政治的、宗教的、法律的以至一般哲学的体系，都是如此。这样，马克思把血缘关系在原始社会中的作用放在了一个突出的地位上。

马克思也改变了自己以往对原始社会中个体家庭和氏族关系以及母权制和父权制的序列的看法。原来他认为，一夫一妻制的个体家庭先于氏族，氏族是家庭的集合体，是家庭的扩大；历史上最早出现的是父权制家庭，家庭成员奴隶般地处于父权支配下。通过研究，马克思吸收了摩尔根的合理思想，肯定原始社会的基本单位是氏族，而不是个体家庭；氏族先于个体家庭；母系氏族先于父系氏族。马克思在驳斥格罗特把古罗马家庭的特征套到荷马时代的古希腊家庭时说："按起源来说，氏族要早于**专偶制**和**对偶制**家庭；它是和**普那路亚家庭**大致同时的东西，但是这些家庭形式**没有一个是氏族的基础**。"他说："氏族一旦产生，就继续是社会制度的单位。"①

马克思还通过对原始社会的研究，论述了国家的起源和实质。他在驳斥梅恩时说："不幸的**梅恩本人也根本不知道**：在存在**国家**（在原始公社等之后）——即**政治上**组织起来的社会——的地方，国家决不是**第一性的**；它不过**看来**如此。"在讲到道德时，他又说："以'**道德的**'形式存在而论，它们始终是派生的，第二性的，决不是**第一性的**。"②

马克思还摒弃了在《手稿》中把共产主义看成人性复归的观点，而着重强调它是在更高阶段上重复原始共产主义社会的特征："社会的瓦解，即将成为以财富为唯一的最终目的的那个历程的终结，因为这一历程包含

---

① 《马克思恩格斯全集》，中文 1 版，第 45 卷，499 页。
② 同上书，645、646 页。

着自我消灭的因素……这（即更高级的社会制度）将是古代氏族的自由、平等和博爱的复活，但却是在更高级形式上的复活。"①

人的个性的发展，并不是人的本质的要求和自我实现，而是受经济条件制约的。马克思结合原始社会及其解体的历史深刻地阐明了这个道理。他说："先是个性摆脱最初**并不是专制的桎梏**（如傻瓜梅恩所理解的），**而是群体**即原始共同体的**给人带来满足和乐趣的纽带**——从而是**个性**的片面发展。但是只要我们分析这种个性的内容即它的**利益**，它的真正性质就会显露出来。那时我们就会发现，这些利益又是一定的社会集团共同特有的利益，即**阶级利益等等**，所以这种个性本身就是阶级的个性等等，而它们最终全都以**经济条件**为基础。"② 这说明马克思晚年的"人类学"笔记，同抽象的人本主义是风马牛不相及的。

此外，马克思通过对原始社会组织结构的研究，发现土地公有制是原始社会的共同特征，而土地私有制是文明时代的特征。这就接近突破以往认为人类全部历史都是阶级斗争史的看法。

1883 年 3 月 14 日，马克思逝世了。他的许多光辉思想来不及成书，后来都被吸收到恩格斯的《家庭、私有制和国家的起源》中，成为整个马克思主义体系的组成部分。

※　　　　※　　　　※

马克思沿着人类探索历史规律的道路前进。他以毕生的精力从事研究，终于透过历史的表层——人们的意识和自我意识，走向历史的深处，发现了支配人类社会发展的一般规律。

马克思主义是在斗争中发展的。与无产阶级革命道路的曲折性相一致，马克思主义的发展和传播也经历了高潮和低潮。在马克思主义中，唯

---

① 《马克思恩格斯全集》，中文 1 版，第 45 卷，398 页。
② 同上书，646～647 页。

物史观遭受的非难和攻击特别多。某些资产阶级学者和西方"马克思学"，或者把唯物史观歪曲为庸俗经济决定论、抽象的异化和人本主义理论；或者企图用技术决定论、多因素论、心理决定论等等来代替和补充唯物史观。历史最终会证明这一切都是徒劳的，马克思在历史领域中所取得的伟大成就是绝不会丧失的。马克思揭示了历史的真理，但并没有结束真理的历史，我们应该沿着马克思开辟的道路前进。

图书在版编目（CIP）数据

走向历史的深处：马克思历史观研究/陈先达著.
北京：中国人民大学出版社，2025.4. -- （中国自主知
识体系研究文库）. -- ISBN 978-7-300-33822-4

Ⅰ.A811.692

中国国家版本馆 CIP 数据核字第 2025CN8409 号

中国自主知识体系研究文库

走向历史的深处——马克思历史观研究

陈先达　著

Zouxiang Lishi de Shenchu——Makesi Lishiguan Yanjiu

出版发行	中国人民大学出版社			
社　　址	北京中关村大街 31 号		**邮政编码**	100080
电　　话	010 - 62511242（总编室）		010 - 62511770（质管部）	
	010 - 82501766（邮购部）		010 - 62514148（门市部）	
	010 - 62511173（发行公司）		010 - 62515275（盗版举报）	
网　　址	http://www.crup.com.cn			
经　　销	新华书店			
印　　刷	涿州市星河印刷有限公司			
开　　本	720 mm×1000 mm　1/16		**版　　次**	2025 年 4 月第 1 版
印　　张	27.25 插页 3		**印　　次**	2025 年 7 月第 2 次印刷
字　　数	341 000		**定　　价**	198.00 元

版权所有　侵权必究　印装差错　负责调换